시민교육은
무엇을
가르쳐야 하는가

Curriculum for Justice and Harmony

시민교육은 무엇을 가르쳐야 하는가

정의와 조화를 위한 교육과정

키쓰 바튼·리칭 호 지음

옹진환·장유정·김진아 옮김

CURRICULUM
forJUSTICE
andHARMONY

역사비평사

시민교육은 무엇을 가르쳐야 하는가 — 정의와 조화를 위한 교육과정

초판 1쇄 인쇄 2023년 12월 15일
초판 1쇄 발행 2023년 12월 26일

지은이 키쓰 바튼·리칭호
옮긴이 옹진환·장유정·김진아
펴낸이 정순구
책임편집 조원식
기획편집 조수정 정윤경
마케팅 황주영

출력 블루엔
용지 한서지업사
인쇄 한영문화사
제본 한영제책사

펴낸곳 (주) 역사비평사
등록 제300-2007-139호 (2007.9.20)
주소 10497 : 경기도 고양시 덕양구 화중로 100(비전타워21) 506호
전화 02-741-6123~5
팩스 02-741-6126
홈페이지 www.yukbi.com
이메일 yukbi88@naver.com

ISBN 978-89-7696-585-1 93370

책값은 표지 뒷면에 표시되어 있습니다.
잘못 만들어진 책은 구입하신 서점에서 바꾸어 드립니다.

차례

한국 독자를 위한 서문

리칭 호 교수와 나는 이 책이 한국어로 출판된 것에 대해 더없는 기쁨을 느낀다. 이 책을 처음 시작했을 때부터, 우리는 우리의 아이디어가 다양한 국가 및 지역의 교육자들과 연결될 수 있기를 희망했다. 우리 분야에는 매우 많은 연구자들이 있지만, 이들 대부분은 모든 독자들이 동일한 맥락에만 있다고 가정하는 경향이 있다. 그 맥락이란 바로 미국이나 유럽 같은 서양의 맥락이다. 이와 같은 잘못된 가정으로 인해 이 연구들은 그 통찰력에도 불구하고 세계 다른 지역의 교육자들에게는 그다지 큰 의미를 가지지 못하는 경우가 많다. 또는 연구를 적용하는 과정에서 그 내용이 지나치게 단순화되거나 왜곡되어, 연구자들이 희망하는 바와는 달리 다른 맥락에서는 전혀 도움이 되지 않는 경우도 있다. 우리는 사회교육과 시민교육—이 책에서 사회교육과 시민교육은 매우 광범위하게 정의된 것이다—이 다양한 사회적·정치적·문화적 전통에서 활용되고 적용될 수 있는, 보다 세계적인 관점에 관심을 둘 때 더 나은 교육이 될 수 있다고 생각한다.

이런 이유로 우리는 조화나 이타심, 분별력처럼 동아시아와 동남아시아의 전통에서 중시되었던 관념들을 통합하는 데 특별히 관심을 두었다. 이러한 관념들은 어디에서나 중요하지만, 특히 아시아에서는 수천 년 동안 정교한 사상과 실천의 주제였다. 우리는 교육을 위한 원칙을 세우고자 아시아의 고전 철학 및 현대 철학을 참고했고(또한 서구 철학과 토착민 문화에서 온 철학도 참고했다), 우리의 작업이 실제로 어떻게 적용될 수 있을 것인지 설명하기 위해 전 세계의 사례를 참고하고자 했다. 따라서 노동을 위한 이민, 기후변화, 환경보호, 식량 접근성과 주택 접근성의 문제와 같이, 미국과 유럽 밖의 맥락을 반영하는 각종 예시와 사례들이 이 책에 포함되어 있다. 우리는 이러한 주제를 학습하는 원리들이 한국의 광범위한 독자들에게 닿을 수 있기를 희망한다. 여기에는 도덕교육, 지리교육, 역사교육 전공자들은 물론이거니와, 인권교육과 다문화교육에 관심이 있는 이들까지 포함될 것이다. 우리는 이 책의 아이디어가 새롭고 생산적인 방식으로 사고하는 데 영감을 불어넣어 학생들이 평생 의미 있는 공적 참여를 할 수 있도록 교육하는 데 도움이 되기를 바란다.

'사회과교육'이라는 맥락

한국에 번역된 나의 이전 저서 두 권은 모두 역사교육에 관한 것이었다. 따라서 역사교육 분야에서 나의 연구에 익숙한 한국 독자들은 내가 이번에 사회교육과 시민교육에 관한 책을 공동 집필했다는 데 대해 놀랄 수도 있을 것같다. 어쩌면 이들은 내가 이 책에서 역사에 대해 거의 언급하지 않는다는 사실에 더 놀랄 수도 있을 것 같다. 분명히 해두고 싶은 것은 나의 관심 분야가 바뀐 것도 아니며, 내가 더 이상 역사를 중요하게 생각하지 않는 것은 더욱 아니라는 점이다. 오히려 이번 연구에는 학생들이 민주시민으로서 참여할 수 있으려면 세상에 대한 관념을 넓혀야 한다는 나의 오랜 생각, 그리고 이를 위한 헌신이 반영되어 있다. 역사는 학생들의 사고를 확장하는 데 중요한 역할을 한다. 이것은 분명한 사실이다. 그러나 우리는 역사의 중요성에 관한, 혹은 학교에서 역사가 조직되는 방식에 관한 전통적인 가정을 단순히 받아들이기보다 역사의 역할이 정확하게 무엇인지 신중하게 생각할 필요가 있다. 리칭 호 교수와 나는 이 책을 통해 학생들의 사회적 참여 및 시민적 참여의 모든 측면과 이러한 참여를 위한 역사교육의 역할에 대해 성찰할 수 있는 가이드라인을 제공하기를 바란다.

우선 나의 전공 관련 배경이 학교 교과목에 대한 나의 생각에 어떻게 영향을 미치는지에 대해 이야기해야 할 것 같다. 나의 전공 분야는 Social Studies, 즉 한국말로 하자면 '사회과교육'이다. 미국에서 사회과교육은 특정한 하나의 교과목이 아니라, 윤리, 역사, 지리를 포함하여, 정치, 경제 및 다른 사회과학 쪽에서 온 과목들의 모음에 가깝다. 이는 미국을 비롯한 세계 많은 곳의 학교에서 다루어지고 있는 '과학교육'과 비슷한 것이라 할 수 있다. 쉽게 말해, 학생들은 '과학'이라는 이름이 붙은 수업에 등록하는 것이 아니라 물리학, 화학, 생물학 등의 수업에 등록하는 것처럼 '사회과교육' 또한 그 아래 다양한 세부 과목들을 포함하고 있다. 사회과교육에서든 과학교육에서든, 각각의 세부 과목들은 보다 더 큰 우산 아래 배치된다. 나는 미국에서 공부한 학생이었고 교사였으며 연구자였다. 이러한 나의 관점에서 보면, 역사는 소위 '사회과교육'이라 일컬어지는 분야의 일부이지—물론 실제 수업에서 역사는 사회와 분리되어 가르쳐질 수 있다— 사회과교육과 평행 관계에 있거나 이와 단절되어 있는 것이 아니다.

그렇다면 무엇이 각종 세부 과목의 집합으로서의 사회과교육을 묶어내는가? 미국의 경우, 사회과교육은 이를 구성하는 각각의 과목이 지닌 사회적 목적을 성찰하도록 촉진하는 분야이다. 교사들은 윤리, 역사, 지리, 정치, 경제

등을 가르치는 일에 대해 배우고, 동시에 이러한 과목들이 시민으로서의 지식을 갖추고 시민으로서 참여하는 데 어떻게 기여할 수 있을지에 대해서도 고민한다. 마찬가지로, 연구자들은 교사와 학생들의 역사적 사고나 공간적 추론에 대해 연구할 뿐만 아니라, 그러한 내용이 공적 영역에서 숙의에 기반하여 결정을 내리도록 준비하는 데 어떻게 기여할 수 있는지에 대해 고민한다. 일부 국가에서는 역사가 "그 자체를 위해" 가르쳐져야 한다거나 역사의 내용이 시민교육으로서의 목적보다는 그 과목에 내재된 학문적 목적을 지향하고 있어야 한다고 여기기도 한다. 그러나 이러한 생각은 미국의 교사나 교육 연구자들 사이에서는 거의 발견되지 않는 현상이다. 교육자들이 그 교과목이 지닌 시민교육으로서의 목적에 대해 명시적으로 강조하지 않는다 하더라도, 자연스럽게 시민교육에 대한 지향이 이들 사고의 바탕 중 일부를 이룬다.

나의 학문 분야에서는 역사가 시민교육으로서의 목적을 지니고 있다는 점이 가장 중요하다. 비록 나의 연구 주제 중 일부는 역사의 공적 목적에 그다지 관심이 없는 역사교육자들도 관심을 가질 만한 주제들이기는 하지만 말이다(가령, 그러한 주제로는 '역사적 시간에 대한 학생들의 이해', '역사적 증거에 대한 학생들의 이해' 등이 있다). 이러한 점은 내가 린다 렙스틱 교수와 함께 집필하여 한국에서 번역된 바 있는 두 저서, 『초·중학교에서 학생들과 조사 연구하는 역사하기』, 『역사는 왜 가르쳐야 하는가: 민주시민을 키우는 새로운 역사교육』에도 분명히 드러난다. 이 두 책은 다문화 사회에서 시민으로서의 삶에 참여하는 데 역사교육이 기여할 수 있다고 보고, 그러한 측면에서 역사에 접근할 수 있는 다양한 접근법에 대해 평가하고 있다. 특히, 『역사는 왜 가르쳐야 하는가』에서 린다 렙스틱 교수와 나의 목표는 역사의 중요성을 강조하는 것이 아니었다. 기본적으로 우리는 역사가 가르쳐져야 하는 과목이라고 생각했고, 그렇기 때문에 역사교육이 시민교육으로서의 가치를 가질 수 있도록 이 과목의 지향점을 바꾸고 싶었다. 가령, 우리는 이 책에서 단 하나의 좁은 시각으로 초점을 맞춘 국가 내러티브 혹은 국가주의적 내러티브보다 과거를 살았던 다양한 집단에 대해 가르치는 것이 중요하다고 주장했다. 마찬가지로 우리는 학생들이 자신들의 생각과는 관련이 없는 활동을 바탕으로 역사학자나 역사 교사가 내린 결론을 재생산하기보다, 중요한 역사적 질문에 대한 결론을 스스로 도출할 수 있도록 증거를 활용하는 능력을 키우는 것이 중요하다고 강조했다. 이를 통해 우리는 역사교육이 지금까지 가르쳐져 왔던 방식이 아닌, 학생들이 시민으로서 참여할 수 있도록 준비시키는 방식으로 바뀌어야 한다고 제안했다.

이 책에서도 리칭 호 교수와 나는 보다 변혁적인 접근을 취한다. 우리는 역사가 아무런 목적이 없다거나 다른 과목으로 대체되어야 한다고 결코 생각하지 않는다. 다만 우리가 강조하고 싶은 것은 이미 존재하는 학교 교과목의 본질이 아닌, 이 교과목이 기여할 수 있는 사회적 목적이 교육과정을 만드는 출발점이 되어야 한다는 것이다. 역사는 우리가 제안하는 종류의 교육과정에서 중요한 역할을 할 수 있다. 그러나 이를 위해서는 내가 이전 연구에서 제안했던 것처럼 교육과정에 대한 실질적인 수정과 재고가 요구된다.

교육과정을 위한 가이드라인

이 책은 일반적인 교육, 즉 전문 혹은 고급 프로그램이나 수업을 위한 것이 아닌 모든 학생들이 받아야 하는 교육에 중점을 두고 있다. 이 책의 전제는 모든 학생들을 위한 사회교육과 시민교육이란 학생들이 사회 이슈에 관하여 숙의를 통해 식견을 갖춘 행위를 할 수 있도록 준비시키는 교육이어야 한다는 것이다. 물론, 이것이 의미하는 바는 학생들이 그러한 이슈를 공부해야 한다는 것이다. 따라서 이 책에서 우리는 학생들이 그러한 이슈를 공부할 수 있도록 하려면 교육과정이 다음 세 가지 가이드라인을 바탕으로 구성되어야 한다고 주장했다. 첫째, 교육과정은 학생들이 타인의 환경에 대해 배움으로써—특히 빈곤, 영양 결핍, 충분치 못한 의료 지원, 사회적 주변화와 같은 이슈로부터 영향을 받는 사람들의 환경에 대해 배움으로써— 동정심과 이타심 등 자연스러운 감각을 확장할 수 있게 해주어야 한다. 학생들이 타인의 삶에 대해 충분히 알아야만 그 이슈를 신중하고 성찰적인 방식으로 학습하기 위한 시간과 에너지를 쏟고, 또 궁극적으로 이를 위해 행위할 수 있는 동기를 갖게 될 것이다.

이런 측면에서 역사가 중요한 역할을 할 수 있으리라는 것은 자명하다. 수많은 역사교육자들의 연구에서 중요한 부분은 학생들이 인종주의나 식민주의, 제국주의, 집단 학살로 인해 발생한 역사적 억압의 결과를 이해할 수 있도록 돕는 것이기 때문이다. 그러나 한 가지 유념할 점이 있다. 대개 역사교육자들은 학생들이 역사의 희생자에 대해 학습하면, 오늘날의 세계에서 유사한 문제에 직면한 사람들을 위한 더 큰 동정심을 계발할 수 있을 것이라고 생각하곤 한다. 이는 논리적으로 보이기는 하지만, 이것이 사실이라는 증거는 없다. 교육자들의 기대와 달리 학생들은 역사의 희생자들에게 마음을 쓰지 않을 수도 있고, 더 빈번하게는 역사를 멀리 하고 역사가 오늘날에 가지는 함의를 보고 싶어 하지 않기도 한다. 학생들이 어른들처럼 꽤 잘하는 것 중 하나는 비슷한 두 상황을 별개의 것으로 구분지어 생각하는 것이다. 그래서 과거의 상황에 대해서는 쉽게 동정심을 느끼면서도 동시에 오늘날 벌어지고 있는 유사한 상황에 대해서는 무시하기도 한다. 따라서 역사교육자들은 학생들이 역사를 배움으로써 오늘날의 이슈를 향한 일련의 태도를 발전시킬 수 있을 것이라는 막연한 생각 자체를 재고할 필요가 있다. 오늘날 지구상에서 벌어지는 기아 문제의 희생자들에게 마음을 쓰게 하려면, 학생들은 아일랜드 역사의 대기근만이 아닌 오늘날의 기아에 대해서도 공부해야 한다.

교육과정을 위한 두 번째 가이드라인은 학생들이 "멀리 있는 목소리"—타인의 생각과 관점—를 고려해야 한다는 것이다. 이는 무엇보다도 이러한 목소리가 학생들이 학습하는 사회 이슈와 관련되어 있기 때문이다. 여기서 다시 한번 강조하고 싶은 것은 이때의 가장 중요한 초점도 오늘날의 사람들에게 있다는 점이다. 만약 학생들이 이민자들이 필요로 하는 바를 어떻게 충족시킬지 숙의한다면, 한 세기 전의 이민자들이 아닌 오늘날 이민자들이 자신들의 삶과 희망, 기대에 대해 무엇을 말하는지에 귀를 기울여야 한다. 이때 역사는 두 가지 방식으로 이 목표에 기여할 수 있다. 첫째, 역사는 타인에게 귀를 기울이는 것이 중요하다는 점을 분명히 할 수 있는 과목이다. 가령, 식민주의와 제국주의의 역사는 이로부터 영향을 받는 사람들의 목소리에 귀 기울이지 않은 채, 자신들만의 가치를 타인들에게 부과하려고 했던 국가나 문화, 종교에 관한 예시로 가득하다. 역사는 권력을 가진 사람들에 의해 "타인"의 관점이 무시될 때 무슨 일이 벌어지는지 볼 수 있게 해준다.

역사가 이러한 목표에 기여할 수 있는 두 번째 방식은 사회에 관해 학생들 스스로가 가지고 있는 가정—즉, 젠더, 권위, 경제 등에 관한 가정—이 "자연스러운" 것이 아니며, 이것들이 역사적인 맥락 위에 있다는 사실을 볼 수 있게 만든다는 점이다. 여러 시대에 걸쳐 학자들이 주장한 바와 같이 우리는 우리와는 다른 사회의 관행과 마주할 때라야 우리에게 익숙한 삶의 방식이 아닌 수많은 다른 삶의 방식이 있을 수 있다는 것, 그리고 이러한 다른 삶의 방식이 우리들의 삶의 방식만큼 유효하고 효과적이며 도덕적이라는 것을 인식하게 된다. 그리고 이것이야말로 우리의 편협함을 극복할 수 있는 최선의 수단이다. 역사는 인간들 사이에 존재했던 다양한 사회질서의 범주를 이해하는 가장 중요한 과목 중 하나이다. "멀리 있는"이라는 단어가 이 맥락에서 특히 중요하다. 왜냐하면 시간, 장소, 문화의 측면에서 우리에게 매우 익숙한 사람들에 대해서만 공부하게 되면, 우리는 우리들만의 가정에 기반하여 이 사람들을 판단할 수 있기 때문이다. 그러나 우리가 시간상으로 멀리 있는 역사 또는 공간상으로 멀리 있는 역사에 대해 공부할 때라면—즉, 문화적으로 우리들 자신과는 상당히 다른 역사에 대해 공부할 때라면— 우리는 이러한 가정을 제쳐두고, 다른 류의 사회질서를 초래한 요인들에 대해 이해하고 또 그 결과에 대해 생각해봐야 한다. 이는 인간성의 본질에 대한 우리의 이해를 확장시키고, 오늘날의 사회 이슈를 고려하는 데 중요한 토대를 제공한다.

그러나 아마 역사가 가장 폭넓은 역할을 할 수 있는 부분은 교육과정을 위한 세 번째 가이드라인일 것이다. 이타심의 감각을 확장하고 멀리 있는 목소리에 귀를 기울인 이후, 학생들은 오늘날의 정책이나 관행 중 어떤 것이 자신들이 학습한 사회 이슈를 가장 잘 해결할 수 있을지 결정해야 한다. 이것은 가상적이거나 이상주의적인 연습이 되어서는 안 된다. 즉, 이것은 오늘날의 이슈의 원인, 그리고 그러한 이슈를 해결하고자 취해져 왔던 과거의 조치가 결국 어떠한 영향을 미쳤는지에 관한 증거에 기초하고 있어야 한다. 가령, 오늘날 미국에서 소수자들이 겪는 경제적 불평등을 해결하고자 한다면, 학생들은 인종에 따라 빈부격차가 만들어지게 된 역사적 뿌리에 대해서, 그리고 이러한 불평등을 야기하는 직업적·교육적 분리 및 주거상의 분리가 어떻게 만들어져 지금까지 이어져 왔는지에 대해서 이해해야 한다. 오늘날 한국의 대기오염 문제를 해결하고자 한다면, 학생들은 단순히 환경적 요인만이 아닌, 20세기 초 국가의 빠른 경제성장에 있어 화석 연료 사용이 끼친 영향이나 주변 국가의 정치적·경제적 상황과 그 변화에 대해서도 이해해야 한다. 역사교육은 이러한 문제들이 어떻게 나타났는지를 이해할 수 있는 유일한 방법일 수 있다. 이러한 목적을 위해서라면, 오늘날과 더 가까운 역사가 중요할 수 있을 것 같다. 왜냐하면 오늘날 문제의 근원은 일반적으로 지난 수백 년 이내에 있을 가능성이 높기 때문이다.

　그러나 역사는 오늘날 이슈의 역사적 배경을 제공하는 것 이외에도, 학생들이 이러한 문제에 대한 해결책을 생각해보는 데도 중요한 역할을 할 수 있다. 이러한 학습은 결코 최근 역사로만 국한되는 것이 아니다. 역사를 통틀어, 정부 및 여러 다른 기관은 사회적·경제적 이슈를 해결하는 데 적극적인 역할을 해 왔다. 그러한 해결책은 때로는 성공적이었다 해도, 종종 실패하기도 했으며 어떤 때는 거의 재난 수준의 결과를 맞이하기도 했다. 우리가 이 책에서 주장하는 바와 같이 오늘날 인류가 직면한 문제들은 수천 년 전 인류가 직면했던 문제, 그리고 미래에 인류가 직면하게 될 문제와 크게 다르지 않다. 사람들의 이동, 사람들 간의 차이를 다루는 문제나 환경 변화에 관한 문제를 비롯하여, 정의와 조화를 추구해 가는 모든 문제를 포함해서 말이다. 전근대 사회와 근대 사회 모두는 이러한 이슈들과 씨름해 왔고, 학생들은 이 모든 과거의 이슈들로부터 배우면서 오늘날 무엇을 해야 하는지 생각해볼 수 있다. 학생들은 과거에 효과가 있었던 정책과 효과가 없었던 정책에 대해 생각해볼 수 있고, 또한 상황이 사회정책과 실천의 결과에 어떻게 영향을 미쳤는지에 대해서도 고려할 수 있다. 각각의 다양한 맥락이 결정과 행위, 그리고 결과에 어떠한 영향을 미쳤는지 이해하는 것이 역사 학습의 중심이고, 이는 오늘날에도 식견을 갖춘 의사 결정의 중심에 있다.

　즉, 관련 역사를 이해하지도 못하면서 이에 관한 식견을 갖춘 결정을 내릴 수 있는 이는 있을 수 없다. 따라서 각종 역사 관련 주제는 수많은 다른 시기와 기간에 걸쳐 이 책에서 우리가 제안하는 교육과정에서 중요한 부분을 차지한다. 그러나 우리의 가장 급진적인 제안 중 하나는, 역사가 보다 성찰적으로 가르쳐지지 못하면 이 과목이 이러한 목표에 기여할 가능성이 전혀 없다는 것이다. 학생들의 머릿속에 역사 지식을 빼곡하게 채운다고 하더라도, 이러한 지식은 결코 오늘날의 이슈를 고려할 때 자동적으로 전이될 수 있는 지식이 아니다. 그 내용이 아무리 잘 가르쳐진다고 하더라도 말이다. 그리고 우리는 이 책에서 그 이유에 대해 제시했다. 우리는 '학생들이 역사를 잘 배웠으므로 공적 이슈를 숙의할 준비가 잘 되었다'는 식으로 생각하면서 우리 스스로를 속여서는 안 된다. 우리는 역사교육과정에 대해 좀 더 사려 깊은 접근을 취해야 한다. 그래야 학생들이 사회의 구성원으로서 자신들의 삶을 준비할 수 있는 접근법을 선택하는 힘을 기를 수 있다.

내용 선정의 유의점

보다 성찰적으로 가르쳐야 한다는 요구는 내용 선정에 있어 중요한 이슈이다. 리칭 호 교수와 나는 내용 선정에 영향을 미칠 수 있는 각기 다른 국가적 맥락을 고려하려고 노력했다. 그러한 맥락은 매우 다양하다. 가령, 가르쳐야 하는 내용을 국가 교육과정에 빼곡하게 명시한 고도의 중앙집중화된 체제가 있는가 하면, 초점을 맞추고 싶은 주제에 대해 교사들 스스로가 더 큰 자율성을 발휘할 수 있는 체제도 있다(물론, 미국처럼 중앙집중화가 되어 있지 않은 체제의 교사들조차 가르쳐져야 하는 주제에 관한 강렬한 문화적 기대를 의식하곤 하고, 이러한 기대에 따라 수업이 이루어지는 경우가 많기는 하지만 말이다). 교육과정 가이드라인과 원리에 대해 고민하면서, 우리는 교과 내용에 대한 청사진을 제시하기보다 다양한 수준에서 이러한 교육과정을 안내할 수 있는 기본적인 아이디어를 제공하고자 했다.

가령, 공식적인 교육과정을 입안하기 위해서는 우리가 이 책 전체에 걸쳐 제안하고 있는 종류의 학습을 위해 가장 큰 잠재력을 가진 주제가 과연 어떤 주제인지부터 고려해야 한다. 그러나 이러한 접근법은 적어도 두 가지의 다른 방식으로 잘못 적용될 수 있다. 첫째, 단순히 주제 한두 개를 교육과정에 포함하기만 해도 학생들이 현재를 살아가는 데 있어서 충분히 숙의하고 식견을 갖추게 된다고 가정하는 것이다. 가령, 미국에서 19세기 후반 남북전쟁의 여파를 이해하는 것이 오늘날의 인종 관계를 이해하는 데 중요하기는 하지만, 이 시기에 대한 학습을 포함한다고 해서 교육과정이 반드시 인종 관계에 대한 이해로 연결되는 것은 아니다. 이에 관한 교육과정이 오로지 과거의 일에만 초점을 맞추며 오늘날과의 관련성에 대해 생각해보도록 이끌지 못할 수도 있고, 아니면 역사적 사건의 복합성이나 우발성, 혹은 인종 관계가 구축되어 온 상황을 제대로 이해하도록 이끌지 못할 수도 있다. 사실, 이런 일은 미국에서 자주 벌어지는 일이다. 역사교육과정을 보면 홀로코스트, 아일랜드 대기근, 일본계 미국인 강제 수용을 비롯한 여러 주제들에 대해 가르치게 되어 있다. 이 사건들의 의미를 어떻게 더 잘 이해할 것인지에 대한 진지한 고민 없이 마치 이러한 주제에 대해 배우기만 하면 마법처럼 현재와 미래에 대한 더 나은 이해로 이어질 것처럼 상상하면서 말이다.

보다 성찰적인 역사교육과 내용 선정에 관한 두 번째 오해도 첫 번째와 마찬가지로 매우 일반적인 현상이며 또한 매우 유해하다. 그것은 바로 교육과정 입안자들이 언제나 교육과정의 일부였던 주제, 혹은 자신들이 좋아하는 주제를 선택하는 경향이다. 이들은 우선 관성적으로 특정 주제를 선택하고 그 이후 이러한 주제를 포함시킨 것에 대해 정당화하곤 한다. 가령, "우리는 ○○시대에 대해 늘 가르쳐 왔다. 그리고 ○○시대를 가르치는 것은 학생들이 멀리 있는 목소리를 이해할 수 있도록 돕는 좋은 방식이므로 교육과정에 포함되어야 한다"라든지, 혹은 "나는 ○○시대에 대해 공부하고 이 시기를 사랑한다. 이는 학생들의 정치적 권위의 본질을 이해할 수 있도록 돕는 가장 좋은 방식이므로 교육과정에 포함되어야 한다"와 같은 주장들처럼 말이다. 물론, 학자로서의 역사가들은 자신들이 선정한 주제가 얼마나 중요한지에 관한 근거를 구성하는 데 매우 능숙할 것이다. 하지만 그렇다고 해서 이것이 다른 주제가 학생들에게 잠재력을 가지지 못한다는 의미로 이어지지는 않는다. 전통이라는 과거의 압박은 교육과정 안내자로서는 아무런 가치가 없다. 왜냐하면 어떤 주제가 교육과정에 오랜 기간 포함되어 왔다고 해서, 이것이 그러한 주제의 중요성에 대한 증거가 될 수는 없기 때문이다. 공식적인 교육과정의 수준에서 교육과정의 내용을 결정하는 것은 신중하고 사려 깊은 계획을 필요로 한다. 또한 이는 내용 선정의 근거로서 단순화나 편의성에 의존하기보다는 많은 역사가 및 역사교육자를 비롯한 여러 다른 사람들의 목소리를 통합해야 하는 일이어야 한다.

더 나아가, 아무리 중앙집중화된 교육 체제 속에 있다 하더라도 교사들은 교육과정 원리를 이행하는 데 중요한 역할을 한다. 교사들은 자신이 가르쳐야 하는 주제 중에서도, 학생들이 멀리 있는 목소리를 이해할 수 있도록 돕는 주제가 무엇인지, 오늘날 결정을 내리는 데 있어 과거가 어떠한 방식으로 식견을 불어넣을 수 있는지, 또 그러한 잠재력을 가진 주제가 무엇인지에 대해 특히 진지하게 고려해야 한다. 가령, 미국 교사들 중 19세기의 인종 관련 이슈를 다루면서도 이 주제가 오늘날의 사회 이슈와는 어떻게 관련되는지에 대해 생각해보게끔 하는 이들은 많지 않다. 사실 많은 교사들은 학생들이 그러한 연결 고리를 생각해보는 것을 의도적으로 피하기도 한다. 그러나 교사들은 자신들이 가르쳐야 하는 주제에 대해 다루면서 어떤 점을 가장 강조할 것인지, 어떻게 학생들을 도와 이러한 점을 깊이 생각할 수 있도록 할 것인지, 오늘날의 결정에 식견을 불어넣어 줄 결과를 이끌어 내도록 어떻게 독려할 것인지 고려해야 한다. 물론, 이것이 단순히 주입되어서는 안 되며, 학생들은 결론을 강요받아도 안 된다. 역사는 결정에 식견을 불어넣어 줄 뿐, 결코 결정을 강요하지 않는다.

리칭 호 교수와 나는 한국을 비롯한 여러 다른 곳에서는 이러한 우리의 생각에 어떻게 반응할지 궁금하고 무엇이 되었든 그 반응을 두 팔 벌려 환영한다. 우리들 스스로는 다양한 국제적 맥락에 익숙하지 않다. 그러나 자신들만의 문화와 교육 체제에 깊이 몰입해 있는 다른 여러 곳의 교육자들은 이 책의 아이디어가 어떻게 적용되고 또 수정될 수 있는지에 대한 더 큰 통찰력을 가지고 있을 것이다. 사실, 이것이 바로 이 책의 목적이다. 우리가 일종의 아이디어를 제공하고, 다른 곳의 교육자들이 다양한 방법으로 이를 비판·적용·수정하여 오늘날 전 세계의 학생들과 사회가 요구하는 바를 충족시킬 수 있는 것 말이다. 이 시대는 학생들이 더 나은 미래를 이끌 수 있도록 하려면 이들을 어떻게 교육해야 할 것인지 신중하게 생각할 것을 요구한다. 이것은 다양한 배경과 경험, 관점을 가진 많은 사람들의 통찰력을 필요로 할 것이다. 우리는 우리의 작업이 그러한 참여에 영감을 줄 수 있기를 희망한다.

이 책이 한국의 독자를 만날 수 있게 된 것을 더없는 영광으로 생각하며, 지칠 줄 모르고 번역에 몰두해 온 세 명의 연구자들과 출판을 위해 노력한 역사비평사에게 진심으로 감사의 마음을 전한다.

인디애나대학교 블루밍턴 캠퍼스에서

키쓰 바튼(Keith C. Barton)

추천의 글

개인적으로 존경하고 친분이 두터운 키쓰 바튼, 리칭 호 교수의 저서가 뛰어난 역자들에 의해 번역되어 나온다는 소식을 듣고 무척 기뻤다. 두 교수는 사회과교육 분야의 저명 학자로서 전 세계적으로 명망이 있다. 키쓰 바튼 교수는 내가 유학 시절에 미국 사회과교육학회(NCSS, National Council for Social Studies)의 연차 학술대회에 참가할 때마다 탁월한 학문적 역량으로 많은 대학원생들의 존경을 받았던 학자이다. 리칭 호 교수는 과거 싱가포르의 국립교육원(NIE, National Institute of Education)에서 가르치실 때 한국을 자주 방문하여 한국 연구자들과 교류하곤 했다. 2019년에는 내가 학회장을 맡았던 한국다문화교육학회에서 두 분 교수를 초청하여 강연을 개최한 바 있다. 또한 내 수업에서 이분들의 저서를 자주 교재로 사용해 왔다. 이렇듯 나와 학문적 인연이 깊은 두 분의 명저를 번역하신 역자들께 경의와 찬사를 표하며, 이 책이 사회과교육을 공부하는 학생, 연구자, 그리고 현장에서 실천하는 교사들에게 큰 도움이 되리라 기대한다.

저자이신 키쓰 바튼, 리칭 호 교수는 모두 우수논문상, 모범연구자상, 젊은 연구자상 등을 두루 수상했을 뿐만 아니라, 국제적으로 저명한 학술지에 매해 빠짐없이 논문을 발표하여 여러 동료 연구자들에게 영감을 불어넣는 학자들이다. 특히 인상적인 것은 이들의 연구가 미국의 맥락에만 국한되지 않는다는 점이다. 키쓰 바튼 교수는 미국뿐만 아니라, 북아일랜드, 뉴질랜드, 싱가포르 등 다양한 맥락에서 연구 활동을 이어가고 있고, 리칭 호 교수 또한 미국, 그리고 싱가포르를 포함한 다양한 아시아 국가를 배경으로 연구 활동을 진행하고 있다.

미국 출신의 남성 연구자와 싱가포르 출신의 여성 연구자의 협업은 얼핏 특이해 보이는 만남이다. 그러나 이러한 만남이 이 책의 정체성을 드러내는 것이기도 하다. 사회교육과 시민교육은 오늘날 여러 사회와 문화를 토대로 보다 포용적이고도 다양한 차원으로 구성되어야 한다는 것이 바로 이 책의 전제가 되는 신념이기 때문이다. 이러한 맥락에서 두 연구자는 사회교육과 시민교육의 발전을 위해 여러 방면에서 연구를 이어왔으며 이 책은 그러한 애정과 노력이 깃든 결과물이라고 하겠다.

제목에서도 알 수 있듯이, 이 책은 월터 파커 교수가 던진 "우리는 어떻게 정의롭게 함께 살아갈 수 있을까?"라는 질문을 통해, 사회교육과 시민교육의 주된 목표가 정의와 조화, 그리고 공적 삶에 대한 관심에 있음을 분명히 한다. 그리고 이러한 목표를 달성하기 위해 교실 수업은 학생들의 숙의를 바탕으로 구성되어야 하며, 이 과정에서 학생들은 필요한 지식, 기능, 가치를 학습하면서 식견 있는 행위로 나아가게 된다. 특히 이 책에서 다루고 있는 이타심이나 멀리 있는 목소리, 현명한 행위, 시민사회, 시민적 예의와 시민적 무례, 환경 등의 주제들이 교육과정에 적용되는 다양한 사례와 구체적인 모습을 통해 그려지고 있다는 점에서 저자들의 연구는 더욱 큰 성과로 다가온다.

오늘날 세계는 전쟁, 난민, 기아, 양극화, 환경문제 등 온갖 사회 이슈들로 점철되어 있다. 이런 상황에서 사회과교육과정이 어떻게 변모해야 이러한 세상의 문제를 해결하고자 공적 삶에 적극적으로 참여하고 숙의를 통해 식견을 갖춘 시민을 길러낼 수 있을까? 교육을 통해 이 세상을 더 나은 공동체로 변모시키는 데 관심이 있는 모든 교육자들에게 이 책을 추천하고 싶다. 특히, 사회과교육에 첫발을 내딛는 학부생, 심화하여 공부를 시작하는 대학원생 및 현장에서 가르치고 있는 교사들에게도 이 책은 무엇을, 어떻게, 왜 가르쳐야 하는지를 생각해볼 수 있게 할 것이다.

2022년에 이 책이 처음 출판된 이후, 교육과정 및 사회과교육 관련 학술지에 여러 편의 긍정적인 서평이 게재된 바 있다. 이들의 공통된 평가 중 하나는 이 책이 사회교육과 시민교육에 대한 우리의 사고를 자극하고 생각거리를 던져준다는 것이다. 다행히 이 책을 번역한 세 명의 연구자는 각각 일반사회교육, 윤리교육, 역사교육 전공자로 원저자들의 의도를 충실히 살릴 수 있는 탁월한 역량을 갖추고 있다. 적절한 용어를 선택하고 미세한 뉘앙스를 드러내며 원문의 의미를 명확하게 표현하고자 1년이 넘는 시간 동안 논의를 거듭하고 수차례의 수정을 거쳐 번역을 완성했다고 전해 들었다. 그러한 노력이 한국의 사회교육과 시민교육이 한 발 더 나아가는 데 의미 있게 기여할 수 있기를 기대해본다.

서울대학교 사회교육과

모경환

일러두기

1. 이 책의 원제목은 *Curriculum for justice and harmony: Deliberation, knowledge, and action in social and civic education*이다. 책 전체에 걸쳐 저자는 사회교육과 시민교육(social and civic education)이라는 표현을 사용하고 있는데, 이러한 표현은 기본적으로 시민교육을 목적으로 하는 사회과교육을 염두에 둔 것으로 역사, 지리, 윤리와 같은 교과까지 포괄한다. 한글 제목에서는 간명성을 위해 '시민교육'으로 표현했으나 본문에서는 사회교육과 시민교육이라는 원어를 모두 살려두었다.
2. 이 책의 모든 각주는 한국 독자의 이해를 돕기 위해 옮긴이가 단 것이다.
3. 본문에서 **굵은 서체**로 표시된 부분은 원서에서 이탤릭체로 강조되었던 부분이다.

1장

사회교육과 시민교육에 대한 비전

　이 책은 사회교육과 시민교육 교육과정에 대한 비전을 제시한다. 과거 마틴 루터 킹(Martin Luther King, Jr.)은 "당신은 타인을 위해 무엇을 하고 있는가?"라는 물음이야말로 삶에서 가장 지속적이면서도 긴급한 물음이라고 말한 바 있다(M. L. King, 1963, p. 72). 사회교육과 시민교육에 대한 우리 두 저자의 비전은, 학생들이 마틴 루터 킹의 이 질문에 직접적이면서도 실체를 가진 방식으로 답할 수 있도록 준비하는 것이다. 그렇다면 이를 위한 교육과정은 어떤 내용을 담고 있어야 하는가? 교육과정 내에서 학생들은 절박한 사회문제들—빈곤이나 인종주의, 기후변화 등, 세계가 직면한 수많은 중요한 이슈들—에 어떻게 대처할 것인지 지속적으로 숙의해야 한다. 교육과정을 통해 학생들은 이러한 중요한 이슈를 둘러싼 구체적이고 세세한 지식들과 씨름해야 한다. 이를 통해 그들은 지역적으로나 국가적으로, 그리고 전 지구적 차원에서 사람들의 삶을 더 좋게 만드는 현명한 행위로 나아갈 수 있을 것이다. 또한 사회문제들은 공적 행위를 필요로 하기 때문에, 이러한 교육과정은 정치적·경제적·사회적 삶의 모습을 규정하는 제도와 관행을 중심으로 구성될 것이다. 다시 말해, 학생들이 더 나은 세상을 만들기 위해 함께 일할 수 있도록 준비시키는 것이 사회교육과 시민교육 교육과정에 대한 우리의 비전이다. 이러한 더 나은 세상 속에서 사람들은 누구나 문화적으로, 사회적으로, 물질적으로 번영할 것이며, 사회적 유대감에 기반한 풍부한 네트워크 속에서 인정받고 존중받게 될 것이다. 이것이 바로 정의와 조화의 교육과정이다.

사회교육과 시민교육이라는 말이 부담스럽게 들릴 수 있지만, 우리가 말하는 사회교육과 시민교육이란 학생들이 공적 참여의 삶을 준비할 수 있도록 하는 데 모든 교육 내용과 학습 경험이 맞추어져 있는 교육이다. 비록 근대 학교 제도가 학문적 성취나 경제적 훈련을 우선시할 수 있지만, 그럼에도 교육자들은 학생들이 공적 삶을 준비해야 한다고 생각한다. 이를 위해 교육자들은 학생들이 개인적 이해관심[1] 그 이상의 목적을 향한 마음가짐을 기르고, 또 이러한 목적을 추구해 나가는 능력을 발달시키고자 한다. 경우에 따라서 이러한 교육은 **공민, 시민교육, 시민성, 사회과교육** 등과 같은 이름의 교과목에서 이루어졌다. 특히 역사, 지리, 정부와 같은 교과목에서도 현재의 사회 이슈의 본질과 근원에 대한 이해를 지향하는 경우에는, 사회적·시민적 목표를 그 내용의 일부로 포함하기도 했다. 학교는 또한 인성교육이나 봉사교육, 글로벌교육, 평화교육, 다양한 민족에 대한 학습, 다문화교육, 지속가능성교육, 인권교육 등과 같이 보다 특화된 수업과 프로그램을 통해 학생들이 공적 삶에 참여할 수 있도록 독려하기도 한다. 특히 사회교육과 시민교육의 내용

---

1) '이해관심'은 'interest'를 번역한 말이다. 'interest'는 대개 '흥미', '관심', '이익' 등으로 번역되곤 하나 이 책의 저자들이 주로 사회과교육의 맥락에서 존 듀이(John Dewey)의 생각에 의존하여 논의하고 있기에 듀이의 생각을 담아 'interest'를 '이해관심'으로 번역했다. 듀이가 말하는 '이해관심'은 개인의 성향과 사회적 상황이 맞물리는 상황에서 현재 일어나고 있는 사태의 성패(成敗)에 대한 개인의 실천적 관심을 말한다.

은 학교 안에서뿐만 아니라, 수많은 박물관과 비영리 기구, 정부 기관에서 이루어지는 교육 활동에서도 찾아볼 수 있다. 이 책에서 우리는 특정한 수업과 교육과정의 내용이 아니라 이 모든 노력을 이끄는 근본적인 아이디어에 관심을 두고자 한다.

우리는 국가적 측면과 초국가적 측면을 아우르는 광범위한 사회적·문화적 상황에 적용 가능한 몇 가지를 권하고자 한다. 사회교육과 시민교육에 관한 대부분의 토의는 특정한 국가적 맥락과 밀접하게 엮여 있었다. 이 때문에 국가적 맥락을 넘어서는 더욱 강력하면서도 국제적으로 적합한 교육과정 원칙을 개발하기 어려웠다. 가령, 미국은 오랫동안 활발하게 사회교육과 시민교육에 관한 이론을 정립해 왔지만, 이러한 연구 대부분은 미국의 이상과 정치적 관행, 미국 헌법의 원칙과 법적 보호, 미국 정치 체제의 역사에 관한 것이었다. 이러한 접근이 국가의 경계를 넘어서는 관심사들—가령, 시민으로서의 사적 권리, 문화적 다양성, 공적 참여 등—을 강조할 수는 있지만, 미국 학자들은 대개 이러한 이슈를 지나치게 개별 국가의 차원에서 다루어 왔기 때문에 다른 나라 교육자들과의 관련성은 제한적이었다. "글로벌교육"을 강조하는 미국의 연구들조차도 미국 학생들이 미국이 아닌 세계의 다른 부분에 대해 무엇을 배워야 하는지에 초점을 맞추고 있을 뿐, 전 세계의 학생들이 사회교육과 시민교육에서 무엇을 배워야 하는지에 대해서는 초점을 맞추고 있지 않다.

다른 나라의 교육자들 또한 사회교육과 시민교육을 위한 교육과정 이론에 중요한 기여를 해 왔으나, 그들 역시 대개 자신의 연구를 수업 내용, 그리고 특정 국가나 지역의 사회적 이상과 연결시키는 정도이다. 다양한 국가에서 이루어진, 그리고 국가적 경계를 넘어서는 것을 목적으로 하는 "세계시민교육"에 관한 최근 연구조차 세계 다른 지역의 가치나 관심을 적절하게 반영하지 못한 채 유럽중심주의적 인식틀에 기반을 두고 있다. 이 책에서 우리는 우리의 아이디어가 다양한 지적 전통에 근거함을 분명히 하고 또 다채로운 상황과 관련된 사례들을 통합함으로써, 사회교육과 시민교육의 근간을 이루는 관점의 범위를 확장하기를 희망한다.

공적 행위

학생들이 공적 참여를 위한 준비를 갖추어야 한다는 모호한 목적을 제외하면, 사회교육과 시민교육 교육자들은 학생들이 무엇을 배워야 하는지, 혹은 공적 삶에 참여한다는 것이 무엇을 의미하는지에 대해 의견 일치를 거의 보지 못하고 있다. 학생들은 공정하면서도 동정심을 가진 태도로 서로를 대하는 것을 배워야 하는가? 문화적 차이를 받아들이는 것에 대해 배워야 하는가? 식견을 갖춘 유권자가 되는 것에 대해 배워야 하는가? 정부를 지지하는 것에 대해 배워야 하는가? 비판적 시각으로 사회를 평가하는 것에 대해 배워야 하는가? 로비나 집회, 혹은 그 밖의 다른 형태의 직접적 정치 행위를 통해 정치 과정에 참여하는 것에 대해 배워야 하는가? 때로는 박물관이나 사회 재단도 각각의 목적에 초점을 맞춘 교육과정을 일부 개발하기는 하지만, 학교 시스템이 이들 관점 중 어느 하나에 기반을 두고 일관되거나 배타적으로 접근하는 경우는 드물다. 단언컨대, 사회교육과 시민교육 교육과정의 내용들은 연결되지 않은 채 뒤죽박죽 섞여 있는 경우가 대부분이다. 심지어 이러한 것들이 주제나 논제를 가로질러 연결되더라도, 그리고 모든 것을 아우르는 교육목표 아래 일관성 있게 제시된다 하더라도 이러한 교육과정 내용들이 공적 참여라는 이상향에 부응하는 경우는 거의 찾아보기 어렵다. 우리는 학생들이 이보다는 더 제대로 배울 수 있어야 한다고 생각하고, 이 책을 통해 학생들이 시민적 삶을 어떻게 준비할 수 있을 것인지에 대한 대화를 다시 시작하고자 한다. 교육과정을 만드는 사람들은—교실에서든, 정부 기관에서든, 아니면 독립적인 기구나 비영리 재단에서든— 공적 행위가 이루어지는 세상으로 학생들을 이끌기 위한 일관성 있는 일군의 원칙을 필요로 한다. 우리는 바로 그 원칙을 제공하고자 한다.

그러나 처음부터 분명히 해야 할 점이 있다. 그것은 바로 우리가 사용하는 **공적 행위**라는 표현이 공적 관심사에 해당하는 문제에 집단적으로 관여하는 것을 의미한다는 점이다. 여기에는 빈곤, 폭력, 차별과 같은 각종 사회 이슈들을 다룸으로써 세상을 개선하기 위해 행위하는 것, 혹은 토착어나 환경과 같이 우리가 이미 가지고 있는 세상의 중요한 요소들을 보존하기 위해 일하는 것이 포함된다. 이러한 행위는 필연적으로 공공정책 및 사회제도와 관련되어 있다. 그리고 우리는 학생들이 이러한 행위에 참여할 수 있도록 어떻게 준비시킬 것인지에 초점을 두지, 가치나 인성, 혹은 대인관계에서의 행동을 발전시켜 나가는 것에 초점을 두지는 않는다. 사회교육과 시민교육을 지향하는 접근법들 중 일부는 학생들을 더 착한 사람으로—더욱 공정하고, 더욱 관대하며, 더욱 평화로운 사람으로— 만드는 것을 목적으로 한다. 물론 이것이 중요한 목표라는 점은 의심할 바 없으며, 분명 학교는 이러한 특성을 촉진하는 역할을 수행해야 한다.

그러나 인성을 함양하고 대인관계를 증진하는 것이 사회교육과 시민교육의 제일의 초점이 되어서는 안 된다. 인성과 인간관계는 광범위한 사회적·문화적 힘—즉, 가족이나 동료, 종교, 미디어 및 영향력 있는 다른 것들—의 영향을 받아 발달한다. 이러한 과정은 너무 복합적이어서 교육과정이 포괄적으로 다루기 힘들고, 또 학교 교과목에 인성 계발에 대한 부담을 지우는 것은 다소 실망스러운 결과로 이어지기 쉽다. 더욱이 이는 보다 합당하게 달성될 수 있는 다른 목표를 손상시킬 수도 있다. 따라서 이 책의 초점은 학생들이 공적 관심사에 해당하는 문제에 대해 행위하도록 준비시키는 데 있다. 이를 위해 학생들은 집단적 '좋은 삶'[2]에 영향을 미치고 집단적 노력을 요구하는 각종 정책이나 제도, 관행들을 다루어야 한다. 개인의 인성과 대인관계에서의 행동 역시 중요하지만, 우리는 **사회교육과 시민교육**은 지역과 국가, 글로벌 수준에서 공적 사회 이슈에 초점을 맞추어야 한다고 생각한다.

행위한다는 것은 복합적인 기획이고, 학생들이 이러한 과업을 수행할 수 있도록 준비시키는 것은 결코 협소하거나 단순한 임무일 수 없다. 어떤 이들은 "행위한다"라는 말을 들으면 자선단체에 기부하고 공동체에 자원봉사를 하는 행위, 혹은―지향은 다르지만― 거리 시위에 나서거나 보이콧에 참여하는 행위와 같이, 직접적이고 즉각적인 행동을 생각할지도 모른다. 이는 틀림없이 행위의 예시들이다. 상황이나 환경에 따라 이러한 행위들은 사회교육과 시민교육의 성과로 가장 잘 들어맞는 것일 수도 있다. 그러나 학생들은 시민적 삶을 형성하는 수많은 형태의 공적 참여를 할 수 있도록 준비할 필요가 있다. 학생들은 정책 이슈에 대한 자신의 견해를 발전시켜야 하며, 이러한 과정에서 입후보자와 이슈를 지지하고 정부 관료나 대중을 설득하려고 시도하며 궁극적으로는 스스로 투표하는 데 있어 식견을 갖추게 될 것이다. 학생들은 시민사회에 존재하는 다양한 공동체 집단이 행하는 일에 대해 배워야 하

---

2) '좋은 삶'은 'well-being'을 번역한 말이다. 아리스토텔레스는 그리스 대중들이 무반성적으로 사용한 'eudaemonia(에우다이모니아)', 즉 '행복'이라는 말에 '좋음'이라는 철학적·윤리적 가치를 부가했는데, 영어로는 'well-being', 'flourishing' 등으로 표현된다. 'well-being'은 우리말로 '행복', '좋은 삶', '잘 삶', '안녕', '복지' 등으로 다양하게 번역되는데, 이 책에서는 '에우다이모니아'의 의미를 잘 나타내면서도 대중에게 익숙한 '좋은 삶'으로 표현했다. 다만, 원문에 등장하는 'good life'라는 표현과 구분하기 위하여 'well-being'을 번역한 '좋은 삶'에는 작은따옴표를 넣어 표기했다.

고(이때 시민사회는 "봉사 활동" 기구만이 아니라 사회적·문화적·정치적 기구까지도 포함한다), 또 이러한 공동체 집단에 어떻게 참여할 것인지, 그리고 이들의 정책을 어떻게 인도해 나갈 것인지에 대해서도 배워야 한다. 그리고 학생들은 공식적이지 않은, 시민으로서의 행위를 위한 준비도 해야 한다. 예를 들어, 언론을 비판적으로 읽어내고 공적 사안에 대한 토의에 참여하는 것들 말이다. 이러한 모든 공식적·비공식적 활동을 준비하려면, 학생들은 이슈를 조사하고, 증거를 활용하여 결론을 내리고, 다양한 선택지와 그에 따른 결과를 고려하며, 세상의 변화를 만들어 내기 위해 다른 사람들과 함께 일하는 법을 배울 필요가 있다. 공적 행위는 너무나 중요하기 때문에, 이는 결코 동네를 청소하거나 시위에 참여하는 것 정도로 사소하게 치부되어서는 안 되며, 따라서 교육자들은 학생들이 취할 수 있는 다양한 형태의 공적 행위를 준비할 수 있도록 풍부하고 다채로운 교육과정을 마련할 필요가 있다.

정의와 조화

사회교육과 시민교육을 위한 원칙은 우선 이 분야가 추구하는 목적에 대한 명확한 인식으로부터 시작해야 한다. 즉, 교육과정은 공적 이슈를 다루어야 한다는 목표와 관련하여 결코 중립적일 수 없고 또 중립적이어서도 안 된다. 마찬가지로 교육과정의 목적은 단순히 학생들이 의사 결정을 내리고 자신이 믿고 있는 것을 옹호하도록 가르치거나 타인과의 대화에 참여할 때 자신의 입장을 지지하도록 가르치는 것이 아니다. 물론 이러한 것들도 중요할 수 있지만, 이는 교육과정을 위한 **목표**로서 충분하지 않다는 것이다. 아마도 더 정확하게 표현해보자면 이는 최종 목표가 아니라 목표에 근접한 어떤 것이라 할 수 있을 것이다. 이러한 교육과정에서 학생들의 선택과 입장은 결국 전적으로 자신만을 위한 것—자신만의 이해관심 또는 자신이 속한 집단의 이해관심으로 향하는 것—에 머무르고 다른 사람들에게 미치는 결과에 대해서는 전혀 고려하지 않는 것이 될 수 있다. 따라서 사회교육과 시민교육은 학생들이 입장을 취해보거나 합의에 이르도록 지시하는 것, 그 이상을 행해야 한다. 즉, 이러한 입장과 합의가 궁극적으로 **무엇을 위한 것인지** 고려하도록 도와야 한다. 간단히 말하자면, 사회교육과 시민교육은 공적 이슈에 대한 분명한 목적의식을 가지고 있어야 한다. 이는 어떤 사회든 학생들이 그 사회를 특징짓는 다양한 배경과 신념을 인지하는 가운데, 사회가 어떤 방향으로 나아가야 하는지에 대한 관심을 잃지 않도록 해야 한다는 의미이다.

이와 같은 교육과정—즉, 모든 학생들이 공통의 목적을 향해 노력하는 것을 배워야 함을 기탄없이 명시하는 교육과정—의 기반을 다지기 위해 충분히 근본적이면서도 충분히 유연한 이상이란 어떤 것일까? 월터 파커(Walter Parker, 2003)는 우리 시대의 주된 시민적 질문에는 "우리는 어떻게 정의롭게 함께 살아갈 수 있을까?"가 포함되어야 한다고 했다(p. 20). **정의롭게 함께 사는 것(Living together justly)**, 이 단순한 문구의 두 부분, 즉 '정의'와 '조화'야말로 교육과정의 핵심이어야 할 이상에 해당한다. 정의는 오랜 시간 동안 서구의 철학적 전통의 일부였고 또한 전 세계의 공공정책을 위한 질문에서 지속적으로 중심적인 역할을 담당하고 있다. 가령, 사람들은 어떤 권리를 가지고 있고, 이러한 권리들이 충돌할 때 우리는 무엇을 해야 할까? 억압의 상황을 어떻게 없애 나가야 할까? 사회적·물질적 이익과 부담이 어떻게 공정하게 배분될 수 있으며, 발전과 번영에 필요한 자원을 모든 사람들이 가질 수 있도록 어떻게 보장할 수 있을까? 학생들은 어린 시절부터 각자의 경험 안에서 이와 같은 질문에 마주하고, 또한 평생에 걸쳐, 특히 학교나 공동체, 전체 사회에서 공적 삶에 참여하기 시작하면서부터 이와 같은 질문을 해결하고자 계속 고심하게 될 것이다.

정의를 사회교육과 시민교육의 중심에 위치시키는 것은 우리 두 저자가 처음은 아니다. 수많은 교육자들, 그중에서도 특히 불평등과 억압에 대해 염려했던 교육자들은 교육과정이 정의에 관한 질문, 보다 구체적으로는 대개 **사회정의**의 범주에 있는 질문에 직접적으로 초점을 맞추어야 한다고 보았다(가령, Banks, 2004; Tyson & Park, 2008; Zembylas & Keet, 2019). 이들은 학생들이 억압의 역사와 함께 그것이 현재 어떻게 나타나고 있는지를 학습해야 한다고 주장했고, 또한 학생들이 이러한 억압에 맞서 행위하는 것을 배워야 한다고 주장했다. 이러한 관점은 분명한 목적의식을 가지고 있다. 즉, 이러한 관점은 공적 행위의 목적에 관하여 중립적이지 않다. 이러한 중립성은 마치 인종주의자와 반인종주의자가 함께 앉아서 상호 합의된 해결책에 도달해야 한다는 얘기와 다르지 않다. 따라서 우리의 연구는 사회정의의 목표를 지향하는 교육자들의 연구와 전적으로 동일선상에 있다. 그러나 기존의 연구는 공정하게 또는 평등하게 대우하는 것과 별개로 정의가 무엇을 **의미하는지**에 관하여 체계적인 비전을 거의 제시하지 못한다. 즉, 사회정의교육이 개별적인 이슈와 교육적인 접근에 있어서 명쾌하고도 통찰력 있는 수많은 분석들을 제시하고 있지만, 국내외를 막론하고 이러한 내용을 담고 있는 전반적인 교육과정의 토대에 있어서는 이를 통괄할 수 있는 정의에 관한 이론에 근거하고 있지 못한 경우가 많다. 이 책의 목적 중 하나는 정의의 본질에 관하여 유연하지만 이론적인 근거를 갖춘 관점을 제시하고 또 이러한 관점이 어떻게 사회교육과 시민교육을 위한 기초를 제공할 수 있는지 제시하는 데 있다. 이는 정의를 둘러싼 수많은 개별적 이슈와 이를 체계적으로 다루는 정의에 관한 이론적 관점 사이의 간극을 좁히는 데 기여할 것이다.

2장에서는 정의에 대한 아마티야 센(Amartya Sen, 2009)의 비교론적 접근이 다루어진다. 이것은 센(A. Sen, 2009), 마사 누스바움(Martha Nussbaum, 2011) 등의 연구자들이 발전시킨, 인간 발달에 대한 역량 접근법과 결합된 것이다. 우리는 이러한 접근법이 사회교육과 시민교육에서 정의에 관한 이슈를 고려할 때 어떤 식으로 가장 유의미한 토대를 제공하게 되는지 설명할 것이다. 많은 정치철학과 달리, 비교론적 접근은 정의에 관하여 보편적인 원칙을 확립하거나 완벽하게 정의로운 사회를 만드는 것을 목표로 하는 것이 아니다. 그보다는 명백한 부정의의 사례들이 구체적인 상황에서 어떻게 완화될 수 있는지에 관심을 둔다. 센(A. Sen, 2009)은 세상의 다양한 사람들과 전통들이 이상적인 사회의 본질에 대해서는 생각의 차이를 드러내겠지만, 그럼에도 불구하고 세상을 어떻게 **더 좋게** 만들 것인가에 대해서는 보다 쉽게 합의에 이를 수 있다고 주장한다. 이러한 관점에서는 역량[3]이라는 요소가 중요하다. 역량 개념의 중요한 가정은 사회정책이 모든 사람들로 하여금 자신

---

3) '역량'은 'capability'를 번역한 말로, 대개 '잠재력', '가능성', '능력' 등으로 번역된다. 그러나 이 책에서의 'capability'는 아마티야 센(Amartya Sen)의 아이디어에서 비롯되었기에 한국에 소개된 센의 주요 저작을 참고하여 해당 표현을 가져왔다. '역량'을 갖는다는 것은 누구나 각자가 생각하는 '좋은 삶'을 살 수 있는 실질적인 기회를 갖는 것을 의미한다. 이러한 의미에서 '역량'을 보장한다는 것은 개인의 실질적 자유를 보장하는 것이며, 이를 위해서는 개인의 목적이나 여건, 사회적 상황 등에 따라 다른 접근이 요구된다. 여기서 주의할 것은 '역량(capability)'은 최근 교육계에서 강조되는 '역량(competence)'과 그 의미와 초점이 전적으로 다르다는 것이다. 교실 수업 상황에서 강조되는 '역량(competence)'은 단순한 지식 습득이나 기능 적용과 대비하여 실제 상황에서의 수행이나 문제해결을 강조하는 의미로 사용된다. 이 글에서 '역량'은 모두 'capability'를 번역한 것이며, 'competency'나 'competence'는 '능숙함'으로 표현하거나, 부득이하게 '역량'으로 표현할 경우에는 영어 표기를 병기하였다.

들이 가치 있게 여기는 삶을 선택할 수 있는 능력을 진전시켜야 한다는 것이다. 이를 위해서는 누구에게나 물질적 재화에 대한 접근을 보장하고, 문화적 표현의 통로를 제공하며, 공적 참여를 가로막는 것들에 대해 고심하고, 개인의 특성이나 소속 집단에 기반한 차별을 제거해야 한다. 이는 사회교육과 시민교육에 특히 유용한 토대가 될 수 있다. 왜냐하면 이는 학생들이 세계가 직면한 가장 중요한 사회 이슈들—빈곤, 의료 지원, 인종주의, 젠더 불평등, 환경 변화 등—을 고려할 수 있게 하기 때문이다. 그러면서도 개별 상황에서 이러한 이슈들을 해결하는 실용적인 방법에 관한 결정을 내리도록 안내하기 때문이다. 이러한 접근은 의미 있는 행위를 할 수 있는 공간을 거의 제공하지 못한 채 이상적이고 비현실적인 비전을 제시하는 것과는 다르다.

그러나 정의에 관한 이슈가 학생들이 다루기 위해 배워야 하는 유일한 이슈는 아니다. 서구에서는 정의가 정치철학의 주요 초점이었지만, 세계 다른 지역에서는 **조화**가 오랫동안 공적 삶의 중심 목표였다. 이는 파커(Parker, 2003)의 표현에서 한 부분을 차지하고 있는, **함께 사는 것**(living together)에 관한 것이다. 3장에서 논의하게 되겠지만, 조화는 유교 철학의 핵심 요소로서 사회질서 내에서 관계를 유지하는 데 관심을 가진다. 어떻게 하면 사람들은 다른 사람들에 대한 자신의 의무를 가장 잘 수행할 수 있을까? 어떻게 하면 집단과 개인들 사이의 유대감이 강화되어 모든 사람들의 삶이 더 풍요롭고 또 더 충만할 수 있을까? 어떻게 하면 차이가 존중받을 수 있고, 또 어떻게 하면 그러한 차이가 성장의 원천으로 작용할 수 있을까? 어떻게 하면 갈등과 긴장이 생산적으로 해소될 수 있을까? 어떻게 하면 사회의 각기 다른 목소리와 불협화음들 속에서, 그리고 수많은 사람과 환경 사이에서 균형을 이룰 수 있을까? 이 역시 학생들이 어릴 때부터 마주하는 질문이자 평생토록 고심할 질문들이다.

조화를 증진시켜 나가고자 한다면, 학생들은 각기 다른 배경과 정체성을 가진 사람들의 권리를 어떻게 보호해야 하는지―이것이 곧 정의를 지향하는 질문이다― 고민해야 할 뿐만 아니라, 사회 내의 모든 사람들에게 의미 있는 역할을 어떻게 부여할지 고려할 수 있어야 한다. 학생들은 서로 다른 집단과 개인들 사이에서 어떻게 생산적인 연결 관계와 상호작용이 구축되고 유지될 수 있을지에 대해서도 탐구해야 한다. 누구의 목소리가 더 주목받아야 하는지, 그리고 언제 그리되어야 하는지 고려할 수 있어야 한다. 또한 학생들은 공적 삶에서 어떻게 시민적 예의를 고양시켜 나갈 것인지에 관한 질문을 다루어야 하며, 동시에 언제 시민적 무례가 사회 진보를 위한 더 나은 수단이 될 수 있는지에 대해서도 생각해보아야 한다. 그리고 학생들은 사회적·경제적 관행들이 어떻게 환경적으로 지속 가능할 수 있는지도 고찰해봐야 한다. 일부 국가에서는 조화가 이미 사회교육과 시민교육의 중심을 이루고 있지만, 이는 모든 지역에서 교육과정의 일부가 될 가치가 있다.

그런데 조화는 종종 순응, 지배, 위계질서와 관련된다. 사실, 조화라는 관념은 종종 힘을 가진 사람들이 권위주의적이고 가부장적이며 또한 엘리트주의적 관행을 정당화하기 위해 활용되어 왔다. 우리는 조화를 이런 식으로 활용하는 것이 조화라는 관념의 남용이자 오해라고 생각한다. 이는 결코 사회교육과 시민교육에서 지지받을 수 있는 태도가 아니다. 우리는 첸양 리(Chenyang Li, 2014), 김성문(Sungmoon Kim, 2014), 소훈 탄(Sor-hoon Tan, 2003)과 같은 최근 철학자들의 연구를 통해, **비판적 조화**의 중요성에 대해 강조하려고 한다. 물론 비판적 조화 또한 관계에 대한 관심, 그리고 사회가 질서 있게 기능하는 것에 대한 관심을 가지고 있다. 하지만 여기에 더해, 사회를 개선하기 위해 갈등과 긴장을 포용하는 것이 관계와 사회의 질서 있는 기능을 증진하기 위한 최선의 방법임을 인식하고 있다. 따라서 비판적 조화는 보다 통합된 전체를 이루기 위해 차이와 다양성에—심지어 급진적인 형태의 차이와 다양성에까지도— 가치를 부여한다. 또한 비판적 조화는 어느 하나가 지속적인 우위를 차지하지 않도록 하고 다양한 통찰력을 인정하기 위해 여러 경험과 관점들 사이에서 균형을 유지하고자 한다(이러한 균형은 단순한 중립과는 다른 것이다).

숙의를 통해 식견을 갖춘 행위

학생들이 정의와 조화를 증진시켜 가는 것을 배울 수 있도록 하는 것은 사회교육과 시민교육의 출발점이다. 그리고 그 실천의 중심에는 숙의를 통해 식견을 갖춘 행위가 있어야 한다. 4장에서 설명하겠지만, 공적 참여에 관한 우리 견해의 핵심에는 숙의 혹은 공적 추론이 사회 이슈를 다루기 위해 필요한 행위를 결정하는 데 필수적이라는 입장이 자리하고 있다. 전통적으로 사회교육과 시민교육은 학생들이 개인적 결정에 도달할 수 있도록 돕고자 했다. 투표, 혹은 보다 적극적인 형태의 정치적 참여를 통해(아니면 때때로 그저 단순히 타인을 잘 대해 줌으로써), 자신들이 내린 결론에 따라 행위하기를 바라면서 말이다. 이처럼 개인적인 측면에서 성찰적이면서도 식견을 갖춘 의사 결정이 중요하기는 하지만, 이것만으로는 공적 삶을 준비하기에 충분치 않다. 많은 정치 이론가들은 공적 문제에 관해 효과적이면서도 지속적인 해결책을 마련하기 위해서는 개인의 의사 결정보다는 숙의가 더 큰 잠재력을 가지고 있다고 주장해 왔다(가령, Barber, 2003; Gutmann & Thompson, 2004; Mansbridge 외, 2010). 숙의는 더 나은 결정으로 이끌어 줄 뿐만 아니라—이는 이슈에 대처할 수 있는 지식과 통찰력을 확장함으로써 가능한 일이다— 그렇게 내려진 결정의 정당성도 강화해준다. 왜냐하면 숙의는 서로 다른 관점을 공정하게 청취할 수 있는 기회를 제공하고, 의사 결정의 결과로부터 영향을 받는 모든 사람들의 관심을 통합하기 때문이다. 이러한 의미에서의 숙의는 이미 공식적인 정치 환경에서뿐만 아니라, 일상의 공간에서도—가령, 친구와 동료들 사이에서, 동호회나 노동조합에서, 이발소나 독서 모임에서, 인터넷상으로도— 이루어지고 있다. 학생들은 공적 행위의 토대로서 이러한 종류의 숙의에 참여하도록 준비되어야 한다. 이를 위해 학생들은 스스로 숙의의 과정에 참여하면서 동시에 어떻게 하면 숙의의 과정이 더 효과적일 수 있는지 학습할 필요가 있다.

숙의가 사회교육과 시민교육의 접근법으로서 갈수록 더 많은 이들에게 공유되고 있는 추세이기는 하다. 하지만 우리 두 저자는 교육에서의 숙의에 관한 모델이 수많은 방식으로 확장되어야 한다고 주장한다. 때때로 숙의는 그 안의 모든 참여자들이 서로를 동등하게 마주하는 가운데 이루어지는, 절제되고 감정에 좌우되지 않는 논의 과정으로 상상되곤 한다. 하지만 숙의에 대한 이러한 생각은 논의 과정의 토대가 되는 문화적 특수성을 무시한 것이며, 더욱이 숙의에 필수적이라 할 수 있는 평등이 권력이나 지위에 의해 손상될 수 있다는 점을 간과한 것이다. 물론 이와 같은 단점 때문에 숙의가 사회교육과 시민교육에서 배제되어야 한다는 말은 아니다. 오히려 이러한 단점을 감안하여, 숙의에서는 다양한 형태의 표현을 독려하는 것이 보다 중요하게 강조될 필요가 있다. 가령, 개인적 내러티브나 감정적 호소, 그리고 글이나 그림 또는 행위 형태로 표현된 작품들도 숙의의 중요한 표현 형태로 이해되어야 한다. 이런 것들은 모두 사회 이슈에 관하여 다양한 입장들을 진술하면서도 동시에 다양한 입장에 문제를 제기하는 강력하고도 정당한 방식이다. 따라서 기존의 많은 교육자들과 초기 숙의 이론가들이 중요하게 생각했던 보다 체계적이고 질서 있는 형태와 함께, 이러한 다양한 형태의 표현들 역시 숙의의 과정에 포함되어야 한다. 더욱이, 교육자들은 학생들이 숙의 과정 내부에 존재하는 불평등을 탐색하고 이에 도전하도록 도와야 한다. 학생들은 권력이 어떤 방식으로 참여에 영향을 미치는지 인식할 수 있어야 하고, 또 각기 다른 숙의 형태들을 포용성이라는 측면에서 평가할 수 있어야 한다.

　무엇보다 중요한 점은 숙의가 학생들로 하여금 기존의 갈등 상황에 들어가게 하는 데 그치지 않고 문제를 해결하도록 준비시켜야 한다는 것이다. 사회교육과 시민교육에서 숙의는 종종 경쟁적인 이해관심과 근본적인 가치 충돌을 수반하는 논쟁적인 정치 토론으로 이해되고 있다(가령, Constitutional Rights Foundation, 연도 미상; D. Johnson 외, 1996). 이러한 갈등이 분명 중요하기는 하지만, 이것이 결코 공동의 의사 결정을 요구하는 유일한 이슈는 아니다. 빈번하게―아마도 우리가 생각하는 것 **이상으로** 빈번하게― 사람들은 협력적이고 도구적인 숙의에 참여하고 있다. 이를 통해 사람들은 같은 이해관심을 공유하면서도(가령, 지역의 문화유산 유적지 보존하기, 난민들을 원조하기, 혹은 인종 프로파일링 끝장내기),[4] 자신들의 목표를 어떻게 가장 잘 달성할 수 있는지에 대한 합의에 도달해야 한다. 비록 집단 외부의 다른 사람들이 이러한 목표에 동의하지 않고 심지어 극심하게 반대할 수도 있겠지만, 숙의는 반대되는 관점들 사이에서뿐만 아니라 공유된 관점을 가진 사람들 사이에서도 이루어질 수 있다. 학생들은 이와 같이 갈등의 정도가 더 약한 형태의 숙의에 참여하는 방법도 배워야 한다. 이런 점에서, 교실 수업에서 숙의가 이루어지기 위해서는 학생들 간의 관계에 관심을 기울이고 학생들의 공통된 이해관심을 확인하는 것이 중요하다. 우리는 이처럼 다양한 표현 형식과 표현 양

---

4) 인종 프로파일링(racial profiling)은 인종, 민족, 종교 등을 기반으로 특정 개인을 범죄 행위의 용의자나 가담자로 낙인찍고, 의심하며, 모니터링하는 행위를 일컫는 말로, 대표적인 소수자 차별 행위 중 하나이다.

식을 포함하고 문제 해결을 위한 도구로서의 형태를 강조하는 모델을 **협력적 숙의**라고 명명하고자 한다.

숙의를 통해 식견을 갖춘 행위가 사회교육과 시민교육의 목표라면, 학생들은 그 실천에 입문해야 한다. 이 책의 5장에서 주장하겠지만, 이는 교육과정이 단순히 학생들이 숙의를 통해 식견을 갖춘 행위를 하도록 **준비시키는** 것이 아닌, 학생들이 이러한 행위에 **나서도록** 해야 한다는 것을 의미한다. 다시 말해, 모든 연령대의 학생들이 공적 이슈에 있어 어떤 행위가 행해져야 하는지 숙의해야 하고, 가능하다면 언제든 자신들이 내린 결정을 이루어내기 위해 실천해야 한다. 이것은 대부분의 학교교육이 염두에 두고 있는 근본적인 가정과 극적인 대조를 이룬다. 사실 대부분의 학교교육은 학생들이 학교에서의 과정을 **마친 이후의 시기** 혹은 학생들의 먼 훗날의 삶에 초점을 맞추며, 나중 시기의 과업에 적용할 수 있는 내용이나 기능을 학생들에게 제공하는 것을 목적으로 하기 때문이다. 학생들이 활발한 참여를 통해 지식을 구성해간다는 인식에 기초한 가장 적극적인 형태의 교수법조차도 교실에서의 과업은 먼 미래의 목적을 위한 수단이라는 전형적인 생각에서 벗어나지 못한다. 즉, 이런 경우조차도 교실에서는 장래의 목적을 위해 내용을 효과적으로 학습하는 방법을 아는 것이 주요 과제라는 것이다. 그러나 우리의 생각은 이와 다르다. 우리는 사회교육과 시민교육의 방법은 사람들이 학교 밖에서 학습하는 방법을 반영해야 한다고 생각한다. 이는 스포츠나 예술 활동에서 학습하는 방법과도 다르지 않다. 그 방법은 바로, 학습의 목적을 실천에 두고 바로 그 실천에 참여함으로써 학습하는 것을 말한다. 이것은 내용과 활동 사이의 관계를 뒤집는 일이다. 숙의를 통해 식견을 갖춘 행위는 내용을 배우는 수단이 아니다. 오히려 내용이 학생들로 하여금 숙의를 통해 식견을 갖춘 행위를 **할 수 있게** 만드는 수단이다. 다시 말해, 숙의를 통해 식견을 갖춘 행위는 단지 미래에 일어날 것이 아니라 바로 지금 여기에서 학교교육이 이루어지는 모든 수준에서 실천되어야 한다.

교육과정에서의 지식

이 책은 교수학습 절차보다는 교육과정 내용에 초점을 맞춘다. 교수학습이 교육과정의 일부라는 점에서 이러한 구분은 다소 잘못된 것일 수도 있다. 즉, 교수학습의 실천은 언제나 교육이 담고 있는 근본적인 가치에 대한 메시지를 전달한다. 또 학생들이 가르침을 받는 방식은 그들이 배우는 **내용**의 한 부분을 형성하고 있다. 가령, 학생들이 스스로 숙의를 실천해보는 기회를 가지지 못한 채 강의를 통해서만 숙의를 배운다면, 이러한 교육과정은 숙의보다는 전달된 지혜를 받아들이는 것이 더 중요하다는 메시지를 암묵적으로 전하는 셈이다. 마찬가지로, 학생들이 다양한 관점을 중시해야 한다고 들으면서도 정작 학교에서 자신들의 배경이 평가절하되고 있다면, 이들은 결국 특정 견해가 더 중요하다는 것을 배우게 될 뿐이다. 따라서 교수학습 실천 방식을 주의 깊게 선택하는 것은 사회교육과 시민교육에서 필수적인 부분이며, 이에 교사와 연구자 등에 의해 이루어진 수많은 작업들은 효과적인 교수법을 구현하는 데 초점을 두어 왔다. 그러나 내용—교육의 중심에 있는 지식, 기능, 태도—에 세심한 주의를 기울이지 않고 효과적이기만 한 교수법은 초점을 잃은 것과 같다.

이러한 내용을 다루는 데 있어, 우리의 작업은 기능과 태도보다는 실질적인 지식을 강조한다는 점에서 사회교육과 시민교육에 관한 동시대의 많은 다른 관점들과 차이가 있다. 학생들이 지식을 습득하기를 기대하는 것은 오랫동안 학교교육의 분명한 목적이었다. 그러나 오늘날 학생들은 많은 경우 인터넷을 통해 몇 초 만에 지식에 쉽게 접근할 수 있다는 점에서, 교육과정에서 지식 요소에 초점을 맞추는 것은 시대에 뒤떨어진 것처럼 보일지도 모른다. 실상 학생들이 지식 일체를 통달하도록 기대하는 것은 학습을 구조화하는 데 있어 시대에 뒤떨어지고 비효율적인 방식이다. 그러나 그렇다고 해서 지식이 중요하지 않은 것은 아니다. 왜냐하면 지식 없이는 숙의를 통해 식견을 갖춘 행위가 불가능하기 때문이다. 다시 말해, 지식은 행위가 **식견을 갖추도록** 해준다. 이는 그러한 내용을, 즉 식견을 갖춘 행위를 가능하게 하는 지식의 내용에 대하여 새로운 방식으로 생각해볼 것을 요구한다. 우리 두 저자는 지식이 학습자에 의해 **습득되는** 제재라고 생각하지 않는다. 오히려, 지식은 학생들이 **씨름해야 하는** 정보라고, 특히 숙의를 통해 식견을 갖춘 행위를 가능하게 하는 하나의 수단이라고 생각한다.

5장에서 강조하겠지만, 지식을 습득의 대상이 아닌 씨름해보아야 할 대상으로 보면, 교육과정 내용은 개별적인 이슈를 중심으로 구성될 필요가 있다. 예를 들어, 학생들이 교육이나 의료 지원, 충분한 생활수준을 보장하기 위한 최선의 방법을 고민하기 위해서는, 개별적이고 구체적인 사례를 두고 **그러한 이슈들**에 관한 지식과 씨름해보아야 한다. 이는 단순히 학생들이 정보에 "통달"하는 것이 아니라 정보를 활용함으로써 숙의하기 위한 동기를 갖추고 숙의 과정에서 식견을 갖출 수 있다는 것을 의미한다. 이는 분명 학생들이 씨름해보아야 하는 가장 중요한 주제, 그리고 삶에 걸쳐 지속적으로 중요성을 가지게 될 주제—가령, 빈곤이나 의료 지원, 차별, 환경 등과 같은 이슈—를 신중하게 선택할 것을 요구한다. 학생들이 씨름해볼 특정한 사례는 국가적 맥락, 지역 상황, 학생의 연령 등에 따라 다양할 수 있지만, 어떤 상황에서든 학생들은 사회의 가장 중요하고도 지속적인 이슈에 대한 개별적인 정보와 마주해야 한다.

이처럼 개별성을 중시하는 접근법은 "사고 기능", "21세기의 기능", "능숙함"과 같이 일반적인 내용을 강조하는 수많은 관점들과 차이가 있다. 이와 같은 접근법들은 학생들이 어떤 일반적인 역량이라는 것을 주제와 상황을 넘나들며 적용할 수 있을 것이라는 근거 없는 믿음에 기반하고 있다. 어떤 주제에서나 효과적일 수 있는 일반적인 역량이라는 것은 존재하지 않는다. 왜냐하면 주제의 본질에 따라 사람들의 추론 방식이 달라지고, 또 사람들은 자신이 보다 많이 알고 있는 주제에 대해 더욱 정교한 방식으로 사고하기 때문이다(Kintsch & Kintsch, 2005; Schneider, 2011; Wellman & Gelman, 1998). 단언컨대 포괄적인 학습을 추구하는 것은 사회교육과 시민교육에는 적용되기 어렵다. 사회교육과 시민교육에서 이루어지는 사회 이슈에 관한 추론은 정서적인 요인과 이념적 입장에 깊이 영향을 받고 이 모든 것이 주제에 따라 달라지기 때문이다.

교육과정에 대한 우리의 접근법은 학교 교과목의 내용이 "학문적 사고"(가령, Counsell, 2011; Lambert, 2011)—이는 때때로 "힘 있는 지식"의 형태로 여겨진다(M. Young, 2013)—를 중심에 두어야 한다는 입장과도 대조를 이룬다. 학교 교과목이 분과 학문에 토대를 두어야 한다는 가정은 어쩔 수 없을 정도로 잘못된 생각에 기반하고 있고, 이는 확실히 교육과정 선택의 기초로서는 부적절하다. 학계 학자들의 연구가 어떤 교과목에 관한 의미 있고 적합한 지식의 유일한 원천도 아니고, 이런 점이 사회교육과 시민교육 분야만큼 분명하게 드러나는 곳도 없다. 빈곤과 같은 주제를 고심하는 데 필요한 지식의 일부는 사실상 학계에서 생산되었을 수는 있으나(비록 어느 한 영역에서 나온 것은 아니겠지만), 그 대부분은 언론인이나 시민사회 기구, 정부 기관, 토착적 지식 체계, 그리고 많은 경우 학생들이 직접 수행한 탐구로부터 온다. 학교 교육과정의 기초를 갖추고자 "학문"에 호소하는 것은 사회교육과 시민교육 교육과정에 관한 명확한 사고를 하는 데 큰 장애물이 되어 왔다(Thornton & Barton, 2010). 교육과정의 원칙은 교육적 목적의 바탕에서 수립되어야 하며, 우리는 이 책 전체에 걸쳐 이러한 교육적 목적들을 강조하고 있다.

내용 선정을 위한 가이드라인

우리 연구의 중요한 목적 중 하나는 사회교육과 시민교육 교육과정을 구성하는 지식의 기초를 이룰 수 있는 가이드라인을 분명히 하는 것이다. 우리의 목적은 모든 학생들이 마주해야 하는 개별 내용을 묘사하는 것이 아니다. 왜냐하면 그러한 내용은 상황에 따라 달라질 수밖에 없기 때문이다. 학생들이 공부하는 주제가 정의와 조화의 이슈와 관련하여 숙의를 통해 식견을 갖춘 행위를 취하는 데 초점이 있다면, 우리는 개별 주제 자체에는 크게 신경 쓰지 않을 것이다. 대신 우리는 학생들이 씨름해야 하는 **지식이 어떤 것인지**에 대한 지침을 제공할 수 있기를 희망한다.

6장에서 논의하게 될 첫 번째 가이드라인은 학생들이 숙의에 몰두할 수 있도록 동기를 부여하는 데 필요한 지식, 그리고 궁극적으로 학생들이 내린 결정을 제대로 수행하기 위해 요구되는 지식을 식별하는 것이다. 유교 철학자 맹자로부터 끌어와, 우리는 이를 **이타심[5] 확장하기**라고 부른다. 여기서 이타

---

5) '이타심'은 'benevolence'를 번역한 말이다. 본문에서 강조하듯이 이 단어는 공자의 경우 '인(仁)', 맹자의 경우 '측은지심'에 해당하는 의미를 담고 있다. 이 책에서는 이러한 학술적 의미를 고려하는 동시에 본문에 제시되는 'benevolent', 'benevolently' 등 파생 단어와의 일관성 및 자연스러움, 대중적인 이해의 편의 등을 감안하여 '이타심'으로 표현하였다.

심(仁, benevolence)은 타인이 필요로 하는 것을 만족시키기 위해 행위하려는 마음가짐을 의미하는 말로, 이는 시민으로서 참여하기 위한 첫 번째 단계로서 누구나 겪을 수밖에 없는 과정이다. 왜냐하면 시민으로서의 참여는 언제나 노력을 필요로 하기 때문이다. 즉, 시민으로서 참여하는 것은 이슈를 탐구하고 논의하는 데 시간과 에너지를 쏟아야 하는 어려운 일이면서 동시에 그러한 이슈에 대하여 어떤 것을 행하기 위해 요구되는 잠재적인 자기희생적 행위에 해당한다. 대부분의 교육자들은 학생들에게 동기를 부여하는 것이 중요하다고 인지하고 있지만 시민으로서 참여하기 위해 필요한 노력에 대해서는 그에 걸맞은 관심을 기울이고 있지 않다. 또한 시민으로서의 행위를 이끌어내는 것에 대해서도 체계적인 이해에 기반을 두고 있지 않다.

우리는 윤리나 도덕의 보편적 원칙은 이타적인 행위에 동기를 부여하지 못한다고 주장하고자 한다. 대신, 사람들은 동정심에서—즉, 다른 사람들의 기쁨과 고통에 대한 관심에서— 동기를 부여 받는다. 여기가 바로 교육과정이 출발해야 하는 지점이다. 즉, 학생들은 타자의 구체적인 경험에 관한 지식과 씨름하면서 비로소 행위하려는 마음을 갖게 된다. 이때 동정심과 이타심을 "만들어 내는" 것이 아니라는 점에 주목해야 한다. 동정심이나 이타심은 모든 사람들이 타고난 것처럼 보이기 때문이다. 물론 보통 그러한 감정은 계발되지 않은 상태이며, 우리가 가장 잘 아는 이들에게만 적용된다. 이런 이유로 맹자는 동정심이나 이타심을 단지 싹(端, sprouts)에 불과하다고 말한다. 따라서 교육과정의 목표는 다른 사람들, 그리고 다른 상황으로까지 확장될 수 있도록 이러한 싹을 기르는 것이어야 한다. 이는 학생들이 개별 환경 내, 특정한 사람들에 관한 지식을 가지고 씨름할 때에나 가능한 일이다. 우리 주장의 핵심적인 전제는 교육과정을 통해 길러낼 수 있는 것은 전반적으로 "보다 이타적인 학생들"이 아니라 특정한 이슈에 영향을 받는 사람들에 대해 이미 자신이 갖고 있는 이타심을 **확장하도록** 동기를 부여받는 학생들일 뿐이라는 점이다.

동정심과 이타심이 공적 숙의와 행위를 위해 필수적인 출발점이기는 하지만, 이것만으로는 절대 충분하지 않다. 우리가 다른 사람들의 삶에 관해 아무리 마음을 쓴다 하더라도, 우리가 본 것을 잘못 해석하거나 스스로의 제한된 이해나 가치에 근거하여 행위할 수도 있다는 위험은 늘 존재한다. 7장에서 논의하게 될 내용 선정에 관한 두 번째 가이드라인은 센(A. Sen, 2009)이 "멀리 있는 목소리"라고 부른 것—즉, 서로 다른 경험과 배경을 가진 사람들의 관념과 관점—에 학생들이 관심을 가질 것을 요구한다. **멀리 있는 목소리에 귀 기울이기**는 숙의에 있어서 적어도 세 가지 이점을 지닌다. 첫째, 이는 숙의 과정에서 공적 행위의 영향을 받는 사람들의 욕구에 우선순위를 두어, 공적 행위가 이 사람들의 요구에 부응하게 할 가능성을 높여준다. 둘째, 학생들은 멀리 있는 목소리에 귀를 기울임으로써 보다 풍부한 정보를 기반으로 작업할 수 있으며, 이 과정에서 타인들이 그들의 지역 환경에서 발전시킨 지식으로부터 도움을 받을 수 있다. 마지막으로, 이를 통해 학생들은 스스로의 가치나 가정을 다른 전통 사람들의 가치나 가정과 대비하여 성찰할 수 있다. 경청이 중요하다는 점은 전 세계적으로 수많은 철학적 전통에서 다루어지고 있다. 하지만 경청은 결코 쉽지 않은 일이며, 따라서 교육과정은 학생들이 지리적으로나 사회적으로 멀리 있는 사람들의 관념과 체계적으로 씨름해볼 수 있도록 해야 한다. 첫 번째 내용 선정 관련 가이드라인에서 말한 바와 같이, 이 목표는 학생들을 그저 일반적인 방식으로 "보다 훌륭한 경청자"로 만드는 것이 아닌, 학생들이 숙의 중인 개별 이슈에 관해 통찰력을 가진 사람들의 생각을 통합할 수 있도록 하는 것이다.

8장에서 소개되는 내용 선정의 마지막 가이드라인은 학생들이 **현명한 행위를 할 수 있도록**—이는 흔히 실천적 지혜라고 언급되는 것에 기반하고 있다—

안내하는 데 초점을 맞춘다. 이러한 실천적 지혜는 동서양 철학 모두에 뿌리 내리고 있으며, 이는 사회적 세계에 관한 결정이 불변의 규칙이나 보편적 신조에 기초해서는 안 되고, 개별 사례의 독특한 상황에 세심한 주의를 기울여야 한다는 것을 강조한다. 처음 두 개의 내용 선정 가이드라인은 이슈에 대한 학생들의 감정적 연결에 동기를 부여하고 다양한 관점에 마음을 열 수 있도록 하려는 것이지만, 현명한 행위는 분별력(權, discretion)의 중요성을 강조한다. 여기서 분별력이란, 행위를 취하기 전에 선택지들을 주의 깊고 사려 깊게 평가할 수 있는 것이다. 맹자가 주장하는 것처럼, 현명한 결정을 내리기 위해서는 우선 상황을 신중하게 평가해야 한다. 이런 방식을 통해서만 어떻게 나아갈지 알 수 있기 때문이다(『맹자』, 「양혜왕」 상, 7장; 「만장」 하, 1장). 이것은 학생들이 이슈에 영향을 미치는 다양한 요소와 개별 정책 선택지에서 나올 수 있는 결과를 고려해야 한다는 것을 의미한다. 여기에는 부차적이고 의도하지 않은 효과까지 포함된다는 점이 중요하다. 더욱이 학생들은 무슨 정책이나 관행이 정의와 조화를 가장 잘 발전시킬 수 있는지 고민해야 할뿐만 아니라, 자신들과 타인이 이를 실현하기 위해 무엇을 할 수 있는지에 대해서도 고려해야 한다. 다시 말하지만, 이는 일반적인 용어가 아닌, 개별 상황에서, 적절한 타이밍이나 실행 가능성 같은 요소들에 세심한 주의를 기울이는 속에서 행해져야 한다. 많은 공적 결정들이 얼마나 현명하지 못한지, 그리고 사람들의 신념이 얼마나 다루기 어려운 것처럼 보이는지 고려해보면, 이는 교육과정에 있어 거의 불가능할 것 같은 목표로 보일지도 모르겠다. 그러나 사람들이 올바른 상황하에서 현명한 결정을 내릴 수 있고 또 실제로 현명한 결정을 내린다고 믿을 이유가 있으며, 학생들이 이를 행할 수 있도록 준비시키는 것이 바로 사회교육과 시민교육이 할 일이다.

확장과 적용

이 책의 마지막 세 장에 걸쳐 우리는 최근 사회교육과 시민교육의 주요 개념들이 확장되고 있는 상황에 우리의 생각이 어떻게 적용될 수 있는지 탐색할 것이다. 이 세 개의 장에서 우리는 학생들이 다음과 같은 것을 할 수 있도록 준비시켜야 한다고 주장하고자 한다. 먼저 학생들은 시민사회 내에서 숙의하고 행위할 수 있어야 한다. 여기에는 비정치적 형태의 시민사회까지 포함된다. 다음으로 학생들은 숙의와 행위의 형태로서 시민적 예의[6]에 해당하는 것과 시민적 무례[7]에 해당하는 것 모두에 참여할 수 있어야 하며, 이 각각이 언제 정당화될 수 있는지에 관해 판단할 수 있어야 한다. 마지막으로 학생들은 환경정의의 이슈를 고려하는 가운데 자연에 대한 인간 중심주의적인 관점을 넘어 환경과의 조화로 나아갈 수 있어야 한다.

---

[6] '시민적 예의'는 'civility'를 번역한 말로, 이 용어는 여러 문헌에서 '시민성', '시민적 교양', '정중함' 등으로 표현되고 있다. 그러나 한국에서 대중적으로는 물론이고 학술적으로 통용되는 적확한 용어는 없는 상황이다. 저자들의 의도에 따르면 'civility'는 '사적·공적 영역에서 사람들에게 요구되는 규범이나 관행 일반'을 지칭하는 것으로 이해할 수 있다. 사적 영역을 포괄한다는 점에서 여러 규범들 중 '예의'의 성격이 강하다고 보았으며, 공적인 장에서 절차의 준수를 중시한다는 점에서 '시민적'이라는 표현이 필요하다고 이해했다. 특히 'civility'와 비교하여 설명하는 'incivility'와의 호응도 고려하여, 이를 '시민적 예의'로 칭했다.

[7] '시민적 무례'는 'incivility'를 번역한 말이다. 주로 '무례함' 정도로 해석되는 경우가 많은데 이러한 표현은 우리말에서 지나치게 사적 영역을 떠올리게 하는 표현이어서 저자들의 의도를 잘 살리지 못한다. 저자들은 'incivility'를 단순히 잘못된 행동으로 이해하고 있지 않으며, 오히려 'incivility'는 'civility'가 갖는 순응적 성격을 극복하고 사회구조의 변화를 가져온다는 점에서 시민들에게 요청되는 측면이 있다. 이런 점에서 '무례함'에 '시민적'이라는 표현을 더하여, 이를 '시민적 무례'로 칭했다.

1) 시민사회에 참여하기

공유된 목표를 추구하는 것에 대한 강조가 이 책의 중요한 한 측면이다. 이는 사실 사회교육과 시민교육 교육과정에서 늘 소홀하게 다루어졌던 부분이다. 공적 참여에 초점을 맞춘—즉, 인성이나 대인 관계에 초점을 맞춘 것이 아니라— 대부분의 연구는 정치적이면서 경쟁적인 형태의 참여를 강조하고 있다. 정책을 만들기 위해 국가 제도에 관여하거나 여론에 영향을 미치기 위해 시위에 참여하고 유사한 다른 행위에 참여하는 경우처럼, 공적 참여는 언제나 정치적 형태를 취하고 있다. 그러나 수많은 중요한 형태의 조직화된 행위는 전적으로 혹은 부분적으로 정부 바깥에서 이루어지기도 한다. 가령, 사람들은 공식 집단이나 비공식 집단을 통해 경제적 기회를 창출하거나 사회적·물질적 지원을 제공하고자, 또는 환경을 보호하기 위해 함께 일하고 있다. 이러한 기구는 대개 **시민사회**라고 불린다. 일부 사람들—가령, 시민권이 거부된 사람이나 반응이 없는 정치 체제 아래에 있는 사람들—에게 시민사회는 더 나은 세상을 만들기 위한 실질적으로 거의 유일한 수단이기도 하다. 또 다른 이들에게 시민사회는 그야말로 정치 외적 목표나 정부에 반대하는 목표를 추구하는 가장 효과적이거나 가장 접근하기 쉬운 수단이다. 9장에서 비정부적 형태의 공적 참여의 중요성에 대해 직접적으로 다루고 있기는 하지만, 우리는 이 책 전반에 걸쳐 학생들이 단지 정치적 행위자로서의 역할만이 아닌 다양한 형태의 공적 삶에 참여하도록 이들을 준비시키는 데 초점을 맞추고 있다. 이는 학생들이 종교 집회나 시민적 결사체, 자원봉사 기관, 그 밖의 다양한 자발적 결사체에서 이루어지는 참여와 의사소통의 종류를 이해하고, 또 이러한 집단의 활동이 정의와 조화에 얼마나 잘 기여하는지 평가할 수 있기를 요구한다.

2) 시민적 예의와 시민적 무례

10장에서 설명하게 되겠지만, 시민사회에서든 정치 무대에서든 의미있으면서도 생산적인 방향에서 학생들이 숙의를 통해 식견을 갖춘 행위에 참여하게 하려면, 시민적 예의에 대한 이해, 그리고 시민적 예의를 받아들이려는 마음가짐을 갖추어야 한다. 시민적 예의란 서로 다른 영역에서 이루어지는 행동과 의사소통을 구조화하는 공식적·비공식적 사회규범을 의미한다. 시민적 예의—유교적 맥락에서의 예(禮)—는 좋은 매너나 사적인 공손함 이상의 의미를 가진다. 스티븐 카터(Stephen Carter, 1998), 김성문(Sungmoon Kim, 2011), 에드워드 쉴즈(Edward Shils, 1997)를 비롯한 여러 학자들이 지적해 온 바와 같이, 시민적 예의는 무엇보다도 자제력을 발휘하고 또 공동선을 향한 마음가짐을 요구한다는 점에서 공적 담화에 필수적인 요소이다. 또한 중요한 점은, 시민적 예의는 다양한 개인과 집단, 제도들 사이에서 관계와 행동을 규제하는 데 도움을 준다는 점이다. 왜냐하면 시민적 예의는 존중과 수용, 이해심에 기반한 의사소통을 가능하게 하고, 개방적 태도로 토의에 참여하고 다른 관점을 고려하려는 마음을 전달하기 때문이다. 그러나 더 정의롭고 조화로운 사회로 나아가는 데 있어서는 **시민적 무례**가 본질적으로 중요한 역할을 한다는 점을 배우는 것 역시 중요하다. 예를 들어, 비협력과 공공 시위와 같은 시민적 무례의 행위는 주류 집단이 상대적으로 약한 집단의 영향력을 줄이고 이들을 소외시키려고 시도하는 상황에서 이에 도전하고 이의를 제기하는 데 활용될 수 있다. 시민적 예의와 시민적 무례를 규정하는 규범과 관행이 사회적 맥락에 따라 매우 다양하다는 점을 고려할 때, 학생들은 시민적 예의가 상황적으로 적합한 때가 언제인지, 그리고 시민적 무례가 필요한 때가 언제인지를 배울 필요가 있다. 다시 말해 교육과정은 학생들이 시민적 예의와 시민적 무례에 대한 결정에 있어서 어떻게 분별력을 발휘해야 하는지 배울 수 있도록 도울 필요가 있다. 따라서 사회교육과 시민교육은 학생들이 다양한 맥락에서 시민적 예의, **그리고** 시민적 무례의 역할을 실천하고 성찰할 수 있도록 해주는 일련의 지식, 이해, 경험을 통합해야 한다.

3) 환경에 있어서의 정의와 조화

마지막 장에서, 우리는 정의와 조화라는 개념을 환경 이슈로까지 확장하여 적용한다. 세계 곳곳의 여러 상황에서 소외된 공동체가 직면하고 있는 환경정의에 관한 사례 연구는 정의에 대한 역량 접근법의 적용 가능성을 보여줄 뿐만 아니라 이러한 공동체들이 번창할 수 있도록 하는 집단적인 종교적·문화적·전통적 역량에 주목하는 것 역시 중요하다는 점을 강조한다. 한편 조화에 초점을 맞춤으로써 우리는 환경 이슈에 대한 수많은 접근을 뒷받침하는 지배적인 가정에 맞서게 된다. 인간중심주의적, 물질주의적, 개인주의적 가정들이 바로 그것이다. 토착적 자원 관리 사례를 통해 우리는 환경윤리에 관한 관계적 접근을 제안한다. 여기서 중심이 되는 원칙은 상호연결성, 도덕적 의무, 다양한 자연생명계—여기서 인간은 단지 한 부분에 불과하다—의 복원에서 나타나는 역동성 같은 것들이다. 또한 우리는 인간과 환경 사이의 관계에 관해 지배적이었던 유럽중심주의적 사고방식에 도전할 것이며, 그동안 당연시되어 왔던 이분법, 즉 인간/비인간, 자아/타자, 사회적인 것/자연적인 것, 의식 있는 존재/의식 없는 존재 등의 구분에 대해서도 이의를 제기할 것이다. 또한 이 장에서 우리는 기후변화로 야기된 복합적이고 다차원적인 도전을 다루는 과정에서 이 책의 세 가지 내용 가이드라인—이타심 확장하기, 멀리 있는 목소리에 귀 기울이기, 현명하게 행위하기—이 어떤 식으로 도움이 되는지를 확인하게 될 것이다. 이러한 가이드라인에 따라 학생들은 다양한 집단에 속한 사람들을 위해 기후변화를 완화하고 기후변화 상황에 적응할 수 있는 전략을 생각해볼 수 있을 것이다.

결론

이 책에서 우리는 사회교육과 시민교육 교육과정에 대해 완전히 새로운 방향을 주장한다. 사회적 삶에 대한 학습은 세계 곳곳에서 다양한 모습을 취하기 마련이다. 하지만 그 모습이 어떤 것이든 간에 근본적인 목표는 학생들이 정의와 조화를 지향할 수 있게 준비시키는 것이어야 한다. 사람들은 자신이 원하는 삶을 선택할 수 있어야 하며, 다양한 사람과 집단들 사이에서 존중하고, 생산적이면서, 보람을 얻는 관계를 증진해갈 수 있어야 한다. 이를 가능하게 하는 조건을 어떻게 더 나아지게 만들 것인가야말로 학생들이 반드시 배워야 할 내용이다. 학교가 세계의 사회문제를 해결할 수는 없지만, 학생들이 사회문제를 스스로 해결하는 데 필요한 지식과 씨름하게 할 수는 있다. 이러한 점에서 내용을 선정할 때의 중요한 목적은 학생들이 가진 이타심의 감각을 확장하는 것, 학생들이 자신과 다른 경험과 관점에 민감해지게 하는 것, 현명한 공적 행위를 추구하는 데 있어 분별력을 갖도록 하는 것이어야 한다. 이것은 각종 주제에 걸쳐 적용될 수 있는 일반적인 기능도 아니고, 훗날 사용하기 위해 기억 속에 저장될 수 있는 지식 같은 것도 아니다. 학생들은 지식을 활용해야만 개별적인 사회 이슈에 관하여 어떻게 행위할 것인가를 두고 숙의하기 위한 동기와 식견을 얻을 수 있다. 빈곤, 기아, 의료, 섹슈얼리티, 인종주의, 기후변화와 기타 많은 사안들이 그러한 사회 이슈에 해당할 것이다.

이것은 복잡한 주제들이고, 따라서 학생들은 어릴 때부터 그것들을 탐구하기 시작해야 한다. 이를 통해 학생들은 이러한 주제들을 의미 있게 고려할 수 있는, 미묘하면서도 성숙한 능력을 점차적으로 발전시킬 수 있다. 사회교육과 시민교육을 위해 활용할 수 있는 시간이 제한적이라는 점을 감안하면, 교육과정은 학생들이 세상에서 정의와 조화를 증진시켜 나가도록 준비시키기 위해 세심하게 설계되어야 한다.

2장
정의와 역량

정의는 개인의 삶과 공적 삶의 중심이다. 사람들은 무엇이 행동을 정의롭게 만드는지, 혹은 정의롭지 않게 만드는지에 대해 강력하면서도 직관적인 생각을 갖고 있다(Bloom, 2013; McAuliffe 외, 2017). 개인적 관계에 있어 대부분의 사람들은 무엇이 **옳은가**에 기반하여 타인을 대우하고자 하고 또 자신도 그렇게 대우받기를 희망한다. 즉, 단순히 친숙함, 개인적 선호, 혹은 냉정한 계산에 의존하기만 하는 것은 아니라는 뜻이다. 또한 정의는 오랫동안 정치철학과 윤리적 추론의 주제였고(Miller, 2017; Sandel, 2009; I. Young, 1990), 공적 이슈들은 거의 항상 정의에 관한 질문을 수반하고 있다. 가령, 인종적 혹은 종교적 평등을 보장하는 것, 환경을 보호하고 유지하는 것, 소외된 공동체의 안전과 자유로운 표현 사이에서 균형을 찾는 것, 주거와 교육, 의료지원에 접근할 수 있게 하는 것들이 대표적이다. 이러한 이슈들, 그리고 다른 수많은 근본적인 사회 이슈들은 우리에게 '무엇이 주어진 정책을 효과적이게 하는가'뿐만 아니라 '무엇이 우리가 하려는 일을 옳게 만드는가'까지 고려할 것을 요구한다. 비록 정의가 행위를 뒷받침하는 유일한 근거는 아니지만, 개인적 사안이나 공적 사안 어느 경우든지 간에 **부정의한** 법률이나 제도, 행동을 옹호하는 것은 불가능한 일은 아니어도 어려운 일이기는 할 것이다 (Miller, 2017).

마찬가지로 사회교육과 시민교육은 오랫동안 정의에 주목해 왔다. 비록 이 단어 자체가 교육과정 안내서나 교실 수업에서 두드러지게 드러나지는 않지만, 옳은 일을 하는 것에 대한 이해관심은 언제나 이 교과목들 안에 포함된 광범위한 주제 뒤에 자리하고 있다. 이는 학생들이 정치적 이슈, 공동체 기구, 시민적·정치적 권리, 타인을 향한 책임에 대해 배울 때 가장 명확하게 드러난다. 하지만 정의의 함의는 다른 주제에도 암묵적으로 내포되어 있다. 예를 들어, 현대 사회 구조의 발전, 인간과 환경의 상호작용의 본질, 증거에서 결론을 도출하는 과정을 배우는 모습을 생각해보라. 이 모든 것은 무엇이 옳은지, 혹은 옳은 일에 관한 결정을 어떻게 내려야 하는지에 대한 학생들의 이해에 직간접적으로 영향을 미치기 위한 것이다. 즉, 사회교육과 시민교육에서 교육과정 주제는 학생들로 하여금 **단순히 있는 그대로의 현상**만이 아니라 **무엇이 행해져야 하는가라는 당위의 문제**를 이해하도록 돕는 것을 염두에 두고 선택된다. 바로 이런 이유에서 파커(Parker, 2003)는 우리 시대의 중심이 되어야 할 물음에 "우리는 어떻게 정의롭게 함께 살아갈 수 있을까?"가 포함되어야 한다고 제안했던 것이다.

학교나 철학자들 사이에서, 그리고 사회 전반에 걸쳐 정의에 대한 관심이 이토록 만연하다 보니 이 주제에 대한 수많은, 심지어 서로 갈등을 빚는 접근법들까지 제시되어 왔다. 즉, 대인관계에서의 행동이 아니라 사회제도에 초점을 둘 때조차도 철학자들은 무엇이 사회를 정의롭게 만드는가에 대하여―특히 사회적·물질적 부담과 보상의 분배에 있어― 다양한 사고방식을 제시해 왔다(Lamont & Christi, 2017; Miller, 2017). 예를 들어, 일부 철학자들은 공정한 절차가 가장 중요하다고 주장하는 반면, 다른 철학자들은 결과의 형평성에 초점을 둔다. 어떤 이들은 최대 다수의 최대 이익을 달성하는 데 초점을 두는가 하면, 다른 이들은 각 개인에게 주어져 있는 권리를 강조하기도 한다. 그리고 정의가 자신의 노동에 대한 이익을 온전하게 받는 것을 요구한다고 주장하는 이들이 있는가 하면, 타인의 삶을 개선하기 위해 재분배가 정당화된다고 주장하는 이들도 있다. 심지어 평등을 역설하는 많은 철학자들 사이에서도 평등해져야 할 것이 결과인지 기회인지, 그리고 그러한 평등을 이끌어내기 위해 무엇을 해야 할 것인가에 대한 강조점에는 차이가 있다. 이 외에도 차이는 다음과 같은 질문을 중심으로 다양하게 나타나고 있다. 누가 정의를 요구할 자격이 있는가?(특정 사회 내 사람들만? 아니면 전 세계의 모든 사람들?), 누가 그러한 요구를 충족시킬 책임이 있는가?(개인, 정부, 혹은 다른 종류의 제도?), 정의가 인간을 넘어 확장될 수 있는가?(동물, 식물, 또는 생태계 전체로?)

공적 결정은 이러한 질문들에 대한 여러 가지 가정에 의존하고 있다. 하지만 정의라는 개념에 대한 단일하고 명시적인 관점은 결여되어 있으며, 이는 공공정책들을 논쟁하는 과정이 공통의 기반에 근거하지 않은 채 이루어지는 경우가 많다는 것을 의미한다(Barry, 2005). 사회교육과 시민교육 역시 유사한 딜레마에 직면해 있다. 정의에 대한 각기 다른 관점이 사회교육과 시민교육 교과목들에 스며들어 영향을 미치고 있지만, 이들 교육과정 대부분에는 정의에 대한 어떤 체계적인 접근법도 반영되어 있지 않다. 정의에 관한 거의 모든 이론은 공평함을 강조하고 있는데, 이는 사회교육과 시민교육을 위한 가장 공통된 기반 중 하나에서도 확인할 수 있다. 그것은 바로 학생들로 하여금 모든 사람들이 공통으로 갖고 있는 인간적 가치를 인식하도록 보장하는 것이다. 하지만 이와 동시에 학교는 실질적 측면에서 보자면 세계적·국제적 관심사보다는 자국의 정치, 역사, 문화에 훨씬 더 많은 관심을 기울이고 있다. 그리고 여기에는 당연히 다른 사회의 구성원보다 자기 사회의 구성원에 대해 더 큰 의무를 가진다는 상반된 믿음이 반영되어 있다. 반면에 인권교육은 세계적 의무도 국가적 의무만큼 중요하며, 학교가 이와 같은 마음가짐을 함양해야 한다는 가정에서 출발한다. 한편, 많은 교육과정에서 법과 입헌주의의 발전을 강조하는 것은 절차적 정의에 대한 관심이 반영된 것이지만, 이와 함께 불평등에 주목하는 것은 결과의 평등에 대한 이해관심에서 비롯된 것이다. 요컨대 정의와 관련된 요소는 사회교육과 시민교육 전반에 걸쳐 나타나지만, 그러한 교육과정 전체를 묶어내는 정해진 하나의 시각이라는 것은 존재하지 않으며, 단지 이질적이고 종종 일관되지 않은 가정들의 느슨한 집합만이 있을 뿐이다. 사회교육과 시민교육 분야에서 정의에 관한 보다 원칙적이고 정합적인 사고방식이 이미 정립되었어야 했다는 것이 우리의 생각이다.

사회정의와 교육과정

사회교육과 시민교육의 최우선 목적 중 하나는 학생들이 정의의 이슈에 대해 행위를 취할 수 있도록 준비시키는 것이어야 한다. 이를 위해서는 정의가 무엇을 의미하는가에 대한 명확한 비전을 가져야 하며, 분절되고 검증되지 않은 가설이 교육과정 내용이나 학생들이 숙의하는 실질적 내용에 영향을 미치도록 해서는 안 된다. 오직 정의에 대한 체계적인 이해가 뒷받침될 때라야 교육자들은 교과 내용에 대한 결정을 내릴 수 있다. 이는 특히 활용할 수 있는 교수학습 시간이 한정되어 있음을 고려하면 더욱 그러하다. 더욱이 파커 (Parker, 2003)가 지적했듯이, 학생들이 정의에 관해 결정을 내리고자 하더라도, "자신들이 하고자 하는 것을 이해하지 못한다면, 즉 실제로 도움이 되는 정의 이론이 없다면 학생들은 결코 성공할 수 없다"(p. 56). 그러나 이러한 이론은 교사와 학생, 그리고 대중들에게 접근 가능한 것이어야 하고 또한 교실 수업에 분명하게 적용 가능한 것이어야 한다. 정의에 관한 이론은 너무나 광범위하거나 추상적이거나 지나치게 경직적이어서는 안 된다. 그렇게 되면 교육자들이 이를 실천에 옮기기 힘들어지기 때문이다. 특히 매우 다양한 맥락과 상황을 고려한다면 더욱 그러하다.

사회교육과 시민교육 교육과정의 목적을 달성하고자 한다면, 이 비전은 또한 **사회**정의를 향하고 있어야 한다. 즉, 한 사회에서 작동하고 있는 제도와 관행이 개인과 집단에게 어떻게 자원과 기회를 할당하고 있는가를 고려해야 한다는 말이다(Barry, 2005). 사회정의에 관한 이론은 사람들에게 다른 개개인을 향한 윤리적 행동을 안내하고자 의도된 이론과는 다르다. 사회정의는 법, 정책, 제도, 사회적 관행이 어떻게 사회의 전 영역에 영향을 미치는가에 관한 것이지, 사람들 **간의** 개인적 책임을 안내하는 원칙에 관한 것이 아니다. 어떤 사람이 이웃에서 도둑질을 할 때, 혹은 고용주가 자격이 없는 친인척을 고용할 때, 우리는 이들이 부정의하게 타인들을 대우했다고 말할 수는 있을 것이다. 그러나 적절한 법이나 규정이 제대로 작동하여 이러한 관행을 막고 있는 경우라면 이러한 행동은 **사회**정의의 문제는 아니다. 사회정의는 사회 내에서 승인되고 또 체계적인 방식으로 사람들의 복지에 영향을 미치는 공적 관행을 다룬다. 가령, 젠더 규범, 세금 구조, 환경 규제, 교육 체제, 의료 지원에의 접근, 차별 금지법을 비롯한 각종 사회제도가 여기에 포함될 수 있을 것이다.

이러한 관행들은 분명 윤리적 행동과 중첩된다. 하지만 사회교육과 시민교육은 개인적 가치나 인격적 특성보다는 이러한 행동에 영향을 미치는 사회의 여러 요인에 초점을 두어야 한다. 가령, 미국에는 인종 차별의 원천이 제도가 아닌 개인에게 있다는 생각이 만연해 있는데, 이러한 생각이 인종주의 문제에 대한 근본적인 장벽으로 작용하곤 한다. 여기서 주목할 것은 교육과정이 제도적 인종주의와 구조적 폭력을 다루지 않고 개인의 편견에 기반한 태도의 효과를 강조함으로써 이러한 인식을 더욱 강화하고 있다는 점이다(A. Brown & Brown, 2010; L. King & Chandler, 2016). 이러한 교육과정에 따를 때, 학생들은 개개인이 관용적이고 타인에게 수용적인 태도를 갖는다면 인종주의는 존재하지 않을 것이라고 생각하기 쉽다. 이렇게 되면 학생들은 개인적 편견의 감정과 무관하게 현존하는 법적·경제적 구조가 인종적 소수자의 삶과 기회에 어떤 영향을 미치는지를 인식하기 어렵게 된다. 이로 인해 학생들은 사회의 모든 구성원들에게 기회와 '좋은 삶'을 제공하도록 만들어진 공공 정책을 지지하며 사회정의를 향해 나아가기 위한 준비를 제대로 갖추기 어렵다. 사실, 사회제도가 아닌 개인의 특성에 초점을 맞추게 되면, 개인의 성취가 다르다는 이유로 제도적 인종주의의 희생자들에게 오히려 비난의 화살을 돌릴 수 있다(Greenbaum, 2015; Redeaux, 2011). 학교 교육과정은 학생들로 하여금 인종주의를 비롯하여 전 세계 곳곳의 수많은 다른 사회 이슈들이 오로지 사회 수준에서만 온전하게 다루어질 수 있다는 것을 이해하도록 도와야 한다. 이는 개인적 태도가 아무리 중요하다고 하더라도 달라지지 않는다. 이러한 점에서 사회정의와 개인적 윤리를 명확하게 구분하는 교육과정이 필요하다.

역량 접근법과 사회정의

아마티야 센이나 마사 누스바움을 비롯한 연구자들이 정교화한 바 있는 인간 발달에 대한 역량 접근법은 사회교육과 시민교육 교육과정에서 사회정의 관련 이슈를 검토하는 데 있어 가장 초점화된, 그리고 가장 의미 있는 토대를 제공한다. 역량은 스스로 가치 있다고 생각하는 존재가 **될 수 있고** 또 가치 있다고 여기는 것을 **할 수 있는** 효과적인 기회이며(A. Sen, 2009), 더 간단히 말하자면 스스로 생각하는 '좋은 삶'을 달성할 수 있는 자유이다(Robeyns, 2016). 이 접근법은 세계 발전이나 국내 정책 모두 그 지향점은 "사람들이 자신의 잠재력을 계발하고, 스스로를 평등한 인간의 존엄성에 걸맞은 의미 있는 존재로 만들어가면서, 충만하고 창조적인 삶을 살 수 있게 한다"라는 것을 전제로 한다(Nussbaum, 2011, p. 185). 크로커(Crocker, 2008)의 설명에 따른다면, 이는 "오랫동안, 건강하고, 안전하며, 사회적으로 관계하고, 정치적으로 참여하는" 삶을 살 수 있게 하는 것이기도 하다(p. 390). 사람들이 이러한 역량을 가지도록 보장하기 위해서는, 최소한 사람들은 건강하고 오래 살 수 있는 수단을 제공받아야 하고, 안전하고 위험이 없어야 한다. 또한 교육을 받고, 자신에 대해 자유롭게 표현할 수 있고, 다양한 감정적 애착을 형성할 수 있으며, 사회적·물질적 환경에 대한 통제권을 가지고 있어야 한다(Nussbaum, 2011). 이와 같은 견해에서 보면, 사회정의를 위해서는 이러한 역량을 확립하고 보호할 필요가 있다.

분명, 모든 사람이 현재 이러한 역량을 가지고 있는 것은 아니다. 경제적으로 낙후된 국가나 경제적으로 발전한 국가나 할 것 없이, 많은 사람들은 빈곤과 기아에 노출되어 있기도 하고, 전쟁이나 정치적 억압의 희생자이기도 하며, 교육이나 의료 지원에 대한 접근에 한계가 있는 경우도 있고, 정체성에 기반한 학대, 폭력, 차별에 직면해 있는 경우도 있다. 또한, 공적으로 자신을 표현하거나 자신의 운명을 만들어가는 데 의미 있는 역할을 할 자유가 부족한 경우도 있고, 불확실한 환경적 미래에 직면한 경우도 있다. 공공정책의 중심 과제는 이러한 한계를 극복하는 것이어야 하며(A. Sen, 2000), 사회교육과 시민교육의 핵심 임무는 학생들이 그러한 행위에 참여하는 것을 가능하게 하는 것이어야 한다. 학생들이 숙의**할 수 있는** 많은 정의 관련 이슈들 중에서도, 인간의 역량을 보장하는 데 초점을 둔 이슈들이 가장 중요하다. 어떤 교육과정에서든 활용 가능한 시간이 제한적이라는 점을 고려해볼 때, 이러한 이슈에 초점을 맞추어야만 학생들이 지역적 맥락이나 세계적 맥락 모두에서 정의에 관한 가장 근본적인 이슈들을 다룰 수 있을 것이다.

이러한 접근법은 세계에서 가장 오래 지속되고 있는 철학적 전통과도 일치한다. 예를 들어, 아리스토텔레스는 어떠한 정치적 제도라도 그 중심 과제는 완전한 인간 존재를 이끄는 데 필요한 조건을 확보하는 것이라고 주장했다(Nussbaum, 1987, 2011). 아리스토텔레스에 따르면, 정치적 결정은 "번영하는 삶"을 사는 것이 어떤 의미인지에 대한 견해에 따라 이루어져야 하며, 따라서 공적 참여의 과업은 사람들이 그러한 삶을 이끌어갈 수 있도록 해주는 여건을 확보하는 것이어야 한다(Nussbaum, 2011). 마찬가지로, 맹자나 순자 같은 유교 철학자들은 백성들이 윤리적 미덕을 함양할 수 있도록 통치자들에게 백성들의 '좋은 삶'을 돌보는 중심 역할을 부여했다(Chan, 2009; C. Li, 2014). 두 가지 관점 모두에서, 물질적 번영을 가능하게 하는 것이 통치의 핵심적 기능이다. 왜냐하면 이러한 '좋은 삶' 없이는 개인이 번영할 수가 없기 때문이다. 그러나 물질적인 재화는 그 자체로 최종 목적이 아니라 단지 더 많은 인간적 추구—가령, 공동체의 일부가 되고, 가족에 대한 자신의 의무를 다하고, 합리적인 추론 과정에 참여하며, 다른 가치 있는 목표를 추구하는 것—를 위한 전제 조건이다.

역량 접근법은 또한 물질적 '좋은 삶'을 절대적 선이 아니라, 사람들이 스스로 가치를 부여하는 삶을 이끌어갈 수 있게 해주는 방법으로 본다. 물론, 사람들은 자신들의 삶에서 물질적인 측면에 가치를 둔다. 대부분의 사람들은 오래 살기를 원하고 건강한 삶을 살기를 원한다. 또한 적절한 영양의 음식과 깨끗한 물을 섭취하기를 원하며, 생계를 이어나갈 임금과 안전한 근로조건을 제공하는 고용 기회를 얻기를 원한다. 이것들은 모든 사람들에게 주어져야 하는 가장 기본적이면서도 중요한 역량들이다(Robeyns, 2016). 그러나 센(A. Sen, 2009)은 "사람들은 욕구를 가지고 있지만 이들은 또한 가치도 가지고 있으며, 특히 추론하고, 평가하고, 선택하고, 참여하고, 행동하는 능력을 소중히 여긴다. 사람들을 오직 그들의 욕구의 측면에서만 보는 것은 인간성에 대한 다소 빈약한 관점일 수 있다"라고 했다(p. 250). 따라서 다른 중요한 역량으로, 정치적 참여, 사회적 소속 형태, 양질의 교육 기회에 대한 접근이 포함될 수 있다. 또한, 사회정책과 제도가 정의로운지에 대한 평가는 단지 재화가 어떻게 분배되는가에 관한 추론만이 아니라, 사람들이 물질적인 자원을 가지고 **무엇을 할 수 있는지**에 관한 추론, 그리고 물질적이지 않은 것—가령, 공동체 구성원 되기, 미래에 대한 통제력 행사하기, 자신들이 적절하다고 보는 문화적·종교적·예술적인 것을 추구하는 데 참여하기—을 지향해 나갈 기회에 대한 평가까지 수반한다.

사람들이 성취할 수 있는 것을 강조한다는 점은 역량 접근법의 가장 중요한 요소 중 하나로 귀결된다. 그것은 바로 행위자로서의 주체성을 우선시하는 것, 그리고 그 결과로써 나타나는 가치에 관한 다원주의이다. 인간의 번영에 대한 아리스토텔레스와 유교적 접근법은 무엇인 인간의 삶에 있어서 올바른 목적인가—가령, 중용이나 효와 같이—에 대한 확고한 관념을 전제하고 있다. 이러한 특정 세계관이 추구하는 개별적인 목표는 오늘날 다양한 사회들 속에서는 점점 옹호되기 어려워지고 있다. 왜냐하면 모든 사람이 동의할 수 있는 "좋은 삶"에 대한 하나의 비전이라는 것은 존재하지 않으며, 그러한 합의를 이루려는 시도는 그 어떤 것이라도 시작부터 실패하게 되어 있기 때문이다. 반면, 역량 접근법은 사회에 대한 어떤 하나의 비전을 강요하지 않으며, 개인의 선호와 문화적 가치를 바탕으로 사람들이 스스로 선택할 수 있는 능력을 존중한다(Nussbaum, 2011; A. Sen, 2009). 실제로, 센(A. Sen, 2000)은 누군가가 추구하고 싶은 삶을 선택하는 자유는 그 자체로 좋은 삶의 가장 중요한 요소 중 하나이며, 사람들이 그 자체로 가치 있게 여기는 어떤 것이라고 보았다. 이러한 견해는 사람들을 자신의 삶의 창조자로 본다. 즉, 인간은 자신의 삶과 타인의 삶에 영향을 미치기 위해 선택지들을 면밀히 살피고, 스스로 결정을 내리며, 자신의 목적에 따라 행위할 수 있는 존재라는 것이다(Crocker, 2008). 이런 점에서 사람들이 가치 있게 여겨야 할 것들을 결정해 주는 것이 아니라 이러한 선택을 할 수 있게 하는 조건을 제공하는 것이야말로 정의를 구성하는 중요한 요소이다.

이처럼 행위자로서의 주체성을 강조한다는 점에서 역량 접근법은 다양한 배경에서 온 학생들과 서로 다른 세계관을 가진 학생들을 포함하고 있는 교육적 상황에 특히 적합하다. 이는 학생들이 하나의 목표를 향해 가도록 하는 것이 아니라, 모든 사람들이 스스로 가치 있다고 여기는 목표를 추구할 수 있는 능력을 갖추는 것을 어떻게 보장할 것인지 이해하도록 돕는 데 초점을 둔다. 따라서 사회정책을 고려할 때, 학생들은 다른 사람들이 어떤 종류의 삶을 **이끌어야 하는지**에 초점을 둘 것이 아니라—그리고 사람들이 스스로 이끌고 싶어 하는 종류의 삶을 이끌어야 하는지 아닌지에 관한 것도 분명 아니다— 스스로 선택한 삶을 이끌 수 있는 역량을 모든 사람들에게 어떻게 제공할 것인지에 초점을 두어야 한다(Robeyns, 2016). 공적 행위, 즉 학생들이 숙의하게 될 정책들은 전반적인 '좋은 삶'의 일부로서 모든 사람들이 행위자로서의 주체성을 가진다는 점을 존중하고 촉진해야 하며(Crocker, 2008), 이처럼 행위자로서의 주체성이 중요하다는 인식이 사회교육과 시민교육의 핵심 요소가 되어야 한다.

1) 평등과 기회

역량 접근법에 있어서 또 하나의 중요한 요소는 계급, 종교, 카스트, 인종, 젠더 및 다른 형태의 차이와 관계없이 모든 사람들이 동등한 존엄성을 가지고 있다는 점에 주목한다는 것이다. 이는 **각 개인**이 자신만의 '좋은 삶'을 달성하는 데 있어서 자유로워야 한다는 것을 의미한다. 이러한 입장은 모든 사람은 그들이 바로 인간이기 때문에 권리를 부여받았다는 주장, 즉 인권의 토대를 이루는 생각을 따르고 있다(Nussbaum, 2011; A. Sen, 2009). 따라서 공공정책을 개발함에 있어서 개인들은 각자가 하나의 목적으로 대우받아야 한다. 다시 말해, 평균적으로 더 높은 수준의 '좋은 삶'을 추구하고자 일부 사람들의 권리가 무시되거나 다른 사람들의 권리와 교환되어서는 안 된다. 가령, 이는 충분한 생활수준을 어떻게 제공할 것인가와 같은 질문에 대해 고민할 때, 학생들이 전반적인 소득을 어떻게 올릴 것인가에 대해서만 생각할 것이 아니라 가정 내에서의 잠재적 젠더 불평등에 대해서도 고려해야 한다는 것을 의미한다. 마찬가지로, 국가 의료 지원 정책에 대해 다룰 때, 학생들은 의료 지원 체제가 전반적으로 충분한 의료를 제공하는가를 검토해야 할 뿐만 아니라 의료 지원 정책에 접근하는 데 있어 발생할 수 있는 인종적·지역적 불균형에 대해서도 고려해야 한다. 환경보호에 대해 고려할 때에도 학생들은 이러한 정책이 토착민 공동체와 다른 지역 공동체에 미치는 영향에 대해 고려해야 한다. 한 가지 예를 들어보자면, 표면적으로는 물고기의 개체수를 보호하는 것을 목적으로 하는 규제라 하더라도, 이것이 토착민들의 어업 행위를 방해하고 결국 지역 공동체의 생계를 위태롭게 할 수도 있다. 사회교육과 시민교육은 학생들이 "모든 사람들에게 두루 적용되는" 정책에 대해 생각하도록 할 것이 아니라, 다양한 배경과 환경에서 온 사람들에게 공공정책이 어떤 영향을 미치는지를 평가하는 데 지속적으로 참여할 수 있도록 해야 한다.

또한 인간으로서 동등한 존엄성을 추구하기 위해서는 고착화되어 있는 불평등과 차별의 유형들에 각별히 주목해야 한다. 왜냐하면 이러한 고착된 형태의 불평등과 차별은 전 세계의 많은 사람들의 '좋은 삶'을 저해하는 체계적인 장벽을 만들어 내기 때문이다(Nussbaum, 2011). 사회교육과 시민교육은 학생들이 인종주의 및 다른 불평등이 어떻게 사람들의 삶의 선택을 제한하는지 이해할 수 있도록 도와야 하며, 또한 이러한 이슈들을 다루기 위해 숙의를 통해 식견을 갖춘 행위에 참여할 수 있도록 해야 한다. 예를 들어, 인종적 우월성에 대한 가정에 기반을 둔 이민 정책은 난민 및 여러 이민자들의 안전, 건강, 교육적 성취를 위협한다. 마찬가지로, LGBTQ에 해당하는 개인들을 차별하고 범법자로 규정하는 것은 이들에 대한 폭력을 방조하고, 이 사람들의 사회적 관계에 대한 인정 요구를 거부하는 것이며, 이들이 교육 및 의료 지원과 같은 공공서비스를 이용하는 데 제약 조건으로 기능하게 된다. 한편, 가부장적 법과 관행은 여성을 신체적·경제적으로 취약한 존재로 만들고, 교육과 직업의 기회를 제한하며, 여성들이 공적 삶에 온전하게 참여하지 못하게 한다. 사람들의 역량을 보장하는 일은 법이나 공공정책, 사회적 관행에서 장애물을 제거하는 일에 면밀하고도 지속적인 관심을 가질 것을 요구한다. 많은 경우, 이는 전체 집단 내에서 역량 향상을 추구하는 정책을 통해 정의가 가장 잘 진전될 수 있다는 것을 의미한다.

그러나 역량 접근법은 형식적 혹은 법적 평등만을 강조하는 것에 그치지 않고 사람들이 **실제로** 무엇을 할 수 있는지, 그리고 무엇이 될 수 있는지에도 초점을 맞춘다. 왜냐하면 단지 형식적이거나 법적인 평등은 더 깊은 부정의를 은폐할 수 있기 때문이다(Nussbaum, 2011; A. Sen, 2009). 시민적·정치적 권리에 있어서 평등은 없어서는 안 되는 것이지만, 이것만으로 사람들이 가치 있는 삶을 이끌어가는 것을 보장할 수는 없다. 즉, 그러한 시민적·정치적 권리 역시 또 다른 종류의 장애물로 가득 찬 사회 체제의 일부라는 점을 감안할 필요가 있다. 가령, 모든 아이들이 학교에 갈 권리가 있다는 것도 중요하지만, 실제로 그러한 학교교육에 접근할 수 있도록 보장하는 것 역시 중요하다. 여자아이들은 교육을 받지 않아도 된다는 사회적 관념, 혹은 가족 부양을 위해 일을 해야 하는 경제적 여건으로 인해 학교에 가지 못하는 것이 아니라, 아이들은 학교교육에의 접근을 실질적으로 보장받아야 한다는 말이다. 또한 아이들은 학교에 가면 존중으로 대우받아야 하고, 교사와 교육과정에 의해 자신들의 배경이 무시되거나 비하되지 않아야 하며, 차별적인 처벌이나 나약한 존재로 만들어 버리는 분류 메커니즘으로 인한 희생자가 되는 일도 없어야 한다. 그리고 아이들에 대한 교육은 그들을 무비판적으로 세뇌시킨다든지 순전히 기술적인 "노동력"으로서의 기능만을 익히도록 하는 것이 아니라 이성적으로 생각할 수 있는 능력을 계발하여 다양한 이해관심을 추구하고 공적 삶에 의미 있게 기여할 수 있게 하는 것이어야 한다. 이러한 견해에서 보면, 정의는 모두를 위한 자유로운 학교교육과 같이 이상적인 사회에서나 존재할 법한 제도를 상상하는 사고 실험이 아니다. 오히려, 역량 접근법은 실제 세계에서 사회제도가 사람들의 '좋은 삶'을 촉진하는 데—혹은 제한하는 데 — 어떻게 작동하는지 고려한다. 이를 위해 교육과정은 사회를 낭만적으로 묘사하는 방식에서 벗어나야 하며, 사람들의 구체적 삶에 영향을 미치는 다양한 요인들을 이해하도록 도와야 한다.

역량 접근법은 사람들이 자신들의 삶에서 무엇을 성취할 수 있는지에 관심을 가지기 때문에, 이는 또한 자원에 대한 균등 분배를 넘어 더 많은 것을 요구한다. 정의와 인간 발달에 대한 많은 이론은 기본재―음식, 교육, 주거 등―에 대한 동등한 접근 기회를 제공하는 데 초점을 둔다. 그러나 역량 접근법은 일부 사람들이 동등한 기회를 얻기 위해 보다 더 많은 기본재를 필요로 한다는 것을 인정한다(Nussbaum, 2011; A. Sen, 2009). 가령, 장애가 있는 아이들은 종종 동료 아이들보다 더 많은 자원, 그리고 다른 종류의 자원을 필요로 한다. 마찬가지로, 건조한 지역의 농민들은 강수량이 더 풍부한 지역에 사는 농민들보다 관개 시설에 더 많이 접근할 필요가 있고, 난민 인구가 많은 지역은 같은 나라의 다른 지역보다 더 많은 고용 기회를 필요로 할 것이다. 풍요롭고 의미 있는 삶을 이끄는 역량을 제공한다는 것은 단순히 자원을 어떻게 균등하게 분배하는가가 아니라 다양한 개인과 집단에게 어떤 자원이 요구되는가를 고려한다는 것을 의미한다. 교육과정과 관련해서 생각해보면, 이는 학생들이 형식적인 평등에 초점을 둔 단순한 해결책에 의지하기보다, 모든 사람들의 삶을 어떻게 개선해 나갈 것인지에 대한 신중한 판단을 내리는 것에 대해 배워야 한다는 의미이다.

2) 책임

역량 접근법에서는 사람들이 가치 있게 여기는 삶을 이끌 수 있도록 보장해야 하는 중요한 책임이 정부에 있다고 본다. 정부는 '좋은 삶'을 증진시키기 위해 적극적으로 노력해야 한다. 이것은 사람들이 자신에게 중요한 목적을 추구할 수 있도록 그저 "방해가 되는 것을 제거하는" 것과는 다르다 (Nussbaum, 2011). 오직 정부만이 공적 자원의 분배를 목표로 하는 법과 정책을 제도화할 수 있는 권위를 갖고 있으며 이를 통해 역량을 제공할 수 있다. 그뿐만 아니라 오직 정부만이 교육이나 경제적 재분배를 시도하고, 여성과 소수자가 공적으로 인정받을 수 있게 하고 이들에게 기회를 제공하는 등, 어느 방식이든 활용하여 억압적인 체제를 해체할 수 있는 제도적 능력을 가지고 있다. 역사적으로 정부가 불평등한 체제—불평등한 조세 구조, 차별적 법률, 국가가 용인하는 폭력을 통해—의 제1의 기획자였다는 점을 고려하면, 인간의 역량을 보장하기 위해 필요한 노력의 많은 부분은 현재의 정부 관행을 해체하는 데 집중되어야 한다. 그렇다면 사회교육과 시민교육 교육과정의 핵심 과업은 학생들이 거버넌스에 관한 일을 평가하도록 돕는 것이 된다. 어떤 정책을 지지하거나 반대할 것인지, 투표와 지지, 직접적 행위 및 여러 다른 수단을 통해 그러한 정책에 어떻게 영향을 미칠 것인지 논의하면서 말이다.

그러나 사람들의 역량을 보호하고 증진시킬 책임은 정치적 경계 내에만 존재하는 것이 아니다(Nussbaum, 2011; A. Sen, 2009). 정의에 관한 철학은 같은 사회에 속해 그 일부를 이루는 사람들—대개 같은 국가의 구성원이라 여겨진다—이 서로에게 무엇을 빚지고 있는지에 초점을 두곤 한다(가령, Rawls, 1971). 분명, 정부에 영향력을 미칠 수 있는 능력은 주로 한 국가의 법적 시민인 사람들에게 있다. 사람들은 자신이 시민권을 가진 나라에서만 국가의 선거에서 투표할 수 있을 뿐이며, 시위나 다른 형태의 지지 등의 방식을 통해 다른 나라 정부에 영향력을 행사할 수 있는 힘은 제한적이다. 마찬가지로, 사회정의를 실현하기 위해 직접적으로 법을 부과할 수 있는 정부의 능력은 주로 자신의 국가 경계 안에서만 존재하는데, 왜냐하면 정부는 이곳에서 최고의 권위를 가지고 있기 때문이다. 그러나 정의에 대한 요구는 국가에만 특정된 것이 아니다. 가령, 사람들이 인간으로서의 동등한 존엄성을 부여받았다면, 이 권리는 그것을 강제하기 위한 초국가적 정부가 없더라도 존재한다(Nussbaum, 2011). 즉, 법적 이슈는 국가적일 수 있지만 정의의 유효 범위는 국가를 넘어서는 보편적인 것이어야 한다(A. Sen, 2009). 그리고 사회교육과 시민교육은 학생들로 하여금 정의와 관련된 문제들이 존재하는 곳이라면 어디에서든 그것을 숙의하고 그러한 이슈에 어떻게 영향을 미칠 것인지 고려할 수 있도록 해야 한다.

국경 내에 있는 사람들 및 기업들의 행위와 마찬가지로 한 국가의 공공정책은 결과적으로 보면 결국에는 국가의 경계를 훨씬 넘어선다. 가령, 한 국가에서 만들어진 쓰레기는 종종 세계의 다른 곳에 버려지고, 한 국가에서 제조된 무기가 다른 곳으로 수출되어 상당한 인명 손실을 초래하게 되며, 강대국의 군사적 공격과 경제적 착취는 전 세계 사람들의 삶에 상당한 영향을 미친다. 따라서 학생들은 자기 정부의 행위가 그 국경 내에서 정의를 어떻게 이끌어낼 수 있을지에 관해서 뿐만 아니라, 그러한 행위가 전 세계에 걸쳐 정의—그리고 부정의—에 어떻게 영향을 미치는지에 대해서도 관심을 두어야 한다. 이는 특히 강대국의 정책에 있어 중요하다. 왜냐하면 그러한 힘의 불균형이야말로 강대국들이 세계적 부정의를 해결해야 할 더 큰 의무가 있음을 역설하는 것이기 때문이다. 센(A. Sen, 2009)이 주장하듯이, "여기서 기본이 되는 일반적인 의무는 다른 사람의 자유 실현을 돕기 위해 우리가 합당하게 할 수 있는 일을 진지하게 고려하는 것이다. 자유의 중요성과 영향력, 그리고 물론 자기 자신의 상황과 가능한 효과성까지 주목하면서 말이다"(p. 373). 학교에서 이것이 의미하는 바는, 중요하고 바뀔 수 있으며 또한 영향을 미칠 수 있는 어떤 상황에서든—그리고 이러한 상황이 때때로 자신의 국가 밖에서 벌어질 수도 있다— 학생들이 정의를 실현하기 위해 어떻게 행위할 수 있을지를 고민해야 한다는 것이다.

물론 정부만이 공적 행위를 하는 유일한 원천은 아니다. 아리스토텔레스 철학과 유교 철학에서는 행위의 영역을 오직 두 가지로만 인식했다. 하나는 개인 윤리가 적용되는 사적 세계이고, 다른 하나는 정부의 영역이다. 이때 정부의 영역은 아리스토텔레스에게는 폴리스—민주적인 요소가 일부를 차지하고 있는—를 의미했고, 유학자들에게는 통치자의 명령이 적용되는 공간을 의미했다(물론 유학자들은 공적 영역과 사적 영역을 엄격하게 구분하지도 않았지만 말이다). 그러나 오늘날 공적 행위의 또 다른 중요한 무대로 시민사회가 있다. 이는 사람들이 한데 모인 자발적 결사체의 영역으로, 여기서 사람들은 자신들의 공동체를 개선하고, 환경을 보호하며, 소외된 사람들에게 안전이나 물질적 지원을 제공하고, 또한 정부 자체에 영향력을 행사하거나 심지어 정부 활동에 반대하기도 한다. 모든 시민사회 기구가 정의를 지향하고 있는 것은 아니지만—자기들만을 위한 집단, 동성애 혐오 집단, 반(反) 이민 집단처럼, 심지어 일부는 정의에 반하는 일을 하기도 한다— 대부분의 시민사회는 정의에 대한 역량 접근법과 동일한 목표를 공유한다. 즉, 사람들이 가치 있게 여기는 종류의 삶을 추구하도록 이들을 돕는 일을 한다. 학생들이 시민사회가 하는 일을 고려할 때, 역량이라는 인식틀은 이러한 기구가 어떻게 자신들의 목표를 가장 잘 달성할지 면밀히 생각할 수 있게 하는 렌즈를 제공한다. 가령, 학생들은 자원봉사 건강 클리닉이 다른 방법으로는 이용 불가능한 서비스를 어떻게 제공하는지, 지역 경제 개발 집단이 사회에서 가장 취약한 구성원들에게 혜택을 주는 직업을 어떻게 장려할 수 있는지, 쉼터가 학대나 노숙을 경험하는 사람들에게 어떻게 안전한 공간을 제공할 수 있는지에 대해 고려할 수 있을 것이다.

정부의 일에 대해 생각해보든 아니면 시민사회의 일에 대해 생각해보든, 많은 경우 정의에 관한 질문은 **타인을 위해** 행해질 수 있는 것이 무엇인지에 관한 질문을 포함한다. 왜냐하면 사회정의에 관한 어떤 견해를 취하든 간에, 자신만이 아니라 다른 사람들의 '좋은 삶'까지 고려할 필요가 있다는 점이 그 토대가 되기 때문이다. 이렇게 타자의 '좋은 삶'을 고려해야 한다는 점을 강조하더라도 이로 인해 학생들이 공동체의 일원으로서 **스스로를 위해** 정의를 추구하고 있다는 인식이 훼손되어서는 안 되며, 또한 정의란 강자들이 약자들에게 수여하는 어떤 것이라는 관념이 전달되어서도 안 된다. 역량 접근법의 핵심에는 행위자로서의 주체성—즉, 타인이 중요하다고 보는 목표가 아닌 당사자들 스스로가 가치 있게 여기는 목표를 추구하는 능력—을 향상하는 것에 대한 강조가 있다. 센(A. Sen, 2009)의 지적에 따르면, 역량을 창출하기 위해서는 타인을 유아로 취급하거나 이들을 수동적인 수혜자로 취급해서는 안 되며, "현실 있는 그대로의 사람들에게 존중을 표하고 그들이 스스로 행위할 수 있게 한다는 점에서 의미 있는 개입"을 구성해내는 것이어야 한다(p. ix). 이를 위해서는 다른 사람들의 판단만이 아닌, 프로그램이 개발되고 구현되는 과정에도 주의를 기울일 필요가 있다. 예를 들어, 경제적으로 낙후된 지역에 교육 자원—가령, 학교, 교사, 교육과정 자료 등—을 제공하는 것은 분명 학생들의 역량, 그리고 전체 공동체의 역량을 증진시킬 수 있다. 그러나 이에 영향을 받는 사람들을 고려하지도 않은 채 이러한 자원을 공급하게 되면 중요한 역량을 훼손할 수도 있다. 행위자로서 모든 사람들의 주체성을 존중하기 위해서는, 학교를 기획하고 교직원을 지원하며 교육 프로그램이나 다른 서비스를 개발하는 데 있어 지역 공동체들이 중심 역할을 할 필요가 있다.

3) 정의, 부정의, 숙의

역량 접근법의 주요 과업은 "완벽하게" 정의로운 사회를 이룩하는 것이 아니라 정의를 **증진시켜 나가는** 것이며, 특히 이것은 명백하고 분명한 **부정의**의 사례들을 제거하는 방식을 통해 이루어진다(A. Sen, 2009). 센(A. Sen, 2009)은 사람들이 가진 삶의 궁극적인 목적, 그리고 자신들이 만들고 싶어 하는 사회의 특성에 대한 관념은 매우 다를 수 있지만, 명백하게 부정의한 상황을 없앨 필요성에 대해서는 훨씬 더 쉽게 동의할 것이라고 주장했다. 개인이나 전체 공동체가 폭력의 공포 아래 살거나 아이들에게 적절한 교육을 제공해줄 수 없거나 영양가 있는 음식이나 생명을 구하는 의료적 돌봄에 제대로 접근할 수 없는 상황에 직면하게 되면, 대부분의 사람들, 심지어는 이에 직접적으로 영향을 받지 않는 사람들조차 이러한 문제점들이 개선되어야 한다는 데 동의할 것이다. 물론 그러한 상황을 해결해야 한다고 생각하는 이유가 사람마다 각기 다를 것이며, 그러한 이유들이 서로 다른 종교나 정치적 원칙, 종교와 무관한 도덕성에 기반하고 있겠지만, 그럼에도 불구하고 이는 참이다. 그러한 상황의 부정의를 인정하는 공통성 그리고 그러한 문제들을 해결하겠다는 자발적인 마음을 공유하고 있다는 점은, 서로 다른 포괄적인 세계관을 가진 사람들 사이에서도 동의를 이끌어 낼 수 있는 "중첩적 합의"를 만들어 낸다. 비록 완벽한 세상이 어떤 모습인지에 대해서는 결코 합의를 이루지 못할 수는 있지만 말이다(A. Sen, 2009).

부정의한 구체적인 상황과 실제로 제안된 잠재적인 구제책에 초점을 두는 것은 이러한 종류의 중첩적 합의를 달성할 가능성을 높인다(A. Sen, 2009). 다양한 세계관을 가진 개인들은 이상적인 사회에 대해 다른 관점을 가지고 있을 수는 있어도, **특정한 상황에서** 건강 상태를 더 좋게 하고, 폭력을 더 줄이며, 더 많은 교육 기회를 가져올 방법에 대해서는 훨씬 더 쉽게 동의할 수 있을 것이다. 더욱이, 다른 문화나 다른 환경에서 온 사람들은 사회적인 문제에 서로 다른 방식으로 대응하기 때문에, 역량 접근법은 이러한 문제에 대한 지역적 대응이 다양할 것이라는 점을 인정한다(Nussbaum, 2011). 건강 상태를 더 좋게 하거나 더 나은 교육을 제공하는 보편적인 방법은 없지만, 전 세계에 걸친 여러 사회들의 특수한 요구와 제도적 능력에 반응하며 이를 행하는 다양한 방법들이 있을 수 있다. 이는 종종 정의에 관한 학문적 논의에서 발견되는 것과는 다른 종류의 추론을 수반한다. 가령, 역량 접근법은 하향식 이론화를 피하고, 그 대신 사람들의 인간 존엄성을 박탈하는 부정의에 관한 구체적인 예시들과 씨름해보는 방법에 초점을 맞춘다(Robeyns, 2016). 교육과정 안에서 보면, 이는 학생들이 부정의에 관한 개별 사례들을 탐구하고 그러한 일들이 벌어지는 상황에서 이를 어떻게 다루어야 할지 고려해야 한다는 것을 의미한다. 가령, 학생들은 모든 사람들의 안전을 보장할 규칙이나 체제를 상상하려고 할 것이 아니라, 자신들의 공동체 내에서 벌어지는 가정 폭력을 어떻게 줄일 것인지에 대해 고민해볼 수 있다. 또한 학생들은 어떻게 해야 완벽하게 정의로운 의료 체계를 만들 수 있을지 결정하려고 할 것이 아니라, 개별 국가 내 의료 지원이 부족한 지역에서 어떻게 이에 더 쉽고 편하게 접근할 수 있도록 할 것인지에 대해 고려해볼 수 있다.

이러한 구체적인 상황에서 정의를 어떻게 증진시켜 나갈 것인지에 대해 판단을 내리는 일은 숙의를 필요로 한다. 인간 존엄성이라는 관념은 직관적인 것이고 사람들은 무엇이 부정의를 만드는지에 대한 강하고도 공유된 감각을 가지고 있다. 그렇지만 이러한 관념들의 윤곽이 언제나 정확한 것은 아니며 (Nussbaum, 2011), 따라서 무슨 행위를 취할지 결정하기 위해서는 실천적 추론이 필요하다(A. Sen, 2009). 이것은 혼자 하는 활동일 수 없으며, 의사소통이나 공유된 추론, 관점을 주고받는 과정을 요구한다. 센(A. Sen, 2009)이 제안했듯이, "토의 없는 정의" 같은 것은 없다(p. 89). 물론, 토의는 단순히 의견을 공유하는 것이 아니며, 숙의에 참여하기 위해서는 공평함, 즉 타인의 요구에 관심을 가지고, 자신에게 부여된 이해관심과 개인적 우선순위, 편견 등을 버리는 것이 요구된다. 이것은 오늘날의 세계에서 거의 달성할 수 없는 과업처럼 보일 수 있다. 하지만 센(A. Sen, 2009)의 주장에 따르면, 사람들이 늘 그렇지는 않다고 해도 일반적으로는 추론이 요구하는 바에 반응한다. 또한, 사람들은 일상적 삶에서뿐만 아니라 정의와 부정의라는 더 큰 이슈에 대해 생각할 때에도 그러한 추론에 반응한다. 비록 완전한 만장일치는 없겠지만, 그리고 극단적인 인종주의자나 성차별주의자들이 공적 논변에 설득될 것이라는 희망을 가지기도 어렵지만, 구체적인 상황에서 공적 추론은 대부분의 사람들이 받아들일 수 있고 또 공평하다고 생각하는 해결책을 이끌어낼 것이다.

역량 접근법이 정의에 관한 완전한 이론이 아니라는 점이 강조되어야 한다. 이는 심지어 사회정의에 관한 완전한 이론도 아니다(Robeyns, 2016). 가령, 역량 접근법은 모든 사람들이 영위하고 싶어 하는 삶을 추구할 수 있도록 해주는 최소한의 조건이 충족되었다면 잉여 자원이 어떻게 분배되어야 하는지에 대한 지침을 제공하는, 그런 류의 이론이 아니다. 그리고 역량 접근법은 공평함이 추론의 기본적인 조건이라고 가정하지만, 정의로운 입헌 체제와 같은 정치적 이슈를 포함하여 정의에 관한 다른 절차적 차원에는 거의 주의를 기울이지 않는다(온전한 참여의 기회를 제공하는 것은 예외이기는 하지만 말이다). 따라서 역량 접근법 내에서 다루어지지 않으나, 교육적 상황에서—특히, 고급 과정 혹은 입헌 원칙을 전문적으로 다루는 수업에서— 숙의해볼 만한 가치가 있는 정의에 관한 이슈들이 존재한다. 그러나 여기서 우리의 관심은 사회교육과 시민교육의 토대에 관한 것이다. 즉, 모든 학생들이 어린 학령에서부터 학교교육 전 학령에 걸쳐, 의미 있는 일반 교육의 일부로서 관심을 가져야 하는 정의에 관한 이슈가 바로 그것이다. 이러한 목적을 위해, 역량 접근법은 모든 사람들을 위한 기회를 제한하는 장벽을 제거하여 어떻게 정의를 진전시켜 나갈 것인지에 초점을 맞춤으로써 교육과정을 위한 설득력 있고 실천적인 인식틀을 제공한다.

교육과정에의 적용

교육과정을 개발하는 교육자들—교실 안에서든, 정부 기관에서든, 아니면 민간 및 비영리 기구에서든—이 자신들이 교육하는 학생들에게 가장 부각되는 주제에 초점을 두는 것은 불가피하며, 이는 상황에 따라 각양각색일 것이다. 그러나 선택된 주제와 상관없이, 역량 접근법은 어떻게 보다 정의로운 세상을 이룩할 것인지 숙의하는 데 있어 원칙을 갖춘 토대를 제공한다. 이번 절에서 우리는 이 접근법이 두 가지의 매우 다른 주제—상당히 다른 국가적 맥락에서 다루어질 것 같은 두 주제—에 어떻게 적용될 수 있는지 설명하고자 한다. 각각의 경우에서, 역량 접근법은 공적 행위를 통해 해결될 수 있는 부정의에 관심을 기울이게 한다. 이러한 부정의는 학생들의 숙의에서 초점이 되고, 궁극적으로는 학생들이 지금이든 아니면 미래의 삶에서든 공적 영역에서 취할 수 있는 행위의 초점이 된다.

1) 동아시아 및 동남아시아의 가사 노동자

세계적으로, 사람들은 일자리를 찾아 다른 나라로 이동한다. 최근 수십 년 동안 여성들은 종종 가사 노동의 이용도에 따라, 이와 같이 국경을 넘나드는 노동력의 큰 부분을 이루어왔다. 경제적으로 발전한 국가에서는 가정 밖에서 상대적으로 높은 임금을 얻을 수 있고 또 높은 교육 수준이 일반화되어 있다. 이 때문에 이곳의 가족 구성원들은 대부분의 시간을 가사 업무에 할애하는 것이 경제적으로 실용적이지 않은 일이라고—그리고 개인적으로 성취감을 주지 못하는 일이라고— 생각할 수 있다. 따라서 이들은 이 일을 해줄 만한 다른 사람들을 고용하고자 한다. 이에 종종 고용 중개인들이 나서서 경제적으로 낙후된 국가에서—이러한 국가는 일자리가 많지 않아 고임금 국가로의 이동이 매력적인 선택지일 수 있다— 전일제 가사 노동자들을 모집하는 일을 계획하곤 한다(Y. Lee, 2011; Varia, 2011). 동남아시아의 필리핀, 인도네시아, 미얀마, 태국을 비롯한 여러 나라에서 온 수백만 명의 여성들이 싱가포르, 홍콩, 대만, 한국, 사우디아라비아, 요르단 및 그 밖의 여러 나라에서 가사 노동자로 일하고 있다. 예를 들어, 140만 명의 필리핀 여성들이 전 세계 190개가 넘는 국가에서 가사 노동자로 일하고 있으며, 매년 약 10만 명의 여성들이 새롭게 이주하고 있다(Parreñas, 2015, 2021). 한편, 거주 인구가 400만 명이 조금 안 되는 싱가포르에서는 약 25만 명의 이주 여성들이—주로 필리핀, 인도네시아, 미얀마에서 온 여성들이다— 가사 노동자로 일하고 있다(Chok, 2019).

이러한 이주는 매우 젠더화 되어 있다. 즉, 손에 넣을 수 있는 일자리는 전통적으로 여성들이 주된 책임을 지고 있었던 것들이고, 고용주들이 충원하고자 하는 것은 여성들이다. 한편, 여성들의 출신 국가에서는 이들이 집 밖에서 적당한 직업을 구할 수 있는 가능성이 낮은데, 심지어 그들이 비교적 교육을 잘 받았을 때에도 그렇다. 더욱이 일부 여성들은 경제적 기회 때문만이 아닌 가부장적 젠더 이데올로기의 제약에서 벗어나고자 집을 떠나려는 선택을 할 수도 있다. 다른 나라에서는 젠더 이데올로기가 그토록 가혹하지 않을 것이라 기대하면서 말이다(Parreñas, 2002). 국경을 넘나드는 이러한 노동의 흐름은 고용주와 피고용인 모두에게 이익이 될 수 있지만, 가사 노동자들의 기회를 부정의하게 제한할 수도 있다. 이러한 부정의한 잘못들은 세계 다른 지역의 학생들과는 직접적인 관련성이 거의 없을 수 있지만, 가사 노동자의 출신 국가 학생들과 이들을 고용한 국가의 학생들과는 매우 깊이 관련되어 있다. 이러한 상황에 있는 일부 학생들은 이주 노동자들 및 고용주들의 자녀로서 이 이슈와 직접적으로 관련되어 있다. 마찬가지로 중요한 사실은 모든 학생들이 이주 가사 노동자들의 삶을 보호하고 더 좋아지게 할 책임이 있는 사회적·정치적 체제의 일부라는 점이다. 이러한 부정의를 없애는 것은 학생들이 고려해볼 수 있는, 상황에 특화된 정의 관련 주제의 종류로서 중요한 예시가 된다.

가사 노동자들이 고용이 이루어지는 국가에 도착하게 되면 이민자로서의 이들의 지위는 대개 개별 고용주에게 매이게 되는데, 가사 노동자들은 이 고용주들과 같이 살면서 이들을 위해 다양한 일을 한다. 여기에는 주로 집안의 모든 식사 준비, 세탁, 살림, 자녀나 노인 돌봄 등이 포함된다. 이러한 업무의 범위를 고려해보면, 이주한 가사 노동자들은 오랜 시간 일하는 셈이고 자유 시간이 상당히 제한되어 있는 셈이다. 많은 경우, 이 사람들은 한 달에 하루나 이틀 정도 쉬는 날을 가질 수 있지만, 이때도 대개 엄격한 귀가 시간을 준수해야 한다. 또한 보장 조건이 국가마다 다르기는 하지만, 대부분의 상황에서 고용주들은 자신들이 고용한 가사 노동자들의 보장 조건에 대해서는 책임이 요구되지 않는데, 이는 가사 노동자들이 대개 국가 노동법에서 배제되어 있기 때문이다. 이 여성들은 종종 최저 임금을 보장받지 못한 채 낮은 임금을 받고, 고용 알선 기관에 지불해야 하는 수수료가 급여에서 공제되곤 한다. 이들은 또한 적절치 못한 식사를 제공받고 적절치 못한 생활 조건에 처해 있거나, 병가를 내지 못하거나 의료적 치료를 받지 못하기도 하며, 정서적·신체적·성적 학대에 시달리는 경우도 있다(Chok, 2019; Constable, 2004; Varia,

2011). 동시에, 고용주들은 가사 노동자들이 행한 결과에 대해 책임져야 하며, 따라서 만약 가사 노동자들이 법을 위반하거나, 직장을 떠나거나, 임신을 하게 되면 벌금이나 상환 위약금을 낸다. 가사 노동자들은 독립적인 이민자 지위를 가지고 있지 않기 때문에 이 각각의 상황은 추방으로 이어질 수 있다. 이 때문에 고용주들은 가사 노동자들의 자유 시간과 이동에 엄격한 통제를 가할 뿐만 아니라, 여권을 주지 않고 휴대전화를 압수하며 임신이나 성병 검사를 받게 만들기도 한다.

　대부분의 사람들에게 이러한 보장 조건은 부정의하다는 인상을 남길 것이다. 그러나 이러한 부정의의 본질은 과연 무엇인가? 이주 노동과 관련된 전체적인 체제가 부정의하다고 묘사하는 것은 너무 광범위하고 또 너무 모호해서 도움이 되지 않고, 국가를 넘나드는 노동 이민을 끝내는 것은 실현 가능하지도 않고 또 생산적이지도 않다. 사실 그렇게 하면 이 여성들과 이들의 가족을 위한 물질적 '좋은 삶'의 중요한 원천을 제거하는 셈이 된다. 반면 역량 접근법은 가사 노동자들이 가치 있게 여기는 삶을 추구하는 것이 어떻게 제한받는지에 주의를 기울이도록 요청함으로써, 이들의 삶에서 벌어지는 부정의를 어떻게 해결할 것인지 생각하는 데 유용한 방법을 제공한다. 가령, 오랜 노동 시간, 귀가 시간 및 이와 유사한 제약들은 우정과 애정 관계를 만드는 등, 여성들이 자신의 시간을 어떻게 쓸 것인지에 관한 결정을 내리지 못하게 한다. 과로, 다양한 종류의 학대, 적절한 영양 섭취 부족과 주거 환경 부족은 신체적·심리적 건강에서 오는 자유를 누리지 못하게 만들고, 법원에 접근하지 못하는 상황이나 이들을 특정한 고용주들에게 속박시켜 놓는 규제들은 여성들이 자신의 문제를 해결하고 다른 일자리를 찾지 못하게 한다. 모든 가사 이주자들이 이러한 제약으로 고통을 받는 것은 아니다. 아마 대다수가 이런 고통에 시달리지 않을 것이다. 많은 고용주들은 가사 노동자들을 친절하게 대우해줄 뿐만 아니라, 이들의 사회적·물질적 요구와 스스로 결정을 내릴 수 있는 자유를 존중하며 대우해준다. 그러나 현재 상황에서, 모든 여성들은 이러한 부정의에 잠재적으로 **취약하다**. 그들이 운 좋게 부정의를 피할 수 있다 하더라도 말이다. 더욱이, 가사 노동자들을 "가족의 일원"으로 대한다고 진심으로 믿고 있는 고용주들은 자신들이 가사 노동자들의 자유를 실제로 얼마나 많이 침해하고 있는지 인지하지 못할 수도 있다.

그렇다면 이주해 온 가사 노동자들이 노동을 하고 있는 국가에 살고 있는 학생들은 이러한 부정의—이는 실재할 수도 있고 잠재적일 수도 있다—를 어떻게 없앨 수 있을지에 대해 고민해야 할 것이다. 가령, 어떠한 필수적인 계약 조항이 있어야 여성들이 보다 자유롭게 이동하고 원하는 사람들과 어울릴 수 있는 능력을 보장할 수 있을까? 법적 요건이 노동자들에게 보다 적절한 임금을 제공하고 또 고용주들이 부과한 빚으로부터 이들이 자유로워지도록 하려면 어떻게 해야 할까? 정부 기관이 고용주들로 하여금 안전하고 위험이 없으며 건강한 생활 조건을 제공하는 책무를 지게 하려면 어떻게 해야 할까? 노동자에게 법원과 노동법의 보호를 보장해주려면 각종 규제가 어떻게 변화해야 할까? 시민사회 기구들이 여성의 역량을 증진시키려면 어떻게 해야 할까? 가령, 학대받는 경우에 쉼터를 제공하고, 의료 지원과 법률 정보에 접근할 수 있도록 해주고, 언어 프로그램 및 다른 교육 기회를 제공하며, 법률 서비스를 제공하고 법의 변화를 주장하고, 가사 노동자들의 환경에 대한 대중의 인식을 증진시키는 등의 방법을 생각해볼 수 있을 것이다. 이러한 질문은 여성들의 역량—즉, 자신들의 삶을 어떻게 이끌어 나갈 것인지 선택하는 능력—에 대한 장벽을 없애는 개별적인 행위에 초점을 둔다.

한편, 이주 노동자들이 떠나온 나라의 학생들은 다른 일군의 이슈들을 숙의할 수 있다. 고국에서 여성들은 외국으로 가게 되면 맞닥뜨리게 될 상황을 거짓으로 전달하는 비양심적인 직업 알선 기관에게 이용당할 수 있다. 가령, 이곳 학생들은 정확한 정보를 제공하고 출발 전 훈련을 제공하라고 직업 알선 기관에 요구하는 등의 방법을 통해, 이러한 기관을 어떻게 더 잘 규제할 수 있을지에 대해 생각해볼 수 있을 것이다(Varia, 2011). 학생들은 노동자들이 본국을 떠날 때 이들의 권리를 보호할 수 있는 일종의 지역적 혹은 쌍방의 협약에 대해 고민해볼 수도 있을 것이다(Chok, 2019). 다른 나라에서 일하는 여성들은 아이들을 두고 떠날 수도 있고, 이는 감정적 고통, 애정의 상실, 남은 가족 구성원들의 일거리를 늘려 놓는 상황으로 이어질 수 있다. 가령, 손위 형제자매들은 어린 동생들을 돌보느라 학교를 떠나는 경우도 있다(Ehrenreich & Hochschild, 2002; Parreñas, 2002). 이러한 결과는 이민자들의 역량—애정을 주고 양육을 제공하는 능력 등의 역량—뿐만 아니라, 남겨진 사람들의 물질적·정서적·교육적 역량에도 영향을 미친다. 따라서 학생들은 정부와 시민사회가 어떻게 각종 지원과 사회 서비스를 제공해야 해외로 이주하려는 결정이 야기하는 파괴적 영향을 줄일 수 있을지에 대해 고려해야 할 것이다. 그리고 많은 여성들이 본국에서는 경제적 기회가 부족하여, 또 어떤 경우에는 자신들의 삶에 가해지는 가부장적 제약에서 벗어나기 위해 이주한다는 사실을 고려해보면, 학생들은 지역 경제가 어떻게 여성들에게 더 많은 선택지를 제공할 수 있을지, 그리고 억압적인 젠더 이데올로기가 어떻게 바뀔 수 있을지에 대해 고려해볼 수도 있을 것이다(Parreñas, 2002).

2) 미국의 소수자들에 대한 대규모 투옥

미국에서 인종적·민족적 소수자들은 다양한 부정의를 견디고 있다. 여기에는 빈곤, 폭력, 열악한 건강 상태, 정치적 소외, 사회적·물질적 '좋은 삶'

2장 정의와 역량 | 83

을 추구하지 못하게 하는 각종 장애들이 포함되어 있다(Bell, 2013; Bonilla-Silva, 2014; Chou & Feagin, 2008; Coates, 2015; Feagin, 2019; Goodwin, 2010; E. Love, 2017; Muhammad, 2010; Steele, 2010; Tienda & Mitchell, 2006). 학생들이 그러한 인종주의적 관행을 이해하고 이에 대응하도록 돕는 것은 교육과정의 중심 목표가 되어야 한다. 미국 학생들은 이와 관련된 다양한 범주의 이슈와 마주해야 하지만, 가장 강력한 이슈 중 하나는 인종에 기반한 미국의 구금과 통제 체제이다(Alexander, 2020; Balto, 2019; A. Y. Davis, 2003). 미국은 세계에서 가장 높은 투옥률을 가지고 있고, 투옥된 사람들 중 소수자들이 차지하는 비율이 다른 여러 나라에 비해 매우 높은 편이다. 수백만 명의 소수자 남성과 여성이 체포되고, 수감되며, 집행유예나 가석방 등을 선고받는데, 이들 중 압도적인 다수는 경범죄와 폭력이 수반되지 않은 범죄로 인한 것이다(Alexander, 2020; Ritchie, 2017). 이러한 범죄를 이유로 불균형하리만큼 높은 비율로 소수자들을 체포하는 것은 소수자 공동체를 목표물로 삼아 선택적 집행을 일삼는 정부 정책의 결과이며(Alexander, 2020; Ritchie, 2017), 또한 경찰이 약물을 소지했다고 의심되는 개인을 구금할 수 있는 재량권을 가지고 있기 때문이다. 약물 사용의 비율에 있어서 흑인과 백인의 차이가 없는데도 불구하고 약물 소지는 훨씬 더 높은 비율로 소수자들이 체포되게 만드는 관행이다(Alexander, 2020). 더욱이 체포 과정 중이나 체포 과정 이후에 소수자들은 교도소 체제 내 경찰 등이 자행하는 인종 차별과 이에 따른 야만적 행위를 빈번하게 마주하곤 한다(Crenshaw & Ritchie, 2015; Ritchie, 2017; Schenwar 외, 2016).

일단 체포되면, 소수자들은 대개 능력 있는 법적 대리인을 세우기 어렵고, 훨씬 더 긴 형량에 대한 위협 속에서 유죄를 인정하라는 압력을 받는다(A. J. Davis, 2007). 의무적 양형제도는 체포된 소수자들이 상당한 시간을 감옥에서 보내도록 만드는데, 특히 재범이나 그 이상으로 유죄를 선고받을 시에는 더욱 그러하다(Alexander, 2020). 그러나 여러모로 가장 심각한 부정의는 석방 후에 벌어진다. 중범죄로 유죄 판결을 받은 사람들은 영구적으로 2등 시민으로 살아야 하며, 사회적 지지와 주류의 경제적 기회로부터 배제된다(Alexander, 2020; Braman, 2004; Burton & Lynn 2017; Schenwar, 2014; Travis, 2002). 집행유예나 가석방 기간 동안, 이들은 지속적인 감독, 모니터링, 괴롭힘에 직면하고, 또한 다른 중범죄자와의 관련성이나 규정된 지역 밖으로의 이동, 투옥의 결과 자연스럽게 쌓이게 된 벌금, 부채, 기타 비용 등을 지불하지 못하는 등의 상황으로 인한 다양한 경범죄로 다시 체포될 수 있다(Alexander, 2020; Ritchie, 2017). 결정적으로, 이들은 평생 합법화된 차별을 받아야 하는데, 특히 약물 범죄로 유죄 판결을 받은 경우는 더욱 그러하다. 즉, 이 사람들은 연방 주택 프로그램, 복지 혜택, 수많은 직업 훈련 프로그램으로부터 영원히 배제되고, 가르치는 일과 같은 여러 전문직에서 자격을 취득하는 것이 금지되며, 구직 지원 과정에서 전과 기록을 제출해야 하는 대부분의 직업에서 차별을 받는다. 또한 많은 주에서 이 사람들은 투표를 하거나 배심원단으로 일할 수 없다(Alexander, 2020; Travis, 2002). 대부분의 형태의 고용, 복지, 공공 주택 이용을 금지당하기 때문에, 약물 중범죄로 유죄 판결을 받았던 사람들 대다수는 살 곳을 찾을 수 없고(이들은 종종 가족과 함께 살아가지도 못하게 된다), 일자리를 찾을 수도 없다. 많은 사람들은 노숙자가 되거나 범죄자로 돌아간다.

이러한 대규모 투옥 체제는 소수자 남성과 여성의 '좋은 삶'에 중대한 결과를 초래한다. 경찰이 멈춰 세워 수색하고 체포할지도 모른다는, 언제 어디서나 존재하는 위협은 공포, 협박, 소외의 분위기를 조성한다. 더욱이, 경찰의 폭력이 수반되면 이러한 분위기를 더욱 고조시킬 뿐만 아니라, 마치 이들이 수감되어 있는 동안 겪었던 비인간적 상황 때 그랬던 것처럼, 이는 잔인한 처사를 겪은 사람들의 신체적·정신적 건강에 상당한 영향을 미친다. 감금 그 자체, 그리고 석방 후 통제와 차별의 체제는 관계를 붕괴시키고, 개인과 공동체를 피폐하게 만들며, 사회적 지원 체제를 없애 버리고, 유죄 판결을 받았던 사람들이 의미 있는 일을 찾을 수 없게 만든다. 이 사람들과 그 가족들은 물질적 박탈감뿐만 아니라, 깊은 상처, 수치, 낙인의 감정도 경험한다. 그 결과, 미국에서 경범죄로 유죄 판결을 받았던, 불균형하리만큼 많은 수의 소수자들은 자기 삶의 많은 의미 있는 부분들을 강탈당한다(Alexander, 2020; Braman, 2004).

역량 접근법은 이러한 부정의를 없애는 문제를 숙의하기 위한 설득력 있는 기반을 제공한다. 대규모 투옥을 오직 평등의 렌즈를 통해서만 보는 것은 완벽하게 만족스러울 수 없다. 왜냐하면 소수자 남성과 여성이 투옥으로 인해 타격을 입기는 해도, 더 많은 백인들이 소수자와 똑같은 상처로 고통받도록 만든다고 해서 정의가 실현되지는 않을 것이기 때문이다. 또한 수감 이슈에 헌법적으로 접근하는 것 역시 부적절한데, 이는 형평성에 맞지 않게 사람들을 체포하고 유죄 판결을 내리는 관행이 국가의 법원에 의해 유지되어 왔을 뿐만 아니라(Alexander, 2020), 수많은 다른 나라와 달리, 미국의 헌법 조항은 신체적, 정신적, 경제적, 혹은 사회적 '좋은 삶'을 보장하지 않기 때문이다. 반면, 역량 접근법은 투옥 자체가 적법한지 여부와는 상관없이, 투옥과 그 이후의 부정적 영향에 관심을 기울일 것을 분명히 요구한다. 가령, 존엄성과 자존감에 미치는 영향, 사회관계와 가족 관계의 붕괴, 물질적으로 쇠락하게 되어 나타나는 결과, 사회적·정치적 참여로부터의 배제, 수감된 여성들이 직면해야 하는 추가적인 부정의—가령, 출산 권리의 상실, 신체 보전의 결여, 양육자로서의 역할 박탈 같은 것들이 포함된다—를 들 수 있다(Bhattacharjee, 2001;

Lapidus 외, 2005). 이 각각은 소수자의 역량을 제한한다. 즉, 각각의 제약은 소수자들이 원하는 삶을 이끌어 가기 위한 사회적·물질적 기초를 박탈하고, 많은 경우 스스로 결정을 내릴 자유—어디서 살 것인지, 혹은 누구와 어울릴 것인지와 같은 것들—마저 제한한다.

이러한 이슈들에 대해 다루는 교육과정은 학생들이 그러한 부정의를 제거할 수 있는 개별 정책에 대해 숙의하고 행위를 취하는 일에 몰두할 수 있도록 할 것이다. 가령, 학생들은 다음과 같은 것들을 고려해볼 수 있을 것이다. 약물 범죄와 매춘과 같은 비폭력적인 범죄에 관한 법을 변화시키는 것, 치안 유지나 기소에 있어 특정 인종을 겨냥하는 관행을 없애는 방법, 국선 변호인 직책에 대한 자금 지원 확대, 비폭력적인 범죄에 가혹한 처벌을 부과하여 소수자에게 더 크게 영향을 미치는 양형 가이드라인 개혁, 중범죄자였던 이들의 투표권 복권 조치, 고용시 범죄 이력과 관련된 질문 금지, 의미가 있으면서도 접근하기 쉬운 교육, 약물 치료, 재취업 프로그램 마련 등에 대해서 말이다. 또한 학생들은 대규모 투옥에 대한 유인들을 없애는 방법을 고려할 수도 있을 것이다. 가령, 교도소의 규모를 줄이고, 경찰 자금 조달을 줄이며, 약물 단속을 위한 시민 몰수법과 연방 보조금을 없애고, 경찰서로의 군사 장비 이전을 금지하는 등의 방법에 대해 고려해볼 수 있을 것이다. 그리고 결정적으로, 학생들은 사회적·경제적 발전을 지원함으로써 범죄를 줄여 나가면서 공동체에 투자하는 방법—일자리 창출, 교육 개혁, 회복적·변혁적 사법 프로그램을 통해—에 대해 다루어 볼 수도 있다(Alexander, 2020; Burton & Lynn, 2017; Movement for Black Lives, 2020; Ritchie, 2017; Schenwar, 2014). 비록 이것들은 중·고등학교 학생들이 복합적인 방식으로 탐구하기에는 복잡한 이슈이기는 하지만(Teaching Tolerance, 2014), 더 어린 학생들일지라도 그러한 이슈를 적절하고 또 민감하게 다루어 볼 수 있도록 하는 자료들도 있다(Social

Justice Books, 2020). 이 학생들 중 많은 수가 이러한 투옥과 관련하여 형평성에 맞지 않은 관행으로부터 직접적으로 영향을 받은 이들이고 그러한 투옥이 만들어내는 부정의에 도전하는 데 일정 부분 역할을 담당할 기회를 가질 자격이 있는 이들이다.

물론, 대규모 투옥 및 이와 유사한 이슈들과 관련된 교육과정의 내용은 미국 내 억압의 본질과 구조적 인종주의에 대한 보다 포괄적인 관점에 기반을 두고 있어야 한다. 그러나 포괄적 용어를 빌어 이토록 만연해 있는 문제에 접근하려고 노력하는 것—가령, "우리는 어떻게 인종주의를 끝내야 하는가?"라고 묻는 것—은 교사와 학생 모두에게 벅차고 또 비현실적일 수 있다. 역량 접근법은 인종적 억압이라는 중요하지만 해결 가능한 문제가 미치는 세세한 영향에 주목하고, 우리가 완벽하게 정의로운 사회를 만들 수 없을 때조차도, 혹은 이러한 사회가 어떤 모습인지에 대해 동의하지 못할 때조차도 이러한 이슈들에 어떻게 대처해야 하는지에 관해 생각할 수 있는 방법을 제공한다. 또한, 역량 접근법은 교육과정 입안자들이—교실 수준에서 그리고 그 너머에서— 다양한 맥락의 학생들에게 가장 큰 관련성이 있는 특정한 이슈를 포함할 수 있도록 하는 유연한 방법을 제공하는 동시에 정의에 대한 일관된 접근법을 제공함으로써 이들 이슈를 뒷받침하도록 한다.

결론

사회정의는 많은 사회교육과 시민교육 교육자들의 연구에서 두드러지게 나타나지만, 이러한 연구가 항상 명확한 정의 이론에 기반을 두고 있는 것은 아니다. 이로 인해, 정의가 무엇을 수반하는지, 혹은 이 개념이 폭넓게 다양한 주제와 상황에 어떻게 적용될 수 있는지를 학생들이 면밀히 생각해보도록 돕는 방식으로 교육과정을 조직하기 어려웠다. 역량 접근법은 이러한 이론을 제공하며, 이는 교육적 상황에서 정의에 관한 질문을 숙의하는 데 특히 적절하다. 사람들의 '좋은 삶'을 보장하는 일은 인간의 역사를 통틀어 정치철학과 실천 정치의 중심이었고, 학생들은 이러한 대화에 참여하면서 공적 삶의 과업을 이해하는 유서 깊은 방법에 대한 통찰력을 얻을 수 있다.

역량 접근법은 사람들이 가치 있게 여기는 삶을 이끌어 갈 수 있는 기회를 보장해줄 역량들—건강, 교육, 안전, 사회적 소속, 공적 참여, 환경 안전 등을 포함하여—을 어떻게 제공할 것인가에 초점을 맞춤으로써, 세계의 가장 절박한 사회문제에 대해 세세하게 주의를 기울이도록 한다. 더욱이, 역량 접근법은 모든 사람들의 평등한 존엄성을 강조하고, 그럼으로써 학생들이 자기 스스로와 다른 사람들에게 영향을 미치는 고착된 불평등의 체제를 어떻게 극복할 것인지를 고려하게 한다. 그렇지만 결정적으로, 현대 세계의 다양한 교육적 상황에서 이 접근법은 사람들이 이끌어가야 할 삶이 무엇인가에 대하여 어떠한 가정도 하지 않고, 또 이상적인 사회나 완벽하게 정의로운 사회를 만드는 것을 목표로 하지도 않는다. 그 대신, 역량 접근법은 기회를 제한하는 장벽을 제거함으로써, 명백한 부정의를 어떻게 줄일 것인지를 고려하는 보다 실용적인 과업에 초점을 둔다. 따라서 역량 접근법은 각기 다른 지역적·국가적 상황의 고유한 환경과 도전에 매우 잘 맞을 수 있다. 또한 역량 접근법은 각기 다른 개인적·문화적 가치를 바탕으로 하여 사람들이 스스로 이끌고자 하는 삶의 다양성을 존중한다. 그리고 모든 사람들이 좋은 삶에 대한 자신만의 비전을 선택하고 그러한 삶을 성취하기 위한 수단에 참여할 수 있도록, 행위자로서의 이들의 주체성을 위한 공간을 제공한다. 비록 역량 접근법은 우리가 고려할 가치가 있는 모든 정의 관련 이슈에 주목하는 것은 아니지만, 오늘날의 세계에서 정의에 관한 가장 중요한 질문들을 둘러싼 토의에 학생들을 참여시키기 위한 원칙적이면서도 융통성 있는 기반을 제공한다.

3장

비판적 조화

시민교육에 관한 담론들, 그중에서도 특히 북미와 유럽 내에서의 담론들은 권리, 법적 평등, 절차적 민주주의와 관련된 관념이 포함된, 정의를 우선시하는 서구 자유주의 전통을 전제하고 있다. 이러한 담론은 학생들이 공적 삶을 준비할 수 있도록 시도하는 경우라면 언제든 중요한 요소이지만, 이런 것들만으로는 모든 사람들이 번영할 수 있는 미래를 이루기에 충분하지 않을 수 있다. 전 세계 많은 사회에서는 정의뿐만 아니라 **조화** 역시 오랫동안 사회적·정치적 목표로서 중심적인 위치를 차지해 왔다. 이러한 상황에서 공적 참여는 단지 권리와 평등만이 아니라—심지어 정의에 관한 것만도 아니다— 보다 관계적인 어떤 것을 지향해 왔다. 그것은 바로 타인이나 환경과 연결되어 있다는 것의 가치와 그 필요성을 인정하며, **함께 사는 것**을 의미한다.

조화라는 개념, 그리고 조화가 사회정책에 미치는 함의에 주의를 기울이는 것은 사회교육과 시민교육에서 중요한 역할을 한다. 조화의 관계적 차원에 직접적인 관련성을 갖는 교육자들은 광범위하게 다양한 맥락에 분포하고 있다. 여기에는 대표적으로 동아시아와 동남아시아, 사하라 이남 아프리카,

아메리카의 지역 토착 공동체 등이 포함된다. 그러나 본 장에서는 조화라는 개념을 바라보는 관점에 대해 주장할 것이다. 그것은 바로 **비판적 조화**로서, 이것은 기존의 관계적 차원을 통합하면서도 그것을 뛰어넘는 것이다. 우리는 첸양 리(Chenyang Li, 2006, 2014), 김성문(Sungmoon Kim, 2014), 소훈 탄(Sor-hoon Tan, 2003)과 같이, 유교적 가치와 근대 자유 민주주의 간의 관련성에 관심을 가지고 있는 현대 철학자들의 연구에 기반하여, 조화란 갈등과 긴장을 포용하고 차이와 다양성에 가치를 두며 서로 다른 목소리들 사이에서 균형을 추구하는 등, 비판에 대한 감각을 요구한다고 주장하고자 한다.

그러나 처음부터 분명히 할 점이 있다. 그것은 바로 우리의 초점이 학생들이 다양한 형태의 공공정책과 관련된 사회 이슈와 씨름하고 이에 대해 숙의할 수 있도록 준비하는 데 있다는 점이다. 즉, 평화적 태도를 장려하거나 친사회적 행동을 계발하고 돌봄의 학교 환경을 조성하는 데 우리의 초점이 있는 것이 아니라는 말이다. 개인의 성장, 대인관계, 학교 문화가 교육자들에게 매우 중요한 관심사이기는 하지만, 이러한 것들은 풍부한 여러 학문적 전통의 일부로 다루어져 왔고(가령, Cremin & Bevington, 2017; Durlak 외, 2015; D. Johnson & Johnson, 1996), 많은 교육과정에서 이미 찾아볼 수 있는 것들이다. 이보다 우리는 학생들이 법, 정책, 제도적 구조에 뿌리를 둔, 공적 관심사에 해당하는 문제와 씨름하는 데 초점을 맞추고자 한다. 이러한 이슈는 개인 수준이나 교실 수준으로 축소될 수 없다. 왜냐하면 대인관계를 더 원만하게 유지하고 또 더 관용적인 태도를 취하는 것 그 자체만으로는 오랜 기간 깊게 뿌리 내린 정치적 억압이나 구조적 불평등, 집단에 기반을 둔 경쟁을 극복할 수 없기 때문이다(Bickmore, 2006).

사회 목표로서의 조화

조화는 서로 다른 요소들이 균형 잡히고 통합된 방식으로 함께 모이는 상호작용의 과정으로, 여기서 전체는 부분의 총합보다 더 크다. 사회 수준에서 보면, 조화란 사람들이 공동선을 함께 실현하고자 노력하는 것으로(Kim, 2014; S. Tan, 2003), 이는 역할이나 이해관심, 배경이 각기 다른 사람들 간의 서로 만족할 만한 상호작용을 통해 이루어진다(C. Li, 2014). 서양 철학의 전통은 개인적 이해관심에서 비롯된 동기, 그리고 권리에 기반한 개인주의를 강조해 왔기 때문에, 이러한 관념을 소홀히 하거나 심지어 잘못 해석하기 쉽다. 그러나 중국 및 동아시아 문화에서 조화는, 특히 이들 지역에서 광범위하게 수용되고 있는 넓은 의미의 유교적 전통의 일부로서(Kim, 2014; S. Tan, 2003) 가장 중요한 도덕적·윤리적·사회적 이상 중 하나로 이해되어 왔다(C. Li, 2014). 김성문(Kim, 2014)은 유교 사회의 구성원들은 "스스로를 '한 가족'에 소속된 존재로 보려고 한다"라고 했다(p. 148). 이러한 확장된 가족 관념은 개인의 가족을 말하는 家(가), 더 큰 공동체를 말하는 大家(대가), 가족으로서의 나라를 말하는 國家(국가)라고 하는 중첩되는 한자어에 분명하게 드러난다(C. Li, 2014). 현대 유교 철학자인 뚜웨이밍(Tu, 1988)은 이러한 일군의 확장된 가족 관계를 "신탁(信託) 공동체" 혹은 신뢰 공동체라고 이름 붙였다(p. 43). 공동체 구성원으로서, 사람들은 자기 자신 뿐만 아니라 자신들의 가족과 사회에 대한 책임을 당연하게 여기게 되고(Tu, 1988), 그 결과 사회는 더 평화롭고, 안정적이며, 번영할 수 있게 된다(C. Li, 2014).

조화라는 이상은 사회에 대한 관계적 시각에 기반하고 있는데, 이는 유교 사상의 특징이기도 하다. 유교는 하나의 단일한 실체가 아니라 일군의 다양한 전통과 철학이다. 이러한 전통과 철학 대부분은 공자 이전부터 존재했고,

맹자 및 다른 철학자들에 의해 더욱 발전해 왔으며, 때로는 다양한 통치자와 정부에 의해 전용되었다. 그 형태가 다양함에도 불구하고, 많은 사람들은 유교가 본질적으로 고정적이고 위계적이라고 생각한다. 또한 조화란 고착되어 있고 이전부터 존재해 왔던 사회질서에 대한 순응을 의미한다고 여긴다. 그러나 첸양 리(C. Li, 2014)는 조화를 추구하는 것은 언제나 역동적이고 유연한 과정이라고 주장한다. 이런 맥락에서 그는 조화란 **조화를 이루는 것**으로 간주되어야 한다고 제안한다. 다시 말해, 조화는 정지 상태의 성취가 아니라 노력하는 과정이며, 이는 인간의 활동에 달려 있다는 것이다. 소훈 탄(S. Tan, 2003)은 이러한 종류의 활동은 근본적으로 상호작용하는 것이라고 본다. 이를테면, 관계는 권위에 의해, 혹은 개인과 분리되어 존재하는 사회의 이해관심에 의해 확립되는 것이 아닌, 지속적인 사회적 실천을 통해 구성된다는 것이다. 따라서 한 사회가 조화롭다고 말하는 것은, 사람들 사이의 상호작용이 일반적으로 경쟁이나 갈등의 형태를 띠는 것이 아니라 서로 지지해주고 서로에게 우호적이라는 말이다.

이처럼 조화의 관계적 특성에 대해 강조하는 것은 시민교육의 핵심에 자리한 사회 이슈에 있어 두 가지 중요한 함의를 지닌다. 우선, 조화로운 상호작용을 위해서는 조정과 조절이 필요하다(C. Li, 2014; S. Tan, 2003). 사람들은 자신만의 이해관심을 고집스럽게 추구하거나 자신만의 관점을 굽히지 않고 고수하기보다는, 타인의 시각과 요구를 이해하기 위해 노력해야 한다. 그리고 스스로 희생하거나―이상적으로는― 모든 사람들에게 이득이 되는 해결책을 지향해야 한다. 이처럼 타인을 고려하는 호혜성, 그리고 타인의 '좋은 삶'을 증진시키고자 하는 바람이 **인(仁)**의 중심 요소로, 이는 모든 사람들이 성취하고자 애쓰는 이타심 혹은 인간성을 의미한다(Wu, 2013). 인(仁)은 경의, 존경, 겸손, 심지어 수치심 같이, 전통적으로 유교의 윤리적 가치와 관련된 일종의 자제심을 요구한다. 그러나 사회문제에 적용되면, 이러한 개인 윤리는 개인적 이해관심을 억제하는 공공정책과 결합되어야 한다. 가령, 학생들은 환경을 보호하고 피고용인들의 '좋은 삶'을 보장하기 위해 기업의 이익 극대화를 어떻게 제한할 것인지, 공공연하게 표현되는 일부 방식들(가령, 혐오 발언, 종교적 개종 강요)을 어떻게 바꾸거나 제한하여 타인의 정체성을 훼손하지 않도록 할 것인지, 소외된 공동체의 요구와 목소리가—심지어 이들의 목소리가 다수의 가정과 부딪힐 때조차— 공적 영역에서 인정받고, 증진되며, 귀 기울여질 수 있도록 보장하려면 어떻게 할 것인지 등에 관한 이슈를 고려해볼 수 있을 것이다.

또한, 조화에 일조하는 상호작용을 증진시키기 위해서는 공동의 유대를 육성하고 풍성하게 할 필요가 있다. 이는 정치 이론에서 언급하곤 하는, "상호 신뢰에 기반을 둔 두터운 시민 유대"를 만들어 내기 위한 것이다(Kim, 2014, p. 47; 또한 S. Tan, 2003를 볼 것). 적극적인 관계는 그저 당연한 것으로 간주될 수 없고 개인의 선한 의도에만 맡겨질 수도 없다. 특히 도시화되고 산업화된 현대 사회에서는 더욱 그러하다. 즉, 적극적인 관계는 공공정책을 통해 증진되고 제도화되어야 한다. 만약 보다 조화로운 사회라는 것이 관계적 유대가 더 강한 사회를 의미한다면—이런 사회에서는 서로 다른 배경, 세대, 신념 등을 가진 사람들 간에 보다 많고 다양한, 그리고 보다 긍정적인 연결 관계가 있다— 교육과정은 공적 행위가 이러한 유대를 어떻게 촉진하는지, 혹은 방해하는지 생각해볼 수 있도록 학생들을 안내해야 한다. 이러한 종류의 교육과정에는 공공정책이 인종 및 종교 간의 체계적인 대화를 어떻게 증진할 수 있는지, 세대 간 상호작용을 어떻게 고양할 수 있는지, 신체적·인지적 장애를 가진 사람들에게 지지가 되는 사회 네트워크를 어떻게 보장해줄 수 있는지 등에 관한 질문이 포함될 것이다. 그렇다고 해서 조화가 학생들이 고심해야 하는 유일한 목표는 아니다. 왜냐하면 이러한 주제 중 대다수가 정의에 관한 이슈 또한 포함하고 있기 때문이다. 가령, 다른 인종 집단에게 평등한 권리와 기회를 보장하는 것, 나이가 많은 사람들의 건강 관련 욕구를 충족시키는 것, 적절한 교육 기회와 직업 기회를 제공하는 것 등의 이슈처럼 말이다. 그러나 조화는 사회 이슈를 숙의할 때 정의를 보완해주고, 정의라는 범주에서는 쉽게 포섭될 수 없는 중요한 목표에 대한 관심을 불러일으킨다.

조화라는 관념은 중국 전통에서 가장 체계적으로 발전했지만, 이와 유사한 사회관은 수많은 문화적·종교적 전통 내에 자리하고 있다. 가령, 사하라 사막 이남의 아프리카 문화에서는, 조화—소위, '우분투(ubuntu)' 윤리로 요약되곤 한다—가 사회적 삶의 근본적인 이상이다(Metz, 2017). 이 세계관의 한 요소는 각각의 사람들의 정체성, 그리고 이들의 존재 자체가 필연적으로 타인 및 더 큰 공동체에 의존하고 있다는 관념이다. 메츠와 게이(Metz & Gaie, 2010)가 지적하듯이, "사하라 사막 이남 지역에서의 도덕성은 **본질적으로** 관계적이다"(p. 275, 강조는 원문). 지키(Gyekye, 2010)는 '우분투' 윤리가 인간성과 형제애라는 개념의 구심점이 된다고 묘사하면서, 이는 아프리카 사회에서 인간의 행위를 정당화하는 기본적인 윤리적 가치라고 주장한다. 이러한 견해에서 보면, 인간의 이해관심과 '좋은 삶'은 개인들 간의 관계와 분리될 수 없다. 라틴아메리카의 '콘비벤시아(convivencia)'라는 개념 또한 "인간 사이에서 서로 관련되어 있는, 그리고 의미 있는 공존 관계"라는 의미로, 이 역시 평화로운 관계, 함께 살아가기, 공동의 유대를 강조한다(Perales Franco, 2018, p. 889).

이와 비슷한 관점이 남아메리카, 특히 안데스 산맥의 토착 문화에서도 발견된다. 수많은 학자들은 이곳의 전통적 세계관—이는 보통 키추아어의 관용구로 '수막 카우사이(sumak kawsay)'라고 불린다—이 자연과 사회를 엄격하게 구별하지 않으면서, 모든 존재하는 것들 사이의 공존과 균형, 호혜성, 상호보완을 어떻게 강조해 왔는지 지적한다(Hidalgo-Capitán & Cubillo-Guevara, 2017; Villalba, 2013). 또한 북아메리카 토착 집단에서 발견되는 공통된 관점은, 정체성이란 고립되어 존재하는 것이 아니라 근본적으로 관계적이라는 것이다. 즉, 정체성은 타인과 관련되어 있는 행위를 통해 나타나고, 공동체와 개인은 서로가 서로를 구성한다고 여겨진다(Arola, 2011). 한편, 남태평양의 발리 문화에서는 '트리 히타 카라나(tri hita karana)'라는 관념이 중요한 요소인데, 이는 인간이 다른 사람과의 관계, 그리고 자연 및 초자연과의 관계에서 균형을 이룰 때에만 비로소 행복을 얻을 수 있다는 생각이다. 또한, 뉴질랜드의 마오리족 사람들은 사회적 삶에서의 핵심 가치에는 '마나아키탕가(manaakitanga)'와 '우투(utu)'가 포함된다고 보았다. '마나아키탕가'는 관계를 양성하고, 사람들을 돌보며, 다른 사람들이 어떻게 대우받는지를 살필 의무를 의미하며(Mead, 2003), '우투'는 호혜성이라는 뜻으로 집단 간 관계가 유지되는 것을 의미한다(Metge, 2002).

우리는 특정 지역 내 모든 전통이 동일한 가치를 공유한다고 제안하거나, 지리적으로 드넓은 여러 지역에 대해 본질주의적 접근을 취하려는 것이 아니다(Metz, 2015). 또한 특정 문화에서 조화와 관련된 관념들이 항상 일관적이고 체계적이며 잘 정의되어 있다고 제안하려는 것도 아니다. 가령, '트리 히타 카라나'나 '수막 카우사이' 같은 개념들은 토착 철학에 뿌리를 두고 있지만, 이것들 자체는 현대의 정치적·경제적 투쟁의 맥락 속에서 개발된 비교적 최근 구성물들이다(Peters & Wardana, 2013; Roth & Sedana, 2015). 더욱이, 우리는 조화가 오로지 "비서구적" 이상이라고 제안하는 것도 아니다. 플라톤은 조화를 정치적 삶의 중심 목표로 여겼고(L. Brown, 1997), 기독교 성경은 신자들에게 "서로 조화롭게 살 것"을 명하고 있으며(*King James Bible*,

1769/2021, Romans, 12:16), 마틴 루터 킹은 시민권을 보장함으로써 인종적 부정의를 근절할 수 있을 뿐만 아니라, 이를 통해 "형제애라는 개념을 총체적인 관계맺음의 비전으로 확대해가게 될 것"이라고 예측했다(King, 1963, p. 168).

또한, 우리는 조화라는 개념을 낭만화하고 싶지도 않다. 왜냐하면 어느 사회든 해악이 되는 불평등과 배타성을 드러내 보일 수 있고, 감탄할 만한 관념들이라 할지라도 폭력적이거나 권위주의적인 정책과 관행을 감추거나 심지어 정당화하는 데 사용될 수도 있기 때문이다. 가령, 마오리족의 '우투' 개념은 종종 "보복"으로 번역되기도 한다. 왜냐하면 마오리족에게 있어 균형이란, 보다 긍정적인 행위에 대해 호혜성을 요구하는 것처럼 해를 끼치는 행위에 대해서는 복수를 요구하는 것이기 때문이다(Metge, 2002). 멕시코에서는 정부가 '콘비벤시아'를 "통제된 '콘비벤시아'"—이는 치안을 증진시키고자 고안된 일련의 법과 정책을 의미한다—로 재규정했다(Nieto & Bickmore, 2016, p. 114). 한 문화의 사람들 사이에서든 혹은 사람들과 환경과의 관계에서든 조화의 이상을 거의 실현했다고 말할 수 있는 문화는 별로 존재하지 않는다. 심지어 환경적 측면에서 의식이 있다는 평판을 듣는 집단조차 지속 불가능한, 혹은 파괴적인 관행에 적극 참여하기도 한다. 따라서 우리는 어떤 사회를 미덕의 귀감으로, 그리고 다른 사회를 그렇지 않은 것으로 특징짓는 것이 아니라, 조화가 전 세계의 수많은 사회 내에서 오랜 기간 동안 가치 있게 여겨져 왔다는 점을 강조하고자 한다. 조화가 광범위하게 존재해 왔고 이상으로 인식되어 왔다는 것은—심지어 실현되지 못하거나 잘못 사용될 때조차도— 이것이 다양한 문화를 가로지르는 강력한 호소력을 지닌다는 점을 드러낸다.

더욱이, 조화는 단순히 좋은 의미면서 어떤 실천적 중요성이 없는 추상적 기준이 아니다. 싱가포르와 보츠와나처럼 매우 다른 성격의 두 나라 모두에서, 조화를 증진시키는 것은 정부 정책의 중심 요소이다(Mulimbi & Dryden-Peterson, 2018; Parliament of Singapore, 1991). 가령, '부엔 비비르(buen vivir)'라는 개념은 조화와 균형에 기반한 것으로 발전에 대한 대안적 접근 방식을 제공한다. 이는 에콰도르와 볼리비아의 헌법(Gudynas, 2011), 그리고 에콰도르의 국가 개발 계획에 통합되었다(Villalba, 2013). 이러한 공식적 인정과 제도적 지원은 조화의 가치가 어떤 식으로 일상의 실천뿐만이 아니라 국가 및 지역 구조에까지 새겨지는가를 보여준다. 동아시아에서의 사회정책은 일상적으로 소중하게 여겨지는 관계와 사회 균형을 증진할 필요성을 염두에 두는 경우가 많다. 가령, 세액 공제, 주거 지원, 월정 수당, 주택 재정비, 노인을 위한 돌봄 휴가 등과 같이, 대가족 내에서 조화를 도모하려는 목적을 가진 한국의 법과 정책들은 성인이 된 자녀가 부모나 친척을 돌보고 부양하도록 장려하고자 정부가 이를 법령화한 것이다(Kim, 2014; H. Park, 2015). 이토록 많은 사회의 문화적·정치적 삶에서 조화가 중시된다는 점을 고려해보면, 시민교육과 사회교육의 목적 중 하나는 학생들이 사회정의를 어떻게 증진해 나갈 것인가 뿐만 아니라 공적 관계를 어떻게 육성할 것인가까지 고심하면서, 이에 관한 대화를 시작하는 것이어야 한다.

비판적 조화: 갈등, 차이, 균형

집단과 개인들 사이에서 보다 깊고 복합적인 관계를 고양하는 것은 복잡한 일이기는 해도 본질적으로 논쟁적으로 보이지는 않는다. 과연 그 누가 세대 간 더 많은 의사소통을 나누자는 데 반대하고, 장애를 가진 이들을 위해 더 나은 사회적 지원을 마련하자는 데 반대하겠는가? 그러나 조화를 추구하는 것에도 어두운 면이 있는데, 그 이유는 조화가 순응, 지배, 권위주의를 정당화하는 데 사용될 수 있기 때문이다. 지배 계층은 종종 반대 의견을 억누르고, 차이를 지워버리고, 비민주적 통치에 대한 복종을 조장하고자 조화라는 개념을 악용해 왔다(Barr, 2010). 개인의 수준에서도, 조화라는 개념은 비판적 사고를 제한하고 내부 검열을 야기할 수 있다(Feng & Newton, 2012). 그러나 이러한 결과들 중 어느 것도 조화라는 관념 그 자체의 본질은 아니다. 사실, 유교의 표현인 화이불류(和而不流), 즉 "화목하게 지내되 무턱대고 남을 따르지 않는다"(『중용』 10장, Li, 2006, p. 587에서 재인용)라는 말에서 알 수 있듯이, 사회 차원의 조화란 합의에 의존하거나 권위에 맹목적으로 복종하는 것이 아니라, 갈등과 긴장을 포용하고 차이와 일탈에까지 가치를 부여하며, 다양한 관점과 전문 분야 간의 현명한 균형을 필요로 한다. 이것이 바로 조화를 폭넓게 이해한 것이다.

1) 갈등과 긴장을 포용하기

조화는 종종 갈등 회피와 동일시되고, 위계적이거나 억압적인 정치 구조에서 '반대 의견 없음'으로 이해되곤 한다. 일부 국가에서의 학교 교육과정과 교수학습 자료는 조화를 정치적 통일성, 사회적 합의, 불협화음 부재라는 측면에서 협소하게 범주화한다. 이에 학교, 그리고 공공 정보 캠페인까지 동원하여, 반대 의견은 국가 통합에 위협이 된다고 경고하기도 한다(Ho, 2017a; Law, 2017; Mulimbi & Dryden-Peterson, 2018; J. Sim & Chow, 2019). 북미를 비롯한 여러 지역의 교육자들은 학교에서 사회 차원의 조화에 대해 강조하는 것을 꺼리는 경우가 있는데, 그 이유는 바로 조화가 개인주의를 억누르고, 갈등을 회피하는 데 우선순위를 두며, 차이에 대해 관용적이지만 이와 동시에 동화주의적인 시각을 강조한다는 인식 때문이다(Bickmore, 2006; Thayer-Bacon, 2009).

　반면, 조화에 대한 비판적 버전은 사회 비판 능력을 요구하고 의견의 차이를 인정한다(Ames, 1997). 견해의 대립으로 자연스럽게 발생하는 긴장은 문제가 되는 것이 아닌, 오히려 조화라는 목표에 더욱 기여할 수 있는 "창조적 요소"라는 것이다(C. Li, 2014, p. 9). 가장 영향력 있는 유교 철학자인 맹자와 공자는 부적절한 행동이나 결정에 반대하며 통치자에게 간언하는 것, 그리고 통치자는 피치자에게 복종이나 무조건적인 순응을 기대할 것이 아니라 그러한 간언에 관대해지는 것이 중요하다고 강조했다. 특히, 맹자는 "군주에게 큰 허물이 있으면 신하들이 간언하되, 거듭 간언해도 듣지 않으면 신하들이 군주를 폐위할 것이다"라고 말하며 관료들이 통치자에게 간언할 필요성에 대해 강조했다(『맹자』, 「만장」 하, 9장). 유교에서 이러한 도덕·정치적 간언은 조화로운 사회를 만드는 핵심이고, 이는 또한 개인의 의무 혹은 "정당한 의무"로 여겨진다(Kim, 2011, p. 42). 첸양 리(C. Li, 2006)에 따르면, 비판적 조화는 "차이의 존재를 인정하지 않는 단순한 합의가 아니다. 즉, 이는 어떤 대가를 치르더라도 평화를 유지하려는 것이 아니다. …… 이는 갈등을 배제하는 것이 아니라 더 큰 조화를 이루기 위해 갈등을 이용하자는 것이다"(p. 592). 이러한 갈등이 없다면 공공정책과 관행은 일부 사회 집단을 인식조차 못하거나 이들의 이해관심을 인정하지 않을 수 있다. 그리고 이런 점이 바로 조화의 근간을 훼손한다. 따라서 김성문(Kim, 2014)이 지적했듯이, 대개 유교 사상과 관련되어 있는 시민적 예의는 시민적 무례와 균형을 이루어야 한다. 여기서 말하는 시민적 무례는 기존의 사회적 관계를 일시적으로 뒤흔들어 놓기는 하지만, 궁극적으로는 그러한 관계가 더 생명력 있고 더 지속적일 수 있도록 돕는다. 우리는 10장에서 이러한 시민적 무례의 중요성에 대해 다시 이야기하고자 한다.

따라서 학생들은 조화가 복종이나 순응과 관련되어 있다고 생각할 것이 아니라, 분열과 의견 차이, 불협화음의 목소리가 궁극적으로 더 큰 사회 차원의 조화(그리고 더 큰 정의)로 이어지게 되는 창조적인 긴장을 어떻게 만들어 낼 것인지 고심할 필요가 있다. 가령, 공공 시위가 허용될 수 있는 범위에 관한 이슈를 숙의할 때, 학생들은 파업이나 시위, 여러 다른 개인적·집단적 저항 행위가 권력을 가진 지위에 있는 사람들로 하여금 그들이 검토하지 않고 내버려두는 이슈들에 대해 어떻게 관심을 가질 수밖에 없도록 만들 것인지 생각할 수 있어야 한다. 즉, 학생들은 '흑인의 목숨은 소중하다' 운동이나 '액트업(ACT UP, the AIDS Coalition to Unleash Power, 에이즈 대책 강화 요구 단체)'과 같은 파괴적인 운동이 소외된 집단에 대한 억압이나 방치에 어떻게 도전해 왔는지 고려할 수 있어야 한다. 마찬가지로, 학생들은 아르헨티나의 '5월의 광장 어머니회(군사 정권이 자행한 인권 유린에 대한 책임을 묻는 단체)'나 한국의 '정의기억연대(2차 세계대전 중 여성들이 성노예로 강제 동원되었다는 것을 인정하라고 주장하는 단체)'가 주최하는 공공 시위가 어떻게 정부로 하여금 권력 남용을 인정하고 피해자를 보호하게 만들 수 있는지에 대해서도 생각해 보아야 한다. 이러한 각각의 행위는 분열을 일으킬 수 있다. 그러나 이는 간과되어서는 안 되는 사회 각 부분들에 대한 관심을 불러일으키며 조화를 고취하는 역할을 한다.

2) 차이에 가치 부여하기

조화는 통일성을 요구하는 것으로 오인되기도 한다. 확실히 모든 사람들이 똑같은 관점—언어, 문화, 종교, 정치적 신념 등에서—을 공유하는 사회는 더 강한 관계를 가지고 더 많은 관계를 보유한 사회일 수 있다. 사실, 통일성을 증진하는 것은 세계의 많은 시민교육 교육과정의 암묵적인 목표이자 명시적인 목표이다. 이러한 교육과정은 대개 인종적·민족적·종교적 다양성을 무시하거나 경시하고, 주류에서 멀리 떨어져 있는 동시대의 다른 목소리를 배제하며, 협소한 일군의 국가적 관념을 고수하도록 장려한다(가령, Bickmore, 2006; Ho, 2017a). 실제로, 통합된 국가 정체성으로 동화시키는 것은 오랫동안 학교교육의 주된 목적이었고, 많은 지역에서는 아직도 그러하다. 이러한 목적은 특히 시민교육과 관련된 교과목에서 두드러졌다(P. Morris & Cogan, 2001; Osler, 2011; Torney-Purta 외, 1999; Zajda 외, 2009). 조화란 "문제시되지 않을 만한 가치를 주입하여 동질화를 이루는 것"이라고 보는 인식은 교육 관련 많은 학자들이 이 주제를 피하는 이유일 것이다(Bickmore, 2006, p. 382).

그러나 첸양 리(C. Li, 2006, 2014)가 주장하듯이, 조화는 동질성에 관한 것이 아니다. 사실, 동일성은 "조화가 결여된 …… 일종의 부조화"이다(C. Li, 2006, p. 591). 조화의 '화(和)', 그리고 동일성이나 통일성을 의미하는 '동(同)'을 구분하는 것은 잘 알려진 유교 명언인, "군자는 조화롭게 잘 어울리지만 반드시 같기를 요구하지 않는다"(君子和而不同, 小人同而不和)라는 말에 가장 잘 표현되어 있다(『논어』, 「자로」, 23장). 반대로, 옹졸하거나 도량이 좁은 소인은 반드시 같기를 요구하지만 조화롭게 어울리지는 못한다. 따라서 조화를 위해서는 다양하고, 또 잠재적으로 서로 다른 범주의 관점들 간의 상호작용과 조정이 필요하다.

음악적 비유는 조화와 통일성을 구분하여 설명하는 데 유용하다. 대개 오케스트라나 앙상블에는 서로 다른, 때로는 불협화음을 내지만 상호보완적인 음향을 연주하는 다양한 악기들이 포함되어 있다. 현악기, 타악기, 금관악기,

목관악기는 매우 다른 음색, 박자, 멜로디를 만들어 내지만, 이들은 모두 합쳐져 조화로운 전체, 즉 복합적인 음악 작품을 만들어 내는 데 기여한다. 이와는 달리, 마치 똑같은 음색을 연주하는 똑같은 악기로만 구성된 앙상블처럼 과도한 수준의 동일성과 통일성은 조화와는 정반대이다. 비슷한 맥락에서 보면, 사회는 구성원들의 다양한 관점에 주목할 필요가 있다. 왜냐하면 이러한 다양한 관점이 균형을 제공하고 더 큰 공동체를 풍요롭게 해주기 때문이다(Angle, 2008). 강력하고 영향력 있는 목소리는 자신의 가치와 생각을 타인에게 일방적으로 강요해서는 안 되고, 다른 경험과 문화적 전통, 종교적 혹은 이념적 입장을 받아들여야 한다. 다양한 요소들 간의 이러한 다원성과 상호작용이 바로 조화의 핵심 요소이다.

따라서 비판적 조화를 우선시하는 시민교육 교육과정은 학생들로 하여금 공적 행위가 어떻게 인종적, 민족적, 종교적, 계층적, 사상적, 언어적, 젠더적 다양성을 촉진하는지 고려할 수 있도록 할 것이다. 왜냐하면 이러한 것들이 조화로운 사회의 본질적인 부분이기 때문이다. 가장 논쟁적인 공적 이슈의 많은 부분이 바로 이러한 관심사와 관련되어 있다. 가령, '다른 언어와 지방 방언들이 어느 범위까지 허용되고 장려되어야 하는가?', '공적 표현이나 파괴적 예술작품에 제한을 가해야 하는 상황이라면, 어떠한 제한이 가해져야 하는가?', '종교적·정치적 유추가 가능한 의복 형태(가령, 히잡, 키르판, 터번, 레게 머리)는 허용되어야 하는가, 만약 그렇다면 어떤 상황에서 허용되어야 하는가?' 등은 학생들이 숙의해야 하는 중요한 이슈들이다. 또한, 조화에서는 차이가 중요하고, 이렇게 차이를 중시하는 시각은 학생들의 토의에 중대한 기여를 할 수 있다. 중요한 것은, 그러한 이슈에 대한 숙의는 다양성에 대한 "안전한" 버전, 혹은 주류의 버전을 고려하는 것으로만 국한되는 것이 아닌, 보다 급진적이고 도전적이며 소외된 관점과도 씨름해야 한다는 것이다.

안나말라이(Annamalai, 2018)는 싱가포르에 대해 말하며, 소수자 집단, 하위문화, 반(反) 문화가 번성할 수 있는 공간을 만들기 위해서는 일탈에 대한 찬양이 필요하다고 했다. 이런 맥락에서 안나말라이(Annamalai, 2018)는 "우리는 우리 안에서, 그리고 우리들 사이에서, 불확실하고 반항적인 공간을 마련해 둘 필요가 있다. 왜냐하면 이러한 공간이 심오한 공간이기 때문이다"라고 주장했다(15단락). 분명 그러한 주제를 고심하는 과정에는 권리에 기반한 정의 관련 이슈도 포함될 것이다. 그러나 여기에 더해 학생들의 숙의는 다양성 증진 그 자체를 중요한 사회적 목적으로 다루는 차원으로까지 나아가야 한다.

3) 균형을 위해 노력하기

비판적 조화가 '차이에 가치 부여하기'에 관한 것이라면, 이것은 분명 '균형을 위해 노력하기'에 관한 것이기도 하다. 이는 집단과 개인이 타인을 억압하거나 배제할 수 없도록, 그리고 모든 목소리가 알맞은 자리에 포함될 수 있도록 보장하는 것이다(C. Li, 2014). 이러한 균형은 모든 목소리가 언제나 똑같은 방식으로 취급되는 획일적인 평등 같은 것이 아니다. 또한, 이기적이고, 기회주의적이며, 적대적인 행동을 정당하게 인정하는 원칙 없는 타협을 의미하는 것도 아니다(C. Li, 2006). 오히려, 균형은 일부 관점이 일정한 순간 더 큰 관심을 받을 가치가 있다는 인식을 요구한다. 그러나 그러한 관심이 영구적이거나 지배적인 것이 되도록 허락하지는 않는다. 가령, 오케스트라에서 음악적 균형을 이루기 위해서는 조정, 협력, 호혜성이 요구된다. 현악기, 목관악기, 금관악기, 타악기는 돌아가면서 스포트라이트를 받고 돌아가면서 조연 역할을 한다. 만약 한 부분이 전체 공연을 지배한다면, 작품에 힘과 감흥, 그리고 아름다움을 불러일으키는 복합적인 정교함과 뉘앙스 대부분이 사라지고 말 것이다.

따라서 균형을 위해서는, 그 어떤 순간에서든 말할 자격이 있는 사람들, 혹은 그 관점이 인정받을 자격이 있는 사람들을 인식할 필요가 있다. 학생들은 기후변화나 공중 보건의 위기에 어떻게 대응할 것인지에 관해 숙의하는 동안 기후학자들이나 유행병학자들의 전문성을 인정해야 한다. 이와 더불어, 학생들은 삶의 터전을 잃게 된 어부나 농부들, 그리고 의료 검사와 치료에 접근하기 힘든 지역에 살고 있는 사람들처럼, 이러한 이슈로부터 영향을 받는 사람들의 통찰력까지도 숙의에 포함해야 한다. 마찬가지로, 약물 남용 문제를 해결하려는 목적의 숙의에는 의료계 및 사회과학 연구자들, 그리고 이에 영향을 받는 사람들과 직접 만나 일하는 상담사, 법원 공무원, 공중 보건 전문가들의 통찰력이 활용되어야 한다. 분명한 것은, 이것이 단순히 사회적 지위가 높은 사람들에 대한 존경의 문제는 아니라는 점이다. 스톨네이커(Stalnaker, 2013)는 "현자에 대한 존경함(尊賢)"이라는 맹자의 개념은 "누군가의 사회적 지위와 상관없이 도덕적 권위와 지혜가 자신보다 앞서 있는 사람들에게" 존경의 태도가 주어져야 함을 제안한다고 지적했다(p. 446).

그러나 균형이 모든 관점에 동등하게 주목할 것을 요구하는 것은 아니다. 그리고 조화에서 중요한 요소는 어떤 견해가 들어볼 가치가 있는지, 그리고 어떤 순간에 그리해야 하는지를 생각하는 문제와 관련되어 있다. 착취하고, 잘못된 방향으로 이끌며, 증오의 씨앗을 뿌리는 목소리는 균형을 추구하는 데 있어 인정되어야 할 목소리가 아니다. 가령, 총기 정책에 대한 숙의는 총기 폭력과 관련하여 증거에 기반한 주장을 펼치는 사람들과 총기 난사 사건을 날조하여 부인하는 사람들 사이의 "균형"을 목표로 할 필요는 없다. 또한, 종교적·인종적 평등에 대한 옹호가 고집불통의 사람들의 견해와 "균형"을 맞출 이유는 없다. 마찬가지로 생물학적 성을 받아들이지 못하는 사람들의 안전과 치안을 지지하는 이들과 이 사람들을 해치고 싶어 하는 이들 사이에서 "균형"을 찾을 이유는 없다. 균형은 더 큰 사회 차원의 조화를 위해 권력을 바로잡고 취약 계층의 사람들을 보호하기 위한 방안이지 권력 남용을 정당화하는 구실이 아니다.

따라서 균형을 지향하는 사회교육과 시민교육 교육과정은 학생들이 다른 목소리와 다른 관점이 어떻게 포함되어야 하는지 혹은 배제되어야 하는지 고민하고 이를 비판적으로 평가할 수 있도록 도와야 한다. 예를 들어, 여성의 건강 관련 정책을 논의할 때, 학생들은 다양한 여성들의 목소리에 주목하는 것이 중요하다는 점을 인식할 필요가 있다. 이러한 다양한 여성 중에는 특권층이 아닌 여성들도 포함될 것이다. 역사적으로 봤을 때 정책 결정의 주변부에 있었지만, 이러한 여성들이야말로 보건 정책의 영향에 대해 직접적이고도 강력하게 말할 수 있는 이들이기 때문이다. 더 나아가, 학생들은 이러한 목소리가 여성 보건 전문가의 지식—가령, 의사나 사회 복지사, 공중 보건 공무원, 교육자, 국경 없는 의사회와 같은 비정부 기구 사람들의 지식—과 어떻게 균형을 이룰 수 있을지에 대해서도 생각할 필요가 있다. 그러나 이와 더불어, 표면적으로는 여성의 보건을 증진시키려는 것처럼 보이지만 들여다보면 오히려 백신이나 피임과 같은 이슈에 대해 잘못되거나 오해의 소지가 있는 의료 정보를 제공하는 단체와 국경 없는 의사회와 같은 명성 있는 기구의 전문성이 동일한 것이라 생각하지 않도록 주의할 필요가 있다. 균형을 위한 노력은 다양한 관점을 향한 개방성을 요구하고, 또한 그러한 관점이 조화에 기여하는지의 여부에 대해 판단할 것을 요구한다. 이러한 종류의 분별력(權)을 계발하는 것이 시민교육에서 중요한 한 부분이다.

교육과정에의 적용

교육 영역 안에서 조화를 강조한다는 것은 단순히 학생들의 개인적 가치와 윤리를 계발하거나 보다 긍정적인 대인관계를 장려한다는 의미가 아니다. 물론 이것들도 중요한 문제이기는 하지만 말이다. 사실, 첸양 리(C. Li, 2006)가 지적했듯이, 사랑이나 친근함이 조화를 위해 필수적인 것은 아니다. 중국 전통 사회에서 유교 사상가들은 조화가 의례를 알맞게 수행하는 데 달려 있다고 생각했다. 오늘날과 같이 다양하고 복잡한 사회에서 조화는 법, 공공정책, 사회제도에 따라 달라지기도 한다. 이것들이 바로 관계적인 유대가 유지되고 강화되는 메커니즘이기 때문이다. 의례와 마찬가지로, 개인이 알맞은 태도를 가지고 참여한다면 이러한 구조는 더 효과적으로 작동하고, 제도는 조화에 기여하는 태도를 한층 더 계발하는 데 중대한 역할을 수행한다. 그러나 이러한 태도가 없다 하더라도, 사회에서의 공식적인 메커니즘은 조화를 유지하는 데 중요한 역할을 한다. 가령, 혐오 발언을 금지하는 법은 이 법을 준수해야 하는 사람들이 특정 민족을 향한 비방이나 동성애 혐오 발언을 하고 싶다 하더라도 이를 금지시킴으로써 소수자들의 존엄성을 확인한다. 사실, 일부 사람들이 다양성에 가치를 두지 않는다는 사실이 바로 이러한 법이 필요한 이유이다. 사적 도덕과 윤리보다는, 이러한 공적 문제들이 사회교육과 시민교육의 주요 초점이 되어야 한다.

조화에 대해 가장 정교하게 연구한 바 있는 유교는 공적 도덕과 사적 도덕의 연속성을 강조해 오긴 했지만, 이와 같이 공적 영역을 강조하는 것은 대단히 중요한 의미를 가진다(C. Li, 2006). 그러나 공적 도덕과 사적 도덕을 구분하지 못하면, 정치 및 여러 다른 공적 활동들이 현대 사회의 정의와 조화 둘 모두에 있어 대단히 중요한 의미를 가짐에도 불구하고, 교육자들이 이를 간과하게 만들 수 있다. 가령, 싱가포르 교사들을 대상으로 한 한 연구는 싱가포르 시민성 교육을 담당하는 교사들이 암묵적으로는 공과 사의 연속성을 강조하는 일종의 유교의 특성에 기대어 사고했지만, 시민성에 대해 이야기할 때 거의 전적으로 가족의 측면에서만 이를 다룬다는 것을 발견했다(J. Sim & Chow, 2019). 또한 이 교사들은 주로 "조화로운 사회를 위한 토대로서의 '도덕과 인성 발달'이라는 차원에서 개인을 양성"하는 데 주요 관심이 있었다(J. Sim & Chow, 2019, p. 476). 이렇게 되면, 사적인 삶과 공적인 삶의 연속성을 주장하는 것은 공적 삶을 평가절하하거나 소홀히 취급하는 결과로 이어질 수 있다. 특히 교육자들이 잠재적으로 논쟁적인 주제를 피하면서 "안전하게 가기"를 바란다면 더욱 그리될 수 있다. 조화의 공적이고 제도적인 차원이 명시적으로 강조되지 않는다면, 학생들은 시민교육의 중대한 요소를 놓칠 가능성이 크다.

이어지는 절에서 우리는 사회교육과 시민교육과 관련된 공적 이슈에 대한 두 가지 예시를 강조하고, 이러한 이슈를 숙의하는 데 조화라는 개념이 어떠한 중대한 역할을 할 수 있는지 설명하고자 한다. 두 이슈 모두 전형적으로 정의에 관한 물음으로 개념화되지만, 정의만으로는 통합되기 어려운 중요한 차원이 조화를 추구함으로써 추가될 수 있다.

1) 공공 주택의 관계적 차원

사회에서의 주거 이슈, 특히 안전하고 위험이 없으며 감당할 만한 가격의 주택에 접근하는 문제와 관련된 이슈는 보통 정의에 관한 물음으로 범주화된다(가령, Soederberg, 2017). 그러나 싱가포르의 공공 주택에 관한 사례는 국가 정책이 사회적 조화라는 관계적 목표에도 상당히 관심을 기울인 사례에 해당한다. 특이하게도, 싱가포르 국민 중 대략 88%의 사람들이 공공 주택에 거주하고 있는데(Singapore Department of Statistics, 2015), 이는 잠재적으로 국가가 조화에 기여할 수 있게끔 인구의 공간적 분포를 형성할 수 있는 기회가 된다. 와이즈와 벨라이유담(Wise & Velayutham, 2014)은 싱가포르의 공공 주택 지역은 사회의 각기 다른 부문들 사이에서의 "일상적 유쾌함의 공간"에 관한 좋은 사례가 된다고 주장했다(p. 411). 대부분의 싱가포르 사람들은 일상생활을 하면서 다른 종교와 다른 민족, 심지어 다른 경제 계층의 사람들과 공간을 공유한다. 가령, 고층 아파트 각 블록 1층에 자리한 다목적 공용 공간은 말레이시아식 결혼식과 중국식 장례식과 같은 행사, 그리고 아이들의 축구 경기나 거주 노인들의 체커 게임과 같은 비공식적 활동을 위해 사용된다. 비유적으로도 그리고 실제로도, 싱가포르 사람 중에는 단 하루라도 다른 종교와 다른 인종적 배경, 다른 모국어, 다른 문화적 전통을 가진 사람들과 어깨를 부딪치지 않고 살아갈 수 있는 이가 없다. 따라서 매일매일 일어나는 이러한 상호작용은 "일상적으로 서로 다른 문화에 익숙해질 수" 있게 하며(Gilroy, 2004, p. 411), 이런 상황에서의 문화적 차이는 그저 "사회적 삶의 일반적인 특징"일 뿐이다(Gilroy, 2004, p. xi).

이러한 종류의 상호작용은 주거 지역 내 혹은 주거 지역 간에 민족적·경제적 분리가 생기는 것을 막으려는 정책을 통해 이루어졌다. 가령, 국가는 공공 주택 구매에 있어 민족 할당제를 시행하고, 이에 따라 모든 지역과 모든 아파트 블록에는 다양한 인종적 배경을 가진 사람들이 섞여 있다. 그리고 그 비율은 대체적으로 국가 전체 내의 인종적 비율을 반영한다. 또한, 국가는 각 지역 내 큰 아파트와 작은 아파트가 혼재하도록 하고, 심지어 민간 개발업자들로 하여금 민간 분양 아파트를 공공 주택이 있는 같은 지역 내에 위치시키도록 한다. 이러한 정책은 그 어떤 공공 주택 지구도 단 하나의 집단 구성원으로만 이루어지지 않도록 만들어, 대체적으로 각 지역 공동체에 다양한 민족적·사회경제적 배경의 사람들이 포함될 수 있도록 했다. 이에 따라 모든 배경의 사람들은 필연적으로 각 거주 지역의 일부가 된다.

따라서 주택 공급 및 이와 유사한 이슈들을 검토할 때, 학생들은 모두를 위해 충분하고 공평하게 자원을 공급하는 정의 지향적 관심과 더불어, 공공정책이 경제적·인종적 통합을 어떻게 고양시킬 수 있는지에 대해서도 고려해야 한다. 여기에는 할당제, 개발업자에 대한 경제적 인센티브 제공, 여러 다른 규제 조치와 같은 각종 전략의 긍정적·부정적 효과를 평가하는 것이 포함될 것이다. 또한, 이웃과의 공동생활과 상호작용을 위한 더 많은 기회를 제공하기 위해 도시 계획자들이 공원이나 산책로, 놀이터, 식료품점, 커뮤니티 센터와 같은 공유 편의 시설을 어디에 위치시켜야 하는지를 논의하는 것도 포함될 것이다. 이와 더불어, 문화생활이나 신앙생활을 위해 거주 지역을 벗어나 멀리 나가게끔 하는 것이 아닌 각 거주 지역 **안에** 교회나 모스크, 불교 사원과 같이 문화적으로 분리된 시설을 배치하게 되면, 이것이 어떠한 영향을 미치게 될 지 평가할 수도 있다(Sin, 2002).

가령, 학생들은 싱가포르의 사례를 미국의 경우처럼 대조적인 사례와 비교해볼 수 있다. 미국에서도 많은 저소득층 거주민들이 공공 주택에 접근하는 것이 가능하지만, 이곳의 주택 정책은 관계에 미치는 영향에 주목하지 못했고 그 결과 공공 주택에 대한 접근이 인종주의나 편견, 분리, 공동체 고립과 같은 문제를 해결하는 데 효과를 내지 못했다. 가령, 미국의 정책은 심각한 저소득층 임차인들만을 위해 고안된 공공 주택을 미국 도시 내에서 이미 대단히 가난한, 대개 흑인들이 거주하는 지역에 불균형적이리만큼 많이 배치시켰는데, 이는 빈곤을 더 집중시키고 경제적·사회적 박탈을 더 심화시키는 결과를 가져왔다. 또한, 미국에서는 공공 주택이 독특한 외형을 띠도록 설계되었고, 이는 유지 및 보수를 위한 충분한 재원 확보가 어렵다는 문제와 맞물려 결국 이 거주 지역이 전반적으로 더 쇠퇴하게 되는 데 일조했다(Tach & Emory, 2017). 이러한 결함을 인식하면서, 미국 정부는 어려운 상황에 처해 있는 공공 주택 프로젝트 관련 이슈와 민족적·경제적 분리 관련 이슈를 해결하고자 노력해 왔다. 소득 수준이 다양하게 섞여 있는 공동체를 육성하고, 빈곤하지 않은 거주 지역에 공공 주택을 배치하며, 사회봉사와 공동체봉사, 공동의 공간을 제공하는 등 관계적 이슈에 더 관심을 기울이면서 말이다(U.S. Department of Housing and Urban Development, 연도 미상). 종합하면, 주택 정책에 관한 미국과 싱가포르의 두 사례는 교육자들과 학생들에게 이 이슈를 단순히 정의의 관점을 통해서만이 아닌—즉, 자원의 공급과 분배라는 측면에서만이 아닌— 조화라는 렌즈를 통해서도 볼 수 있는 기회를 제공한다.

2) 젠더 정체성, 그리고 차이에 가치두기

정의와 조화를 모두 고려해야 한다는 요구는 대다수의 시스젠더[8] 및 이성애자들과 구분되는 젠더 정체성과 성적 지향을 가진 개인들의 지위에 관한 이슈에서 가장 잘 드러난다. 이러한 많은 이슈들은 결혼과 입양, 그 밖의 가족 관련 사안에서 평등한 권리를 인정하는 문제, 고용과 주거, 교육 및 공적 삶의 여러 다른 측면에서 차별을 금지하는 문제와 같이, 명백하게 정의에 관한 물음을 포함한다. 또한 여기에는 의학 연구나 의료 서비스를 통해서만이 아니라, 적절하고 지지받는 환경—가령, 경찰로부터 괴롭힘을 당하지 않는 것—

---

8) 시스젠더(cisgender)는 트랜스젠더의 반대말로, 타고난 생물학적 성과 본인이 느끼는 성정체성이 동일한 사람을 의미한다.

을 통해서 건강과 안전을 보장하는 문제 또한 포함될 수 있으며 이 역시 정의에 관한 물음과 닿아 있다. 그러나 영(I. Young, 1990)이 주장한 바와 같이, 정의에 관한 전통적 관념은 일부 집단 구성원들의 소외 문제를 비롯한 억압의 핵심적인 요소들을 포착하지 못했다. 소외는 물질적 차원의 문제이기도 하지만(가령, 고용에 대한 접근이 제한되는 것), 또한 "인정과 상호작용의 맥락에서 능력을 발휘하기 위한 문화적, 실천적, 제도화된 조건이 박탈되는" 문제와도 관련되어 있다(p. 55). 다시 말해, 차이가 가치 있는 것으로 여겨지지 못하면 정의로운 사회라고 해도 조화를 이루는 데는 실패할 수 있다. 레즈비언, 게이, 양성애자, 트랜스젠더, 퀴어인 사람들, 즉 LGBTQ 사람들은 법적·물질적 평등이 갖추어진 조건하에서도 소외를 겪을 수 있다.

사회교육과 시민교육의 중요한 과업은 학생들로 하여금 사회가 어떻게 이모든 구성원들을 정의롭게 대할 수 있을지, 그리고 이들에게 어떻게 사회적 존중을 제공할 수 있을지 고민해보게 하는 것이다. 가령, 오랫동안 전 세계의 많은 문화에서는, 남성과 여성이라는 엄격한 범주로 잘 구분되지 않는 젠더 정체성을 가진 개인도 인정하고 받아들였으며 나아가 이들을 가치 있게 여겼다(Public Broadcasting Service, 2015). 이러한 문화는 아마도 세 개나 네 개, 혹은 그보다 더 많은 수의 젠더를 인정할 것이고—이와 같은 여러 젠더를 위한 이름도 가지고 있다— 이 범주들은 다양한 형태의 젠더 표현과 성적 지향을 포함할 것이다. 다수의 사례에서, 젠더의 다양성이나 유동성은 단순히 인정되거나 혹은 "관용되는" 것에 그치지 않으며, 모든 사람들이 사회에서 중요한 역할을 할 수 있도록 하는 공간을 제공하고 있다. 가령, 아메리카 대륙의 토착 문화에서는 종종 "두 개의 영혼"이라 불리는 사람들이 사회에서 존경받는 역할을 해 왔고, 심지어 공동체에 기여하는 특별한 힘을 가진 존재로 간주되기도 했다(L. Brown, 1997; Driskill, 2016). 이러한 역할에는 고유한 그들의 젠더 정체성에 부합하는 특별한 의식적, 영적, 혹은 의학적 지위를 차지하는 것, 그리고 대개 하나의 젠더에만 관련되어 있는 물질적·경제적 역할을 그 어떤 낙인도 없이 수행하는 것이 포함된다(J. B. Mayo & Sheppard, 2012).

사회교육과 시민교육은 조화에 초점을 둠으로써 학생들로 하여금 사회가 이러한 종류의 다양성에 어떻게 가치를 부여하고 이를 어떻게 존중할 수 있을지, 그리고 LGBTQ 개인들을 위해 정의를 어떻게 증진시킬 수 있을지 고심해보도록 해야 한다. 조화에 초점을 맞춘 일부 이슈들은 구체적인 학교 환경에 기반을 둘 수 있을 것이다. 가령, 학생들은 교실 정책과 학교 정책이 어떠한 방식으로 존중이 결여된 언어(가령, 동성애 혐오 발언)를 가장 효과적으로 예방할 수 있을지, 학생들이 스스로 선택한 대명사를 사용할 수 있는 공간을 어떻게 제공할 수 있을지,[9] 교육과정과 수업 자료에서 다양한 정체성을 어떻게 통합시킬 수 있을지 등에 대해 고심해볼 수 있을 것이다(Thornton, 2002). 학교 세상 바깥에서는, 종교 공동체나 전통적으로 하나의 성별로만 구성된 기구들(가령, 보이 스카우트나 걸 스카우트)이 일부 젠더 정체성을 무시하거나 폄하하지 않는 긍정의 공간을 어떻게 제공할 수 있을지, 그리고 공공시설(가령, 화장실)이나 공식 신분증(가령, 운전 면허증이나 다른 공적 서류들)이 젠더 정체성이 이분화되지 않은 사람들, 혹은 태어나면서 부여받은 성과 스스로가 인식하는 성이 동일하지 않은 사람들을 어떻게 인정하고 또 수용할 수 있을지에 대해 고민해볼 수 있을 것이다.

다음과 같은 점에 주목해야 한다. 그것은 바로 사회에서 가치 있는 역할을 담당한다는 것이 반드시 현존하는 사회질서를 지지하거나 강화하는 것

---

9) 생물학적 성에 따라 학생을 그(he) 혹은 그녀(she)로 칭하는 것이 아니라, 학생들 스스로 느끼는 성정체성에 따라 적합한 표현을 선택하여 사용하는 것을 의미한다.

은 아니라는 점이다. 학생들은 **비판적** 작업으로서 조화를 추구해야 한다는 것에 중점을 두면서, 다양한 젠더 정체성을 가진 개인들의 경험과 이해가 어떻게 변혁을 이루어낼 수 있는지에 대해서도 고려해야 한다. 안나말라이(Annamalai, 2018)가 말한 것처럼, "주변부의 사람들은 살아 있다는 것의 의미에 관한 기존의 진실에 도전하고 그 진실을 해체하는 세상 안에 있다. 그리고 그곳에서 다른 방식의 '존재함'을 창안해낸다"(2단락). 그러한 새로운 상상은 개개인으로 하여금 자신들이 진짜라고 여기는 삶을 영위하지 못하게 만드는, 전통적인 때로는 억압적인 젠더 기대를 초월할 수 있게 해준다(J. B. Mayo, 2013; Muñoz, 1999). 더욱이, 이렇게 확장된 관념들은 단순히 자신만을 위하는 것이 아니다. 안나말라이(Annamalai, 2018)가 언급한 것처럼, 기회만 주어진다면 하위문화와 반문화는 모든 사람들을 위한 생산적 변혁을 일으키는 데 기여할 수 있다. 그가 지적한 바와 같이, LGBTQ 운동은 젠더와 섹슈얼리티에 대한 개념뿐만 아니라 가부장적 결혼 제도에도 도전했고, 그러한 과정에서 "로맨스와 파트너쉽, 그리고 가정생활 및 가족에 대한 다른 각본"을 만들어 냈다(3단락). 이러한 여러 가지 방식들을 통해 LGBTQ의 관점은 자의적인 사회 관습과 범주화가 인간의 행동을 감시하고 통제하는 데 사용되는 수단임을 드러낸다. 결국 이러한 감시와 통제는 인간의 잠재력을 완전하게 실현하지 못하게 한다는 점에서 문제가 있다. 비판적 조화는 학생들로 하여금 기존의 사회질서에 도전하는 목소리가 모든 사람들의 삶을 위한 새로운 가능성을 어떻게 열어주는지—이것이 심지어 표면적으로 극단적인 방식이라 할지라도— 고민해볼 것을 요구한다.

결론

사회교육과 시민교육은 오랫동안 정의의 중요성에 초점을 맞추어 왔으나 (가령, Bickmore, 2008; Kumashiro, 2009; Parker, 2003), 조화라는 관념을 여기에 포함시키게 되면 우리는 사회적 관계가 매우 중요한 역할을 한다는 것을 인정할 수 있게 된다. 조화를 강조하는 것은 사회 이슈를 개념화하고 평가하는 데 있어 근본적으로 다른 방식을 제공한다. 즉, 조화는 기존에 정의가 주로 다루어왔던 권리라든가 자원의 분배에 대한 관심에 더하여, 사람들이 서로와 그리고 환경과 함께 맺어가는 연결 관계에 관심을 갖도록 한다. 조화를 진지하게 받아들인다는 것은 학생들이 사회적 유대를 어떻게 유지하고 강화할 것인지, 그리고 집단과 개인들 사이의 상호 조정이 사회를 어떻게 이롭게 할지 생각해볼 수 있게 한다는 의미이다. 공적 행위를 이렇게 관계적 시각으로 바라보는 것은 세계의 다양한 문화적 전통과 일치하며, 이는 이미 수많은 국가에서 구체적인 사회정책을 통해 실제 사례로 나타나고 있다.

그러나 조화라는 관념은 복종을 명령하고, 순응을 촉진하며, 불협화음을 내는 목소리를 침묵시키기 위해 쉽게 조작될 수 있다. 이러한 점이 바로 우리가 **비판적 조화**라고 부르는 것, 혹은 첸양 리(C. Li, 2014)가 "비판적 긴장과 함께하는 조화"라고 언급했던 것이 사회교육과 시민교육에 통합되어야 하는 이유이다(p. 7). 비판적 조화는 사람들이 서로 다투고 또 정부와 다툴 때, 갈등이 잠재적으로 생산적인 역할을 할 수 있다는 것을 인정한다. 이러한 갈등은 정치적 혹은 경제적 엘리트의 권력을 유지시키는 것이 아닌, 궁극적으로 구성원 모두의 이익을 위해 사회가 작동할 수 있도록 이끈다. 또한, 비판적 조화는 가지각색의 배경과 관점을 그저 인정하기만 하는 것이 아닌, 그러한 차이를 적극적으로 장려함으로써 다양성에―심지어 급진적이고 도전적인 형태의 다양성에까지도— 가치를 부여한다. 이에 사회의 모든 부문들은 서로를 통해 배우고 서로에 의해 변화될 수 있다. 마지막으로, 비판적 조화는 적절한 균형을 위해 애쓰며, 이에 모든 사람들의 통찰력과 전문성이 가치 있게 여겨질 수 있다. 이러한 균형은 관련 지식이 사회 이슈에 영향을 미칠 수 있도록 하고, 더 큰 권력, 지위, 자원을 가진 사람들의 영향력을 교정하는 일도 한다. 이러한 종류의 비판적 조화는 최종적인 혹은 보편적인 형태로 달성되어야 하는 마지막 상태가 아니라, 시간과 상황에 따라 바뀌게 될 역동적이고 유연한 과정이다. 조화를 하나의 과정으로 볼 필요가 있다는 점이야말로 바로 조화가 사회교육과 시민교육의 핵심적인 요소가 되어야 하는 이유이다. 즉, 학생들에게 기대하는 것이 사회적 삶에 대한 강제된 해석을 수용하는 것이어서는 결코 안 된다. 학생들은 스스로 비판적 조화를 더욱 지향하는 사회를 위해 기여할 수 있어야 하며, 이를 가능하게 하는 사회정책에 관한 다양한 형태의 숙의에 참여할 수 있도록 준비되어야 한다.

4장

숙의를 통해 식견을 갖춘 행위

공적 행위는 토의를 필요로 한다. 공동체 구성원들은 사회 이슈에 어떻게 대응할지 결정하고자 한다면 **어떤 행위가 행해져야 하는지** 숙의해야 한다. 이러한 점은 국가의 입법이나 지역의 공공서비스, 지역사회 기구의 활동 등에 적용된다. 그리고 이 모든 것은 사람들이 이슈를 분류하고, 대안을 따져보고, 그들이 취할 행위를 정당화하기 위해 함께 모이는 과정에 달려 있다. 숙의가 이루어지지 않으면, 식견을 갖추지 않은 무모한 결정이 내려질 수 있으며, 정책의 영향을 받는 사람들의 완전한 동의를 얻지 못한 채 정책을 시행하게 될 가능성이 높다. 사람들이 스스로를 보다 완전하고도 사려 깊게 통치할 수 있도록 해주는 것이 바로 이러한 종류의 공적 추론이다. 공적 추론은 사람들의 판단에 정당성을 제공하고, 공동의 근거를 발견할 수 있게 해주며, 식견을 갖춘 결정을 내리는 것을 가능하게 하기 때문이다. 이러한 공적 숙의에 관한 견해는 벤자민 바버(Benjamin Barber, 2003), 에이미 구트만(Amy Gutmann, 1999; Gutmann & Thompson, 2004), 제인 맨스브리지(Jane Mansbridge, 1983, 1999, 2015), 아마티야 센(Amartya Sen, 2009, 2017), 아이리스 매리언 영(Iris Marion Young, 1990, 2000)과 같은 정치 이론가들, 그리고 월터 파커(Walter Parker, 2003)와 다이애나 헤스(Diana Hess, 2009; Hess & McAvoy, 2015)와 같은 교육자들의 연구를 통해 발전되어 왔다.

학생들이 공적 삶에서 능동적인 역할을 할 수 있도록 준비시키는 데 숙의가 중요하다는 생각은 수많은 교육자들 사이에서 확고하게 자리잡혀 있다. 가령, 헤스(Hess, 2009)와 헤스와 맥어보이(Hess & McAvoy, 2015)의 연구는 학생들이 재생산 관련 권리,[10] 적극적 차별 시정 조치, 의사 조력 자살, 이민 정책, 총기 규제, 종교적 표현, 최저 임금 인상과 같은 문제들에 대해 숙의하는 미국 교실을 묘사해보였다. 그러나 교실에서의 숙의는 여전히 우리가 도달해야 할 지점과는 거리가 멀다. 교육 현장이 사회교육과 시민교육을 위한 더 완전하고 포용적인 기반을 갖추기 위해서는 숙의에 대한 보다 폭넓은 견해를 수용할 필요가 있다. 특히 교육과정은 논쟁적 이슈에 관한 대립적 접근법을 넘어 **협력적 숙의**를 포함해야 한다. 여기서 말하는 협력적 숙의란, 공동의 이해관심을 전제로 하며, 다양한 형태의 표현과 의사소통을 포함하면서, 신뢰와 호혜적인 파트너쉽 속에서 이루어지는 비대립적 문제 해결을 의미한다.

---

10) 재생산 관련 권리(reproduction rights)는 출산, 낙태, 가족계획에 관한 권리, 모성 보호나 성평등에 관한 권리, 성교육을 받고 의료 지원을 받을 권리 등, 생식 이슈와 관련된 모든 권리를 포괄하는 개념이다. 각종 국제회의 및 협약에서 공인받은 권리로, 이에 따라 개인은 자신의 생식 활동과 관련하여 자율성을 가지고 의사 결정을 내릴 수 있는 권리를 지닌다.

숙의와 공적 행위

집단적 숙의를 통한 의사 결정은 사실상 인간 사회에서 보편적인 현상이다. 형식상의 차이가 있기는 해도, 숙의는 거의 모든 정치 체제의 기본적인 특징이고 모든 지역권에 오랫동안 존재해 왔다(Kennedy, 2001; Sass & Dryzek, 2014; A. Sen, 2003, 2007; Urfalino, 2014). 예를 들어, 지배 계층 내에서 이루어지는 숙의는 수많은 고대 문명의 일부였고(A. Sen, 2007), 유교의 고전 텍스트는 윤리적으로 식견을 갖춘 결정을 내리는 한 가지 방식으로서 숙의(議)의 중요성을 강조했다(S. Tan, 2014b). 이는 특히 폭군의 권력을 견제하고 백성들을 이롭게 하는 정책을 개발하기 위한 것이었다(He, 2014). 여기에 더해 그 형태를 더 광범위하게 보면, 수렵 채집 무리들이나 마을들 사이에서 그리고 더 큰 공동체나 국가들 사이에서도 숙의가 이루어졌음을 보여주는 보다 많은 증거를 찾을 수 있다(Bloch, 1975; Hébert, 2018; Kennedy, 1998, 2001; Richards & Kuper, 1971; Urfalino, 2014). 공동체 회합이나 "마을 협의회"—여기에는 모든 공동체 구성원, 혹은 가족이나 씨족, 혈통의 대표들이 참여한다—는 갈등을 해결하고, 토지 및 기타 자원을 관리하며, 외부 집단—이때 외부 집단에는 국가까지 포함된다—과의 관계를 논의하는 중요한 방법이었다(Boehm, 1999; Hébert, 2018).

예를 들어, 폴리네시아의 수많은 사회에서는 공적 관심사에 해당하는 문제를 논의하기 위해 장기간의, 결론이 정해져 있지 않은 회의가 정기적으로 열린다. 이러한 회의는 공동체가 당면한 문제들을 분명히 하고, 이 문제들을 둘러싼 결정과 전략에 대해 폭넓은 기반의 의견을 이끌어내며, 최종적인 행위에 대한 합의에 도달하는 것을 목표로 한다(Donner, 1988; Firth, 1975; Mead, 2003; O'Sullivan & Mills, 2009; Robinson & Robinson, 2005; Te Puni

Kōkiri, 1992). 지도자들도 토의에 참여할 수 있지만, 이들의 주된 역할은 경청하고 숙의의 내용을 요약하며 합의에 이르렀다고 생각되는 지점을 표명하는 것이다. 비슷한 회의는 아프리카의 수많은 사회에서도 일반적이다. 이곳에서 이루어지는 회의들 역시 토의가 합의를 이끌어 낼 수 있다는 신념에 기반하고 있다. 또한, 이러한 회의들은 모든 사람들이 집단의 이해관심에 대해 의견을 말할 수 있는 기본적인 권리를 가지고 있다는 신념을 토대로 한다(Ani & Etieyibo, 2020; Sass, 2018; Urfalino, 2014; Wiredu, 1996). 지역 공동체에서 이루어지는 숙의를 위한 회합은 과거 사회처럼 겉보기에 "더 단순해" 보이는 사회에만 있었던 것이 아니라 현재 사회에도 여전히 존재하고 있다. 식민지 열강들은 대개 토착적인 형태의 자치에 적대적이었지만, 세계 많은 지역의 토착민들은 공식적인 행정 및 사법 체제로는 지역 문제가 해결되기 어려울 것이라고 인식했기 때문에 숙의의 관행을 확고히 유지해왔다(Hébert, 2018).

일부 사례를 보면, 마을이 국가 수준이나 다국적 경제 및 정치 구조로 통합되면서 새로운 공적 이슈가 발생한 경우에는 공동체 회합이 훨씬 더 중요해지기도 한다(Firth, 1975). 식민 지배에서 벗어난 일부 정부는 지역 숙의 포럼을 신설하거나 활성화하려고 노력해 왔다. 가령, 보츠와나에서는 공무원들이 국가 정책에 대한 지지 기반을 구축하기 위하여 '고틀라(kgotlas)'라 알려진 마을 회의를 조직했다. 이 회의에서는 각종 정책들이 수정되거나 심지어 거부될 수 있다(Sass, 2018). 숙의는 또한 외부자들이 보기에는 놀라워할 만한 맥락에서도 등장한다. 가령, 이슬람 근본주의 운동과 같은 경우에도 정통의 가치들을 재확인하는 과정에서 토의와 상호작용을 위한 새로운 공간이 열리기도 하며, 여기서 이루어지는 설교는 "깊이 있는 성찰과 열정적인 논쟁을 자극할 수" 있다(Sass & Dryzek, 2014, p. 10). 심지어, 정치적 권위가 위계적이라고 알려진 국가인 현대 중국 정부에서도 최근 숙의를 위한 포럼을 활용하여 정치적 의사 결정에 정당성을 부여하고자 한다. '간담(懇談, "흉금을 터놓고 이야기하다")', 공론 조사, 참여 예산제 등이 이러한 포럼에 해당한다(He & Warren, 2011).

1) 숙의와 자치

수많은 정치 이론가들은 숙의 혹은 "참여형 토의와 공적 의사 결정을 결합한, 공적 추론에 기초한 결정"이 자치의 기초이자(A. Sen, 2017, p. 396), 투표, 즉 "거수를 묵묵히 헤아리는 것"에 대한 중대한 보완물이라고 본다(Mansbridge, 2000, 2단락). 투표 및 다른 형태의 경쟁적 정치는 사회 구성원들이 서로의 추론에 귀 기울이거나 공유된 이해에 도달할 것을 요구하지 않고, 서로에게 책무성을 가지는 것조차 요구하지 않는다(I. Young, 2000). 따라서 그 결과는 충분한 식견에 기반하지 않았거나 부정의할 수도 있으며, 또는 오히려 대중의 의지에 반하는 것일 수 있다. 사람들은 서투르거나 권위주의적인 지도자들에게 투표할 수 있고, 기업 로비스트가 환경을 파괴하거나 노동자들을 곤궁하게 만드는 법안을 통과시킬 수도 있으며, 편협한 사람들이 인종적·종교적·성적 소수자들의 권리를 침해할 수도 있다. 숙의는 **공적인 것**을 만들어 냄으로써 이러한 한계를 뛰어 넘을 수 있는 잠재력을 가지고 있는데, 이때 이 공적인 것은 공동의 문제에 대한 해결책을 협력하여 찾는 것을 목적으로 하는 상호작용을 통해 나온다(Parker, 2003).

숙의 이론에 관해서는 수많은 변형이 있지만, 거의 모든 숙의 이론은 사회의 중요한 이슈를 대상으로, 광범위한 공동체 내에서 이성을 활용하는 것에 우선순위를 둔다. 맨스브리지(Mansbridge, 2015)가 강조하듯이, 숙의는 "공적 관심사에 해당하는 문제에 관한 선호, 가치, 이해관심을 저울질하고 반영하는 과정이 포함된 상호 의사소통"이다(p. 27). 이러한 이슈에는 사회의 근본 가치 및 통치 원칙에 관한 추상적인 물음이 포함될 수도 있다. 혹은, 놀이터 만들기나 대중교통 개선, 환경보호법 제정과 같은 보다 구체적인 과업이 포함될 수도 있다(Fung & Wright, 2003). 그러나 숙의는 공식적인 정책 기관 내에서 뿐만 아니라, 다른 수준과 다른 무대에서의 상호작용과 의사 결정 과정의 일부로서도 일어난다(Hendriks, 2006; Krause, 2008). 이는 관련된 참여자들이 결정을 내리거나 혹은 결정에 영향을 미치고자 의견이나 견해, 생각을 교환할 수 있도록 하는 그 어떤 상황에서라도 일어날 수 있다. 즉, 시골 마을의 광장, 교외 마을 회관, 시민사회 기구에서의 회의, 아일랜드나 벨기에 같은 나라에 있는 시민 회합과 패널 등을 통해서도 숙의가 이루어질 수 있다는 말이다(Farrell 외, 2019; O'Leary, 2019). 심지어 공동체 구성원들이 비공식적인 상황에서 교류할 때 나누게 되는 "일상의 대화"마저도 여론 형성에 기여한다는 점에서 숙의의 의사소통이라 할 수 있다(Harris-Lacewell, 2004; Mansbridge, 1999).

집단 성찰과 평가를 수반하는 상호 의사소통은 숙의의 개념에서 매우 중요하다. 숙의는 소리 지르며 싸우는 것이 아니다. 숙의는 다른 사람들의 생각, 믿음, 관점과 진심으로 씨름해보려는 자발성을 필요로 한다. 이러한 개방성이 존경할 만한 대면 토의에서 중요한 요소인 것은 분명하지만, 보다 멀리 떨어져 있는 형태의 의사소통에서는 이러한 개방성을 확인하는 것이 더 어려울 수 있다. 예를 들어, 뉴스 미디어, 팟캐스트, 소셜 미디어는 공적 이성의 중요한 요소일 수 있지만, 이 자체로는 비숙의적 개인 행위일 뿐이다. 그러나 맨스브리지(Mansbridge, 2015)는 이러한 일방향적인 의사소통조차 중요한 사회 이슈로 관심을 끌고, 응답이나 반응, 반박을 이끌어 내게 되면, 이 또한 더 큰 숙의 **체계**의 일부가 될 수 있다고 했다. 따라서 같은 숙의 체계의 각기 다른 부분들에 해당한다고 하더라도 이들이 서로 다른 관점들을 상호 간에 따져보고 평가하는 데 보완적인 역할을 할 때라면, 개별적으로는 비숙의적 행동들 또한—비록 더 넓은 수준임을 감안해야겠지만— 집합적으로는 숙의로 귀결될 수 있다.

형태에 상관없이, 이상적으로 보면 숙의 구조는 사회 각계각층의 사람들이 그들 스스로를 통치하는 데 참여함으로써 서로 교류할 수 있는 기회를 제공하는, 근본적으로 평등한 "협력적 사업"이다(Shapiro, 2002, p. 197). 이 과정에서 공적인 것이 서로 다른 집단 및 개인들의 생각과 경험으로부터 **만들어진다**(Parker, 2003). 다시 말해, 숙의는 단순히 사람들이 이미 가지고 있던 서로 반대되는 관점의 충돌을 의미하는 것이 아니다. 함께 추론한다는 것은 가치나 우선순위의 문제가 최초로 발생하게 되는 하나의 방식이다. 즉, 사람들은 함께 추론하는 과정에서 사회문제를 자각하게—아마도 처음으로— 되고, 그러한 사회문제에 대한 타자의 관점을 자각하게 된다(A. Sen, 2017). 사람들이 확고해 보이는 생각을 가지고 있는 것처럼 보인다 하더라도 이들은 토의의 과정에서 더 다양한 정보와 통찰력을 얻게 되기 때문에, 숙의는 사람들의 이해관심이나 선호 및 판단을 변형시킬 수 있다(Barber, 2003; I. Young, 2000). 예를 들어, 비공식적 브리핑에 참여해보고 또 교육 정책적 선택지를 숙의해본 북아일랜드의 가톨릭 학부모들과 프로테스탄트 학부모들은 서로에 대한 존중과 신뢰를 확장하고 대안에 대한 인식을 확대했으며 상대를 향한 태도 또한 점진적으로 변화시켜 갔다(Luskin 외, 2014). 샤피로(Shapiro, 2002)가 주장했듯이, 숙의의 독특한 점은 "자신의 견해에 대한 이유를 제시하는 데 있는 것이 아니라, 다른 사람들에게 그들의 견해에 대한 이유를 요청하는 데" 더 초점을 둔다는 점이다. 이 과정을 통해 공동의 가치와 공동의 이해가 생겨날 수 있다.

숙의는 공동체를 만들어내는 수단일 뿐만 아니라 더 나은 결정—즉, 의도된 목적이 달성될 가능성이 높은 결정—을 이끌어 내는 수단이라는 점에서도 중요하다. 사람들이 혼자 사고하거나 유사한 배경의 사람들과 사고하게 되면, 이들이 내린 결론은 한계에 부딪힐 수도 있다. 접하는 정보가 제한되어 있고 자신들의 생각이 면밀하게 도전받지 않을 것이기 때문이다. 그러나 숙의는 하나의 이슈를 다루는 데 있어 더 넓은 범위의 관련 정보들을 가져오고, 추론의 과정이 비판적 검토의 과정이 되게끔 만든다(A. Sen, 2009). 그 결과, 하나의 이슈에 대한 포괄적 이해에 기반하여, 그리고 다양한 선택지를 감안하고 제안된 행위가 야기할 결과를 고려하는 가운데 결정이 이루어질 가능성이 크다. 더욱이 숙의는 종종 결정과 그 정당성에 대한 후속적인 재평가를 허용하는 역동적인 과정이기도 하다(Gutmann & Thompson, 2004). 이러한 종류의 잠정성이 중요하다. 왜냐하면 제아무리 숙의 과정이 효과적이었다고 하더라도, 결정이라는 것은 불완전한 지식과 이해를 바탕으로 내려지는 것이기 때문이다. 새로운 정보를 기반으로 이러한 결정을 재검토할 수 있는 기회는 행위를 개선해 나가는 데 중요한 메커니즘을 제공한다.

마지막으로 다른 형태의 의사 결정에 비해 숙의가 가진 중요한 장점이 있다. 그것은 바로 숙의가 결과를 더 폭넓게 수용할 수 있게 이끈다는 점이다. 사람들이 숙의에 참여할 때, 이들은 직접적으로(그리고 자신들의 대표를 통해 간접적으로) 통치에 통제력을 행사할 수 있다. 정책 결정에 대한 이유를 제공하고 요구하며 질문하면서 말이다(Dryzek, 2010; Gutmann & Thompson, 2004). 사람들이 숙의 과정에 참여했다면, 이들은 심지어 결과에 동의하지 못하더라도 그 결과를 더 쉽게 받아들일 것이다. 더욱이 결정을 재검토하고 잠재적으로 이를 수정하거나 번복할 수 있는 기회가 숙의에 포함되어 있으면,

그러한 결정에 반대하는 사람들 또한 지속적으로 의견을 내고 논쟁하는 것이 가능하다는 점을 인식하기 때문에 이를 공정하다고 생각할 가능성이 높다. 따라서 숙의는 "담론적으로 구조화된 정당화 과정"으로 기능한다(Habermas, 2006, p. 416). 즉, 숙의는 그저 결정을 내리기만 하는 것이 아닌, 광범위한 공중이 그러한 결정을 받아들일 수 있게 하는 수단이 된다.

2) 숙의와 포용

숙의의 정당성―그리고 효율성―은 포용성에 달려 있다. 즉, 숙의의 정당성은 집단이나 개인이 젠더나 교육 수준, 정치적 자본, 사회적 지위와 상관없이 의사 결정에 참여할 수 있는지 여부에 달려 있다. 그러나 이러한 전제는 실제로는 지켜지지 못하는 경우가 많다. 많은 경우 강력한 힘을 가진 엘리트가 정치 제도를 지배하고, 정책 의제를 형성할 뿐만 아니라, 숙의가 이루어지는 상황의 형태를 결정한다(I. Young, 2001). 예를 들어, 일부 지역 회의는 실질적인 의미에서 보면 숙의를 하는 것이 아닌, 단순히 공동체를 통제하는 기능을 하거나 엘리트가 내린 결정을 공표하는 기능을 한다(Te Puni Kōkiri, 1992). 또한, 국가적·국제적 수준에서 이루어지는 수많은 중대한 숙의는 광범위한 공중이 접근할 수 없는 상황에서 일어나기도 한다. 국제 통화 기금(IMF)과 세계은행(World Bank) 사이에서 이루어지는 비공개 회의 같은 조약 협상의 경우처럼 말이다. 이러한 상황에서는 토착민, 환경 운동가, 청년 등, 사회에서 소외되어 있는 구성원들이 유일하게 의지할 수 있는 것이라고는 시민 불복종 운동, 연좌농성, 단식 투쟁과 같이, 대안적인 혹은 대개 더 대립적인 전략들뿐이다. 선한 의도로 만들어진 정책이라 하더라도 그 정책의 영향을 받는 사람들의 참여 없이 결정이 이루어지면 이는 정당성을 잃게 된다.

더 광범위한 사람들이 숙의에 참여할 수 있도록 보장하는 한 가지 방법은 폭넓은 층의 참여가 요구되는 구조를 만드는 것이다. 예를 들어, 인도에서는 국가가 지역 정부에 정기적으로 '그람 사바(gram sabhas)'를 개최하라고 요구한다. '그람 사바'는 개인과 집단이 공공재 및 공공서비스 분배와 같은 이슈에 관해 자신들이 선호하는 바를 명확하게 표현할 수 있도록 하려고 고안된 회의이다. 이러한 공적 회의에는 땅도 없고 가난하며 문맹에다 "지정 카스트"(공식적으로 가장 낮은 지위의 카스트) 출신의 지역 주민들이 자주 참여하는데, 특히 주목할 만한 것은 여성들이 전체 참석자의 1/3을 차지한다는 점이다 (Rao & Sanyal, 2010). 유사한 사례는 미국에서도 찾아볼 수 있다. 1980년대에 성취도가 낮았던 시카고 학교를 개혁하기 위한 한 방법으로서, 주 의회가 지역 학교 협의회를 만들어 대중이 통치에 더 많이 참여하도록 한 경우를 들 수 있다. 학부모와 공동체 구성원, 교사들 중에 일부가 협의회 구성원으로 선출되어 이에 참여했다. 이 협의회는 숙의를 통해 학교의 인사나 프로그램, 예산에 대한 결정을 내릴 수 있는 권한을 가지고 있었다(Fung & Wright, 2003). 특히 눈에 띄는 점은, 이 협의회가 학교 지도자를 선발하고 계약을 갱신하며 연간 전문 업무 평가를 수행하는 임무도 맡았다는 점이다(Chicago Public Schools, 2020).

참여할 수 있는 방법이 있다 하더라도, 자유롭고 평등한 행위자들이 평등하게 참여한다는 가정은 종종 무너지곤 한다. 경제적·교육적·사회적으로 혜택을 받지 못하는 집단이나 개인은 계속해서 소외될 수 있기 때문이다(Appadurai, 2015; P. Levine 외, 2005). 예를 들어, 아일랜드의 시민 회합—이 회합은 동성 결혼 합법화나 낙태 금지 법안 폐지 등, 법률 체제에서의 주요 변화를 만들어내는 데 성공한 것으로 알려져 있다—에 참여하는 데 있어서도 완전한 대표성은 부족한 실정이었다. 주말을 반납해야 하는 시간적 헌신(10

주~12주 동안의 주말), 보육 비용에 대한 보상 부족, 상당량의 읽기 자료 등은 교육 수준이 낮은 사람들이나 주말에 일을 해야 하는 사람들, 혹은 보육 비용을 지불할 수 없는 사람들은 제대로 참여할 수 없다는 것을 의미한다(O'Leary, 2019). 한편, 이와 같은 숙의에 참여하는 사람들조차도 침묵하는 경우가 있다. 전문가가 개진한 의견에 도전하거나 이를 철저히 검토할 수 있는 방식으로 소통이 이루어지지 않을 때라든지(Gutmann & Thompson, 2004), 수용 가능한 형태의 의사소통이 형식적인 논증이나 냉정한 분석으로만 제한될 때 그러한 침묵이 나타날 수 있다(Mackie, 2015; I. Young, 2000). 소규모의 공동체 회의에서조차, 기존의 사회 구조에서는 나이가 더 많은 사람, 지위가 더 높은 사람, 다양한 형태의 권력을 가진 사람들이 더 큰 영향력을 행사할 수 있다. 이렇게 되면 토의는 억제될 수밖에 없다. 일부 사람들은 자신의 생각을 자유롭게 말할 수 없다고 느끼게 되거나, 문화적 기대 혹은 고도로 구조화된 참여 형태로 인해 배제될 수도 있다(O'Sullivan & Mills, 2009; Sass & Dryzek, 2014).

이러한 모든 한계는 다양한 형태의 참여를 인식하고 촉진할 필요가 있음을 시사한다. 예를 들어, 토의를 하는 동안 개인적인 내러티브와 감정적 상호작용을 인정하게 되면, 이는 일부 집단 사람들의 소외를 줄이고, 엘리트의 권력을 제한하며, 지배적인 담론에 도전하도록 도울 수 있다. 미국에서는 일부 사람들이 9/11 테러 이후 남부 맨해튼 지역 개발에 관하여 논의하는 한 온라인 포럼에 참여하여, 개인적 내러티브를 제공하며 자신들은 개발을 선호한다고 지지했다. 특히 소득 수준과 교육적 성취가 낮은 사람들, 백인이 아닌 사람들은 자신들의 주장을 뒷받침하기 위해 이야기를 활용하는 경향이 더 높았다. 이러한 개인적인 이야기가 도움이 되는 이유는, 이것이 취약 집단의 사람들로 하여금 자신의 요구를 알리고, **진정성(bona fides)**을 입증하며, 새로운 관점이나 이슈가 숙의의 의제에 포함되어야 한다고 요구할 수 있게 해주기 때문이다(Polletta & J. Lee, 2006). 이야기는 분석적 논증을 통해서는 불가능한 방식으로 청취자들에게 반향을 일으키는 잠재력을 가지고 있고, 특히 참여자들이 서로의 세계관과 가치 체계를 더 잘 이해하도록 돕는 데 효과적이다(Black, 2008).

침묵과 유머를 포함한 다채로운 표현 형식은 다양한 "숙의 문화"에 기여할 수 있다(Curato 외, 2017; Sass & Dryzek, 2014). '그람 사바'에 참여하는 인도 주민들은 자신의 주장을 펼치기 위해 온갖 유형의 의사소통을 활용하는데, 여기에는 탄원이나 시끄러운 논쟁, 위협적인 항의도 포함되어 있다. 남편을 잃은 가난한 여인은 자녀들이 겪는 어려움을 생생하게 묘사하면서 새로운 도로를 만들어 달라고 호소할 수 있다. 하층 카스트의 남성은 상층 카스트에게 보여야 하는 존경의 표시를 위배하면서, 자신도 동등하게 대우받을 권리가 있다고 공개적으로 목소리 높여 주장할 수 있다. 이러한 다채로운 표현 행위를 할 수 있는 기회가 중요한 이유는 이것이 "일시적으로 대등한 담론의 경기장"을 제공하기 때문이다(Rao & Sanyal, 2010, p. 168). 가난하고 소외되어 있으며 낮은 카스트의 사람들도 여기에 참여하고, 협상하며, 존엄성을 얻고, 사회적 경계에 도전할 수 있다. 또한 말라위의 족장들은 도로 수리 같은 이슈와 관련된 법정 소송과 회의를 정기적으로 개최한다. 회의를 하는 동안 공식적인 협의가 없다 하더라도, 공중들은 투덜거림으로 반대 의사를 표명하거나 열광적으로 박수를 치거나 울부짖는 소리를 내며 찬성을 표할 수 있다(Swidler & Watkins, 2015). 세네갈의 비정부 기구인 '토스탄(Tostan)'은, 맥키(Mackie, 2015)가 "비유적 논변"이라고 불렀던 것, 즉 이미지나 속담, 춤, 노래, 시, 이야기와 같은 수단을 효과적으로 활용하여 공동체의 대화를 촉진하고, 도덕적이고 인권적인 이슈(가령, 여성 할례 같은 것)에 관한 생각을 나눌 수 있도록 한다. 이러한 각각의 실천은 비록 차분하고 중립적이며 이성적인 방식으로 서로 대화한다는 숙의의 개념에 충실한 것은 아니어도, 사람들이 공적 관심사에 해당하는 문제를 평가하고 반성하는 수단으로 이해될 수 있다 (Mansbridge 외, 2010).

학교에서의 민주적 숙의

정치 이론에서 숙의로의 전회와 더불어, 많은 사회교육과 시민교육 교육자들 역시 교실 내에서 이루어지는 숙의를 옹호하게 되었다(Abowitz & Harnish, 2006). 숙의를 옹호하는 이들은 이것을 다른 형태의 대화와 구별 짓기 위해 주의를 기울이고 있다. 일반적으로는 토의가 교육자들에 의해 널리 지지되고 있고 또 여러 형태 존재하고 있지만, 파커(Parker, 2003)는 숙의를 "의사 결정을 염두에 둔 토의"로 묘사하며(p. 80), 이는 행위를 위한 대안을 생성하고 대안을 고려하는 것을 강조하는 과정이라고 보았다. 파커(Parker, 2003)는 학생들을 이 과정에 참여시키는 것이 민주주의 교육의 중심에 있는 이상—즉, "자유롭지만 서로 협력하면서, 그리고 정의, 평등, 존엄성을 가지고 함께 살아가는 힘든 일을 하는 데 필요한 자질"—을 육성하는 핵심이라고 주장했다 (p. 78). 헤스와 맥어보이(Hess & McAvoy, 2015) 또한 숙의가 민주적 가치와 태도를 발전시키는 데 중요하다고 보며, 다음과 같이 말했다.

이러한 유형의 대화에 참여하게 되면, 학생들은 "나에게 최선은 무엇인가?"라는 자기중심적인 생각에서 벗어나 "다양한 관점과 견해를 고려했을 때 사회 전체를 위해 어떤 선택지가 최선일 수 있는가?"
라고 하는 숙의에 관한 질문으로 옮겨가게 된다(p. 6).

에이버리와 동료 연구자들(Avery 외, 2014)은 숙의가 민주주의에서 매우 중요한, 일종의 관점 취하기에 기여할 수 있다고 본다. 즉, 숙의를 통해 자신의 입장과 다른 입장에 대한 근거를 이해할 수 있고, 자신이 동의하지 못하는 사람들과의 대화에도 열린 마음으로 참여할 수 있다는 것이다.

이 연구자들은 모두 미국 출신으로, 이들은 숙의의 강점을 민주주의에 득이 된다는 측면에서 범주화하고 있다. 아마 이러한 설명은 모든 상황의 교육자들에게 반향을 일으키지는 못할 것이다. 결국 **민주주의**는 논쟁적인 개념이고, 민주주의의 보편성을 주장하는 데 있어 미국인들이 반드시 유리한 위치에 있는 것은 아니다. 그러나 이러한 미국 연구자들이 민주주의 개념과 결부시키는 가치—가령, 함께 협력하며 살아가는 것, 정의와 평등, 존엄성을 추구하는 것, 개인적 이해관심보다는 공동선을 추구하는 것, 자신과 다른 사람들을 이해하고 이들과 얽혀서 살아가는 것—는 보편적인 것이고, 이는 문화를 가로지르는 숙의의 본질과도 일치한다. 숙의라는 아이디어는 다양한 상황의 교육자들에게 호소력을 가질 것임에 틀림없다. 그래서 실제로 이스라엘이나 싱가포르, 타이완과 같은 국가에서 숙의에 관한 학문과 교육과정이 늘어나고 있는데, 이는 숙의적 실천이 교육자들이나 정책입안자, 교육과정 개발자들의 입장에서도 수용되는 정도가 늘어가고 있음을 시사한다(가령, Hu, 2012; Lim, 2020; Pollak 외, 2018).

1) 중·고등학교 학생들과의 숙의

중·고등학생들과 함께 하는 숙의의 교육과정에 대해 보여주는 연구는 많이 있다. 예를 들어 북아일랜드의 '너의 의견을 말해봐' 프로젝트는 종교나 정치, 문화, 정체성과 관련된 논쟁적인 이슈에 대한 토의에 학생들을 참여시켜 참여에 기반한 의사 결정을 촉진하는 것을 목적으로 한다. 이러한 토의는 북아일랜드의 미래에 초점을 둔 숙의 활동으로 완결되는데, 이 과정에서 참여자들은 "이상적인" 사회에서의 법과 정부의 역할, 그리고 종교적·문화적 표현이 수행하는 역할에 대해 고려해본다(A. Smith 외, 1996). 한편 '민주주의에서 숙의하기' 프로젝트에는 9개의 국가에서 온 2만여 명의 중·고등학생이 참여하여, 혐오 발언, 이민, 언론 독점, 청소년 재판, 모국어 교육과 같은 주제에서 나온 각종 이슈들을 숙의한다. 이 프로젝트에 참여했던 대다수의 학생들은 그러한 이슈들을 더 잘 이해할 수 있게 되었고, 논쟁적인 이슈를 토론하는 데 더 큰 자신감을 가지게 되었으며, 다른 사람들의 견해를 이해하고 이와 씨름해보는 능력을 더 발전시키게 되었다고 보고했다(Avery 외, 2013). 또한, 프로젝트를 진행하는 곳 중 하나였던 북마케도니아에서는, 마케도니아 학생들과 알바니아 학생들(대개 이 두 집단의 학생들은 다른 학교를 다니고 있고 그래서 상호작용할 기회를 거의 가지지 못한다)이 이러한 프로그램을 경험한 덕분에 동료들을 향한 새로운 존중감을 가지게 되었다고 이야기했다. 또한 이들은 학교 및 여러 제도들이 어떻게 민족 분리를 영속시키는지에 대해 더 비판적으로 생각할 수 있게 되었으며, 사회를 만들어가는 데 자신들만의 역할에 관한 새로운 가능성을 상상할 수 있게 되었다고 했다(J. Clark & J. Brown, 2014).

또 다른 연구는 미국(Hogan, 2002), 스페인(Jiménez-Aleixandre, 2002), 영

국(Evagorou 외, 2012)에서 이루어진 환경 이슈 및 사회과학 이슈를 둘러싼 숙의에 대해 보여주고 있다. 예를 들어, 호건(Hogan, 2002)은 14~15세의 학생들이 수로에 기생충을 가지고 와서 줄무늬 홍합(북미의 침입종)을 제거하는 것을 목적으로 하는 환경 관련 법안을 상원의원에게 조언하는 문제를 어떻게 논의하는지 묘사했다. 학생들은 과학적으로 이미 입증된 세부사항(가령, 햇빛 침투율 증가)과 과학자들이 아직 확신하지 못하는 정보(가령, 수생 곤충에 미치는 영향)를 포함하여, 줄무늬 홍합이 지역의 경제와 강의 생태계에 미치는 영향에 관한 정보와 씨름했다. 이 학생들은 숙의를 하는 동안 줄무늬 홍합과 다른 유기체 사이의 복합적인 생태 관계를 고려하며, 서로 다른 종류의 정보를 신중하게 통합하고 종합했다. 이들은 물고기가 환경 변화에 적응하는 능력에 대해 고려하고, 대안이 되는 해결책을 평가했다. 또한 죽은 홍합이 야기하는 의도치 않은 영향과 같은 일시적인 요소도 고려했다. 눈에 띄는 점은, 일부 학생들은 줄무늬 홍합이 생태계에 미치는 영향을 둘러싼 과학적 불확실성에 대해 특히 우려했고, 이를 해결하고자 권장 사항을 제공하기 전에 더 많은 데이터를 얻기 위한 실험을 수행하자고 제안했다는 점이다.

이러한 예시들이 보여주듯이, 사회교육과 시민교육의 일환으로서 숙의가 이루어질 수 있는 수많은 가능성이 있다. 우선 학생들에게 교실과 학교에서의 이슈에 대해 숙의할 기회가 주어져야 한다. 예를 들면, 자신들이 따르기로 동의한 규칙이나 절차, 자신들이 만들고 싶은 프로그램이나 교육 환경의 종류, 이러한 상황에서 직면한 문제들에 대응하는 최선의 방안에 대해 숙의할 수 있어야 한다(Parker, 2003). 그러나 우리 두 저자의 견해에서 볼 때, 훨씬 더 중요한 것은 학생들이 교실과 학교를 넘어, 정의와 조화를 위한 사회 이슈들을 숙의해보는 기회를 가지는 것이다. 이러한 이슈들은 당연히 학교에도 영향을 주지만, 이보다 훨씬 더 넓은 범위에까지 영향력을 미치는 것들이다.

즉, 학생들은 무력 충돌의 영향을 어떻게 제한할 것인지, 해수면 상승으로 생계를 위협받는 공동체를 어떻게 도울 것인지, 성소수자에 대한 폭력을 어떻게 종식시킬 것인지, 직업을 가지지 못한 사람들이나 노숙을 경험하는 사람들, 식량을 안정적으로 구하지 못하는 사람들의 삶을 어떻게 개선할 것인지 등에 대해 숙의해야 한다. 또한 사회의 인종적·민족적·종교적 다양성을 존중하고자 한다면, 학생들은 표현에 대한 어떠한 제한이 정당화될 수 있는지, 거리 예술이나 종교적·문화적 복장과 같은 다양한 형태의 표현을 어떻게 인정할 것인지, 사람들이 사회의 모든 부문과 상호작용하고 또 이로부터 배울 수 있도록 하는 기회를 어떻게 제공할 것인지에 대해서도 숙의해야 한다. 학생들이 공적 관심사에 해당하는 문제에 대해 어떠한 행위를 취할 것인지 결정해야 한다면, 이들은 반드시 이러한 숙의에 참여해야 한다.

2) 초등학교 학생들과의 숙의

공공정책 이슈에 관한 복잡한 숙의는 고학년 학생들에게나, 아니면 높은 수준의 학습이 이루어지는 교실에서나 적절한 것처럼 보일 수 있다. 숙의의 복합성 때문에 이는 초등학교 학생들에게는 너무 도전적인 것으로 보일 수 있고, 많은 교사들은 어린 학생들은 어려운 사회 이슈를 마주할 능력이 없거나 아니면 아예 관심이 없다고 생각하곤 한다(Husband, 2010; James, 2008; Kelly & Brooks, 2009). 그러나 이에 관한 연구들은 초등학교 학생들도 자신의 상황과 직접적으로 관련된 문제든, 인종주의나 세계적 이슈처럼 보다 광범위한 문제든 상관없이, 이러한 이슈에 관한 건설적인 토의에 참여할 수 있다는 것을 일관되게 보여주고 있다(Bickmore, 1999; Bickmore & Parker, 2014; Bolgatz, 2005; Hung, 2020; K. Payne & Journell, 2019; Rodríguez & Ip,

2018). 더욱이 어린 학생들은 숙의에 관한 이론과 일치하는 방식으로 의사 결정을 내릴 수도 있다. 예를 들어 제임스와 동료 연구자들(James 외, 2017)은 9~11세 정도의 미국 학생들이 학교 운동장을 개선하는 데 돈이 어떻게 사용되어야 하는지에 관한 문제를 둘러싸고 숙의적 성격의 대화에 참여하는 교실 수업에 대해 묘사한 바 있다. 이 학생들은 자신들의 수업에 필요한 장비를 사는 것, 학교 전체를 위한 햇빛 가리개나 그네 세트를 사는 것, 자신들보다 더 어린 학생들이 있는 교실에 돈을 주는 것과 같은 선택지를 두고 고민했다. 학생들은 개인적 이해관심, 타인에 대한 관심, 공정성이나 형평성, 실현 가능성과 안정성 등을 고려하는 속에서 사려 깊고도 존중하는 태도로 이 과정에 참여했다. 숙의의 과정동안 이 학생들은 정교한 정당성의 논리를 제공하고자 했고, 서로의 관점을 인정하고 반대 의견을 제시했으며, 장단점을 따져보고, 입장을 바꾸어 합의에 도달하려고 노력했고, 또 형평성 및 타인의 요구와 관련된 복잡한 이슈들을 고려했다.

벡(Beck, 2003)은 9~10세 정도의 미국 학생들이 정부 정책에 대한 이슈를 숙의했던 수업을 묘사해 보였다. 이 학생들이 숙의했던 이슈는 범죄로 기소된 사람들에게 어떠한 상담이 제공되어야 하는지에 관한 것으로, 이는 학생들이 직접적으로 경험해보지 않은 이슈였다. 벡(Beck, 2003)은 학생들이 문제를 정의하고, 선택지를 저울질하며, 해결책을 결정하고자 노력하면서, 높은 수준에서 이 복합적인 문제와 씨름한다고 보고했다. 숙의가 이루어지는 동안 학생들은 그 이슈를 더 깊이 이해하고자 했고, 자신들의 제안이 가져올 결과를 생각해보았으며, 서로의 생각에 도전하면서도 어느 수준에서 합의에 이를 수 있는지 확인했다. 그뿐만 아니라 서로에 대한 항의를 표명하면서도 충돌을 최소화하고자 했다. 또한, 세상이 어떻게 돌아가야 하는지에 관해 자신들이 가지고 있는 상식적인 개념과 민주적 가치 사이에서 빚어지는 갈등을 해결하려고 노력했다. 유사한 예는 페인과 동료 연구자들 (K. Payne 외, 2017)이 묘사하는 교실 수업에서도 찾을 수 있다. 이 수업에서 아이들은 새로운 사회에 누가 참여해야 하는가를 결정하는 문제와 관련된 가상의 사례를 숙의했다. 이 학생들은 숙의 과정에서 정의, 충성심, 솔직함에 대한 분명한 감각을 보여주었으며 또한 서로 다른 가치, 관점, 힘의 역학이 교실에서 작용하게 되면 합의에 도달하기가 어렵다는 것을 인식하기도 했다. 이 각각의 연구에 등장하는 학생들은 9~11세 사이의 어린 학생들이었지만, 교사들은 심지어 훨씬 더 어린 학생들도 자기 자신들을 위해 어떠한 규칙을 만들어야 하는지, 혹은 공동체에서의 식량 불안을 어떻게 해결할 것인지 등과 같은 공적 이슈들을 생산적으로 숙의할 수 있다고 설명한다 (Cowhey, 2006; Paley, 1992).

인정하건대, 체계적인 숙의는 초등학교 교실 수업에서 일반적인 것은 아니며, 보다 어렵고 논쟁적인 주제와 관련해서는 더욱 그러하다. 그러나 유용한 교육과정 자료를 제공하고 교수학습을 세심하게 지원한다면, 이 학생들도 다양한 이슈에 관한 숙의에 참여할 수 있는 무궁무진한 가능성이 있다. 일부 주제는 학생들과 즉각적인 관련성을 가지고 있고, 또 행위를 해보거나 의견을 개진할 수 있는 직접적인 기회를 제공한다. 가령, '교실의 가구가 어떻게 배치되어야 하는가?', '우리는 교실에서의 역할을 어떻게 배정해야 하는가?', '학교는 어떤 행사를 후원해야 하는가?', '서로의 신체적·정서적 안정을 위해 우리는 어떠한 규칙을 만들어야 하는가?' 등이 이에 해당한다. 또 다른 종류의 주제는 지역 공동체 내 혹은 공동체 너머의 보다 광범위한 사회 이슈들을 다룰 수 있다. 예를 들어, '사람들은 이민자, 노인, 그리고 여러 다른 취약한 이들을 어떻게 가장 잘 도울 수 있을까?', '지역 유산이나 환경 유적지가 보호되어야 하는가, 보호되어야 한다면 어떻게 보호되어야 하는가?', '인종과 종교,

그 외 여러 차이를 가로지르는 존중과 의사소통은 어떻게 유지되거나 개선될 수 있는가?' 등이 이에 해당한다. 이 모든 물음은, "우리는 어떻게 정의롭게 함께 살아갈 수 있을까?"라고 하는 기본적인 물음의 변형이다. 그리고 이 모든 물음은 학생들이 식견을 갖춘 결정을 내리기 위해 다양한 선택지의 범주를 숙의해보게 한다. 이렇게 어린 학년에서 이루어지는 숙의는 더 높은 학년의 학교 수업과 비교해보면 다른 모습을 띨 수 있지만, 숙의가 중심이 되어 적합한 수업이 이루어질 수 있다는 점에 있어서는 조금도 부족할 것이 없다. 따라서 학생들은 어린 시절부터 행위를 위한 기초로서 사회 이슈에 대한 숙의를 시작해야 한다. 이를 통해 그들은 공적 이성을 공적 참여의 핵심적인 측면으로 보게 되고 또한 점진적으로 이러한 종류의 의사 결정에 더 능숙하게 될 것이다.

교육에서 숙의 모델 확장하기

공적 삶의 중요성을 생각해보면, 숙의가 사회교육과 시민교육의 핵심이 되어야 한다. 학교교육이 시작되는 이른 시기부터 가장 심화된 수업에 이르기까지, 학생들은 공적 관심을 받는 이슈들에 대해 반복적으로 숙의해야 한다. 그러나 숙의가 학생들의 교육에서 그러한 포괄적인 역할을 할 수 있게 하려면, 교육자들은 숙의를 보다 광범위한 방식으로 생각해야 할 것이다. 더 넓은 사회에서 이루어지는 다양한 숙의 형태를 경험하고자 한다면, 학생들은 기존 교육과정에 나오는 일반적인 접근법에 더하여, **협력적 숙의**를 경험할 필요가 있다. 우리는 협력적 숙의를 **공동의 이해관심을 전제로 하며, 다양한 형태의 표현과 의사소통을 포함하면서, 신뢰와 호혜적인 파트너쉽 속에서 이**

루어지는 비대립적 문제 해결이라고 정의한다.

1) 비대립적 문제 해결

숙의를 특징으로 삼는 대부분의 교육과정은 대립하고 있는 정치적 맥락에 학생들이 미리 대비할 수 있도록, 특히 학생들이 논쟁적인 공적 이슈와 씨름 해볼 수 있도록 하는 것을 목적으로 한다. 교육에서 가장 일반적인 숙의 형태 중 하나는 '구조화된 학문적 논쟁'으로(D. Johnson 외, 1996), 이는 이미 그 이름부터 숙의에는 반드시 논쟁이 수반된다는 가정을 부각시키고 있다. 에 이버리와 동료 연구자들(Avery 외, 2013)도 시민적 숙의란 "의사 결정이라는 목적을 위해, **논쟁적인 공적 이슈를 둘러싼 상반된 견해**를 진지하고 사려 깊 게 고려하는 것"이라고 정의하면서 논쟁과 숙의를 분명히 연결하고 있다(p. 105, 강조는 필자). 잘 알려진 또 다른 일련의 숙의 교육과정인, '초이스 프로 그램'(Brown University, 연도 미상) 역시 논쟁적 이슈를 중심으로 구조화되어 있다. 이미 그 이름에서부터 알 수 있듯이, 여기서 사용되는 자료들은 학생들 이 상반된 가치 체계와 신념, 규범적 입장을 고려하여 일군의 대안들 중에서 최고의 선택지를 **고를 수 있게** 한다. 이러한 모델이 목표로 하는 것은 단순히 논쟁에서 이기는 것이 아닌 서로 다른 관점에 대한 이해를 높이려는 것이지 만, 사용되는 인식틀 자체가 근본적으로 대립적이고 갈등적이며, 주제 또한 당대의 논쟁을 반영하기 위해 선택된 것이다.

다시 말해, 많은 사람들은 공공정책에 관한 의사 결정이 어떤 의미에서 든 논쟁을 담고 있어야 한다는 것을 가정하고 있다. 이러한 논쟁은 특히 희 소한 자원을 위한 경쟁이나 가치를 둘러싼 다루기 어려운 갈등에 뿌리내리 고 있는 것으로 여겨진다. 이렇게 숙의가 대립적 논쟁을 담고 있다는 가정은 부분적으로는 근대 국민국가들이 주로 "대립적 민주주의" 위에서 운영되고 있다는 생각에 기인한다(Mansbridge, 1983, p. 293). 그러나 맨스브리지(Mansbridge, 1999)는 이러한 맥락 안에서조차 의사 결정은 종종 또 다른 형태의 토의로 묘사되곤 한다고 주장했다. 가령, 파커(Parker, 2003)가 제시한 숙의에 관한 정의는 광범위한 것이다.

> 숙의는 공유된 문제를 해결할 행위 계획에 관한 결정을 내리는 것을 목표로 하는 토의이다. 숙의에서 중심이 되는 활동은 모두 함께 모여 문제가 무엇인지 분명히 하고 대안의 경중을 따져보는 것이다. …… 숙의를 시작하는 물음은 보통 "우리가 이것에 대해 무엇을 해야 하는가?"라는 질문을 몇 가지 다른 모습으로 표현한 것이다(p. 131).

파커(Parker, 2003)는 숙의가 "이미 자신들의 의견을 가지고 있는 사람들이 모여 그 의견을 옹호하고 방어하는 상황과 혼동되어서는 안 된다"라고 했다(p. 81). 또한, 파커(Parker, 2003)는 이미 정립된 입장에 초점을 맞추는 것은 투표나 논쟁, 협상과 같이 여러 다른 형태의 공적 의사 결정—이것들도 동등하게 적법하다—의 특징이라고 지적했다. 이에 비해 숙의는 공유된 문제, 즉 집단 구성원들이 스스로 해결책을 마련하고자 하는 문제에서 시작된다. 우리는 이러한 종류의 숙의가 사회교육과 시민교육 교육과정에서 훨씬 더 큰 비중을 차지해야 한다고 생각한다.

정치적인 미사여구와 대중 매체들이 경쟁과 갈등을 강조하기는 하지만, 대부분의 숙의가 이러한 형식을 따르지는 않는다. 왜냐하면 자신들이 동의하지 않는 사람들과 논쟁하는 데 시간을 허비하는 사람은 거의 없기 때문이다. 오히려 숙의는 사람들이 공유된 이해관심을 가지고 있는 문제, 즉 목적을 둘러싸고 이견이 없고 자원을 둘러싸고 경쟁을 하지 않는 문제와 더불어 시작되는 경우가 더 많다. 가령, 숙의가 이루어지기 전, 지역 사회봉사 조직의 구성원들은 노숙을 경험하는 사람들에게 쉼터를 제공해야 한다고 이미 결정을 내렸을 것이고, 불교 사찰의 지도자와 자원봉사자들은 무료로 의료 봉사를 하기로 이미 입장을 정했을 것이며, 환경 단체 구성원들은 지역의 삼림 지대가 보존되어야 한다는 데 이미 동의했을 것이다. 이러한 맥락에서 이루어지는 숙의에의 접근법은 도구적 접근법이라고 할 수 있다. 이미 목표를 공유하는 사람들이 모여서 대처하고자 하는 문제들—가령, 쉼터를 어떻게 제공하고, 의료 봉사를 어떻게 행할 것인지, 환경을 어떻게 보호할 것인지 등—을 해결해 나가는 데 착수한다는 점에서 그러하다. 물론 그렇다고 해서 갈등이 일어나지 않는다는 말은 아니다. 때로는 심지어 격렬한 갈등이 일어나기도 한다. 왜냐하면 사람들은 행위를 위한 최선의 경로를 두고 여전히 다른 의견을 가지고 있을 것이기 때문이다. 더욱이 이는 채택된 입장이 다른 사람의 입장이나 다른 기구의 입장과 충돌하지 않는다는 의미도 아니다. 가령, 산업 개발자들이 환경을 위한 노력에 반대하는 것은 당연한 일일 수 있다. 그러나 목표를 공유하는 사람들 사이의 갈등은 서로 경쟁적인 이상과 이해관심을 가진 사람들 사이의 갈등과는 매우 다른 형태를 보인다. 사람들이 목표에 동의를 할 때 행위를 둘러싼 숙의는 문제 해결에 초점을 맞추기 마련이다. 즉, 공유된 기준을 활용하여 해결책을 비교하고 평가하며, 또한 더 나은 대안을 정제하여 만들어 나갈 수 있게 된다.

　이러한 일반적인 형태의 숙의를 준비하고자 한다면, 학생들은 자신들이 주로 동의하지 않는 사람들과 마주하는 데 초점을 맞출 것이 아니라, 생각이 비슷한 사람들의 집단 **내에서** 숙의해보는 연습을 할 필요가 있다. 사회교육과 시민교육의 측면에서 보자면, 이는 숙의를 설계할 때 학생들로 하여금 중요한 사회 이슈에 관한 비대립적 문제해결 과정에 참여하게 한다는 것을 의미한다. 또한 이러한 숙의가 정의와 조화를 증진시키기 위한 필요성을 전제로 해야 한다는 것을 의미한다. 가령, '여성들이 스스로 선택한 삶을 살아갈 자유가 어떻게 보장될 수 있을까?', '맞벌이 가정의 보육 서비스 이용 기회를 늘리기 위한 방안으로는 어떤 것이 있을까?', '식품 사막(지리적으로 신선하고 건강하며 감당이 가능한 가격의 음식을 구할 수 없는 곳)은 어떻게 근절될 수 있을까?' 등과 같은 **물음**들은 그 자체가 대립적인 것은 아니다. 물론 이를 해결하기 위해 제안되는 행위들은 당연히 논쟁적일 수 있고, 더 넓은 사회 내에서는 특히 그러하겠지만 말이다. 목표는 교실 안에서 논쟁을 제거해버리는 것이 아니라 이를 제자리에 두는 것이다. 즉, 논쟁은 숙의의 시작점이 아니라 숙의의 잠재적 결과여야 한다.

2) 신뢰에 기반한 파트너쉽

소위 숙의 "1세대" 모델(Knowles & Clark, 2018)을 향한 가장 광범위하게 알려져 있는 비판은, 이 모델에서는 참여자들을 원자화 된 개인으로 상정하여 각 개인이 집단 정체성이나 헌신 없이 공적 영역에 들어오고 집단의 다른 구성원들과의 관계를 고려하지 않은 채 숙의에 참여한다고 본다는 점일 것이다. 숙의에 대한 이러한 견해에서 중요하게 생각하는 것은 바로 이성에 기반한 **근거**의 충돌이며, 관계에 기반한 **사람들** 간의 충돌은 크게 고려되지 않는다. 이것은 분명 비현실적이다. 왜냐하면 숙의가 이루어지는 대부분의 상황에서는 참여자들이 다른 사람들과 관계를 맺고 있고—심지어 복합적인 관계를 맺고 있다— 또 이러한 관계가 다양한 방식으로 **중요하기** 때문이다. 이미 언급한 바와 같이, 권력과 명망의 수준이 모두 다르기 때문에—이는 대개 어떤 집단에 속했는지에 따른 결과이다— 일부 사람들이 침묵하는 동안 또 다른 사람들의 목소리는 특권을 부여받게 된다(Fraser, 1990; I. Young, 2000). 심지어 어린 학생들마저도 종종 이러한 차이를 인지하고 있다. 학생들이 또래에 대해 갖고 있는 신뢰 수준, 그리고 학교와 교실에서의 사회적 역학 관계와 관련하여 스스로의 위치에 대해 내린 최종 평가는 동료와의 대화에 참여하려는 그들의 의지에 크게 영향을 준다(Hauver, 2019; James 외, 2017). 인종과 사회 계층, 교육적 배경의 격차에서 기인하는 학생들의 사회적 지위의 차이 역시 또래와 교사들을 향한 신뢰의 수준에 영향을 미칠 수 있다(Hess & McAvoy, 2015). 이러한 격차는 숙의가 대립적인 입장과 함께 시작되면 더욱 강화되는데, 왜냐하면 그렇게 되면 더 많은 힘을 가진 사람들이 자신의 생각을 다른 사람들에게 강요할 수 있도록 하는 장이 마련되기 때문이다. 따라서 일부 학생들은 다함께 하는 숙의에서 발을 뺄 가능성이 높다. 자신들의 목소리가 진지하게 받아들여지지 않을 것이라는 현실적인 예상을 하거나, 혹은 이러한 의견 불일치의 상황에서 어느 쪽 편을 들게 되면 동료와의 관계를 망칠 것이라고 걱정하게 될 것이기 때문이다(Mutz, 2006 참조).

그러나 관계가 더 긍정적인 역할을 할 수도 있다. 특히 비대립적인 문제 해결 과정에서는 더욱 그러하다. 대부분의 토의는 서로 긍정적인 관계—가령, 친구나 이웃, 조직의 구성원으로서—를 맺고 있는 사람들 사이에서, 그리고 어느 정도 수준의 신뢰에 기반을 둔 사람들 사이에서 이루어진다. 심지어 대부분의 교실에서도 학생들은 서로를 향해 긍정적으로 느낄 가능성이 높다. 이는 어느 지역에서나 참이지만 강한 관계적 전통을 지닌 문화적 맥락에서는 더욱 중요한 의미가 있다. 그러한 문화적 맥락에서 사람들은 스스로를 더 크고 확장된 파트너십에 속한 존재로 파악하고 있으며 심지어 그들이 모르는 사람들과도 이러한 파트너십의 중요성은 유효하다. 가령, 동아시아에는 사회 내에 강한 관계적 유대와 파트너쉽이 자리하고 있는데, 그 결과 이 지역의 숙의는 공유된 규범을 담고 있는 추론이 "가족적 정서에 기반한" 형태와 결합되어 나타난다(Kim, 2014). 이러한 상황에서는 숙의가 근본적으로 관계적인 본성을 띠고 있으며, 이는 집단의 기능을 방해하는 것이 아니라 오히려 강화한다. 참여자들은 실용적인 이슈를 둘러싼 불협화음에도 불구하고 관계를 유지하는 일에 가치를 둘 것이다. 즉, 같은 조직의 구성원들이 기금 조성회를 언제 개최할 것인지 혹은 공급품을 어떻게 분배할 것인지 등을 둘러싸고 서로 다른 의견을 낼 수는 있겠지만, 이들은 서로의 관계를 유지하게 위해 이러한 의견 차이를 접어둘 수 있을 것이다.

더 넓은 사회에서와 마찬가지로 교실에서도 공유된 이해관심과 신뢰 관계는 자동으로 만들어지는 것이 아니다. 아이나 어른이나 할 것 없이 모두는 다양한 배경과 관점으로부터 이러한 것들을 구축해 나가야 한다. 따라서 학생들이 공동의 목표를 발견하고 신뢰를 쌓을 수 있도록 돕는 것은 이들이 협력적 숙의를 준비할 수 있도록 하는 중요한 수단이 된다. 학생들은 자신들이 신뢰하고 또 동의할 수 있는 사람들에게 자연스럽게 끌리기 마련이지만, 이러한 끌림은 배경의 유사성에만 바탕을 둔 경우가 많다. 교사들은 학생들이 더 의미 있는 공동의 근거를 발견할 수 있도록—예를 들어, 교사들은 학생들이 서로 공유하고 있는 관계와 관심사를 탐구해보게 할 수 있다— 도와야 한다. 또한 교사들은 논쟁을 증진하기 위해 교실 안에서 이데올로기적인 차이를 확인하도록 애쓸 것이 아니라(가령, Hess, 2009), 미시 문화와 학습 환경에 나타나는 관계적인 성격에 더 주의를 기울일 필요가 있다(Clarke 외, 2016). 예를 들어, 브라이스(Brice, 2002)는 집단의 결속을 강화하는 관계적인 역학 관계가 생산적 토의에 필수적이라는 점을 발견했다. 가령, 동료로부터 긍정과 지지를 얻는 것과 같은 참여 규범은 집단 구성원들 사이에서 숙의를 촉진하는 데 도움이 되었다. 특히 브라이스(Brice, 2002)는 개별 학생들에게 특정 임무(가령, 지도자 역할, 서기 역할 등)를 부여하는 것은 오히려 집단 구성원들 사이에서의 결속을 발전시키는 데 부정적인 영향을 미친다고 주장하기도 했다. 이는 공동의 토의 공간을 위해 필수적이라 할 수 있는 공유된 규범을 협상하는 집단의 능력을 제한하기 때문이다.

3) 다양한 형태의 의사소통과 표현

개인 및 집단의 특성은 또 다른 중요한 방식으로 숙의에 영향을 미친다. 사람들은 각기 다른 방식으로 스스로를 표현하고 타인과 의사소통한다. 이번 장에서 전술했듯이, 형식적이고 분석적인 양식의 의사소통을 지나치게 강조하게 되면 용인되는 형태의 상호작용과 표현의 범주를 제한하는 규칙의 통제로 인해, 다른 종류의 담론을 선호하거나 이에 더 익숙한 사람들을 소외시킬 수 있다. 그러나 학교에서 활용되는 숙의의 교육과정은 대개 의사소통이나 표현에 있어 대안적 양식을 위한 공간을 거의 마련하지 못하거나 혹은 전혀 마련하지 못한 채, 전적으로 냉정한 논쟁과 이성에 기반한 근거 제공에만 초점을 맞추고 있다.

이렇게 고도로 구조화되고 배제적인 형식에 따를 것이 아니라, 숙의의 교육과정은 "혼합된" 담론 영역 내에서(Hendriks, 2006, p. 501) 서로 다른 유형의 지적이고 감정적인 표현과 의사소통 규범을 수용해야 한다. 여기에는 스토리텔링, 노래, 격언, 유머, 개인 혹은 집단 증언 등이 포함될 수 있다. 이러한 다양한 형식이 중요한 이유는, 영(I. Young, 2001)의 표현대로 이것들이 "훨씬 더 소란스럽고 무질서하며, 중심에서 벗어나" 있다 하더라도, 집단 내에 존재할 수 있는 불평등한 권력 관계와 "숙의의 불평등"을 해결하는 데 도움을 주기 때문이다(Hendriks, 2006, p. 496). 예를 들어, 반(反) 내러티브 혹은 반(反) 스토리텔링은 개인적이고 감정적인 증언을 제공하고 지배적인 내러티브에 도전하며 억압받는 집단의 경험과 현실을 추상적인 방식이 아닌 구체적인 방식으로 전달하는 기회를 제공한다(Gibson, 2020). 또한 더 어린 학생들조차도 스토리텔링이나 역할극을 통해 사회 이슈에 관한 지적이고 감정적인 관점을 상상하고 또 표현할 수 있다(Bickmore & Parker, 2014). 따라서 문화에 기반하여, 서로 다른 언어적 혹은 비언어적 방식으로 논증하고, 도전하며, 반박하고, 동의하고, 설명하는 것을 더 중요하게 인지하고 받아들이는 것은 의사 결정 과정에서의 포용성에 대한 명백한 신호를 보내는 것일 수 있다.

참여를 더욱 포용적이고 협력적이게 만든다는 목표와 더불어, 학생들은 서로 다른 숙의 과정과 구조를 평가하는 것에 대해서도 배워야 한다. 가령, 학생들은 집단의 구성 방식이 참여 방식에 어떻게 영향을 미치는지 고려할 필요가 있다. 예를 들어, 일부 연구에 따르면, 여성이 소수인 집단에서는 여성들이 남성들보다 말을 더 적게 하고 또 남성에 비해 권위 표현도 잘 하지 못한다는 것을 보여준다. 그러나 여성들은 여성만으로 이루어진 집단에서는 더 많은 이야기를 하고 자신들에게 중요한 의미를 가지는, 구별되는 이슈를 더 많이 제기한다(Karpowitz 외, 2012). 비슷한 맥락에서 학자들은 "고립된 숙의"라고도 알려진, 상대적으로 동질적인 친밀 집단 내에서 이루어지는 숙의의 이점에 대해서도 확인한 바 있다(Sunstein, 2000). 공적 숙의에서 배제되어 왔던, 생각이 비슷하면서도 소외된 집단의 구성원으로 이루어진 "비주류의 대항 공론장(subaltern counterpublics)"[11](Fraser, 1990)은 소득이나 교

---

11) '비주류의 대항 공론장'은 'subaltern counterpublics'를 번역한 말로, 이는 소수자 집단이 주류 이데올로기나 주류 내러티브에 대항하는 공간을 의미하는 용어이다. 낸시 프레이저(Nancy Fraser)는 주류의 공적 영역은 계급이나 인종, 젠더, 섹슈얼리티

육 수준이 낮은 이들, 혹은 민족적으로 소수자인 이들처럼, 지위가 낮은 구성원들 목소리를 증폭시키고, 관점의 다양성을 증가시키며, 또 관습에서 벗어난 주장을 펼치며 패권적 관점에 도전할 수 있는 안전한 공간을 제공한다(Abdullah 외, 2016; Sunstein, 2000).

　더욱이 학생들은 하나의 집단 내에서 숙의 과정과 의사 결정 과정의 **구조**가 어떻게 참여에 있어 불평등을 줄이는지 혹은 강화하는지 인식할 필요가 있다. 가령, 다수결의 원칙에 따라 정해진 결정과 만장일치로 정해진 결정을 비교했을 때 만장일치에 의한 집단 결정이 함의하는 바는 무엇인가? 카포위츠와 동료 연구자들(Karpowitz 외, 2012)은 여성이 소수인 집단에서는 형평성 있는 참여를 고양하고 또 숙의에 있어서의 권한 박탈을 막기 위해 만장일치에 따른 결정 규칙을 시행해야 한다고 주장했다. 만장일치라는 규칙이 도입되어야 모든 사람의 투표 하나하나가 중요해지기 때문에, 집단의 역학 관계가 변화하고 집단의 협동과 합의가 필요해지게 되면서 숙의에서 여성 참여가 상당히 증가하게 된다. 많은 시민사회 기구 또한 일부의 목소리가 다른 목소리를 압도해버리는 참여 구조의 한계를 의식하면서, 합의의 의사 결정 모델을 활용하고 있다. 이 모델은 "깊이 경청하기", 그리고 모든 참여자에 대한 완전한 권한 부여를 목적으로 한다(Bressen, 2007). 비록 다른 숙의 모델과 마찬가지로 이 모델에서의 결과도 상황에 따라 크게 달라질 수는 있지만 말이다(Coy, 2003).

등에 기반하여 특정 집단을 배제하거나 소외시키기 때문에 소수자 집단의 사람들은 공적 담론에 온전히 참여할 수 없고 공적 의견도 형성하지 못하는 구조적 불평등에 직면해 있다고 보았다. '비주류의 대항 공론장'은 이에 대응할 수 있게 하는 대안의 공간으로, 소외된 집단의 사람들은 이 공간에서 억압적인 내러티브에 도전하고 자신들만의 담론을 발전시킨다.

교실 내에서, 이처럼 숙의 집단의 구조와 과정, 특성, 의사소통 형태에 대해 생각해보는 것이 중요하다. 가령, 학생들이 숙의를 위한 "기본 원칙"을 협력하여 만들 때, 이들은 학급 친구들이 어떻게 자신들에게는 익숙하지 않은 방식으로 스스로를 표현하고 싶어 하는지 알아챌 필요가 있다. 학생들은 전통적인 규범에 반드시 부합하지 않을 수 있는 의사소통의 형태(가령, 스토리, 감정적 증언, 동의하지 않는다는 표현 등)를 기꺼이 인정하고 또 이를 적법한 것으로 취급할 수 있어야 한다. 교사는 표현과 의사소통에 있어 문화적·계급적·젠더적 차이를 학생들이 인식할 수 있도록 도움으로써, 이와 같은 공유된 이해를 촉진시킬 수 있다. 또한 어떤 종류의 숙의 구조를 구현하고 싶은지 결정하고자 한다면, 학생들은 자신들 집단의 구성원에 대해 인지하고 있어야 하고 이에 따라 결정이 어떻게 내려져야 하는지 결정해야 한다. 예를 들어, 학생 집단의 구성원 대부분이 주로 주류 집단이나 사회의 특권층 집단에서 온 이들이라면—가령, 싱가포르에서 중국계 학생이나 미국에서 백인 중산층 학생처럼— 더 형평성 있고 더 포용적인 토의를 위해서는 만장일치의 결정 규칙이 적절할 수도 있다.

결론

숙의가 쉬운 일은 아니다. 교육자로서 우리는 학생과 교사가 교실이라는 상황 안에서 중요한 사회 이슈를 숙의하는 데 효과적으로 참여하는 것이 얼마나 어려운 일인지 잘 알고 있다. 그럼에도 불구하고 숙의가 포용적인 공적 의사 결정을 촉진하고, 공공정책을 정당화하며, 식견을 갖춘 공적 행위를 보장하는 데 주된 역할을 담당한다는 점을 감안하면, 사회의 정의와 조화를 중진시켜 나가는 데 있어 그 중요성을 부인할 수 없다. 숙의는 오랫동안 전 세계 공동체와 문화의 일부였고, 최근에는 교육자와 정치 이론가들 사이에서 인기 있는 주제가 되었다. 그러나 숙의가 더욱 포용적이고 효과적이기 위해서는, 숙의의 모델은 **협력적 숙의**—신뢰에 기반한 파트너쉽과 비대립적 문제 해결을 강조하는 숙의의 개념—를 포함하는 방향으로 확장되어야 한다. 이를 위해서는 다양한 형태의 의사소통과 표현을 인지하고 이에 가치를 부여하며, 각기 다른 유형의 숙의 구조와 의사 결정 메커니즘의 영향을 비판적으로 고려할 필요가 있다.

5장

숙의를 통해 식견을 갖춘 행위를 지향하는 교육과정

모든 교육에는 교육과정이 있다. 교육과정은 어떤 목표를 달성하고자 설계된, 어느 정도 계획된 일군의 내용과 경험을 의미한다. 학생들을 교육하는 일에 관여하는 모든 사람들—가령, 학부모, 교사, 박물관 교육자, 교과서 및 여러 다른 자료의 저자, 정부 관료 등—은 무엇을 가르치고 어떻게 가르칠 것인지를 결정할 때마다 교육과정을 계획한다. 물론, 의사 결정의 수준은 맥락과 상황에 따라 다르다. 일부 교사들은 상당한 재량권을 가지고 있는 반면, 다른 일부 교사들은 공식적인 요구 사항에 의해 더 많은 제약을 받기도 한다. 그러나 거의 대부분의 교사들은 무엇을 강조하고 또 학생들을 어떻게 참여시킬지 선택하는 데 적어도 어느 정도의 역할은 한다. 교육과정 조직의 정도도 상황에 따라 다양하다. 가령, 교사들은 종종 일군의 일관된 원칙보다는 전문직 연수, 개인의 경험, 동료의 지원 등의 조합에 근거하여 결정을 내리기도 한다. 공식적인 강의 계획서나 출판된 자료조차도 체계적으로 설계되어 있지 않은 경우가 빈번하다. 즉, 목표의 수준이 일치하지 않을 수도 있고, 주제가 임의적으로 선택될 수도 있으며, 기능이 내용과 분리되어 있는 경우도 있다. 우리 두 저자는 이러한 균등하지 못한 노력에 질서를 부여해줄 원칙을 제안하고자 한다. 그리하여 교육자들이 교육과정을 만들 때 일군의 명확한 가이드라인으로부터 이를 도출할 수 있기를 희망한다.

숙의를 통해 식견을 갖춘 행위를 실천하기 위한 시작

사회교육과 시민교육 교육과정은 학생들이 직접적으로 숙의를 통해 식견을 갖춘 행위를 실천할 수 있도록 구성되어야 한다. 이는 사회교육과 시민교육이 더 분명한 초점을 가지고, 더 정합적이며, 더 효과적인 방향으로 나아가는 데 도움을 줄 것이다. 존 듀이(John Dewey, 1897)의 가장 유명한 주장 중 하나는, 교육이란 "삶의 과정 그 자체이지 미래의 삶을 위한 준비가 아니다"이다(p. 78). 이러한 주장이 사회교육과 시민교육만큼 잘 맞아떨어지는 곳도 없다. 학생들은 중요한 사회 이슈에 대하여 무엇을 해야할지 결정하는 데 있어, 그리고 가능하다면 그러한 결정을 끝까지 이행하는 데 있어, 다른 사람들과 함께 일할 기회를 가져야 한다. 즉, 학생들은 교실 정책과 학교 정책을 개발하고, 공동체에서 소외된 사람들의 요구에 부응하며, 국가적·세계적 규모의 경제적 불평등과 정치적 억압에 대처하는 데 참여해야 한다. 이렇게 하는 것은 그저 내용을 가르치기 위한 교수학습 전략도 아니고, 이후의 삶에서 유용할 수 있는 기능을 계발하기 위한 연습도 아니다. 오히려 숙의를 통해 식견을 갖춘 행위를 해보는 것은 공적 삶의 중심에 있는 사회적 실천에 입문해보는 것이다. 세월이 흘러 성인이 되면 학생들의 참여는 점점 더 다양해지고 정교해지겠지만, 학생들은 자신들의 나이와 경험에 부합하는 방식으로 실제로 참여를 해봐야만 비로소 이러한 실천에 대해 배울 수 있다(Lave & Wenger,

1991 참조).

숙의를 통해 식견을 갖춘 행위에 학생들을 입문시킨다는 것은, 교실에서 이루어지는 과업이 즉각적인 가치를 가지고 있어야 한다는 것을 의미한다. 즉, 교실에서의 과업은 세상에 영향을 미칠 수 있도록 설계되어야 한다. 이것은 학교교육의 목적에 관한 일반적인 가정과 일부 충돌한다는 점에서 도전적인 일일 수 있다. 대개의 경우 교수학습을 위한 과업은 학생들이 지식 일체를 배울 수 있도록 의도하고 있지, 그 밖의 다른 즉각적인 목적을 가지고 있지는 않다. 가령, 학생들은 과학 시간에 날씨 패턴을 더 잘 이해하고 또 정보를 수집하고 분석하는 연습을 하고자 온도, 강수, 습도에 관한 데이터를 모을 것이다. 이러한 과업은 교육적 가치를 가지고 있기는 하지만, 학생들의 관찰은 과학적 이해를 고양시켜 나가려는 것일 뿐 더 넓은 세상에 영향을 미치려는 것은 아니다. 마찬가지로 교실에서 이루어지는 숙의를 이와 같은 방식으로, 즉 개념적 이해를 발전시켜나가는 수단으로 생각하고 싶은 유혹을 받을 수 있다. 가령, 학생들이 의료 지원을 제대로 받지 못하는 사람들의 의료적 요구를 어떻게 충족시킬지에 대해 숙의하는 과정을 생각해보라. 이는 학생들이 의료 지원 정책을 더 잘 이해하고 다양한 관점을 고려해보는 경험을 하는 것만을 목적으로 할 수도 있다. 이러한 숙의는 적용 연습, 준비 활동, 수행 평가로 사용되는 것이다.

그러나 우리는 훨씬 다른 것을 제안하고자 한다. 숙의를 통해 식견을 갖춘 행위가 내용을 숙달하기 위한 수단이라고 생각할 것이 아니라, 내용이 숙의를 통해 식견을 갖춘 행위를 실천해보는 데 필요한 수단이라고 이해해야 한다. 학생들의 학습은 실천의 맥락 속에서 이루어질 것이고 또한 그러한 학습이 실천의 필수적인 부분이 될 것이다(Lave & Wenger, 1991). 시각 예술과 공연 예술에서 이루어지는 교육이 유용한 비유를 제공한다. 학생들은 악기를 연주함으로써 악기를 배우고, 그림을 그림으로써 그림을 배우며, 연기를 함으로써 연기를 배운다. 악기를 연주하고 그림을 그리며 연기하는 일을 시작하는 것은 이러한 활동에의 진정한 참여를 요구하며, 이 때문에 우리는 학생들의 그림을 전시하고 이들의 공연을 관람한다. 왜냐하면 학생들의 기술적 숙련도에 한계가 있다 하더라도 이러한 활동은 그 자체로 의미 있는 창작물이기 때문이다. 같은 방식으로, 학생들은 스포츠에 참여함으로써 스포츠하는 것을 배우게 되고, 이들의 수행은 그 자체가 목적으로서 가치를 지닌다. 농구 경기를 하고 수영으로 레인을 한 바퀴를 도는 것은 이후의 활동을 위한 훈련이 아닌, 본질적으로 가치가 있는 실천이다.

　숙의를 통해 식견을 갖춘 행위도 같은 방식으로 이해되어야 한다. 즉, 숙의를 통해 식견을 갖춘 행위는 가치 있는 사회적 실천에 입문하는 것으로서, 이는 참여를 통해서만 일어날 수 있다. 학생들이 학교 정책이나 교실 규칙을 정할 때, 이들은 단순히 훗날 적용할 수 있는 내용을 배우는 것이 아니다. 이들은 유의미한 결과를 가져올 수 있는 실천—즉, 규칙과 정책을 제정해보는 것—에 참여하는 것이다. 마찬가지로, 학생들이 국가의 이민 정책에 대해 숙의하고 이후 입법자들에게 편지를 쓰고 사람들을 설득하기 위한 비디오를 만들거나 거리로 나간다면, 이들은 실제 세계의 문제에 대응하기 위한 유의미하면서도 결과에 영향을 미칠 수 있는 행위에 참여한 것이다. 교육이 미래의 삶을 준비하는 것 이상이 되어야 한다는 듀이의 제안을 진지하게 받아들인다면, 숙의를 통해 식견을 갖춘 행위의 실천이 사회교육과 시민교육의 중심이 되어야 한다. 이는 준비 활동이 아니며, 지식 습득의 한 방안도, 평가의 한 형태도 아니다. 교육과정은 직접 참여를 통해 학생들이 이러한 실천의 일부가 될 수 있도록 하는 기회를 제공해야 한다.

　그러나 학습을 실천을 위한 입문으로 이해한다고 하더라도, 이 자체가 그러한 실천을 가능하게 하는 방법에 대한 지침을 제공하지는 않는다. 피아노

선생님이나 '세팍타크로' 코치가 학생들을 가르쳐 성공적으로 피아노를 연주할 수 있게 하고 '세팍타크로'를 할 수 있게 하려면 학생들에게 필요한 것이 무엇인지 결정해야 하는 것처럼, 교육자들도 학생들에게 숙의를 통해 식견을 갖춘 행위를 어떻게 수련해야 할지 고민해야 한다. 학생들은 활동을 수행하는 데 모든 시간을 다 쓰지는 않는다. 오히려 이들은 아르페지오 연습이나 패스 연습, 음표의 의미나 게임 규칙을 배우는 등의 과정을 통해 준비할 필요가 있다. 그 누구도 학생들이 지도도 받지 못한 채 음악을 연주하고 스포츠를 할 수 있기를 기대하지 않을 것이며, 그 어떤 학생도 그렇게 할 수 있게 해주는 교육과정도 없이 사회 이슈를 숙의할 수 없다. 그렇다면 이것은 사회교육과 시민교육에서 어떤 모습이어야 하는가?

교육과정에서의 가치, 기능, 지식

교육자들은 종종 **가치, 기능, 지식**을 구별한다. 이 셋의 경계가 매우 선명하게 구분되어서는 안 되지만 이 세 가지 분류는 많은 교육자들이 자신들의 작업에 대해 생각하는 방식, 그리고 대부분의 교육과정이 조직되는 방식에 부합하는 직관적 뚜렷함을 가지고 있다. 이 각각이 숙의를 통해 식견을 갖춘 행위를 하는 데 중요한 역할을 하지만, 사회교육과 시민교육은 지식의 중요성에 체계적으로 관심을 기울이지 못하여 어려움을 겪어 왔다. 교과목에서 지식, 기능, 가치 간 정합성이 부족했던 것, 그리고 학생들의 공적 참여를 보다 완전하게 지도하지 못했던 것은 가치와 기능 그 자체를 목적으로 다루면서 이것들을 개별적인 이슈에 대한 지식과 분리시킨 데서 일부 기인한다. 그러나 지식이 중요하다고 인식될 때조차도, 교육에서 지식이 차지하는 위치에 대해서는 다른 식의 사고방식이 필요하다. 지식은 학생들이 **습득해야** 하는 대상이 아닌, 학생들이 **씨름해보아야 하는** 정보로 인식되어야 한다.

1) 가치

학생들의 가치를 계발하는 것은 사회교육과 시민교육에서 언제나 중요한 요소였고, 많은 사람들은 이 교과목의 핵심 목적은 학생들이 친사회적인 태도를 기르는 것이라고 생각한다. 전통적으로 봤을 때, 이것이 의미하는 바는 존중이나 듬직함, 정직, 공정함 등과 같은 인격적 특성을 계발하는 것이면서(Lockwood, 2009), 자유나 평등, 다양성, 권위, 정당한 법 절차, 사생활 등과 같은 시민적 가치를 위한 마음가짐을 계발하는 것이었다(Butts, 1980). 보다 최근 들어 교육자들은 이러한 일군의 이상적인 가치를 더 확장시켜, 세계시민주의(Baildon & Damico, 2010), 인권에 대한 마음가짐(Tibbitts, 2018), 환경에 대한 관심(Hayward, 2020), 평화 구축을 위한 노력(Bickmore, 2017), 억압적 체제에 맞서려는 의지(Kumashiro, 2000), 사회와 정부에 대한 비판적 접근(Ross, 2017) 등을 포함시키고 있다. 어떤 것이 가장 중요한가에 대해서 교육자들 간에 동의를 이루기 어렵다 하더라도—가령, 애국주의가 더 중요한지 아니면 세계시민주의가 더 중요한지, 아니면 권위에 대한 존중이 더 중요한지 아니면 정의를 위한 투쟁이 더 중요한지— 학생들의 가치에 관심을 기울이지 않는 사회교육과 시민교육을 상상할 수 있는 이는 거의 없다.

그러나 가치의 중요성에도 불구하고 교육 프로그램은 이를 어떻게 계발할 것인지에 관한 권고안에 있어 일관성을 거의 보이지 못하고 있다. 일부 교육자들은 학생들이 무엇이 옳은지에 대해 단순히 듣기만 해도 가치를 습득할 것이라고 믿고, 이에 학생들에게 정직하고 관대하며 또 친절하라고 가르친다. 어떤 이들은 애국주의적인 노래를 부르거나 인격적 특성의 정의를 암송하는 활동이 이에 상응하는 가치를 증진시킨다고 상상하기도 하고, 또 어떤 이들은 학생들이 분명한 도덕적 교훈이 있는 이야기를 읽음으로써 더 정직하고 결단력 있는 사람이 될 것이라고 상상하기도 한다(가령, Bennett, 1996). 종종 학교 프로그램은 소위 "감화"라 불리는 접근법을 포함시키기도 한다. 이러한 프로그램에 깔린 신념은 학생들이 홀로코스트와 같은 비극적 사건에 마주하게 되면 필연적으로 인간의 존엄성을 더 존중하게 된다는 것이다(Riley, 2001). 또 다른 접근법들은 도덕적 추론(Blatt & Kohlberg, 1975), 가치 명료화(Simon 외, 1984), 지역사회 봉사 활동(Niemi 외, 2000)을 통해 가치를 계발해야 한다고 주장하기도 했다.

이러한 접근법이 설득력 있는 경험적 증거나 납득할 만한 이론적 근거에 기반하고 있는 경우는 거의 없다. 각종 접근법들이 이처럼 이론적 근거를 갖추지 못하고 있다는 사실은 교육과정에서 가치에 우선순위를 두게 될 때 발생하게 되는 근본적인 문제점을 보여준다. 사람의 됨됨이는 학생들이 가진 개인 성향 및 가치 판단을 위한 추론에 더하여, 신체적 특성, 가족, 동료, 미디어, 더 넓은 사회를 포함하는 광범위한 범주의 원천들이 결합되어 나오는 것이다. 학교가 존중이나 정직, 혹은 정의를 향한 마음가짐 같이 인간적 경험의 중심 요소를 **창조해낼** 수 있다고 생각하는 것은 근시안적일 뿐만 아니라 주제 넘는 일이다. 비록 학교교육이 여기에 일정 부분 **기여할** 수는 있겠지만 말이다. 물론 가치의 중요성을 무시할 수는 없다. 그러나 가치와 가치 계발의 복합성을 감안해보면, 교육자들이 학생들에게 가치를 **주입할** 수 있다고 상상하면 안 된다. 반면 사회교육과 시민교육 교육과정은 학생들이 사회 이슈에 관한 지식과 씨름하면서 개별적인 맥락에 가치를 **적용해보게끔** 도울 수 있고 또 그리해야 한다. 제 아무리 훌륭한 성품이라 하더라도 이것이 발현되지 않으면 아무런 의미가 없고, 학생들은 문제가 되는 이슈에 관한 정보와 마주해야만 그 성품을 발현할 수 있다. 6장에서 주장하겠지만, 동정심은 숙의를 통해 식견을 갖춘 행위를 하는 데 매우 중요하다. 동정심 그 자체는 선천적일 수 있지만 학생들이 동정심을 새로운 상황으로까지 확장할 수 있게 하는 것은 바로 지식—즉, 타인과 이들의 환경에 관한 지식—이다.

2) 기능

최근 몇 년 동안 교육자들은 기능—이는 **절차적 지식(방법지)**으로 일컬어지는 것으로 **실체적 지식(명제지)**과 구별된다—의 중요성에 상당한 관심을 기울여 왔다. 사회교육과 시민교육에서 이에 관한 작업 대부분은 학생들이 공적 참여를 준비하도록 하는 문제와 직접적으로 관련되어 있다. 여기에는 탐구, 토의, 텍스트나 다른 매체에 대한 비판적 분석 같은 기능을 복합적이고 광범위하게 다루는 것이 포함되어 있으며(가령, Barton & Levstik, 2004; Hess, 2009; Journell, 2019; A. Marcus 외, 2018; Parker 외, 2013; Parker & Hess, 2001; Saye & Brush, 2007; Stoddard, 2014), 또한 학생들을 시민으로서의 행위에 참여시키기 위한 원칙도 포함되어 있다(가령, Blevins 외, 2016; Newmann 외, 1977). 이러한 작업의 상당 부분은 개별 분과 학문 교과목에서의 기능을 강조해 왔다. 어쨌든 역사가들은 단순히 사실을 수집하는 것이 아니고, 지리학자들도 지역의 이름을 그저 암기하는 것이 아니다. 오히려 이들은 세상을 **탐구하고**, 이에 많은 것들을 이론화하여 교과목별로 특화된 탐구의 본질을 명확히 하고자 한다. 마치 역사가들이 역사적 증거로부터 결론을 이끌어 내거나(가령, Kitson & Husbands, 2011; Lévesque, 2008; VanSledright, 2010), 지리학자들이 지리적 질문과 이슈를 탐구하는 것처럼 말이다(가령, Pike, 2016;

Roberts, 2003; Shin & Bednarz, 2019). 또한 수많은 교육과정 입안자들은 일반적인 기능 혹은 "능숙함"을 강조하지만(가령, "비판적 사고", "문제 해결", "의사소통" 같은 것들), 이것이 개별 교과 영역에서 어떻게 활용되는지에 대해서는 생각하지 않는다(Deng, 2018; Rata & Barrett, 2014). 종합해보면 기능에 대한 이러한 두 가지 접근법—즉, 교과목별로 특화된 접근법 혹은 일반적 접근법—이 교육 연구와 정책을 지배해 왔다(아마 교실 수업 실천에서는 아니겠지만 말이다).

가치와 마찬가지로 기능 또한 사회교육과 시민교육에서 없어서는 안 되는 것이다. 학생들은 탐구하고, 다른 사람들과 이야기를 나누며, 증거로부터 결론을 이끌어 내고, 공적 영역에서 활동할 수 있어야 한다. 그렇지 않으면 학생들은 의미 없는 잡담을 나누거나, 더 최악으로는 말다툼을 벌이게 될 수 있다. 그러나 기능을 교육과정의 중심에 두는 것은 교육과정에 대한 비생산적인 접근법이다. 기능은 개별적인 주제의 맥락에만 적용될 수 있고, 이러한 주제를 선택하는 문제는 그 교과목의 더 큰 목적에 따라 결정되어야 한다. 그렇지 않고 기능에 우선순위를 두는 것은 어떠한 지식도 기능을 계발하는 데 동등하게 적합하다는 믿음에 따라 단조롭거나 공격적이지 않은 주제만을 선호하면서 어려운 주제는 가급적 피하게 만드는 구실을 제공하게 된다. 즉, 만약 역사적 증거를 분석하는 것이 정말로 중요한 일이라면, 학생들은 인종주의나 식민주의, 제노사이드의 역사보다는 의학의 역사를 통해 이를 학습할 수 있을 것이다. 만약 시민으로서의 행위를 하는 데 기능이 중요하다면, 학생들은 빈곤이나 경찰의 만행, 동성애 혐오를 해결하기 위한 행위를 하기 보다는 학교 매점에 달콤한 간식을 두어야 한다고 주장하면서 이러한 기능을 계발할 수도 있을 것이다.

만약 기능이 정말로 맥락을 가로질러 전수되는 것이라면 주제 중립적인 접근법이 정당화 될 수도 있겠지만, 이런 일이 사회교육과 시민교육 내에서 벌어진다는 증거는 없다(Hicks 외, 2012). 부분적으로 그 이유는 특정 주제에 관한 추론을 하는 데 있어 정체성이 일정 부분 역할을 하기 때문이다(Barton & Avery, 2016). 가령, 학생들은 물론이거니와 성인들 또한 어떤 상황에서는 다양한 관점을 볼 수 있다 하더라도, 다른 상황에서는 그렇게 할 수 없거나 그렇게 할 의지가 없는 경우도 있다(McCully 외, 2002). 어떤 경우에 정보의 출처를 비판적으로 분석할 수 있는 사람이라도 또 다른 경우에는 그것들의 한계를 보지 못할 수도 있다(Goldberg, 2013; Jacobsen 외, 2018; Porat, 2004). 보다 일반적으로 말하면, 추론은 항상 지식에 달려 있다. 그 어느 연령대의 사람이라도 자신이 더 많이 알고 있는 주제에 관해서는 더 정밀한 방식으로 생각하게 된다(Kintsch & Kintsch, 2005; Schneider, 2011; Wellman & Gelman, 1998). 만약 학생들이 사회 이슈를 다루기 위하여 탐구와 공적 행위라는 기능을 사용하고자 한다면 우리는 이들이 **그러한 이슈**에 관한 실체적 지식과 씨름해볼 수 있게 해야 한다. 그렇지 않으면 우리는 필요할 때 적용할 수 없는, 혹은 적용할 의지가 없는 도구를 학생들에게 제공하는 것이 된다.

3) 지식

지식의 개념은 복합적이고 본래적으로 모호하다. 비록 우리들 대부분은 대개 지식이라는 용어의 의미에 깔린 가정을 고민하지 않고 일상이나 학문적 언어로 이를 사용하지만 말이다(Murphy 외, 2012). 수천 년 동안 서구의 철학자들은 지식과 **앎**의 본성을 구체화하고자 시도해 왔다. 그리고 이러한 노력은 교육 심리학자들이나 인지 이론가들의 최근 연구에도 널리 퍼져 있다. 이들은 지식이 어떻게 만들어지고 또 어디에 존재하는지와 관련하여 다양한 관점을 취해 왔다. 이처럼 지식에 대한 각기 다른 관점들은 심리학 이론을 위해, 심지어 페다고지적 실천을 위해 중요할 수는 있다. 그러나 교육과정의 목적을 위해서는 지식에 대한 더 단순하고 또 더 초점화된 개념이 유용하다. 이 책에서 우리는 지식이라는 용어를 사실, 개념, 일반화, 인과관계의 패턴을 구성하는 실체적 정보를 지칭하는 용어로 사용한다. 중요한 점은 우리가 사용하는 지식이라는 용어에는 사회 이슈로부터 영향을 받는 사람들의 경험과 관점에 관한 정보가 포함되어 있다는 점이다. 이러한 정보 중 일부는 난민 정착지의 위치, 국가의 경제적 불평등 수준, 혐오 범죄의 발생 빈도와 같이 복잡하지도 않고 논쟁의 여지도 없다. 그러나 대부분의 경우는 이러한 현상들에 대한 설명이나 이를 해결하고자 취해진 행위의 결과처럼, 훨씬 더 추정적이고 논쟁적이다.

실체적 지식이 중요하다고 주장하는 것은 별로 특별해 보이지 않는다. 특히 그 이유는 실체적 지식이 학교 교육과정에서 가장 큰 비중을 차지해 왔고, 많은 교실에서의 일상적인 생활에서 주요 초점이었기 때문이다. 그러나 학교교육의 대상으로서의 지식의 가치는 의문의 여지가 있다. 부분적으로 이는 별도의 학습이 없어도 정보가 너무나 손쉽게 구해질 수 있고, 빠르게 변화되고 있으며, 쉽게 조작되기 때문에, 학생들은 지식을 단순히 기억하기보다는 지식을 평가하고 지식을 주고받는 것을 배워야 한다는 인식에서 기인한다. 또한 학생들로 하여금 주어진 일체의 지식을 "습득"하게 하려고 시도하는 데만 초점을 두는 교수학습 방법과 심리학적 모델이 결부되면서 교육과정에서 지식의 위상은 더욱 나빠지게 되었다. 정규교육을 받을 수 있는 시간이 제한되어 있다는 점을 감안하면, 전자기기를 통해 쉽게 접근할 수 있는 지식을 학생들의 머릿속에 가득 채우려고 하는 것은 무의미해 보인다. 심지어 교육과정 이론의 기초로서 지식으로의 복귀를 주장하는, "강력한 지식"에 대한 옹호자들 또한 분리된 정보 조각들보다는 학문적 절차와 관점을 이해하는 데 가장 관심을 둔다(가령, Counsell, 2011; Lambert, 2011; M. Young, 2013).

우리는 이러한 우려에 동의하며, 학생들의 머릿속에 정보를 주입하려고 하는 것에 그 누구보다도 반대한다. 그러나 교육과정에서 실체적 지식의 위치에 관한 우려가 타당하기는 하지만, 불행하게도 이러한 우려는 지식의 전반적인 중요성, 특히 숙의를 위한 지식의 중요성이 무시되는 결과로 이어졌다. 가령, 질병, 영양, 환경 조건, 의료 전문가의 접근 가능성, 자금의 가용성 및 이러한 것들의 관계에 대한 정보 없이는, 의료 지원을 어떻게 개선할 수 있을지에 관한 의미 있고 효과적인 결정을 내릴 수 없다. 마찬가지로, 특정 민족을 대상으로 한 폭력을 종식시키는 문제는 지역과 국가의 권력 구조, 경제적·지리적 여건, 분쟁의 장기적·단기적 원인에 대한 정보를 필요로 한다. 이에 관한 지식이 없으면 숙의는 피상적일 수밖에 없으며, 제안된 조치 또한 효과가 없거나 심지어 관련조차 없게 될 것이다. 사실상, 지식이 없으면 학생들은 애초에 이것들이 이슈인지, 혹은 왜 중요한지조차 알지 못할 것이다.

정치철학자들은 오랫동안 지식의 중요성에 대해 인식해 왔다. 유교 전통에서 지식은 훌륭한 통치를 위해 필수적인 것으로 여겨졌고, 지식을 가진 사람들은 사회에 대한 봉사로서 지식을 사용해야 했다. 공자는 "학문을 이루고서 남음이 있다면 벼슬길에 올라도 좋다"라고 했다(『논어』, 「자장」, 13장). 중국의 위계적인 사회 체제에서는 이러한 지식이 엘리트 계층인 학자들의 전유물이었지만, 다른 상황에서는 지식이 더 널리 사용될 수 있도록 하는 데 우선순위가 있었다. 가령, 초창기 미국 정치인들은 자치를 위해 지식의 가치를 꾸준히 강조해 왔다. 제임스 메디슨(James Madison, 1822)은 공교육을 옹호하며 다음과 같이 말했다.

대중들이 지식을 갖추지 못했거나, 혹은 그러한 지식을 습득할 수 있는 수단을 가지지 못한 상태라면, 인민 정부는 익살극이나 비극의 서막일 뿐이다. 아니면 이 둘 다일 수도 있다. 지식은 무지를 영원히 지배할 것이다. 스스로를 통치하고자 하는 사람들은 지식이 주는 힘으로 스스로를 무장해야 한다.

메디슨이 말한 바와 같이, 이러한 지식은 타인을 위해 결정을 내려 주는 소수의 식견을 갖춘 엘리트 집단에게로만 한정될 수 없다. 지식이 널리 분배될 때 사회는 번창한다(Hayek, 1945; Ober, 2008).

사회 개혁가들은 공식적인 경로에서 누락되거나 억압되었던 지식에 접근하는 것이 변화를 이끌어내는 데 특히 강력한 힘을 발휘한다고 생각해 왔다. 전 세계의 진보적이고 혁명적인 운동은 사회적 행위를 위한 기초로서 스터디 그룹과 독서 써클을 장려하고 또 의식 고취를 위해 노력해 왔다. 가령, 19세기 초 영국의 급진적인 정치적·경제적 운동은 독서 공간, 수업이나 강의, 정치 신문 등을 통해 노동자 계급 사이에서 지식을 고양시키고자 했다. 이러한 노력은 자본주의적 생산 관계로부터의 해방을 목적으로 하며, "진정으로 유용한 지식"을 널리 이용 가능하게 하려는 것이었다. 경제적 착취의 형태, 빈곤의 원인, 부정의를 영속시키는 국가와 그 역할에 관한 분석 등에 주의를 기울임으로써 말이다(R. Johnson, 1979/2007). 1960년대 미국에서는 교수들과 전문가들이 베트남 전쟁에 대해 강의했던 "티치인"[12]이 반전 운동의 일부로 중

---

12) 티치인(teach-ins)은 대중적 공론장에서 정치적·사회적 이슈와 관련된 주제에 대해 배우고, 토론하고, 논의하기 위한 교육 모임이다. 공식적인 세미나와 달리 지역 공동체나 풀뿌리 운동 조직 등을 중심으로 보다 개방적인 분위기 속에서 특정 주제에 대

요한 역할을 했다. 유사한 형태의 포럼이 미국 및 다른 지역에서 사회운동의 일부로 지속되었다(Gitlin, 1987; Klimke, 2010; Spencer 외, 2016). 1980년대 한국에서도 민주화 운동을 주도했던 대학생들은 독서 목록을 돌리고, 학과 외 학문 클럽 활동에 참여하며, 학생들 사이에서 현안이 되는 이슈에 관한 지식을 전파하는 수단으로 "벽보"를 붙여 퍼뜨리는 활동을 했다(N. Lee, 2007).

사회교육과 시민교육 교육자들은 실체적 지식의 가치를 특히 강조해 왔다. 실체적 지식은 학생들이 구조적 불평등과 억압을 이해하고 여기에 맞설 수 있게 하는 수단이기 때문이다. 이러한 관점은 현재 교육과정에서 드러나는 유럽중심주의적인, 그리고 인종적으로 패권적인 형태의 지식에 대한 비판적 대안으로 범주화되곤 하는데, 특히 미국에서는 더욱 그러하다(Banks, 1995; Howard, 2004; Subedi, 2013). 가령, 킹(L. King, 2016)은 학생들이 **인종적 문해력**을 발전시켜야 한다고 주장했다. 여기에는 인종 문제를 둘러싼 진보를 방해하는 제도적 구조, 인종주의적 관행, 인종에 대한 개념들이 어떻게 진화해가고 있는지, 그리고 인종과 다른 형태의 억압이 어떻게 맞물리고 있는지에 관한 지식 등이 포함된다. 부시(Busey, 2017) 또한 학생들이 구조적 인종주의, 인종과 인종적 헤게모니의 사회적 구성, 라틴아메리카의 역사에 있어 흑인들의 경험의 복합성과 다양성, 아프리카에 뿌리를 둔 라틴아메리카 사람들(Afro-Latin@s)[13]의 역사적·문화적 행위자로서의 주체성에 대해 배워야 한

해 비판적으로 생각하게끔 이끌고 이와 관련된 행동주의를 독려한다.

13) Afro-Latin@s은 아프리카에 뿌리를 둔 라틴아메리카인을 일컫는 말이다. 라틴아메리카 지역 내 아프리카인들의 디아스포라를 인식하고 라틴아메리카 국가 내에서 아프리카 뿌리의 후손들의 경험을 이해하려는 노력이 깃든 용어이다. 여기서 @는 다양한 젠더 정체성 혹은 여성이나 남성이 아닌 젠더 중립성을 드러내기 위한 상징이다. 즉, @는 아프리카에 뿌리를 둔 라틴아메리카 남성(Afro-Latino) 및 여성(Afro-Latina) 모두를 포괄하고, 또한 이러한 양성의 범주 밖에 있는 이들의 정체성까지 포

다고 주장했다. 마찬가지로, 로드리게스(Rodríguez, 2018)는 학생들이 시민적 정체성에 관해 가지고 있는 편협한 관념을 바꾸고 여기서 벗어날 수 있게 하려면, 인종적 부정의와 시민권 침해를 포함하여 아시아계 미국인들의 경험의 다양성에 대한 이해를 더 발전시켜 가는 것이 중요하다고 했다. 또한 산티아고(Santiago, 2019)는 미국 역사에서 인종과 민족이 언어와 어떻게 상호작용해 왔는지, 그래서 이러한 상호작용이 멕시코계 미국인들 및 다른 라틴계 사람들을 향한 차별을 어떻게 떠받쳐 왔는지 가르쳐야 한다고 주장했다. 산티아고(Santiago, 2019)는 이러한 지식이 인종/민족에 관한 지배적인 범주에 내재된 오류의 기반을 무너뜨릴 수 있고, 이 사람들을 지속적으로 주변화하는 패턴에 대한 통찰력을 제공할 수 있다고 지적했다.

이들은 학생들이 사회 이슈를 검토하도록 준비하는 데 지식이 중요한 역할을 한다고 강조했던 수많은 연구자들 중 일부일 뿐이다. 다른 연구자들 또한 젠더와 섹슈얼리티에 관한 지식(Crocco, 2001; Sheppard & Mayo, 2013; Thornton, 2002), 문화적 다양성과 세계적 상호작용에 관한 지식(Case, 1993; Merryfield & Wilson, 2005; Nordgren & Johansson, 2015), 환경 이슈에 관한 지식(Chang, 2014; de Blij, 2012)의 중요성에 대해 지적했다. 이러한 각각의 경우에서 실체적 지식의 역할—가령, 젠더 역할과 인종 불평등의 구성, 차별을 지지하기 위한 법적 체제의 활용, 갈등을 둘러싼 구조적·역사적 기초 등—은 공적 영역에 들어가고 현재의 이슈와 씨름하는 데 필수적인 요소로 보인다. 사회적 비판에 대한 강조는 초기 유교 전통과도 맥을 같이 한다. 여기서는 지식이 정치적인 권력과 위신의 근간이었을 뿐만 아니라 저항을 위한 근간이 되었다. 유학자들은 정부와 사회에 대한 비판적 논평을 축적해 왔고, 이들은 이

괄하기 위해 사용되는 상징적 기호이다.

러한 지식을 바탕으로 통치자들에게 "잘못된 것이 있으면 바로잡고, 흐트러진 것이 있으면 복구"하여 올바르고 안정적인 사회질서를 유지하기 위한 고언을 할 수 있었다(Kwok, 1994, p. 19).

4) 교육과정에서의 지식

실체적 지식이 중요하다 하더라도, 지식에 대한 접근성의 변화와 지식의 빠른 성장 속도, 전 세계의 사회가 마주하고 있는 다양한 요구 등을 고려해보면, 지식이 교육과정에서 가지는 위치는 재평가되어야 한다. 지식 없이는 숙의가 불가능하지만, 그렇다고 해서 언젠가는 유용할 것이라는 희망을 가지고 학생들에게 표준화된 백과사전식 정보 일체를 제공하는 것만큼 비효율적인 일도 없다. 그 누구도 복합적인 사회문제를 다루는 데 필요한 만큼의 충분한 지식을 갖출 수는 없는 일이고(Keil, 2003; Sloman & Fernbach, 2017), 지식을 소유하고 있다고 해서 필요할 때 그 지식이 적용된다는 보장도 없다(Lave & Wenger, 1991). 이런 점에서 실무자들의 공동체 여러 곳에 걸쳐 지식이 분산되어 있다고 보는 것이 보다 유용한 관점이다. 복합적인 과업—사회적인 과업이든 기술적인 과업이든—은 거의 언제나 수많은 사람들의 공동 활동을 요구하며, 이들 중 그 누구도 혼자 힘으로 성공하기에 충분한 만큼의 정보를 소유하고 있지 않다. 이러한 관점에서 보면, 하나의 과업을 수행하는 데 필요한 전체 지식은 어떤 개인의 머릿속에 있는 것이 아니라 더 넓은 공동체 내부에 존재한다. 그리고 이러한 공동체는 수많은 사람들과 그들이 만들어내는 저작들—가령, 연설과 글, 기타 가공물 같은 것들—로 이루어져 있다. 지식을 활용하는 것은 매우 중요하지만, 사람들은 언제 타인의 지식, 특히 특별한 전문성을 가진 사람들의 지식에 의존해야 하는지 알아야 한다(Keil, 2003). 3장에서 논의했던 바와 같이, 유용한 지식을 가진 그 누구라도—가령, 과학자나 농민, 정부 행정가나 가사 노동자, 사회운동가나 경찰 만행의 희생자 등— 그러한 전문가에 포함될 수 있다.

사회교육과 시민교육 교육과정에 있어서 이것이 의미하는 바는, 교육자들은 학생들이 지식을 **습득하기**(수동적인 습득을 통해서든 능동적인 구성을 통해서든)를 기대할 것이 아니라, 지식과 **씨름해볼 수 있도록** 도와야 한다는 것이다. 가령, 학생들이 빈곤을 줄이기 위해 할 수 있는 행위에 대해 숙의해야 한다면, 이들은 빈곤이 사람들의 삶에 어떠한 영향을 미치는지에 관한 정보와 마주해야 한다. 이것이 왜 걱정해야 하는 이슈인지, 그리고 빈곤이 구체적으로 어떤 모습인지 이해하기 위해서이다. 이를 위해 학생들은 빈곤의 원인, 이용 가능한 다양한 정책 선택지, 이미 시행된 정책의 결과, 그러한 정책을 만들기 위해 취할 수 있는 행위의 범주 등에 관한 정보를 고려할 필요가 있다. 또한 학생들은 빈곤으로부터 영향을 받는 사람들의 관점에도 귀를 기울일 필요가 있다. 그래야 이 사람들의 상황에 영향을 미치는 요인들이 무엇인지, 그리고 그 상황을 개선하기 위해 행해질 수 있는 것이 무엇인지에 대해 더 큰 통찰력을 가질 수 있다. 이 모든 것이 지식의 문제이다. 즉, 다른 사람들의 상황, 이들의 관점, 그리고 무엇이 행해질 수 있는지에 관한 지식 말이다.

어떤 상황에서는 학생들이 사회 이슈의 몇몇 측면에 관해 상당히 많은 것을 이미 알고 있을 수도 있다. 가령, 스스로 빈곤을 경험해본 학생들은 빈곤이 사람들의 삶에 영향을 미치는 방식에 대한 정보뿐만 아니라, 이를 해결하는 데 무엇이 도움이 되고 무엇이 도움이 되지 않는지에 관한 통찰력을 가지고 있을 것이다. 그렇다고 해서 이 학생들이 빈곤의 본질과 범위, 빈곤을 만들고 영속시키는 다양한 구조적 요소들, 빈곤을 해결하기 위해 이용 가능한 선택지의 범주까지 완전히 이해하고 있는 것은 아니다. 이를 위해 학생들은 활동가나 연구자, 언론인, 정부 관료, 비영리 단체 노동자, 자신의 공동체 및 그 밖의 지역의 성인들을 포함한, 여러 다른 사람들의 전문성에 의지할 필요가 있다. 다시 한 번 말하지만, 이러한 지식과 씨름하는 목적은 지식을 **습득하는** 것이 아니라 지식을 **사용하는** 것이다. 학생들은 숙의를 해 가면서 다량의 정보를 보유하게 되겠지만, 정보를 보유하는 것이 궁극적인 목적은 아니다. 즉, 숙의는 지식 보유라는 목적을 위한 수단이 아니다. 숙의 그 자체가 중요한 것이며, 교육과정에서 지식의 역할은 숙의가 식견을 갖추게 하는 범위까지라고 할 수 있다.

교육과정 구조

학생들이 숙의에서 사용할 지식의 구조를 어떻게 결정할 것인가? 교육과정 입안에 있어 가장 기본적인 과업은 이용 가능한 내용의 세계에서 선택의 과정을 거쳐 학습자들에게 의미 있으면서도 교육과정의 이상화된 목적을 달성할 수 있게끔 이를 조직하는 것이다. 모든 것을 다 가르칠 수는 없고 또 모든 가능한 순서나 조합으로 내용을 가르치는 것도 불가능하다. 따라서 교육과정에 무엇을 포함시키고 이를 어떻게 조직할 것인지에 대한 결정이 이루어져야 한다(Deng & Luke, 2008; Taba, 1962). 개별 교과목은 교육과정 구조를 위한 요구에 더 주의를 기울이기는 했지만, 교육과정 이론의 일반적인 분야는 대개 이러한 결정에 대한 실용적인 지침을 제공하는 것을 외면해 왔다(Deng, 2015a, 2015b; Parker, 2017; M. Young, 2013). 사회교육과 시민교육에서의 권고안은 때때로 단편적인 접근법을 취해 왔다. 일군의 지침 원칙에서 도출하는 것이 아닌 특정한 주제를 위해 필요한 내용의 윤곽을 잡는 식으로 말이다. 더 포괄적이고 체계적인 접근법은 단 두 가지의 관점—학문적 접근법 혹은 현재적 이슈 접근법—에 주로 의존하는 경향이 있었다. 그러나 이 둘 중 어느 것도 숙의를 통해 식견을 갖춘 행위에 필요한 실체적 지식을 구조화하기 위한 유의미한 지침을 제공하지 못했다.

1) 학문적 접근법

최근 몇 년간 가장 영향력 있는 교육과정 이론 일체 중 하나는 교육과정 내용의 원천으로서 분과 학문에 초점을 맞추어 왔다(Deng & Luke, 2008). 이 접근법을 지지하는 사람들의 강조점에도 차이가 있기는 하지만, 이러한 학문중심 관점은 대개 다음 두 가지의 가정에 기초하고 있다. 첫째, 가장 중요한 지식은 서로 구분되는, 그리고 전문화된 실천 공동체 내에서 발전해 왔고 또 계속 발전해 나갈 것이며, 이러한 공동체는 역사학이나 지리학처럼 대학교에 기반을 둔 분과 학문 공동체와 동일하다는 가정이다. 둘째, 학교교육의 주된 목적은 학생들이 앎에 대한 이러한 학문적 방법을 익히도록 하는 것이라는 가정이다. 물론 이러한 생각이 반드시 학생들로 하여금 실무자가 될 것을 요구하는 것은 아니다. 이러한 생각을 뒷받침하는 중요한 근거는 바로 학문적 이해가 제공하는 독특한 가치에 있다. 카운셀(Counsell, 2011)은 "어느 교과목의 교육과정이라도 발군의 역할은 학문의 의미를 매개하는 것이어야 한다"라고 했다(p. 221). 수많은 사회교육과 시민교육 교육자들은, 학교 교과목의 목적이 학생들로 하여금 수많은 학문과 그러한 학문의 실무자들이 보여주는 종류의 전문성에 친숙해지도록 하는 것임을 당연하게 여기곤 했다. 물론 그렇게 학문적 전문성으로 채워진 내용들이 더 넓은 사회적 목적에 기여할 것이라고 생각하기는 했지만 말이다(가령, Firth, 2011; Lambert, 2011;

Lévesque, 2008; Moje, 2008; Seixas, 2001; Shanahan & Shanahan, 2008).

학문중심 접근은 대중적인 인기에도 불구하고 그 문제점이 수년간 여러 차례 확인된 바 있다(가령, Deng & Luke, 2008; Kliebard, 1965; Martin, 1969/1994; Schilling, 1986; Tanner & Tanner, 1995; Thornton & Barton, 2010). 교육과정 내용의 구조를 만들기 위해 분과 학문으로 눈을 돌릴 때의 주요 문제점은 이것들을 정확하게 정의하는 것이 불가능하다는 점이다. 많은 학자들은 학문적 절차가 일관적이고 학문들 사이의 경계가 분명히 구분된다고 자신 있게 주장하지만, 이러한 주장은 대개 물리학이나 수학과 같은 특수한 사례에 기초하고 있다. 다른 분야, 특히 사회교육과 시민교육과 관련된 분야에서는 학문의 규범이나 개념 구조, 추론의 형태를 분명하게 정의하기 어렵고(Deng & Luke, 2008; Tanner & Tanner, 1995), 이러한 견해를 옹호하는 이들이 주장하는 것만큼 학문들 사이의 차이가 극적으로 다르지도 않다(Barton, 2017; Schilling, 1986). 사회학자들이 역사 연구를 하고 역사가들이 지리를 탐구하기도 하며 지리학자들이 정치경제학을 연구하기도 한다. 학문은 학문중심주의 신조를 지지하는 이들이 주장하는 것처럼 일관적이지도, 그리고 서로 배타적이지도 않다.

교육과정이 분과 학문에 기초해야 한다는 생각은 시민교육에는 특히 적합하지 않다. 부분적으로 그 이유는 여기에는 상응하는 대학 기반 교과가 없기 때문이다(특히 "정치학" 분야는 학생들이 사회 이슈에 관한 행위를 하도록 준비시키기보다는 정치적 행동을 분석하는 데 주로 초점을 맞추고 있다). 더욱이, 시민교육에서 다루어지는 주제—가령, 빈곤, 의료 지원, 전쟁, 이민 등—에 관한 지식은 분과 학문에서 나오기도 하지만, 정부 기관이나 다양한 종류의 시민단체 기구에서 일하는 이들의 활동으로부터, 그리고 이러한 이슈를 직접 경험하고 있는 이들로부터 나오기도 한다. 엥글과 오초아(Engle & Ochoa, 1988)가 주장했던 바와 같이, 시민적 이슈는 그 어떤 개별 사회과학보다 더 광범위하고 더 복잡하며 또 더 총체적이다. 넬슨(J. L. Nelson, 1996)은 "인간과 관련하여 만연해 있는 이슈들은 공식 교과목들의 흐름에 따라서 깔끔하게 일괄적으로 정리되거나 학문적 형식에 맞게 조직되지도 않는다"라고 했다(p. 18). 학문이 가치 있는 교육목표를 달성하는 데 특권적이고 심지어 독점적인 역할을 한다는 생각은 인간 지식의 세계에서 학문의 역할을 과대평가하는 것이다.

2) 현재적 이슈 접근법

교육과정 조직에 있어 다른 경쟁적인 접근법은 사회교육과 시민교육이 현재적 사회 이슈에 초점을 맞추어야 한다는 것이다. 이 접근법을 옹호하는 이들은 교육과정이 "의사 결정"(Engle, 1960/2003; Engle & Ochoa, 1988), "공적 이슈"(Newmann & Oliver, 1970; Oliver & Shaver, 1966), "사회 이슈"(R. Evans 외, 1996), "사회에서 지속되는 문제"(Massialas & Cox, 1966), 사회의 "닫힌" 혹은 "문제가 되는" 영역(Hunt & Metcalf, 1968), "민주주의의 문제"(U. S. Bureau of Education, 1916), "논쟁적인 정치적 이슈"(Hess, 2009; Hess & McAvoy, 2014) 등을 강조해야 한다고 주장해 왔다. 분명히 말하건대, 우리는 이러한 교육자들의 생각을 공유하고 있다. 우리 두 저자들 역시 교육과정의 근본적인 목적은 학생들이 공적 참여를 할 수 있도록 준비시키는 것이라 생각하고, 이러한 교육과정은 학생들이 공공정책과 관련된 이슈와 직접 씨름해 보도록 해야 한다고 보기 때문이다.

그러나 사회 이슈 접근법은 교육과정 조직을 위한 일관된 지침을 제공하지 못하며, 특히 실체적 지식과 관련해서는 더욱 그러하다. 이를 지지하는 사람들 대부분은 현재의 사회 이슈와 씨름해보는 데 필요한 지적인 과정—즉, 절차적 지식—을 강조한다. 가령, 뉴만과 올리버(Newmann & Oliver, 1970)는 자신들이 "법리적 접근법"이라고 특징지었던 것을 언급한다. 그들은 이러한 종류의 교육과정의 주된 목적은 학생들이 "말로 하는 대화를 통해 공공정책과 관련된 여러 입장을 합리성에 근거하여 분명하게 정당화하고 이를 발전시켜 나갈 수 있도록" 가르치는 것이라고 설명했다(p. 237). 이러한 전통을 지지하는 다른 교육자들도, 문제를 정의하고, 가치와 관련된 가정을 식별하며, 증거를 수집·평가하고, 주장을 지지하고, 결론을 이끌어 내며, 개인적 혹은 집단적 결정에 도달하는 등, 기능의 중요성에 대해 지적한다(Engle & Ochoa, 1988; Hess, 2009; Massialas & Cox, 1966; Oliver & Shaver, 1966).

이러한 접근법을 옹호하는 사람들이라고 하더라도 학생들이 실체적 지식 없이 정교한 탐구나 토의에 몰입할 수 있다고 상상하는 것은 분명 아니다. 그러나 그러한 지식이 무엇이어야 하는지, 그리고 그 지식이 어떻게 구성되어야 하는지에 관해서는 구체적인 제안을 하지 못한다. 일부는 학문적 접근법의 한 버전으로 되돌아가서, 학생들이 사회과학적 개념을 먼저 배우면 훗날 이를 사회 이슈에 적용할 수 있다고 제안하기도 했다(가령, Oliver & Shaver, 1966). 한편, 엥글과 오초아(Engle & Ochoa, 1988)는 학생들 스스로의 경험을 중심으로 전체 교육과정을 만들어 내는 것이 가능할 것이라고 제안했고, 헌트와 멧칼프(Hunt & Metcalf, 1968)는 교육과정 내용에 "정신적·물리적 환경의 모든 관련 측면"이 포함되어야 한다고 주장했다(p. 281). 이러한 입장은 가장 극단적인 지점까지 나아가면, 내용이 미리 구체화 될 수 없다는 결론으로 이어지기도 했다. 왜냐하면 이러한 입장에서 교사는 계속해서 생겨나는 사회적 요구와 학생들의 이해관심에 기반하여 교육과정을 계획하는 데 자유롭게 관여할 수 있어야 하기 때문이다(가령, Massialas, 1996; Newmann & Oliver, 1970).

이러한 제안들 중 그 어떤 것도 교사나 교육자들을 위한 유의미한 지침을 제공하지 못한다. 학생들이 내용 일체를 습득할 때까지 숙의를 미루는 것은, 학습이란 정보를 숙달하여 이를 장기 기억에 저장시켜 놓았다가 필요할 때 문제를 해결하기 위해 꺼내 사용하는 것이라는 잘못된 생각을 강화시킬 뿐이다(가령, Sweller, 2012). 이는 정보가 활용되는 맥락 밖에서 그 정보를 접하게 되면 이를 적용하기 어렵다는 점을 무시한 생각이다(Engle & Ochoa, 1988; Hunt & Metcalf, 1968; Lave & Wenger, 1991). 또한 내용을 구체적으로 정해주는 독립된 기반이 없는 상태에서 이런 식의 "배경 학문과 이론 중심의 학습(background theory learning)"이 이루어지게 되면, 이는 숙의가 요구하는 바가 아닌 분과 학문 분야를 중심으로 내용을 구조화하는 것이 된다. 이는 기존의 학문중심 접근법의 모든 단점을 더 크게 만들어 버린다(Engle, 1960/2003, p. 8).[14] 한편, 지식이 전적으로 학생들의 경험에서 비롯되어야 한다는 생각, 어떤 것도 지식이 될 수 있고 그래서 모든 것이 지식이 될 수 있다는 생각, 지식이 미리 세세하게 규정될 수 없다는 생각 등에 기반한 제안은 모두 실제적 측면에서는 적용될 수 없다. 분명 교사는 교육과정을 개발하는 데 중요한 역할을 하고 또 학생들의 경험을 통합할 수 있어야 하지만, 교사들이 교육과정을 만들어내는 데 있어서 자발적으로 광범위하게 관여할 것이라 기대하는 것은 성공적이기 어렵다(Thornton, 2005). 대부분의 교사들의 입장에서 보면, 비록 그들이 교육과정을 개별적인 맥락이나 학습자에게 적용한다고 하더라

---

14) 특정 이론을 지칭하는 것이 아니라, 학생들이 우선 내용 지식을 모두 저장한 이후 그러한 지식에 관련된 것을 사고하기 시작한다는 가정을 비판하며 셜리 엥글(Shirley Engle)이 지칭한 표현이다. 엥글은 학습자가 사고하기 전에 알 필요가 있는 모든 것을 습득하고 이를 기억 속에 저장해두어야 한다는 가정이야말로 학습자의 지적 발전을 무력화시킨다고 보았다.

도 그러한 교육과정의 구조 자체는 어딘가에서 주어져야 하는 것이다.

3) 사회 이슈를 중심에 두기

교육과정의 목표가 학생들로 하여금 중요한 사회 이슈에 대해 숙의를 통해 식견을 갖춘 행위를 할 수 있게 하는 것이라면, 학생들은 이를 직접적으로 가능하게 해주는 지식에 마주해야 한다. 즉, 교육과정은 일군의 제한된 이슈를 중심에 두어야 하고, 교육과정의 실체적 지식은 학생들이 그러한 이슈를 해결하려면 어떻게 행위해야 할지 숙의할 수 있게끔 구조화되어야 한다. 가령, 학생들이 적절한 주택을 어떻게 공급할지에 대해 숙의한다면, 그 내용은 주택 공급과 관련되어 있어야 한다. 또한, 학생들이 기후변화에 어떻게 대응할지 숙의한다면, 그 내용은 그러한 기후변화와 관련되어 있어야 한다. 더욱이, 교육과정은 학생들이 그러한 주제를 의미 있게 숙의하는 데 필요한 깊이 있고 복합적인 지식을 제공해야 한다. 주택 공급이나 기후변화에 관한 몇몇 짧은 수업만 가지고는 노력이 낭비되기만 할 것이다. 왜냐하면 학생들이 그러한 이슈를 의미 있게 고민해보는 데 필요한 정도의 이해 수준을 갖추기 어려울 것이기 때문이다. 최악의 경우, 학생들은 잘못된 개념을 가지게 되거나 잘못된 정보에 기반한 결론으로 빠질 수 있으며, 행위하는 데 있어서 스스로 무기력하다는 느낌만을 갖고 수업을 마무리할 수도 있다.

그러나 깊이 있고 복합적인 지식 그 자체가 궁극적인 목적은 아니다. 더 나아가 지식은 숙의를 가능하게 하는 방식으로 구조화되어야 한다. 6장과 7장, 8장에 걸쳐, 우리는 체계적으로 내용을 선정하기 위한 세 가지 가이드라인을 제시할 것이다. 간단히만 언급해보면 다음과 같다. 우선 학생들은 사람들의 삶의 구체적인 상황에 대한 정보를 접해야 한다. 그래야만 사람들에게 영향을 미치는 사회 이슈를 해결하기 위한 행위를 하는 것이 왜 중요한지 이해할 수 있다(6장). 또한 학생들은 자기 자신과는 다른 관점과도 씨름해보아야 한다. 그래야만 사람들이 자신의 요구를 어떻게 정의하는지 이해하고, 다른 상황에서 생산된 지식에 대한 통찰력을 얻게 되며, 스스로의 가치와 가정에 대하여 보다 확장된 입장을 계발하게 된다(7장). 그리고 학생들은 사회 이슈의 원인, 이를 해결하고자 취했던 각종 조치들의 결과에 관한 증거를 고려해야 하고, 이와 더불어 해결책을 마련하고자 본인 스스로 취할 수 있는 다양한 행위의 효과성에 대해서도 생각해볼 수 있어야 한다(8장). 이러한 지식의 세부적인 내용은 다양한 원천에서 오겠지만, 그러한 원천이 교육과정의 구조를 결정하는 것은 아니다. 그 구조는 숙의가 요구하는 바에서 나오며, 우리는 이것이 앞서 언급한 세 가지 가이드라인에 제시되어 있다고 생각한다.

　사회 이슈를 교육과정의 중심에 두고 이를 깊이 있게 학습하기 위해서는 우선순위를 정해야 한다. 즉, 교육자들은 학생들이 이슈를 의미 있게 다루는 데 필요한 깊이를 고려하여 수업에서 다루어질 수 있는 한정된 수의 이슈를 선택해야 한다. 일부 지역에서는 사회교육과 시민교육을 공부할 수 있는 시간이 고작 일주일에 한 시간밖에 없는 경우도 있다(때로는 학교생활의 일부 시간 동안만 접해보는 것이 전부이기도 하다). 이러한 상황에서는 학생들이 1년에 3~4개의 주제만 검토할 수 있을 것이다. 더 많은 시간을 할애하는 것이 가능한 곳에서도, 학생들은 아마 8~10개 정도의 주제만을 공부할 수 있을 것이다. 이런 방식으로 교육과정을 제한하는 것은 교육자들이 소중하게 여기는(그리고 전통적으로 요구되는 것처럼 보이는) 내용의 상당 부분을 제외시켜야 한다는 것을 의미한다. 그러나 이러한 제안은 숙의를 통해 식견을 갖춘 행위를 실천하게 하는 것이 교육과정 내용을 이끄는 목표여야 한다는 우리의 주장에서 나온 것이다. 충분한 깊이도 없으면서 더 많은 주제를 훑거나, 사회 이슈를 숙의하는 것과 직접적으로 관련되어 있지도 않은 내용을 포함하는 것은 헛수고가 될 것이다.

교육과정이 그렇게 몇 개 안 되는 이슈들을 다루게 되면, 그 각각은 신중하게 선택되어야 한다. 학생들은 미미하거나 중요하지 않은 이슈에 시간을 낭비할 것이 아니라, 사회가 직면한 가장 중요한 이슈를 다루는 법을 배워야 한다. 이와 같이 현재적 관련성을 중심에 두는 접근법에 대한 일반적인 반대 논리는 미래에는 어떤 이슈가 중요할 것인지 예측하기 어렵고, 따라서 학생들이 몇 개 안 되는 주제에만 노출되는 것은 근시안적이라는 주장이다. 이러한 주장은 개별 이슈를 고려하지 않고 종합적인 내용을 가르치는 것을 정당화하기 위해 활용되곤 한다. 그래야 학생들이 미래에 마주하게 될 어떤 사안에서든 배운 내용을 유연하게 사용할 수 있다는 것이다. 우리는 이미 그러한 접근법이 효과적이라는 증거가 없다고 말한 바 있다. 그럼에도 불구하고 보다 중요하게 생각해야 할 지점이 있다. 그것은 바로 그러한 미래의 중요한 사안이 예측불가능하다고 말하는 것은 분명 사실이 아니라는 것이다. 실상 10년, 20년, 50년, 심지어 100년 후에도 중요하게 다루어질 것이 틀림없는 사회 이슈를 식별하는 것은 매우 쉬운 일이다. 왜냐하면 이러한 이슈는 오늘날에도 마찬가지로 중요한 이슈이며, 역사를 통틀어서도 늘 중요했던 이슈이기 때문이다.

- 일부 사람들은 타인을 착취하거나 억압하며 소외시키려고—종종 인종이나 민족, 젠더, 국적에 기반하여— 할 것이다. 그리고 다른 일부 사람들은 이를 막으려고 할 것이다.
- 일부 사람들은 국경 내에서, 혹은 국경을 넘어 이동할 것이고, 다

른 일부 사람들은 그러한 이동을 막으려 하거나 또는 이주민들이 이동할 수 있게 하려고 할 것이다.

- 일부 사람들은 충분한 생활수준을 누릴 수 없거나 다른 사회적·경제적 권리를 박탈당할 것이다. 또 일부 사람들은—정부 내에서나 바깥에서, 혹은 정부에 반대하며— 이 사람들의 요구를 충족시키고 빈곤과 불평등의 원천을 제거하고자 할 것이다. 그리고 다른 일부 사람들은 이러한 노력을 방해할 것이다.

- 자연환경은 변화할 것이고—때로는 인간 행위의 결과로 인한 것일 수도 있고 때로는 아닐 수도 있다— 사람들은 이러한 변화에 적응하려고 하거나 그 영향력을 줄여보려고 할 것이다. 일부 사람들은 인간이 환경에 미치는 영향을 줄이고자 할 것이고, 다른 일부 사람들은 이에 반대할 것이다.

이러한 이슈는 빠른 시간 내 언젠가 사라질 이슈가 아니며, 학생들은 평생에 걸쳐 이러한 이슈에 관한 행위를 할 필요가 있을 것이다. 물론 이러한 이슈에 관한 개별적인 예시는 시간이 지나면서 바뀔 것이다. 오늘날에도 개별적인 예시의 중요성은 상황에 따라 차이가 있는 것처럼 말이다. 가령, 2020년대를 살아가는 미국 학생들은 분명 경찰의 잔인함에 대항하여 어떠한 행위를 할 것인지에 관해 숙의해야 하지만, 다른 시기나 다른 장소에서는 다른 형태의 제도화된 억압이 더 중요할 것이다. 또한 어떤 상황에서는 깨끗한 물을 공급하는 문제가 가장 절박한 환경 이슈일 수 있고, 다른 상황에서는 자원 고갈이나 해수면 상승 문제가 더 중요할 수 있다. 즉, 지역적 관련성에 기반하여 학생들이 고려하는 특정한 예시는 다양하겠지만, 각각은 더 광범위한 이슈에 관한 사례 학습으로 기능해야 한다. 교육과정으로서 적용 가능성을 높이기 위해 교육과정 가이드라인은 학생들이 공부할 특정한 **예시**를 규정할 것이 아닌, 학생들이 어떻게 개별적인 **이슈**와 씨름하도록 할 것인지에 관한, 그리고 이러한 이슈를 공부하기 위해 필요한 지식의 **종류**에 관한 지침을 제공해야 한다.

결론

사회교육과 시민교육 교육과정은 학생들이 숙의를 통해 식견을 갖춘 행위를 실천해보는 데 입문할 수 있도록 설계되어야 한다. 이를 위해서는 실천에 참여하는 의미 있으면서도 진정한 기회가 필요하다. 학생들이 훗날 언젠가는 참여할 것이라 상상하며, 그 언젠가 유용할 수 있는 내용 일체를 통달해야 한다고 단순히 요구하는 것이 되어서는 안 된다는 말이다. 가치와 태도가 이러한 실천에서 없어서는 안 되지만, 이를 적용하는 문제는 개별적인 이슈에 관한 실체적 지식에 달려 있다. 그러나 교육과정을 위한 과업은 지식 습득을 촉진하는 것이 아니라(심지어 적극적인 페다고지적 전략을 통한다 하더라도), 학생들이 사회 이슈에 관하여 사회적 환경 곳곳에 분산되어 있는 지식을 **활용하는** 데 참여하도록 만드는 것이다. 또한 학생들이 숙의에 필요한 정보에 접근할 수 있도록 돕기 위해서는 가능한 모든 내용 지식들을 끝없이 열어놓고 포함시킬 것이 아니라 구체적인 내용 지식들을 선정하는 구조를 만들 필요가 있다. 비록 이러한 내용 중 일부는 분과 학문에서 나오겠지만, 그러한 학문이 교육과정 구조를 안내할 수는 없다. 이는 숙의를 통해 식견을 갖춘 행위 그 자체의 요구로부터만 나올 수 있다. 이후 장에서 더 깊이 논의하겠지만, 이러한 실천은 사회 이슈가 사람들의 삶에 어떻게 영향을 미치는 지에 관한 지식, 이러한 이슈를 둘러싼 사람들의 관점에 관한 지식, 사회 이 슈의 원인 및 이를 해결하기 위해 취할 수 있는 행위의 결과에 관한 지식을 요구한다. 이러한 상세하고도 복합적인 지식과 씨름하는 것은 시간이 걸리 는 일이다. 따라서 이를 위해 교육과정은 학생들이 깊이 있게 고려할 수 있 도록 하는 몇몇의 이슈에 초점을 맞추는 것이 중요하다. 물론 이러한 이슈들 은 그것이 시대와 장소를 가로질러 지속적으로 적합한가를 중심으로 선택 되어야 할 것이다.

6장

이타심 확장하기

정의와 조화에 관한 숙의에 참여하기 위해—다시 말해, "우리는 어떻게 정의롭게 함께 살아갈 수 있을까?"라는 물음에 답하기 위해(Parker, 2003, p. 20)— 학생들은 기꺼이 이타적으로 행위하려고 해야 한다. 즉, 학생들은 시간, 에너지, 자원을 쏟으면서 타인이 필요로 하는 것에 대해 고려하며 자신의 결론으로 나아가야 한다. 동서양 철학자들이 오랫동안 주장해 왔듯이, 그리고 최근 인지 이론 및 관련 연구들이 확인시켜 주듯이, 이타심은 동정심과 감정이입이라는 인간의 타고난 감정에 깊이 뿌리 내리고 있다. 그러나 이러한 타고난 감정은 제한적이고 또 부분적인 것으로, 맹자는 이를 그저 "단초" 혹은 "싹"(端)이라고 지칭했다(『맹자』, 「공손추」 상, 6장; Van Norden, 2017). 따라서 교육자들은 이러한 이타심의 싹을 길러주어, 학생들로부터 멀리 떨어져 있는 것처럼 보이는 사람들과 이슈에 이르기까지 이것이 확장될 수 있도록 할 책임이 있다. 그렇지 않으면, 숙의를 통해 식견을 갖춘 행위는 불가능할 것이기 때문이다. 이런 방식으로 이타심을 확장하기 위해서는 세세하게 고안된 내용이 필요하다. 그것은 타인의 감정과 경험을 두드러질 정도로 구체적이고 실체적으로 기술하는 것이어야 한다. 물론 이것이 내용을 선정하는 데 있어서 결코 유일한 가이드라인은 아니지만 그 출발점으로서 빠져서는 안 될 것이다.

감정, 동정심, 이타심

정의와 조화를 증진시키기 위해서는 이타심, 즉 타인의 삶을 개선하기 위해 기꺼이 노력하려는 마음이 필요하다. 우리는 종종 타인의 이익을 위해 우리의 시간이나 노동, 물질적 안락함 일부를 희생해야 한다. 그리고 이와 같은 노력이 요구되는 행위가 이루어지기 위해서는 분명 이타심이 전제되어야 한다. 가령, 우리는 보편 복지를 위해 세금을 낸다. 그리고 사회봉사를 제공하거나 정치적 변화를 도모하고자 만들어진 공동체 기구에 참여한다. 또한 입법자들에게 글을 쓰고 시위에 참석하거나 타인을 설득하기 위해 애쓴다. 학생들이 숙의를 통해 도달한 결론을 이행하기를 기대한다는 것은 바로 이와 같은 방식으로 학생들 스스로가 기꺼이 이타적으로 행위할 것을 요구한다는 의미이다. 더군다나 숙의라는 행위 그 자체도 이타심을 필요로 한다. 학생들은 이러한 숙의에 의미 있게 참여하기 위해서는 필수적으로 에너지를 쏟아부어야 하며(가령, 정책 이슈를 연구하고 다양한 관점을 고려하며 증거를 평가하는 등의 일을 하면서), 자신의 이해관심에 역행하는 것처럼 보이는 정책에도 기꺼이 수용적이어야 한다(가령, 소득 재분배 같은 것). 이타심 없이는, 정의와 조화를 증진시켜 나가는 것이 불가능하며, 심지어는 이러한 이슈를 생산적으로 논의하는 것조차 불가능하다. 이타심은 토의와 행위를 위한 출발점이다.

오랫동안 동서양 철학자 모두는 공적 행위에 있어 이타심의 중요성을 인식해 왔다. 아리스토텔레스는 윤리를 이해하는 데 있어서 이타심을 중심에 두었고, 이타심을 가장 온전하고도 심원한 의미에서 다루었던 것은 아마 데이비드 흄(David Hume)과 애덤 스미스(Adam Smith)의 저작이라고 하겠다. 이 두 철학자는 이타심이, 그리고 "공감"이나 동정심에 내재되어 있는 이타심의 기초가 덕과 도덕의 토대라고 보았다(Hume, 1739/2000; A. Smith, 1759/2009). 이타심 혹은 "인정 어린 마음"(仁, "humanness")이라는 개념은 유교 철학의 핵심이기도 하다. 이는 모든 인간관계를 형성하고 인도하는 데 도움을 준다는 점에서 일반적으로 근본적인 미덕으로 간주된다(C. Li, 1994).

1) 추론에서 감정의 역할

이타심은 사회 이슈를 숙의하는 데 필수적이며, 동정심이라는 감정—타인의 환경에 마음을 쓰는 것—에 의존한다(이는 때때로, **배려**, **공감**, 심지어 **연민** 등과 같은 용어로 바뀌어 사용되기도 한다). 그러나 대부분의 사회교육과 시민교육 교육과정은 이러한 정서적 측면에는 주의를 거의 기울이지 않는다. 이는 부분적으로 정의나 도덕 그리고 정치에 관한 영향력 있는 일체의 학문적 유산들이 감정의 중요성을 경시하거나 무시해 왔던 점에서 그 이유를 찾을 수 있다. 즉, 지금까지 윤리 및 공공정책과 관련된 의사 결정은 정서와는 무관한 순수하게 "이성적인" 과정이어야 하는 것처럼 여겨져 왔다(Haidt, 2008; Krause, 2008; G. Marcus, 2002; Nussbaum, 1995; E. Thompson, 2001). 가령, 칸트나 롤스 같은 철학자들은 사람들의 욕구 혹은 감정과는 대개 연결되어 있지 않은 추상적이고 보편적인 원리에 기반한 추론 형식을 옹호했다. 마찬가지로, 한때 영향력 있었던 콜버그(Kohlberg, 1981)의 도덕 발달 이론에서도 가장 높은 단계에서 이루어지는 추론은 보편적 원리를 고수하며, 가족이나 공동체에 대한 애착과 같은 감정적인 애착을 배제한다고 보고 있다. 이러한 관점에서 보면, 감정이란 "도덕적 주체가 이성적 판단을 내리는 데 있어 반갑지 않은 침입이다. 감정은 판단과 평가, 선택을 어렵게 하는 장애물로, 이런 감정만 아니었더라면 우리는 더 합당하고 편향되지 않은 판단과 평가, 선택으로 나아갈 수 있다"(Thiele, 2006, p. 164). 이와 같은 시각에서 보면 도덕적·정치적 판단은 공평함에 따라 결정되고, 이를 위해서는 감정적 애착을 억눌러서 모든 사람들을 평등하게, 그리고 감정에 휘둘리지 않으면서 대우할 것이 요구된다(Krause, 2008).

학교 교육과정이 철학자나 심리학자의 연구에 직접적으로나 체계적으로 기반을 두는 경우가 드물기는 하지만, 그럼에도 불구하고 사회교육과 시민 교육은 공적 의사 결정에 있어 이와 유사한 시각을 고수하려는 경향이 있다. 즉, 사회교육과 시민교육에서도 공적 의사 결정은 감정적인 고려보다는 원칙을 바탕으로 한 판단에 초점을 맞추고 있다. 가령, 인권교육은 국제적 문서나 규약에 적시된 보편적 기준을 강조하고 있으며, 미국과 같은 나라의 역사 교육과정과 시민교육과정은 그 나라의 법적·헌법적 원칙의 발전, 그리고 이러한 원칙이 공적 삶에 미치는 결과를 중심으로 구성되어 있다. 전 세계 많은 곳에서, 사회교육과 시민교육은 공정하고 동등한 대인관계에서의 행동을 강조하거나 시민의 요구에 부응하는 정부 정책의 활용을 강조하거나, 그렇지 않으면 둘 다를 강조한다. 이와 같은 교육과정에서는 감정적인 고려는 거의 아무런 역할을 하지 않는다.

이러한 예시들 각각에서, 사회규범 및 공공정책에 대한 결론에 이르는 일은 적절한 윤리적·법적·헌법적 기준을 적용하는 문제가 된다. 물론 교육자들이 명백한 철학적 토대를 가지고 이러한 감정에 치우치지 않은 판단을 지향하는 것은 아닐 수 있지만, 이들은 감정이 공적 영역에서 이루어지는 신중한 추론과 관련이 없거나 아니면 이를 산만하게 하는 것이라고 생각하곤 한다. 사실 많은 교사들은 가급적 학생들이 공적 이슈를 토의하는 데 참여하는 상황을 만들지 않으려고 하는데, 그 이유는 바로 공적 이슈가 강력한 감정, 특히 국가주의나 집단 내 편견의 감정—이러한 감정은 대개 교사들이 대처할 준비가 되어 있지 않고 대처하고 싶어 하지 않는 감정들이다—을 자극하는 것을 두려워하기 때문이다(Barton & McCully, 2007; Zembilas & Kambani, 2012). 따라서 학교에서 사회 이슈를 숙의할 때는 거의 언제나 감정을 배제한다.

그러나 사람들이 이처럼 감정에 좌우되지 않는 방식으로 추론하는 경우는 드물다. 광범위한 경험적 근거 일체는 정서적 상태가 해석, 판단, 의사 결정 및 추론과 같은 고차적 인지 과정에 다양한 방식으로 영향을 미치고 있다는 것을 입증해 보이고 있으며, 이는 사회적·정치적 이슈와 관련된 주제에 대해서도 마찬가지이다(Blanchette & Richards, 2010; Brader & Marcus, 2013; Damasio, 1994; Neuman 외, 2007; Thiele, 2006). 정서적 상태가 미치는 영향은 복합적이고 또 상황에 따라 달라지지만, 대개의 경우 이는 의식적인 성찰에 앞선다. 다시 말해, 사람들은 먼저 추론하고 그 다음에 느끼는 것이 아니라, 먼저 느끼고 그 다음에 추론한다는 것이다. 예를 들어, 불안감은 때때로 미래에 부정적인 사건이 일어날 가능성에 대한 사람들의 추정치를 증가시켜 주고, 상황을 더 위협적인 것으로 해석하도록 해주며, 그러한 위험을 회피할 수 있게 한다(Branchette & Richards, 2010). 그러나 정치적 의사 결정에 있어서 불안은(두려움이 아닌) 사람들로 하여금 자신들의 판단에 대해 더 개방된 마음을 가질 수 있게 하고, 자신들의 판단을 숙의할 수 있도록 하며, 확증 편향을 줄이고 관련 정보를 더 많이 찾아보게 만든다(Brader & Marcus, 2013). 대개 사회 이슈와 관련하여, 감정은 더 견고하고 더 논리적인 결정에 이르게 한다(Blanchette & Caparos, 2013; Imordino-Yang & Damasio, 2007). 수많은 연구에 따르면, 개인의 경험에 뿌리를 둔 강렬한 감정은 사람들로 하여금 자신의 경험과 관련된 내용에 대해 보다 논리적으로 추론할 수 있게 하고, 또한 과업의 피상적인 측면으로 주의가 분산되지 않도록 해준다. 블랜솃과 리처드 (Blanchette & Richards, 2010)는 이러한 연구를 검토하면서, 사람들은 감정 적 각성을 상황이 중요하다는 신호로 해석할 것이고, 따라서 이들은 "문제를 신중하게 충분히 생각할 수 있도록 하는 인지적 자원을 동원하게" 된다고 보 았다(p. 587). 따라서 감정은 일부 철학자들이 생각하는 방식처럼 단순히 무 시될 수 있는 것이 아니다. 씨얼(Thiele, 2006)이 지적한 것처럼, "감정 상태 를 인정하지 않고 이를 억누르면 자신도 모르게 감정 상태의 노예가 된다"(p. 189).

교육자들은 감정이 판단에 영향을 미치는 다양한 방식을 이해함으로써 도 움을 얻을 수 있고, 교육과정에서 감정의 가장 중요한 역할은 학생들이 사회 이슈에 대해 숙의하는 데 참여하도록 동기를 부여한다는 것이다. 숙의는 원 하는 세상을 어떻게 이룰 것인지 생각해보는 것을 의미하고, 이는 필연적으 로 어떤 것—그것이 재산이든, 가족이든, 친구든, 환경이든, 자유든, 물질적 현실 이든, 추상적 이상이든—에 대해 **마음을 쓰는** 것과 관련되어 있다. 이러한 바람 이 없으면(혹은 흄이 "열정"이라고 불렀던 것이 없으면), 숙의할 만한 것은 아무 것도 없을 것이다. 즉, 세상이 어떠해야 하는가에 대해 논의할 때, 우리는 우 리가 마음을 쓰는 것들에 초점을 맞춘다(Krause, 2008). 따라서 감정은 숙의 에 기반한 추론에서 중대한 역할을 한다. 씨얼(Thiele, 2006)은 정서와 추론 에 관한 연구를 요약하면서, "도덕적·정치적 사안에 대한 이성적인 판단은 감정 없이 일어날 수 없다. 정서는 이성이 땅을 박차고 올라올 수 있게 하고 이성이 계속해서 기능하도록 지시한다"라고 했다(p. 166).

감정적 애착은 행위에 동기를 부여하는 데 특별한 중요성을 지닌다. 왜냐 하면 숙의란 이상적인 상태의 세계에 관해 궁리하는 것이 아니라 그러한 세상을 이루기 위해 무엇이 **행해져야** 하는지 결정하는 것이기 때문이다. 이러한 행위는 추상적인 추론에만 달려 있는 것이 아니다. 왜냐하면 추론만으로는 행위에 동기를 부여할 수 없고, 혹은 우리가 살면서 동의하는 규범을 확립할 수 없기 때문이다. 즉, 숙의에 관하여 과도하게 이성주의적인 패러다임은 하버마스(Habermas, 1998)가 일컬었던 "동기 부여 결핍"으로 인해 어려움에 처하게 된다(p. 35; 또한 Haidt, 2001; Nussbaum, 1995를 보라). 반면, 감정적 각성은 시위나 사회운동과 같은 집단 행위에 참여할 때처럼, 사람들이 정치에 더 몰입할 수 있게 만들어 준다(Brader & G. Marcus, 2013). 이와 관련하여 씨얼(Thiele, 2006)은 다음과 같이 주장했다.

> 아리스토텔레스가 주장한 바와 같이, 이성은 그 자체로는 아무것도 할 수 없다. 행위를 유도하기 위해, 이성은 욕구와 결합되어야 한다. 판단은 행위에 앞서고 행위에 식견을 불어넣어 주며, 이는 그 동력이 되는 힘과 유지시켜 주는 힘을 감정 속에서 발견하게 된다. 이성을 사용하도록 자극하고 이성의 능력을 동원하고 지휘하며 이성의 명령을 실행하기 위해, 이성은 감정을 필요로 한다(p. 176).

즉, 숙의를 통해 식견을 갖춘 행위를 하기 위해 우리는 애착을 가지고 있어야 한다. "합리적" 결론이 어떤 것이든 간에 그것을 끝까지 해내도록 하는 것은 애착이기 때문이다(Blackburn, 1998; Krause, 2008; Williams, 1981).

2) 동정심: 이타심의 토대

우리가 타인의 요구—이것이 바로 공적 숙의에서의 주된 관심이다—를 충족시키기 위해 필요한 이타심을 어떻게 끌어내고 계발할 것인지를 고민할 때 동정심이라는 감정이 특히 중요하다. 만약 사람들의 정서적 관심이 개인적 이해관심이나 특이한 욕구로만 제한되면 이타심을 가지는 것은 불가능할 것이다. 즉, 어떤 한 공중의 일원이 된다는 것은 정확하게 말하면 자신보다 더 큰 공중에 이익이 되는 결정을 내리기 위해 자신 또는 심지어 가족이나 친구들까지도 초월하는 것을 의미한다(Parker, 2003). 또한 이처럼 자기 자신을 초월하는 것은 감정과 무관한 추론이 아니라 정확히 감정의 토대에서 이루어지는 것이다. 맹자는 이타심은 보편적인 행위 규칙을 이성적으로 받아들이는 것에서 비롯되는 것이 아니라고 주장한다. 왜냐하면 보편적인 행위 규칙에 따라 행위하지 않더라도 그러한 규칙들을 받아들이는 것이 가능하기 때문이다(Nivison, 1996). 이는 현대 경험 연구를 통해 확인된 주장이기도 하다(Haidt, 2001). 마찬가지로, 로티(Rorty, 1993)는 보편적인 인간 본성이라는 개념의 호소력만 가지고 타인을 공정하게 대우해야 한다는 동기를 얻을 수 있는 사람은 거의 없다고 주장했다. 왜냐하면 그러한 보편적 인간 본성이 지시하는 명령을 무시하거나, 극단적으로는 타인을 참으로 인간답지 않다고 배제하는 것은 너무나 쉬운 일이기 때문이다. 이것이 바로 차별, 폭력, 인권 유린, 심지어는 대량 학살 같은 것들이 그렇게 흔하게 일어나는 이유이다.

동정심이 인간 본성에 깊이 뿌리박혀 있다고 생각하는 데는 타당한 이유가 있다. 분명, 감정이입—타인의 감정을 이해하고 심지어 이를 공유할 수 있는 능력—은 선천적이고(de Waal, 2009; E. Thompson, 2001), 감정이입은 종종 동정심에 "원료"를 공급하곤 한다. 타인의 감정을 인식할 수 있는 능력을 갖춤으로써 사람들은 주어진 상황에서 타인의 복지가 위기에 처해 있다는 것을 알 수 있다(Thiele, 2006, p. 184). 감정이입이 자동적으로 동정심으로 이어지는 것은 아니지만—감정이입은 우리가 스스로를 보호하기 위해 고통을 외면하게 만들 수도 있다(Bloom, 2016)— 타인의 복지에 마음을 쓰는 것 또한 선천적인 것으로 보인다. 맹자는 모든 사람들이 친족, 다른 사람들, 인간이 아닌 동물들에게까지 동정심을 느낀다고 보았다(Tu, 1985; Van Norden, 2009, 2017; Wong, 1991). 우물에 빠질 것 같은 아이를 보았을 때 사람이 느끼는 자연스러운 고통과 놀람에 관한 맹자의 예시는 타인의 고통에 민감한 이러한 마음의 원리에 대해 보여준다(『맹자』,「공손추」상, 6장), 이것이 바로 "참을 수 없는 마음"(不忍人之心, "an unbearing heart")이다(Tu, 1985, p. 101). 2천 년 뒤 애덤 스미스(Adam Smith, 1759/2000)도 같은 주장을 했다. 그는 다음과 같이 말하며, 『도덕감정론』을 시작하고 있다.

> 인간이 아무리 이기적인 존재라 하더라도, 그 천성에는 분명히 이와 상반되는 몇 가지가 존재한다. 이 천성으로 인해 인간은 타인의 운명에 관심을 가지게 되며, 단지 그것을 바라보는 즐거움 밖에는 아무것도 얻을 수 없다고 하더라도 타인의 행복을 필요로 한다(p. 13).

인지 심리학 및 이와 관련된 분야의 현대 이론과 연구는 이 철학자들이 옳았음을 시사한다. 타인의 복지에 대한 관심은 인간 심리의 근본적인 요소이다. 이는 생존을 위한 진화라는 도전에 반응한 결과로써 상호 원조가 중요하다는 인식에 뿌리를 두고 있다(Batson, 1991; Green, 2013; Haidt, 2008). 이와 관련된 연구 또한 학생들의 역사 이해와 공적 행위에 대한 마음가짐에 있어서 동정심이 핵심적으로 중요한 역할을 한다고 보면서, 비슷한 지적을 하고 있다. 즉, 역사에 대한 흥미, 과거에 벌어진 사건에 대한 도덕적 판단, 당장 여기서 행위로 옮기려는 동기 등, 모든 것은 타인의 감정에 대한 관심과 밀접하게 관련되어 있다는 것이다(Barton & Levstik, 2004). 씨얼(Thiele, 2006)이 말했듯이, "감정은 고통을 문제가 되는 부정적인 어떤 것으로 보게 만든다. 마치 행복을 충성해야 하는 어떤 것으로 보게 만드는 것처럼 말이다"(p. 183).

그리고 이러한 동정심에서 우러난 관심이 타고난 것이듯, 여기서 나온 이타적인 행위 또한 타고난 것이다. 즉, 우리가 타인에게 마음을 써야만, 우리는 사람들이 즐거움을 누리고 고통을 회피할 수 있게 하는 행위를 하도록 동기를 부여받는다(Blackburn, 1998; Haidt, 2001). 맹자는 모든 사람들은 이타심(仁, benevolence)을 타고났다고 주장했고―의(義, righteousness), 예(禮, propriety), 지(智, wisdom) 역시 마찬가지로 타고난 것이다― 또한 이타적이게 된다는 것은 단순히 동정심을 **느끼는 것**, 그 이상을 의미한다고 주장했다. 이것이 의미하는 바는 타인의 고통을 인식하고 이에 따라 행위한다는 것, 그리하여 감정, 사고·추론, 행동이 모여 통합된 전체를 이룬다는 것이다(Van Norden, 2017). 맹자는 동정심이 이타적인 행위를 **옳은 것으로 보이게** 만들고, 이타적 행위를 이행하는 것을 자연스러운 것으로 보이게 만든다고 했다(Nivison, 1996). 마찬가지로, 길리건(Gilligan, 1987)은 인간은 도덕적 주체로서 타인의 요구를 인식하는 것뿐만 아니라 그 인식에 따라 행위하는 데 관심이 있다고 주장했다. 따라서 길리건(Gilligan, 1987)은 "배려 관점" 내에서 기본이 되는 도덕적 물음은 "어떻게 반응할 것인가?"라고 했다(p. 23).

초등학교에서의 시민적 실천에 관한 후버(Hauver, 2019)의 연구는 이러한 가이드라인의 실제 적용 가능성을 보여준다. 후버(Hauver, 2019)는 학생들이 당면한 이슈에 대해 마음을 쓸 때에만 시민적 숙의에 기꺼이 참여하려고 한다는 것을 발견했다. 즉, 어떤 것이 불공정하고, 그것이 자기 자신이나 혹은 자신들이 마음을 쓰고 있는 사람들에게 영향을 준다고 인식한 학생들만이 토의에 적극적으로 참여하려고 했다는 것이다. 더욱이, 토의에 참여했던 학생들을 보면, 타인을 향한 감정이입이야말로 행위를 지속하고 행위로 옮기려는 자발성에 대한 가장 강력한 예측 요인이었다. 그래서 학생들이 타인을 향한 애착이 강하면 강할수록 그들의 헌신은 더욱 늘어났다. 학생들에게 있어서, 시민으로서의 마음가짐과 숙의를 통해 내려진 결정은 그저 추상적인 것이 아니었다(물론, 체계적이고 추상적인 추론이 포함되어 있기는 하지만 말이다). 오히려 그러한 마음과 결정은 자신들이 마음을 쓰는 사람들을 향한 개인적 책임 의식과 연동되어 있었다. 학생들을 자기중심적이지 않게 하고, 또 타인의 요구에 집중할 수 있게 해준 것은 바로 서로 연결되어 있다고 느끼는 학생들의 감정이었다. 물론 후버(Hauver, 2019)가 지적하는 것처럼, 행위로 옮기려는 능력은 권력 관계에 의해 제한되고, 시민으로서의 행위를 하는 데 참여하는 것은 그러한 행위와 관련된 위험을 어떻게 판단하는지에 달려 있다. 그러나 동정심에서 나오는 마음가짐이 없으면, 이러한 판단은 애초부터 내려지지도 않을 것이다.

교육과정을 통해 이타심 확장하기

분명 동정심은 본능적이지만 그렇다고 해서 이것이 보편적인 것은 아니다. 사실 동정심은 늘 부족하게 공급되는 것처럼 보인다. 왜냐하면 우리의 본능적인, 동정심에서 우러난 반응은 가장 최소한의 방식으로 시작되며, 또한 흄과 맹자에 따르면 이러한 반응은 처음에는 우리와 가장 가까운 사람들에게만 특별하게 나타나는 것이기 때문이다. 우리는 보통 이웃보다는 가족을, 낯선 사람들보다는 이웃을, 우리 집단이 아닌 사람들보다는 우리 집단의 일원이라고 생각하는 사람들에게 더 마음을 쓴다(Green, 2013; Krause, 2008;

Thompson, 2001). 가령, 수많은 연구에 따르면, 사람들은 외부자로 인식하는 사람들보다는 자기 자신과 동일시하는 사람들을 향해 보다 이타적으로 행위하려고 한다(가령, Davidio 외, 1991; M. Levine 외, 2005a; Stürmer 외, 2006). 온전히 이타적이 되기 위해서는, 이처럼 한쪽에 치우쳐 있는 특수한 관심은 보다 멀리 확장될 수 있도록 계발되어야 한다. 웡(Wong, 1991)은 "타고난, 동정심에서 우러난 충동은" 맹자가 보는 "완전한 의미에서의 동정심은 아니다"라고 언급했다(p. 35). 이 때문에 맹자는 덕이 있는 성향을 그저 "단초" 혹은 "싹"이라고 지칭하며, 이런 것들이 완전한 성숙에 도달하기 위해서는 육성되고 길러져야 한다고 보았다(『맹자』, 「공손추」 상, 6장; Van Norden, 2017).

더욱 온전히 이타적이게 된다는 것은 동정심이 가장 자연스럽게 발생하게 되는 상황과 맥락, 대상을 넘어서까지 동정심을 확장하고, 또 이러한 확장된 동정심에 기초하여 행위하는 것을 의미한다. 이러한 관점은 현대 인지 이론과도 일치하다. 현대 인지 이론에서는, 도덕적 판단이 "몇 개의 타고난 도덕적 직관을 활용하여 표현되는 거칠고 포괄적인 판단에서부터, 매우 정교화되고 차별화된 인식과 신념, 감정적 반응, 판단으로까지" 나아가는 발달상의 궤적을 보인다고 여긴다(Haidt & Joseph, 2008, p. 389). 비록 사람들은 자신이 동일시하는 사람들에게 가장 마음을 쓰는 경향이 있지만, 적절한 상황하에서는 이러한 동일시의 경계가 확장될 수 있다(Batson 외, 1997; A. Sen, 2006; Vescio 외, 2003). 다른 유학자들과 마찬가지로, 맹자는 이러한 발달이 학습과 반성을 필요로 한다고 생각했다. 사회화와 교육을 통해—이는 고전 텍스트와 스승이 안내하는 것이다— 사람들은 그들의 최초의, 하지만 비일관적인 동정심의 감정들을, 즉각적으로 유사성이 드러나지 않는 상황으로까지 확장하는 것을 배워 나간다(Van Norden, 2017).

맹자가 주장하는 바와 같이, 이타적인 사람이라면 "타인의 고통에 아파하고 타인의 행복에서 기쁨을 느낀다"(Van Norden, 2009, p. xxviii). 그렇다면 동정심에 관한 내용을 선정하는 첫 번째 가이드라인은 학생들이 다른 사람들의 구체적인 상황을 이해하도록 도와야 한다는 것이다. 맹자는 감정의 확장은 누군가 이미 동정심을 느끼고 있는 맥락과 더 멀리 떨어져 있는 맥락 사이에서의 유사성을 발견하는 문제에 관한 것이라고 했다(Van Norden, 2017). 즉, 일단 이러한 유사성이 인식되고 나면 사람들이 이타적인 태도로 행위하지 않을 수 없다는 것이다. 공자 역시, 이타심의 기초는 가장 가까운 것으로부터 더 멀리 있는 것으로 유추해 나가는 데 있다고 했다(『논어』, 「옹야」, 30장). 이를 위해서는 자신의 경험과 동떨어진 상황에 대한 지식이 요구된다. 흄이 생각했던 것처럼, 타인의 상황에 대해 알고 있어야만 비로소 우리는 다른 사람들의 감정에 대한 관심을 키워나갈 수 있다(Krause, 2008).

1) 지식의 중요성

동서양 철학자들이 정교화 해 왔던 주장들은 교육과정에서 지식이 가지는 핵심적 중요성을 보여준다. 교육과정 내용은 학생들이 타인의 상황에 대한 지식과 씨름해보도록 해야 한다. 왜냐하면 이러한 지식이 없으면 학생들의 이타심은 공간적으로나 사회적 지위나 정체성의 측면에서나 자신들과 가까이 있는 사람들에게로만 국한될 가능성이 높기 때문이다. 가령, 후버(Hauver, 2019)는 시민으로서 숙의하는 동안 아이들의 감정이입 능력은 자신들이 직접 관련되어 있거나 직접 목격한 적이 있는 상황과 유사한 상황—식량 불안이나 집단 따돌림 같은 상황—에 대한 경험치에 달려 있다는 것을 발견했다. 이런 점에서 생각해보면, 학생들이 이타적으로 행위하기 위해서는 자신이 경험해온 것보다 더 광범위한 상황에 대해 이해할 필요가 있다. 그리고 이것이 교육과정 내용의 한 가지 목적이다.

　학생들이 타인의 상황을 이해하도록 하는 원리는 지식과 감정 사이의 복합적인 관계를 반영하고 있다. 비록 감정은 직관적이고, 또 많은 경우 의식적인 숙고보다 앞서지만, 감정이 더욱 멀리 있는 사람들에게까지 적용될 수 있도록 이를 계발하기 위해서는 지식이 필요하다. 즉, 타인이 세상을 어떻게 경험하는지 알게 되면, 사람의 타고난 감정적 반응이 확장될 수 있다. 지식이 동정심을 **만들어내지는** 않지만(혹은 지식이 동정심에서 나오는 이타적인 행위를 만들어 내지는 않지만), 지식은 사람들이 새로운 사람과 상황으로까지 동정심을 확장할 **수 있게 해준다.** 사람들은 스스로가 이타적으로 행위할 것인지 행위하지 않을 것인지 자유롭게 선택할 수 있고, 타인의 고통에 대해 알면서도 이에 대한 아무런 행위를 취하지 않는 사람들도 분명 존재한다(Bloom, 2016). 그러나 지식이 없으면 이러한 선택 자체가 불가능하다. 즉, 사람들은 타인—어떤 식으로든 본인들과 거리가 있을 수 있는 타인—의 감정과 경험에 대해 어느 정도의 통찰력을 가질 때에만, 타인의 요구와 이러한 요구에 대해 어떻게 행위할 것인지 진지하게 고려하려는 동기를 부여받을 수 있고 또 자신들의 동정심을 확장해 갈 수 있을 것이다. 따라서 교육과정은 지식과 감정을 구분하기보다(그리고 감정을 소홀히 취급하기보다), 감정적인 반응을 계발하는 데 지식이 담당하는 불가분의 역할, 그리고 지식에 따라 행위하도록 동기를 부여해주는 감정의 힘을 인정해야 한다.

　감정적 반응을 확장하기 위해 필요한 종류의 지식은 타인의 구체적이고도 실체를 가진 상황, 그리고 타인의 감정적 경험에 초점이 맞추어져 있는 지식이다. 이는 가장 공식적인 교육과정에서 발견되는 지식과는 사뭇 다른 지식이다. 다시 말해, 기존의 공식적인 교육과정에서의 지식은 법적 원칙이나 통계, 사람들을 특유의 집단으로 통칭하는 것(즉, "시민", "이민자", "소수자" 등으로 부르는 것), 그 밖의 다른 일반화 등에 대해 강조해 왔지만, 감정적 반응을 확장하기 위해 필요한 지식은 이와는 다른 지식이라는 말이다. 이러한 추상적 개념 또한 교육과정에서 중요한 역할을 하기는 하지만, 이것이 표현하는 인간의 이야기에서 멀어져 버리면 학생들이 동정심을 느끼도록 동기를 부여하지 못할 것이다. 따라서 교육과정이 사회 이슈에 대한 숙의에 학생들을 참여시키는 것을 목적으로 한다면, 이처럼 일반화된 정보가 그 **시작점**이 되어서는 안 된다. 학생들이 타인의 감정을 이해할 수 있게 하려면, 교육과정은 일반화된 정보가 아닌 감정적으로 강렬한 방식으로 타인의 현실을 전달하는 단어, 이미지, 이야기, 감각적 경험 등으로 구성된 지식과 씨름해보게 만드는데서부터 시작되어야 한다. 흄(Hume, 1793/2000)은 누군가의 행복이나 불행은 "우리에게 가까이 올 때, 그리고 생생한 색채로 드러날 때" 우리에게 영향을 미치게 된다고 했다(p. 309). 내용을 선택하기 위한 첫 번째 가이드라인으로서 우리가 얻기 위해 노력해야 하는 것이 바로 이러한 생생한 색채, 즉 사랑, 우정, 열망, 고난에 관한 이야기이다.

타인의 삶을 구체적이고 감정적으로 강렬한 방식으로 묘사하는 것은 구전 이야기, 드라마, 소설의 오랜 과업이기도 했다. 브루너(Bruner, 1986)는 살아 있는 듯한 이러한 내러티브 형식이 경험을 정리하기 위한 필수적인 방법이라고 주장했다. 누스바움(Nussbaum, 1995) 역시 문학 작품이 가진 목적은 인간의 공통적인 욕구—이는 "시간과 장소, 계급, 종교, 민족 등을 초월한다(p. 45)"—를 인식하는 것이며, 이 때문에 문학 작품은 타인의 삶에 대해 고심해보는 데 특히 적합하다고 주장했다. 또한, 풍부한 상상력을 가지고 타인—특히 불이익을 받는 사람들—의 세계로 들어가 보는 것은 공적 삶에서 필수적이라 할 수 있는 도덕적 능력에 없어서는 안 되는 것이라고 주장했다. 독자나 청자가 소설 속의 삶에 들이는 관심은 "'자신과 같은 남녀'에 대한 동정심에서 우러난 염려, 그리고 이 사람들을 괴롭히는 갈등과 좌절"과 결부되어 있다 (Nussbaum, 1995, p. 54). 그리고 사람들은 본인이나 본인이 사랑하는 사람들이 고통 받는 것처럼 타인들 역시 고통 받는다는 것을 인식할 때라야 비로소 행위하기 위해 움직일 것이다. 누스바움(Nussbaum, 1995)은 아리스토텔레스의 생각을 이어받아 다음과 같이 주장한다. 즉, 소설과 드라마라는 형식이야말로 "독자들에게서 동정심을 구성해낸다. 소설과 드라마를 통해 독자들은 타자의 고통이나 불운에 대해 강렬하게 마음을 쓰는 사람으로, 자신도 그렇게 될 수 있다는 가능성을 봄으로써 타자와 스스로를 동일시하는 사람으로 자리매김하게 된다"(p. 66). 따라서 타인의 삶이 자신의 삶과 얼마나 유사한지를 이해하는 것이야말로 이타심의 싹이 길러질 수 있도록 하는 지식의 유형에 해당한다.

사회교육과 시민교육에 있어서, 청소년들을 위한 현실주의적 소설을 비롯한 각종 문학 작품들은 타인의 삶에 대한 구체적인 지식을 학생들에게 제공하는 데 중요한 역할을 할 수 있다. 그러나 훨씬 더 중요한 것은 아마도 허구가 아닌 내러티브, 그리고 실제로 있었던 일에 관한 이야기일 것이다. 여기에는 저널리즘적 진술, 개인 내러티브, 사진이나 비디오 다큐멘터리 및 감정적으로 강렬한 방식으로 타인의 삶을 전달하는 각종 자료나 경험들이 포함될 수 있다. 추상적인 통계나 일반화와 비교해보면, 타인을 바라보고, 이 사람들의 목소리를 듣고, 다른 사람들이 작성한 글을 읽고, 이 사람들이 만들어 낸 예술 작품에 대해 고심해보며, 또 가능하다면 이 사람들과 직접 상호작용하거나 만나 봄으로써, 학생들의 동정심에서 우러난 반응은 훨씬 더 자극될 수 있다. 그 어떤 이야기라도 이는 현실을 그대로 보여주는 것이 아니라 현실에 대한 부분적이고 불완전한 구성물이겠지만, 학생들은 참여자가 스스로 제작한 이야기, 혹은 이 사람들의 말에서 직접적으로 나온, 그리고 이들의 이미지를 사용한 이야기가 타인의 상상 속에서 만들어진 작품보다 훨씬 더 강렬하다고 여길 것이다.

교육과정에의 적용: 난민

타인과 타인의 상황, 타인의 맥락으로 이타심의 감각을 확장하기 위해서는 학생들의 타고난, 동정심에서 우러난 반응을 활용하는 것이 얼마나 중요한지 보여주는 숙의 주제가 있다. 그것은 바로 국경을 넘나드는 난민 관련 공공정책 이슈에 관한 숙의이다. 인류 역사 내내, 사람들은 전쟁이나 폭력, 질병, 자연 재해 등으로 인해 고향을 버리고 다른 곳으로 이동하곤 했다. 이러한 이동으로 인해 난민을 받아들인 기존의 사회에서는 거대한 사회적·정치적·경제적·환경적 반향이 일어나게 된다. 왜냐하면 이러한 사회는 높은 수준의 문화적·언어적·종교적 다양성을 경험하게 되고, 또한 난민들의 기본적인 욕구를 충족시키고 새로 이주해 들어오는 사람들을 장·단기적으로 동화시키는—혹은 송환시키는— 문제와 관련된 정책을 발전시키려고 노력하기 때문이다. 이러한 이슈는 복합적이고 복잡하며, 그 결과 난민들의 이동은 인도주의적 활동도 불러일으켰지만 광범위한 정치적 논쟁을 불러오기도 했다. 이는 유럽이나 북아메리카 지역, 동남아시아 및 기타 여러 지역에서 확인할 수 있다. 난민과 관련된 이슈의 범위, 복합성, 중요성, 영속성을 생각해 보면, 이는 실질적으로 그 어떤 곳에서든 사회교육과 시민교육의 일부가 되어야 하는 주제이다. 이를 통해 학생들은 지역적·국가적·국제적 맥락에서 어떠한 방식으로 최선의 대응을 할 것인가에 관한 의미 있는 숙의에 참여할 준비를 할 수 있다.

그러나 대중적인 정치 담론이 분명히 보여주듯이, 많은 사람들은 난민 이슈를 이타심 없이 접근한다. 그리고 이 이슈에 대한 정보가 오로지 정부, 정치, 인구 통계, 경제에만 초점을 두고 있다면 이타심을 작동시키는 데 필수적이라 할 수 있는 동정심을 느끼게 할 동기가 거의 없는 셈이다. 더욱이 인권이나 헌법상의 권리에 대한 호소, 또는 인간의 존엄성이라는 보편적인 기준에 대한 호소로는 많은 사람들이 가지고 있는, 그들 자신의 공포와 정체성에 기반한 강한 정서적 반응을 극복하기 어렵다는 것이 자명하다. 로티(Rorty, 1993)는 자신과 다른 배경을 가진 사람들을 향한—특히 민족적 갈등의 상황에 있어서— 동정심에 내재된 보다 일반적인 문제를 언급하면서 "낯선 사람에 대하여, 나와 전혀 같지 않은 부류의 사람에 대하여, 내가 혐오스러워 하는 습관을 가진 사람에 대하여 도대체 왜 내가 마음을 써야 하는가?"라고 질문을 던진다. 그는 그러한 문제가 합리적이고 공평한 추론을 통해 답해질 수 있다는 생각을 거부한다. 또한 개인적 연결 관계나 동류 의식이 그 문제에 대한 답으로 부적절하다는 생각도 거부한다. 그 대신 로티(Rorty, 1993)는 다음과 같이 주장했다.

> 이에 대한 더 나은 종류의 대답은 다소 길고, 슬픈, 그리고 감성적인 이야기이다. 이 이야기는, "그 사람이 처한 상황이 그러하기 때문에, 즉 그 사람이 고향에서 멀리 떨어져 낯선 사람들 사이에 있는 상황에 처해 있기 때문에", "그 사람이 당신의 며느리가 될 수도 있기 때문에", 혹은 "그 사람의 어머니가 마음아파 할 것이기 때문에"라는 말로 시작한다(p. 133).

이러한 이야기에 대한 로티의 주장은 "식별 가능한 희생자 효과"라는 잘 확립된 원리에 의해 뒷받침된다. 이 원리에 의하면, 사람들은 수많은 사람들에 대한 정보보다는 한 개인의 고통에 반응할 가능성이 더 높다(Schelling, 1968; Slovic, 2010).

그렇다면 교육적 상황에서 난민 이슈와 관련된 내용은 난민들의 감정과 경험을 전달하는 말이나 이미지로부터 출발해야 한다. 이러한 말이나 이미지는 난민들이 고향을 떠나야만 했던 이유, 이들이 스스로와 자기 가족들을 향해 가지고 있었던 희망, 공포, 꿈, 이들의 여정과 새로운 터전에서의 경험 등을 살펴야 한다. 교과서를 위해 만들어진 추상적인 또는 일반론적인 난민이 아닌, 실제 경험을 가진 "생생한 색채" 속의 실제 사람들이어야만, 학생들은 난민들을 "고향에서 멀리 떨어져 낯선 사람들 사이에 있는" 개인으로 볼 수 있다. 학생들이 가진 이타심의 싹을 기르기 위해서는, 난민 부모의 자녀들을 향한 사랑, 안전에 대한 두려움, 안정된 삶과 더 밝은 미래를 제공하려는 의지에 대해 듣는 것이 필요하다. 자신들의 타고난 동정심을 확장할 수 있는 토대를 갖추지 못하면, 학생들은 공적 토의가 요구하는 이타심의 감각을 가지고 난민 이슈에 접근하기 어려울 것이다.

학생들이 이러한 내용과 씨름할 수 있게 해주는 수많은 교육 자료들이 있다. 예를 들면, 아이들과 청소년을 위한 픽션 혹은 논픽션의 책들(Nel, 2018; RefairOne, 연도 미상; Ruday-Perkovich, 2020), 뉴스 기사나 보고서, 특히 학생들을 위해 기획된 것들(가령, CBC Kids News, 2021; Joyce, 2018), 팟 캐스트 및 오디오 녹화물(Agarwal, 2021; Badr, 2020), 다큐멘터리 및 기타 비디오 제작물(Buonajuti, 2015; Roch, 2016; Taddonio, 2019), 일부 지역에서 가능한 난민과의 만남 및 인터뷰(NaTakallam, 연도 미상; Refugee Council of Australia, 2020) 등이 그러한 자료에 해당하다. 이들 자료 각각은 가족과의 분리, 난민들이 직면한 어려운 선택과 결정, 편견과 착취에 대한 경험, 신체적·감정적 트라우마와 같이 감정적으로 강렬한 주제를 담은 개인 및 집단 내 러티브를 제공할 수 있다. 동정심이라는, 학생들이 가진 자연스러운 감각은 이러한 각종 자료에 포함되어 있는 지식과 씨름할 때만 비로소 활성화될 것이다. 한편, 난민 이슈에 대한 원인 및 이에 대응하기 위한 정책 메커니즘에 관한 토의가 매우 중요하다. 그러나 이러한 토의 역시 학생들이 상정된 문제—그리고 그 문제를 해결하는 데 자신들이 할 수 있는 역할—를 심각하게 고려할 의향이 있어야만 비로소 가능해진다. 그리고 이 모든 것이 동정심에서 생겨나는 이타심에 달려 있다. 학생들이 자신들이 가진 이타심의 감각을 난민으로까지 확장하지 않은 상태라면, 이러한 정책 이슈에 대한 토의에 참여시키려 애쓰는 것은 무의미하다.

그러나 타인의 삶에 관한 풍성한 내러티브를 제공하는 것이 그저 고통의 이야기—로티가 주장한 바 있는 "길고, 슬픈, 그리고 감상적인" 이야기—를 한다는 의미만은 아니다. 슬픔은 정보를 보다 신중하고 체계적으로 처리할 수 있게 하여 추론을 촉진하는 데 특히 중요한 것으로 보인다. 블랜솃과 리처드 (Blanchette & Richards, 2010)는 부정적인 기분은 어떤 것이 잘못되었고, 이에 대처하기 위해 신중한 사고가 요구된다는 것을 알려주는 신호가 된다고 제안한다. 반면, 긍정적인 기분은 문제가 없다는 신호로, 이는 보다 피상적인 추론을 하게 한다. 그러나 난민들의 삶, 그리고 그 어떤 사회 이슈에 휩쓸린 사람들의 삶은 고통이나 트라우마로만 정의될 수 있는 것이 아니다. 사실 러브(B. Love, 2019)는 정의를 추구하기 위해서는 사랑과 기쁨에 주목할 필요가 있다고 했다. 러브(B. Love, 2019)는 미국 흑인들의 경험에 초점을 맞추면서, "고통과 트라우마의 한가운데서 기쁨을 찾는 것은 완전하게 인간이 되기 위한 싸움이다. …… 기쁨을 인정하는 것은 자신의 인간성, 창의성, 자기 결정력, 힘, 풍요롭게 사랑할 수 있는 능력을 자기 스스로 인식하는 것이다"라고 지적했다(pp. 119-120).

위에서 논의한 각종 자료들은 배려하고 보호하는 가족 관계, 난민이 가진 문화적 자산과 기여, 이들의 꿈과 희망, 개인적·정치적 행위자로서의 주체성을 강조함으로써, 인간성에 대한 보다 포괄적인 측면을 다룬다. 정의와 조화를 증진하는 것은 사람들의 존엄성과 안전이 침해당하지 않도록 보호하는 일과 관련되어 있을 뿐만 아니라, 다양한 방식으로 더 완전하고 더 즐거운 삶을 이끌어 갈 수 있도록 하는 일과 관련되어 있기도 하다. 학생들은 위험이나 잔혹한 행위에 관한 이야기를 통해서 타인을 염려하는 마음이 생길 수도 있지만, 이에 더하여 이 사람들이 자기 스스로와 가족, 공동체를 향해 가지고 있는 희망에 대해 들으면서, 그리고 이 사람들의 바람—자기 스스로를 보다 완전하게 표현하고, 함께 시간을 보내고, 타인을 돕고, 성장하고 자라며, 환경을 보호하고 싶은 등—에 대해 배우면서도 타인을 염려하는 마음이 생길 수 있다.

맥락을 고려하며 이타심 확장하기

동정심에서 우러난 반응을 통해 학생들의 이타심을 확장한다는 원칙은 현존하는 대부분의 교육과정이 급진적으로 변화해야 한다는 것을 의미한다. 이 때문에 이러한 가이드라인은 쉽게 오해되거나, 잘못된 방식으로, 혹은 심지어 의도와는 반대되는 방식으로 적용될 수 있다. 시민교육을 위한 출발점을 마련하고자 한다면, 이타심의 싹을 길러야 한다는 생각은 사회교육과 시민교육의 목적 및 다른 교육과정의 내용, 지역의 상황, 학생들의 숙의의 주제가 되는 사람들의 관점 및 행위자로서의 주체성을 염두에 두고, 이에 관한 맥락이 고려되어야 한다. 우선, 이러한 내용은 동정심이나 이타심을 **만들어내**

려는 것이 아님을 인식하는 것이 중요하다. 설사 그런 일이 가능하다 하더라도, 학교가 이러한 근본적인 미덕을 만들어 낼 것이라 기대하는 것은 너무 벅찬 과업일 것이다. 더욱이, 동서양 철학, 그리고 오늘날의 인지 이론이 옳다면 사실 이것은 필요하지조차 않은 일이다. 왜냐하면 사람들은 동정심에 대해서는 타고난 성향을 가진 것으로 보이고, 따라서 대부분의 사람들은 이타적인 방식으로 행위하지 않을 수 없을 것이기 때문이다. 우리가 강조했듯이, 교육과정의 역할은 이러한 본능을 **확장하는** 것이며 이것이 훨씬 더 현실적인 과업이다.

그러나 이타심을 확장하는 과업조차 맥락에 따라 매우 달라질 수 있다. 따라서 이 과업은 모든 상황에 적용될 세세한 지식을 위한 **처방**이 아닌, 내용을 선정하는 하나의 **가이드라인**이다. 동정심은 사회적으로 구성되는 것으로, 이는 종교나 국가, 젠더, 인종이나 민족, 개인의 경험을 포함한, 개인 및 집단의 특성이라는 범주와 밀접하게 결부되어 있다(Beauboeuf-Lafontant, 2002; Rolón-Dow, 2005; A. Thompson, 1998 참조). 이러한 차이가 교육과정에 시사점을 준다. 가령, 불교 신자가 압도적으로 많은 국가에서는 동정심이 종교와 공적 삶에서의 주된 특징이고, 따라서 이곳 학생들은 개인주의나 감정적 거리두기가 우세한 환경에 있는 학생들보다는 멀리 있는 타인과 연결고리를 만드는 일이 더 쉬울 수 있다. 반대로, 동정심이 일반적이지 않는 상황에서는 동정심에 오랜 시간과 많은 관심을 쏟을 필요가 있을 것이다. 한편, 공동체들 간 정치적 폭력이 있는 지역에서는, 다른 공동체 구성원들에게 동정심을 느끼는 학생들조차 자신들을 가로막는 문화적·사회적 힘으로 인해 다른 공동체 사람들에게까지 이타심을 확장하기 어려울 수 있다. 따라서 이러한 실제 현실이 숙의에서 중요한 역할을 해야 할 것이다.

교육과정의 일부를 차지하는 사회 이슈를 학생 자신이 직접 경험한 적이 있으면, 유사한 상황에 처해 있는 사람들에게까지 이타심을 확장하려는 노력이 거의 필요하지 않을 수 있다. 가령, 정치적 폭력으로 인해 가족들과 도망친 경험이 있는 학생들은 동정심을 가지고 이러한 이슈를 다루기 위한 보다 심화된 동기가 필요하지 않을 것이다. 왜냐하면 이 학생들은 이러한 상황이 자신들에게, 그리고 자신들이 이미 일체감을 느끼고 있는 사람들에게 어떻게 영향을 미치는지 알고 있을 것이기 때문이다. 마찬가지로, 경제적으로 발전한 국가에 살면서 공장 폐쇄로 인해 가족들이 타격을 받은 경험이 있는 학생들은 비슷한 공동체에서 이 주제가 가지는 중요성에 대해 인식할 수 있을 것이다. 그러나 이러한 학생들 집단 각각은 또 다른 주제와 관련해서는 동정심을 발전시키고 이타적으로 행위하기 위한 추가적인 지식을 필요로 할 것이다. 즉, 산업 일자리를 잃은 경험을 가진 공동체의 학생들은 이웃 지역의 유사한 공동체가 직면한 문제들을 이해하고 이에 대해 마음을 쓰겠지만, 이들이 자기 나라 국경에 머물고 있는 정치적 난민들에게까지 그러한 감정을 확장하기 위해서는 바로 그 주제에 보다 깊이 관여해볼 필요가 있다.

또한, 교육자들은 이타심을 확장한다는 원칙이 **사회 이슈와 관련하여 숙의를 통해 식견을 갖춘 행위**를 지향해야 한다는 것을 유념해야 한다. 동정심과 이타심은 그 자체가 목적이 아니다. 그리고 동정심과 이타심의 주된 역할은 학교 내에 보다 긍정적인 분위기를 조성하거나, 학생들에게 누군가를 돕는 행동(자선단체에 기부하거나 지역 자원봉사 기관에서 자발적 활동을 하는 등)을 하도록 동기를 부여하는 것도 아니다. 개인적·대인관계적 특성이 중요하기는 하지만—즉, 협동하는 것, 봉사하는 것, 자선을 베푸는 것 등이 중요하기는 하지만— 이를 행하려는 학생들의 마음가짐은 광범위한 범주로부터 영향을 받는다. 역할 모델, 가족 및 공동체의 가치, 구조적 기회 및 실제 기회, 학교의 비공식적이고 암묵적인 교육과정 등으로부터 말이다. 긍정적 가치, 관계, 공동체를 발전시켜 나가는 일이 학교교육의 매우 중요한 과업임에도 불구하고, 이렇게 하기 위해 필요한 실천과 교육과정 내용은, 학생들이 공공정책의 문제에 대해 숙의하고 이와 관련한 행위를 하도록 이끌어 줄 지식과 씨름하는 것과는 다른 성격의 과업이자 다른 범주의 과업이다.

공적 이슈에 초점을 둔다는 것은 교육과정의 또 다른 매우 중요한 특징을 강조하는 것이기도 하다. 그것은 바로 교육과정이 동정심과 이타심에 대한 일반적인 느낌이 아닌, **개별 주제**와 씨름해보는 것을 지향해야 한다는 것이다. 5장에서 설명한 것처럼, 추론은 언제나 개별적인 과업과 밀접하게 결부되어 있고, 배경 지식은 사람들이 과업을 어떻게 이해하고 과업에 어떻게 반응하는지에 있어 매우 중요한 역할을 한다. 인간의 사고가 개별 맥락에 의존한다는 특징은 시민교육의 영역에도 적용될 수 있다. 즉, 언뜻 보기에 유사해 보이는 이슈라 하더라도 사람들은 이에 대한 동정심이나 이타심에서 다른 모습을 보일 수 있다. 가령, 북아일랜드의 사례를 보면, 100년 전에 벌어진 사건을 두고서는 대안적 관점을 가지고 기꺼이 씨름해보려고 했던 학생들이 오히려 보다 최근에 벌어진 일에 대해서는 그렇게 하지 않으려고 하는 경우도 있다(McCully 외, 2002). 사회교육과 시민교육 그 자체가 모든 분야에 걸쳐 보다 공감을 잘 할 수 있는 학생(Rorty, 1993), 혹은 더 윤리적으로 세계시민적인 학생(Choo, 2018), "풍부하면서도 균형이 제대로 잡힌 감정 폭"을 가진 학생(Thiele, 2006, p. 192)을 만들어 낼 것 같지는 않다. 오히려 이 교과목이 할 수 있는 것은 학생들이 이러한 감수성을 **개별 사례**로까지 확장할 수 있도록 돕는 것이다. 비록 학생들이 타인의 고통에 관한 수업을 한차례 경험하면 어떤 새로운 주제에 대해서라도 유사한 감정을 가지고 접근하게 되겠지만, 그렇다고 해서 이타심이 주제와 집단을 가로질러 적용될 수 있는 보편적인 감정은 아니다. 학생들이 가진 이타심의 싹은 각각의 주제에 따라 새롭게 길러져야 할 것이다.

가장 중요한 것은, 학생들이 가진 동정심의 감각을 확장하는 것이 교육과정의 종착점이 아닌 단지 시작점에 불과하다는 사실일 것이다. 젬빌라스(Zembylas, 2016)는 "피상적인, 훔쳐보는 식의 접근법"의 단점에 주목했다(p. 1155). 가령, 슬픈 이야기는 타인으로 하여금 연민을 느끼도록 만들지만 고통 받는 사람들이 가진 행위자로서의 주체성을 제거하고, 고통을 야기하는 물질적·구조적 여건을 소홀히 다루게 만들어, 결국 학생들이 행위할 수 있도록 동기를 부여하는 데 실패한다. 학교에서 학생들이 마주하는 묘사는 타인들을 사물이나 캐리커처 수준으로 그려내는 묘사여서는 안 된다. 최고의 문학 창작물의 경우와 마찬가지로, 학생들은 이 사람들의 복합적인 내면세계와 이 세상에서 성찰하고 행위하는 능력을 포착해내는 묘사와 마주해야 한다(Nussbaum, 1995). 이러한 지식은 사람들의 삶과 결정이 다양한 힘—문화적, 정치적, 경제적, 환경적 힘—에 의해 어떻게 구조화되고 제약받는지를, 그리고 권력을 통해 사람들의 삶과 결정이 어떻게 만들어지고 유지되는지를 특히 중시한다.

이와 같이 구조적 힘에 초점을 두기 위해서는 구체적인 것과 추상적인 것, 그리고 개별적인 것과 일반적인 것 사이를 오고갈 필요가 있다. 문학적 형식으로 표상할 때의 이점 중 하나는, 이러한 형식이 사람들을 고립된 개인으로 다루지 않고 풍부하고 상세한 맥락 안에 위치시켜 사람들의 삶과 그들의 사회적 환경 사이의 관계에 대한 사색을 불러일으킨다는 점이다(Nussbaum, 1995). 또한, 교육과정은 이타심을 고취시키는 환경과 그러한 환경을 만들어낸 보다 광범위한 사회적 힘 사이에 어떤 연결 관계가 있는지 그려내야 한다. 이는 개별 주제를 일반적인 현상의 사례로서 다루어보는 것을 일부 포함할 것이다. 가령, 학생들이 로힝야족 난민들에 대해 배운다고 해서, 모든 사회 이슈에 대해—심지어 모든 난민 관련 이슈에 대해— 보다 더 동정심을 가지게 되는 것은 아니겠지만, 그렇다고 해도 이러한 학습이 단 하나의 개별 주민들의 상황을 이해하는 데로만 국한되어서도 안 된다. 오히려 이동과 이주의 상황이 빚어낸 물질적·감정적 결과와 같이(가령, 차별, 가족 구성원들과의 분리, 안전하지 못함, 고향으로 인식되는 곳의 부재), 어느 하나의 사례보다는 더 광범위한 사례와 관련된 통찰력을 학생들에게 제공해야 한다.

결론

사회 이슈와 관련하여 숙의를 통해 식견을 갖춘 행위에 학생들을 참여시키고자 한다면 학생들은 타인을 향한 이타심의 감각을 가지고 있어야 한다. 많은 동서양 철학자들이 오랫동안 주장해 온 것처럼, 그리고 최근 인지 이론과 관련 연구들이 뒷받침하고 있는 것처럼, 이러한 이타심은 도덕성에 대한 보편적인 규칙을 고수하는 데서 나오는 것이 아닌 동정심이라는 감정에서 비롯된다. 그러나 동정심이 인간 심리의 타고난 특성일 수는 있지만, 주어진 사례에 동정심을 적용하기 위해서는 이를 함양할 필요가 있다. 즉, 학생들은 자신들이 직면한 이슈를 이해할 수 있게 하고 그 이슈에 마음을 쓰게 하는, 사람들의 상황에 관한 구체적이고도 실체를 가진 지식과 씨름해야 한다. 이는 동정심이나 이타심을 위한 일반화된 "능력"을 계발하는 문제가 아닌, 학생들이 개별 주제와 관련하여 자신들의 반응을 **확장하도록**— 즉, 이타심의 싹을 기르도록— 돕는 문제이다. 이것이 의미하는 바는, 사회교육과 시민교육 교육과정이 학생들의 사회적·문화적 맥락, 그리고 이러한 맥락들이 교육과정의 주제와 교차하는 방법에 대해 고려해야 한다는 것이다. 더욱이, 이타심을 확장하려는 목적은 대인관계를 개선하거나 타인에게 봉사하는 데 참여하라고 학생들을 장려하는 데 있는 것이 아니라, 사회 이슈와 관련하여 숙의를 통해 식견을 갖춘 행위로 나아갈 수 있도록 하는 데 있다. 동정심과 이타심은 교육과정의 출발점이기는 하지만, 결코 이것은 교육과정의 종착점은 아니다. 7장에서 우리는 사회 이슈를 오로지 자신들만의 준거틀로 해석하는 것을 피하고자 한다면, 학생들은 자신들이 마주하는 이슈에 대해 다른 사람들이 가진 관점을 이해하고 이러한 이슈에 어떻게 반응하는지 이해할 수 있어야 한다고 주장할 것이다. 그리고 8장에서는 학생들이 사회 이슈의 원인과 이에 대처하고자 마련된 정책의 결과에 관한 지식과 씨름해야 한다는 것을, 그리고 그렇게 해야만 학생들이 취하는 행위가 현명한 행위가 될 것임을 설명하고자 한다.

7장

멀리 있는 목소리에 귀 기울이기

다른 사람들의 삶에 대한 학습은 행위에 동기를 부여하는 데 필요한 동정심과 이타심을 불러일으킬 수 있다. 이는 외부자의 이야기와 관점을 통한다 하더라도 마찬가지이다. 그러나 이러한 행위가 효과적이고 유의미하며 인정 어린 것이 되기 위해서는, 행위로부터 영향을 받는 사람들의 목소리를 통해 식견을 갖출 수 있어야 한다. 언론인이나 다른 외부자들의 경우 그들이 주목하는 주제에 아무리 공감한다고 하더라도, 그들이 만들어내는 이야기는 중요한 여러 관점을 전달하지 못할 수 있고 심지어는 사람들의 삶의 본질을 잘못 표현할 수도 있다. 후버(Hauver, 2019)가 말했듯이, 우리 자신의 렌즈로 타자의 경험을 바라보는 것은 부적절한 결과를 낳을 수 있고, 심지어 해악을 끼치는 결과까지 초래할 수 있다. 후버(Hauver, 2019)는 우리가 타인에 대해 동정심을 느낄 때 이러한 위험은 더 커질 수 있다고 주장했다. 왜냐하면 이러한 동정심으로 인해 관계를 잘못 파악하게 되고 그 결과 타인의 주관적인 경험이 흐릿해져 버리기 때문이다. 사실, 타인과 스스로를 너무 강하게 동일시하게 되면, 우리는 이 사람들도 우리 자신과 전혀 다를 바 없다고 생각하면서 이들에게 우리의 희망과 공포를 단순히 투영해버릴지도 모른다(Thiele, 2006).

따라서 내용 선정을 위한 두 번째 가이드라인이 지향하는 바는, 학생들이 센(A. Sen, 2009)이 "멀리 있는 목소리"라고 일컬었던 것과 씨름해봄으로써 자신들의 배경을 넘어서는 것이다(p. 108). 학생들은 타인의 경험뿐만 아니라 그들의 생각과 관점까지도 이해할 수 있어야 한다. 즉, 그 사람들이 직면한 이슈에 대해 그들이 말하는 것을 들어야 하며, 그들이 그러한 이슈들에 대해 행해져야 한다고 생각하는 것에 귀 기울여야 한다. 이러한 경청의 중요성은 세계의 수많은 철학적 전통에서 찾아볼 수 있으며, 특히 그 핵심은 경청이 행위에 앞서 이루어져야 한다는 것이다. 예를 들어, 스와힐리어에는 "사람은 두 개의 눈과 두 개의 귀, 그리고 한 개의 입을 가지고 있다"라는 속담이 있다. 이는 우리가 한 번 말하기 전에 두 번은 보고 두 번은 들어야 한다는 주의를 준다(Meena, 1975, p. 28). 고대 그리스인들 역시 "귀는 두 개이지만 입이 단 하나밖에 없는 이유는 우리가 더 많이 듣고 더 적게 말해야 한다는 데 있다"라는 비슷한 속담을 가지고 있었다(Laertius, 대략 250/1925, p. 135). 관세음보살의 이상에 따라 틱낫한(Thích Nhất Hạnh)의 제4계명은 다음과 같이 말한다. "생각 없이 던지는 말 그리고 타인의 말에 귀 기울이지 못하는 것으로 인해 야기되는 고통을 자각하며, 타인에게 기쁨과 행복을 주고 이들의 고통을 덜어주기 위해 사랑스럽게 말하고 깊이 있게 듣는 수양을 할 것을 맹세합니다"(Thích, 1993, p. 6). 기독교 성경 역시 "모든 사람이 남의 말을 듣는 데 있어서는 재빠르게, 말을 하는 데 있어서는 천천히, 그리고 분노하는 데 있어서도 천천히 하라"라고 훈계하고 있다(*King James Bible*, 1769/2021, James, 1:19).

대부분의 경우, 이러한 훈계는 개인적인 상호작용에 영향을 미치려는 것이다. 즉, 우리가 만나는 사람들의 관점을 이해하고 이들이 마땅히 받아야 하는 존중을 받을 수 있도록 하려면 이 사람들에게 주의 깊게 귀 기울여야 한다. 때로는, 이러한 말씀이 집단의 상황에도 적용될 수 있다. 공식적이든 혹은 비공식적이든, 공적 모임에서는 의견을 나누기 전에 주의 깊게 귀 기울이는 것이 현명한 일이다. 정치 이론가뿐만 아니라, 사회교육과 시민교육 교육자들 역시 이러한 종류의 경청―교실을 비롯한 여러 장소에서 자신과는 본질적으로 다른 경험과 관점을 가진 타인의 목소리에 세심하게 주의를 기울이는 것―에 대단히 큰 관심을 기울여 왔다(가령, Allen, 2004; Kunzman, 2006; Meadows, 2013). 우리는 오로지 깊이 있고 존중하는 듣기를 통해서만 유의미한 의사소통을 달성하고 공유된 이해로 나아갈 가능성을 희망할 수 있다.

그러나 경청은 우리가 타인과 함께하는 자리에서만 중요한 것이 아니다. 공적 이슈에 관한 행위를 하기 전에, 우리는 그 자리에 없는 사람들, 그리고 때로는 그 자리에 있을 수 없는 사람들―가령, 지구 반대편에 있는 마을 주민, 억류되어 있는 난민, 지역의 죄수―의 목소리에도 귀를 기울여야 한다. 이러한 목소리는 숙의에서 배제되곤 한다. 왜냐하면 이러한 목소리를 포함시키는 것이 실행하기 어려운 일일 뿐만 아니라, 대부분의 근대 정치철학이 "사회계약"―즉, 정의롭다고 여길 수 있는 제도를 확립하고자 같은 사회 구성원들 사이에서 맺어진 합의―이라는 가정에 근거하기 때문이다(A. Sen, 2012). 숙의 이론 역시 대개 이와 비슷한 관점을 공유한다. 교실에서든, 시민사회 기구에서든, 대의 정부체에서든 할 것 없이, 사람들은 의사 결정 집단 **내에서** 직접적으로나 간접적으로 숙의한다. 하지만 그런 경우에도 숙의는 집단 밖의 사람들까지 포함하도록 설계되어 있지는 않다.

그러나 우리의 숙의가 이러한 종류의 공적 책임을 공유하는 사람들의 범위 내에서만 이루어진다고 하더라도, 숙의의 **내용**까지 그러한 같은 집단의 생각의 범위를 벗어나지 못한다면 이는 근본적으로 한계가 있을 수밖에 없다. 애덤 스미스는 우리가 자신의 추론에 대한 비판적 견해를 취할 수 있으려면 "공평한 관망자"—즉, 우리 자신의 가치와 가정에서 벗어나 스스로에 대한 검토를 자극할 수 있는 존재—를 불러 들여야 한다고 주장했다(A. Sen, 2009, 2012). 오늘날과 같은 세계적 의사소통의 시대에는, 교실에서나 그 밖의 다른 곳에서나 이러한 관망자가 상상의 존재일 필요는 없다. 지역적 이슈나 초국가적 이슈에 대해 고려할 때, 우리는 우리의 관점과는 다른 관점을 가진 사람들의 실제 목소리에 귀를 기울일 수 있다. 센(A. Sen, 2009)의 주장처럼, 이는 우리가 "더 온전한—그리고 더 공정한— 이해에 도달할 수 있도록 도움을 줄 것이다"(p. 131).

멀리 있는 목소리의 가치

멀리 있는 목소리를 포함해야 할 필요성은 적어도 세 가지 구분되는 차원에서 제시될 수 있다. 이 각각은 사회교육과 시민교육에 있어 직접적인 시사점을 지닌다. 첫째, 우리의 결정에 의해 영향을 받는 사람들의 관점을 포함해야 한다는 윤리적 요구, 둘째, 다양한 경험을 고려함으로써 얻을 수 있는 정보의 풍부함, 셋째, 우리와 다른 가정을 가진 사람들과의 만남을 통해 만들어지는 관점의 확장이 바로 그것이다(A. Sen, 2006). 바로 이 지점에서 교육과정의 내용이 매우 중요하다. 즉, 학생들은 숙의의 일환으로, 이러한 멀리 있는 목소리로 구성된 지식과 씨름해보아야 한다. 직접 경험이 불가능할 때라면, 계획된 교육과정 내에 이러한 내용이 포함되어 있어야 한다.

1) 포용적 관심

　일부 정책은 그러한 정책에 따라 행위하는 집단 구성원들에게만 영향을 미칠 수 있다. 학생들이 만든 규칙은 한 교실의 구성원들에게만 적용되고, 공동체 기구 지도자를 선출하기 위한 절차는 그 집단 구성원들과만 관련되며, 세금 구조나 최저 임금법은 주로 특정 국가의 노동자 및 피고용인들과만 관련된다. 그러나 한 집단이 취한 행위, 그리고 그 집단에 의해 결정된 행위가 외부자들에게 영향을 미치는 경우도 있다. 예를 들어, 인도네시아가 환경에 관한 결정을 내리게 되면(가령, 기업이 임야를 개간하고 불태우는 것을 허락하는 것), 이는 인접 국가인 싱가포르와 말레이시아의 공기 수준에 즉각적이고도 부정적인 영향을 미칠 수 있다. 에티오피아에서 에너지를 공급하고 경제성장을 촉진하기 위해 댐을 건설하게 되면, 이는 수단과 이집트에 나일강 강물을 공급하는 데 영향을 미칠 수 있다. 세계적으로 더 광범위하게 영향을 미칠 수 있는 나라—가령, 미국과 같은 나라—가 환경과 경제, 안보와 관련하여 내린 결정은 전 지구상의 사람들에게 빠른 속도로 영향을 미칠 수 있다. 즉, 일견 지역이나 국가 수준으로 보이는 정책이라 하더라도 "멀리 있는" 것처럼 여겨지는 사람들에게 직접적으로 영향을 줄 수 있다. 더욱이, 가장 중요한 공적 행위의 많은 부분은 지리적으로든, 경제적으로든, 문화적으로든 의사 결정자들과 멀리 떨어져 있는 바로 그 사람들에게 영향을 미치도록 의도되어 있다. 예를 들어, 경제적으로 발전한 국가가 다른 국가에 경제적 원조를 제공하고, 스스로는 노숙을 경험해보지도 않은 사람들이 노숙 관련 이슈를 해결하고자 참여하게 된다. 이러한 각각의 상황에서 우리가 내린 결정으로부터 영향을 받게 될 모든 사람들의 관점을 고려하지 못한다면, 우리는 센(A. Sen, 2009)이 "무관심 속 배제"라 일컬었던 것에 가담하는 셈이다(p. 138).

오랫동안, 보다 큰 영향력을 미치는 상황에 있는 사람들과 그렇지 않은 사람들 간의 상호작용은 이러한 무관심 속 배제로 인한 부정적인 결과로 점철되어 왔다. 가령, 16세기 초반 유럽의 식민지 강대국들은 아메리카 대륙을 비롯한 세계 여러 지역의 사람들에게 기독교를 전파하는 것이 자신들의 의무라고 여겼다. 이러한 기독교화로 인해 토착민들은 자신의 종교를 상실하게 되었을 뿐만 아니라(비록 완전히 소멸된 것은 아니지만), 많은 경우 강제 이주해야 했고 노예가 되어야 했으며 각종 질병에 시달려야 했다. 마찬가지로, 17세기부터 20세기까지 미국과 영국 및 다른 여러 나라의 많은 사람들은 전 세계의 사회들을 기독교화하고 새로운 문화적·정치적·경제적 관행과 제도를 강요함으로써 "문명화하려는" 프로젝트에 착수했다(F. Jennings, 1975; Manjapra, 2020; Rodney, 1972; Tharoor, 2016). 20세기 초, 동아시아 및 태평양 지역의 일본 제국주의 역시 대만, 한국, 태평양 제도 등, 자신들이 보기에 덜 문명화된 것 같은 사회를 근대화시키겠다는 열망을 가지고 있었다(Peattie, 1984; Tierney, 2010).

이러한 사회의 식민주의 및 제국주의 프로젝트로 인해, 소위 "수혜자들"은 폭력, 자치권 상실, 문화적 혼란, 강제 노동, 새로운 형태의 경제적 불안을 경험해야 했고, 세계의 많은 지역들은 식민지 초기에 외세가 남긴 유산과 아직까지 싸우고 있다. 물론, 제국주의 권력의 의도는 단순히 이타적인 것이 결코 아니었고, 식민지 개척자들의 목적은 언제나 자신들이 목표물로 삼은 지역의 노동력과 자원을 착취하는 것이었다. 그러나 착취가 문명화를 하나의 사명으로 여기는 관념과 효과적으로 결합되는 것을 보면, 제국주의로부터 영향을 받는 사람들의 목소리가 무시될 때 자기 이익과 이타심이 얼마나 쉽게 융합될 수 있는지 알 수 있다.

우리가 돕고 있다고 생각하는 사람들의 관점을 무시하는 것은 결코 과거에만 있었던 관행이 아니다. 비록 오늘날에는 문화적 우월성을 노골적으로 내비치는 것이 과거에 비해 덜 흔하기는 하지만, 이러한 표현들은 여전히 공공정책의 요소요소에 스며들어 있다. 가령, 많은 사람들은 세계 일부 지역의 무슬림 여성들이 자신들의 겉차림이나 공적 행동에 가해지는 구속으로부터 "해방되기"를 갈망한다고 상상한다. 그러나 모두는 아니더라도 일부 상황에서는 무슬림 여성들 스스로가 이러한 전통적인 관행을 "제약"이 아닌 겸손함과 경건함을 드러내는 적절한 표현이라고 생각하기도 한다. 또한 이들은 드론 공격을 피하거나 생활수준을 향상시키는 문제에 비하면 의복의 자유에 관한 문제를 그저 부차적인 문제로 여기기도 한다(Abu-Lughod, 2002; Ong, 1988). 마찬가지로, "민주주의를 수출하려는" 정부 노력의 밑바탕에는 선거제도를 우선시하면서 세계 여러 지역에서 이미 실행되고 있는 민주주의의 다양한 방식들—가령, 학생이나 여성 집단이 이끄는 시위와 같은 노력들—을 간과하는 획일적인 견해가 자리하고 있는 경우도 있다. 서구 세계의 정부들 또한 자신들만의 전략적인 이해관심과 부합하지 않을 경우에는 선거 결과를 거부하기도 한다(Pace, 2010). 구소련처럼 민주주의적 전통이 강하지 않은 나라에서 시민교육을 강화하려는 시도들조차도 교수법이나 정체성, 민주주의에 대한 지역 특유의 생각들을 무시하는 등, 문화적 색안경으로 인해 어려움을 겪어왔다(Mason, 2012).

경제 발전 프로젝트에 지역 특유의 관점을 포함시키고 이를 통해 현지인들이 자신들에게 영향을 미치는 프로그램에서 더 비중 있는 역할을 담당해야 한다는 것은 수많은 국제기관들 사이에서 하나의 신조로 자리잡았다(Cornwall, 2002; Hickey & Mohan, 2005). 현지인들의 참여가 없다면, 이러한 프로젝트는 지역사회와 거의 관련이 없는 생소하면서도 문화적으로 특수한 가치를 부과하는 것일 수 있다. 가령, 개발도상국에 새로운 과학기술이나 농업 관행을 도입하려는 시도는, 많은 현지 농민들이 단기적인 이익 극대화보다 장기적인 지속 가능성과 위험 회피에 훨씬 더 관심이 있다는 사실을 간과하곤 했다(R. Chambers, 1997). 우리에게 더 가까운 사람들에게 영향을 미치는 결정을 내리는 경우라도, 공적 행위는 그에 영향을 받는 사람들의 목소리를 포함함으로써 더 효과적일 수 있다. 가령, 이민자들은 성인을 위한 문맹 퇴치 수업이나 직업 지원보다는(혹은 이러한 것들에 추가하여), 청소년들을 장기적으로 교육시킬 필요성 및 자신들 스스로가 공동체에서 지도자가 될 수 있는 능력을 키우는 것에 더 관심을 가질 수 있다(Ehmer, 2017). 마찬가지로, 주거가 불안정한 여성들은 쉼터가 음식이나 안전을 제공해주는 것뿐만 아니라 자율성을 부여하고 가족적 환경을 제공해주는 것을 더 중요하게 여길 수 있다(C. Walsh 외, 2010). 우리가 타자를 이해하고 그들에게 우리의 생각을 강요하지 않기 위한 유일한 방법은 오직 그들에게 귀를 기울이는 것이다.

2) 정보의 풍부화

멀리 있는 목소리에 귀를 기울이는 것은 타인의 가치와 관점에 대한 통찰력을 제공할 뿐만 아니라, 학생들이 자신의 경험을 통해서는 가지기 어려운 정보를 제공하여 숙의를 보다 풍부하게 만들어 준다. 그 어떤 숙의에서라도 이슈를 둘러싼 상황과 관련된 사실 정보를 이해하는 것이 중요하고, 이때 가장 풍부한 정보는 대개 그러한 상황을 제일 잘 아는 사람들로부터 나온다. 이 사람들이야말로 그 상황에 몰두하고 있는 사람들이기 때문이다. 학자들이나 개발 기관, 정부 관료, 교육자들은 소위 **현지 지식, 전통 지식, 토착 지식** 등으로 다양하게 불리는 것들의 타당성과 중요성을 이해하고 있다. 이러한 지식을 고려하지 않으면, 숙의는 현실 세계에서 비효율적이거나 실행 불가능하거나 역효과를 내는 결론으로 이어질 수 있다.

어떤 상황에서든 사람들은 자신을 둘러싼 자연적·사회적 환경에 있어 전문가이다. 가령, 지역 생태계에 대한 지식은 그 지역에서 자신들의 환경을 통해 생계를 꾸려 생활하는 사람들에게는 필수불가결한 것이다. 이들은 생존을 위한 필요에서 자연 자원을 세심하게 관찰하고 활용했으며, 이를 토대로 광범위한 지식을 축적하게 되었다(Brayboy & Maughan, 2009; R. Chambers, 1997; M. Davis, 1998; D. Warren, 1991). 말하자면, 환경과 "관계를 맺고 발전시키며 지속하는"(Battiste, 2013, p. 160) 과정으로부터 여러 세대에 걸쳐 지식이 축적되고 소통되어 왔다(Kuokkanen, 2007). 이러한 지식은 농업, 자원 관리, 보건, 영양뿐만 아니라, 교육이나 경제 체제, 갈등 해결, 인간관계 등 사회적 환경에 관한 요소와도 관련되어 있다(Agrawal, 1995; R. Chambers, 1997; L. Smith, 2012; D. Warren, 1991). 현지 지식은 변화하는 환경에 적응해가는 맥락에서 생성된 지식이기 때문에, 혁신적인 실천을 위한 능력도 가지고 있다(Agrawal, 1995; Brayboy & Maughan 2009; M. Davis, 1998; D. Warren, 1991). 물론 이러한 지식이 논쟁적이지 않은 것도 아니고, 그렇다고 동질적인 것도 아니다(Connell, 2007; Jacob 외, 2018). 하지만 이것은 사회와 환경을 어떻게 보존할 것인지 혹은 어떻게 개선할 것인지에 관한 결정을 내릴 때 없어서는 안 될 시작점이 된다.

국가 및 국제 자금 조달 기관이 권장하곤 하는 참여 접근법은 개발 프로젝트에 현지인들의 가치와 목표뿐만 아니라, 자연환경과 사회환경에 관한 기술적 지식까지도 포함시키고자 한다(Agrawal, 1995; Battiste, 2013; D. Warren, 1991). 이러한 지식은 현지인들이 요구하는 바를 충족시키는 데 있어 결정적인 역할을 한다. 특히 현지의 여건은 늘 복합적이고 역동적이며 예측 불가능하여, 다른 상황에서 만들어진 계획에 늘 맞아떨어지는 것은 아니기 때문이다(R. Chambers, 1997; Diawara, 2000). 가령, 현지 농민들은 몇몇 종자 품종이 주어진 환경에 적합하지 않다거나, 특정 과학기술이 자신들의 상황에서는 너무 위험하거나 혹은 불편할 수도 있다는 것을 인지하고 있을 것이다. 더욱이, 현지인들이 자신들의 사회적 상황에 대해 알고 있는 지식—이러한 지식에는 생산과 유통 네트워크, 권력 관계, 사회적 네트워크에 관한 지식도 포함된다—은 미묘하고, 상세하며, 경험에 바탕을 두고 있다(Connell, 2007). 따라서 이는 혁신을 일으키려는 목적에서 프로그램을 계획할 때 없어서는 안 되는 지식이다. 종종, 참여형 프로젝트에서는 현지인들이 참여하여 이미 구축되어 있는 지식을 공유할 뿐만 아니라 새로운 통찰력을 창출하기까지 한다. 이 과정에는 맵핑, 모델링, 관찰, 분석 등과 더불어, 해당 프로젝트를 감독하고 평가하는 일까지 포함된다(R. Chambers, 1997).

현지 지식은 경제적으로 발전한 국가에서의 이슈를 다룰 때도 중요하다. 가령, 미국에서 주정부의 재정 지원을 받는 이들은 실제로 복지 프로그램의 업무 요건을 충족하는 것이 얼마나 어려운지 혹은 불가능한지에 대해 상세히 설명할 수 있는 사람들이다. 물론, 외부에서 온 프로그램 계획자들이 교통이나 보육, 직업 훈련에 대한 요구 등, 보다 일반적인 문제를 인식하고 이러한 분야에 지원을 들여올 수는 있다. 그러나 그러한 요건으로부터 직접적으로 영향을 받는 사람들은 이러한 것들을 이행하는 데 방해가 되는 현지 환경을 구체적으로 적시할 수 있다. 예를 들어 이들은 프로그램의 혜택을 받는 사람들이 살거나 일하는 지역의 버스 노선 부족, 더 이상 존재하지 않거나 장래성이 없는 직업을 겨냥한 훈련, 고용은 가능하지만 지역 내의 안전하지 않은 여건, 일을 할 수 있는 특정 시간 동안의 보육 지원 부족 등을 지적할 수 있다(Brandwein & Filiano, 2000; Pearlmutter & Bartle, 2000; Weinberg, 2000). 마찬가지로, 노숙자 쉼터에 거주하는 이들은 이러한 쉼터의 공간적 양상이 자신들의 삶에 어떠한 영향을 미치는지에 대한 통찰력을 제공할 수 있다. 가령, 개방된 기숙사 스타일의 방은 공공장소에서 희생되었던 경험이 있는 여성들에게 다시 상처를 입힐 수 있고, 저소득 지역에 쉼터를 배치하게 되면 고용주들이 주소를 요구할 경우 고용 차별로 이어질 수 있다(C. Walsh 외, 2010). 따라서 사회 이슈를 해결하기 위한 효과적인 프로그램을 계획하고자 한다면 이에 영향을 받는 사람들의 목소리를 통합할 필요가 있다(Tickamyer 외, 2000).

그러나 이러한 목소리를 포함하는 것이 복지 혜택을 받는 사람이나 수혜자라 생각되는 사람들로부터 피드백을 받거나 기술적 정보를 구하는 정도로 제한되어서는 안 된다. 숙의를 위한 정보의 기반을 넓히기 위해서는 그 사람들이 **행해져야** 한다고 생각하는 것에 관심을 기울어야 한다. 이는 이 사람들의 가치나 목표를 고려하는 것을 넘어—즉, 포용적 관심이라는 목적을 넘어—이들 스스로가 옹호하는 조치들을 구체적인 수준에서 진지하게 실행하는 것을 의미한다. 세계 곳곳에서 난민들은 남이 만들어 놓은 원조 프로그램을 단순히 수동적으로 받기만 하는 사람들이 아니다. 이들은 무엇이 행해져야 하는가에 관하여 아이디어를 가지고 있으며, 그래서 그 프로그램들을 개선하기 위한 조치들을 취하고 있다. 가령, 카이로에 있는 수단 출신 난민들은 3개월간 연좌농성을 벌여 자신들을 경제적 이주자가 아닌 난민으로 분류하라고 유엔에 요구했다. 또한 유엔이 책임감 있게 나서서 실종된 난민을 찾고, 이집트 경찰과 보안군의 자의적 구류를 중단하게 하며, 수단 군대로부터 자신들을 보호하라고 요구했다(Moulin & Nyers, 2007). 빈과 헬싱키에서도 망명 신청자들이 유사한 시위를 벌여 접수 센터에서의 생활 조건을 개선하고 부정의한 추방 절차를 바꾸라고 요구했다(Ataç, 2016; Haavisto, 2020).

또 다른 상황에서는 난민들이 자신들의 공동체 내에서 교육을 위한 노력을 기울이기도 했다. 가령, 『난민 잡지』는 케냐의 난민 정착촌에 살고 있는 난민들이 같은 난민들을 위해 만든 잡지로, "전문적인 기술을 발전시키는 플랫폼을 청년들에게 제공하고 자신들의 목소리를 통해 자신들의 공동체를 옹호하는 것"을 목적으로 한다(FilmAid, 연도 미상). 마찬가지로, 미국 인디애나폴리스에 있는 미얀마 출신 난민들은 고등학교 학생들을 위한 프로그램을 가지고 있다. 이 프로그램은 공동체에 영향을 미치는 이슈에 관하여 조사하고 정보를 공유하기 위한 것이다. 또한 이들은 자신들의 역사와 가치, 미래를 향한 목표를 담은 다큐멘터리를 통해 공동체 구성원들에게 힘을 실어주고자 했다. 그리고 구성원들이 보육제도를 더 잘 이용할 수 있게 하는 동시에 자신들의 문화에 더 잘 맞는 보육제도를 만들기 위해 보육 자격증 코스를 만들기도 했다(Ehmer, 2017).

현지 활동가의 목소리에 세세하게 주목하는 것은 어떤 행위가 행해져야 하는지 숙의할 때 특히 결정적이다. 이는 사회 이슈의 밑바탕에 놓여 있는 인과적 요소들을 이해하는 데 있어서 서로 다른 인식틀을 볼 수 있게 해주기 때문이다. 우리가 어떤 상황을 둘러싼 사실을 이해하고 있다고 스스로 생각할 때조차도—가령, 불충분한 자원, 차별의 패턴, 사회적 소외 등— 이러한 문제를 야기하는 요인에 관해서는 협소한 견해를 가지고 있는 경우가 많다. 그리고 이것은 우리가 고려할 수 있는 해결책을 제한하기 마련이다. 스미스(L. Smith, 2012)는 "많은 토착민 출신 활동가들은 정신 질환, 알코올중독, 자살과 같은 것들이 심리적·개인적 실패와 관련된 것이 아니라 식민화 혹은 집단적 자기결정 부족과 관련된 것이라고 주장했다"라고 지적했다(p. 154). 외부자들이 자신의 시야에 갇혀 어떤 공동체의 알코올중독에 대해 이해하게 된다면, 더 많은 치료 선택지를 제공하는 것과 같이 다른 사회에서는 일반적으로 제안될 만한 해결책들이 이 공동체에서는 그 효과성이 상당히 제한적일 수 있다.

수많은 나라에서 이루어지는 숙의 중 하나는, 도시 지역 외곽에서 가난하게 살고 있는 사람들, 때때로 "슬럼가에 사는 사람들", "판잣집 사람들," "낡아 빠진 집에 사는 사람들"이라 불리곤 하는 이들이 직면하고 있는 이슈에 관한 것이다. 이러한 공동체는 허가를 받지 못한 터라, 이곳 거주민들은 퇴거 위협에 마주하고 있을 뿐만 아니라, 보통은 주거, 교육, 의료 지원, 경찰 보호, 기타 공공서비스 등에 거의 또는 아예 접근하지 못한다. 이와 같은 환경에서 살고 있는 사람들은 수많은 절박한 상황에 처해 있지만 그렇다고 이들의 목소리가 없는 것은 아니다. 따라서 학생들은 이 사람들의 상황에 어떻게 가장 잘 대응할 것인지에 대해 숙의하는 과정에서, 그 사람들이 직면한 문제에 어떻게 대처할 것인가에 관해 그들 스스로가 무슨 말을 하는지 귀 기울여야 한다. 여기에는 조킨 아르푸담(Jockin Arputham, 2008), 새라 난두두(Sarah Nandudu, 2016), 로즈 몰로콰네(Rose Molokoane, 2016)와 같이, 이러한 공동체 출신의 활동가 리더인 사람들이 했던 활동을 학습하는 것도 포함될 수 있다. 이것은 특히 이 사람들의 말을 직접 들을 수 있는 상황이라면 더욱 유용할 것이다. 또한 학생들은 케냐의 '마을 주민 연합', 남아프리카 공화국의 '판잣집 거주자', 인도의 '여성의 거주 문제 및 관련 이슈를 다루는 비영리 단체', 그 외에도 '판잣집/빈민가 거주자 국제기구'를 만든 수십 개의 기구들을 포함하여, 여러 공동체 기구의 노력에 대해 검토해볼 수도 있다. 이때는 특히 출판물이나 성명서, 비디오, 웹사이트 등과 씨름하며 이를 검토해볼 수 있을 것이다. 일부 공동체에서는 학생들이 활동가 리더들을 직접 만나 이 사람들의 관점에 대해 들어보는 것도 가능할 것이다. 이슈로부터 영향을 받는 사람들만이 아니라 이를 해결하기 위해 일하는 사람들의 목소리에 귀 기울이는 것은—직접적으로든 혹은 멀리서든— 그 자체로 중요한 통찰력과 정보를 제공한다. 학생들은 자신들이 가진 사전 지식과 관점으로만 국한되지 않고, 이슈를 직접 경험한 사람들의 견해를 통합하여 이해의 폭을 넓힐 수 있다.

3) 공평한 관망자

멀리 있는 목소리를 우선적으로 고려해야 하는 세 번째 이유는, 이러한 관점들을 통해 학생들이 **타인**뿐만 아니라 **자기 스스로**를 이해하는 데도 도움을 받을 수 있다는 점이다. 우리 모두는 문화적 전통 속에서 자라며, 이러한 문화적 전통은 우리가 세상을 바라보는 방식에 깊은 영향을 준다. 따라서 우리의 가치와 관점은 불가피하게 사회 이슈를 숙의할 때 고려하는 선택지들을 제한한다. 우리의 관점에서 지극히 합리적이게 보이는 것도 우리의 편협함의 산물에 불과할 수 있다. 매우 중대한 사실은, 우리가 이러한 제약들을 인지조차 못하고 있을 수도 있다는 점이다. 멀리 있는 타인들의 목소리와 마주하는 경험은 우리 사고의 한계에 대한 경각심을 불러일으키고, 우리가 "고착된 관습과 전통에 사로잡히는 것"을 넘어설 수 있게 한다(A. Sen, 2009, p. 404). 이와 관련하여 애덤 스미스(Adam Smith, 1759/2009)는 다음과 같이 주장한다.

> 우리는 우리 자신, 말하자면 우리의 자연적 위치에서 벗어나 우리의 감정과 동기들을 일정한 거리를 두고 보려고 노력하지 않는 한, 결코 우리의 감정과 동기를 조망할 수 없으며, 감정과 동기에 대해 어떠한 판단도 형성할 수 없다. 그러나 우리는 다른 사람의 눈으로 우리의 감정과 동기를 보려고 노력하거나 다른 사람들이 그것들을 볼 것 같은 방법으로는 그렇게 할 수 있다(p. 133).

이것은 타인들이 그들 자신의 상황에 대해 어떻게 생각하는지를 인식하는 문제가 아니라(즉, 앞서 말한 '포용적 관심'과 '정보의 풍부화'와 관련된 목표가 아니라), 우리 스스로를 더 잘 이해하고자 타인의 생각을 활용하는 문제—애덤 스미스가 "공평한 관망자"로 불렀던 것—이다.

이러한 외부의 견해는 공평함에 있어 매우 중대한 역할을 한다. 정의에 관한 이론은 하나같이 제도가 공평해야 한다고 가정하고 있고, 숙의에 관한 견해는 하나같이 사람들이 공평함의 정신을 가지고 참여해야 한다고 가정하고 있다. 이는 롤스(Rawls, 1971)의 그 유명한 "무지의 베일"의 기초로(p. 12), 사람들은 자기 자신이 사회의 어디에 놓일지 고려하지 않고 사회제도의 첫 번째 원칙을 결정해야 한다는 생각이다. 또한, 이것만큼 중요한 것은 센(A. Sen, 2009)이 지적한 바 있는 "폐쇄적 공평함"이다. 이에 따르면 예상컨대 사람들은 자신의 집단 내의 사람들에게만 공평한 태도를 취한다. 왜냐하면 그들만이 같은 가치를 공유할 것으로 생각되기 때문이다. 그러나 어떤 집단이 숙의를 통해 서로에 대해 공평한 결정을 내릴 수 있다고 해도, 이들은 그러한 결정이 외부자들에게 어떻게 받아들여질 것인지는 고려하지 못할 수 있다. 가령, 인구가 더 많아 더 많은 물을 필요로 하는 자국의 입장에서는 자신들의 물 필요분을 충족시키고자 인구가 더 적은 국가가 물 공급 일부를 포기해주는 것이 지극히 합리적으로 보일 수 있다. 마찬가지로, 테러 공격으로부터 자국을 보호하기 위해 다른 나라에서 민간인 사상자가 발생하는 것이 자국 입장에서는 정당해 보일 수 있다. 한 국가나 한 공동체 안에서조차, 일부 지역이 폐기물 저장고나 그 밖의 위험한 시설을 참아내어야 한다고 기대하는 것은 그곳에 살고 있지 않은 사람들에게는 합리적으로 보일 수 있다. 이러한 것들이 바로 "편향된 공정함"—우리가 동일시하는 집단 내에서만 공평하며 다른 집단에게는 그러지 못한 것—에 관한 예시이다(Green, 2013, p. 99). 이와 같은 사례들로 보건대 우리가 더 많은 "개방적 공평함"을 달성하고 자기만을 위하는 편향성을 바로잡고자 한다면, 우리 바깥에 있고 그래서 우리의 판단에 다른 관점을 제공해줄 수 있는 목소리가 필요하다.

타인의 목소리에 귀를 기울임으로써 학생들은 새로운 가치와 관점—즉, 학생들 자신들에게는 새롭지만 타인에게는 새롭지 않은 가치와 관점—을 숙의에 통합할 수 있다(Becker, 1979; Hanvey, 1982). 가령, 일부 법학자들은 미국 법원이 어떤 결정을 내릴 때에는 자국의 관점뿐만 아니라 다른 나라의 관점까지도 고려해야 한다고 주장해 왔다. 왜냐하면 그러한 생각들이 공통된 관심 대상인 문제를 해명하는 데 도움이 될 수 있기 때문이다. 루스 베이더 긴스버그(Ruth Bader Ginsburg)는 "다른 민주적 법 체제에서 아무것도 배울 게 없을 만큼 우리가 그렇게 현명한 것은 아니다"라고 지적했다(Ginsburg, 2006, p. 29). 가장 주목할 만한 사례 중 하나로(그러나 이것이 유일한 사례는 아니다), 미국 연방 대법원의 다수파가 발달 장애를 가진 범죄자의 사형 집행을 위헌으로 선언했고, 국제 사회에서도 이러한 사형 집행은 "압도적인 수준으로 용인받지 못하고 있다"라고 언급했던 일을 들 수 있다(p. 40).

이와 비슷한 원리가 카우위(Cowhey, 2006)가 묘사한 미국의 2학년 교실에서도 작용했다. 교실 한쪽으로 개미가 들어왔고, 몇몇 학생들은 즉시 이 개미를 죽이려고 했다. 그러자 한 불교 신자인 학생이 교실 친구들을 저지하며, "안 돼! 죽이지 마! 개미도 살아 있는 존재야!"라고 소리쳤다. 이런 반응에 놀란 학생들은 그 다음 몇 주 동안 개미를 향한 이러한 항변의 이면에 있는 논리에 대해 탐구했다. 또한 이 학생들은 교실로 들어온 벌레를 어떻게 다룰 것인지 논의하면서 다른 철학적 전통에 대해서도 조사했다. 이러한 목소리는 교실과 지역 공동체의 일부였음에도 불구하고, 학생들의 배경과는 "멀리 떨어져" 있는 목소리였다. 미국 연방 대법원과 초등학교 교실에서의 두 사례는 다른 관점에 귀를 기울임으로써 확장된 이해가 가능하다는 것을 보여 준다.

멀리 있는 목소리는 공평함이나 도덕성에 관한 근본적인 이슈를 고민할 때 뿐만이 아니라 사회적·정치적 이슈를 다루기 위한 실용적 방법을 고려할 때 도 중요하다. 가령, 거의 두 세기가 넘는 시간 동안 세계 곳곳에서 전개된 독 립 운동은 미국 독립 선언서를 모델로 하여 제국의 존재를 거부하고 국가 주 권을 주장해 왔다(Armitage, 2007). 오스트리아 지배에 대한 1790년 플랑드 르 지방 사람들의 저항에서부터 19세기 초반 스페인에 맞섰던 라틴아메리카 국가들의 저항, 20세기 중반 영국에 맞섰던 인도의 저항과 프랑스에 맞섰던 베트남의 저항에 이르기까지 다양한 독립 운동이 이에 해당한다. 한편, 미국 에서 시민권 운동을 펼쳤던 베이야드 러스틴(Bayard Rustin)과 마틴 루터 킹 (Martin Luther King, Jr.)은 인도 지도자 모한다스 간디(Mohandas Gandhi) 와 크리슈날랄 슈리다라니(Krishnalal Shridharani)가 주창한 비폭력 시민 불 복종이라는 방법의 영향을 받았다(Elam, 2015; M. King, 1958). 한 역사학 자는 이러한 비폭력 시민 불복종은 1800년대 후반 뉴질랜드 파리하카 지역 마오리족의 평화적 저항을 위한 노력에서 영감을 받은 방법이라고 주장했 다(Buchanan, 2011; Kārena-Holmes, 2019). 오늘날, 캐나다와 미국에서 선 거 개혁을 주장하는 이들은 다른 국가에서 사용되고 있는 비례대표제를 모 범 사례로 들어 이것이 현재 미국에서 사용되고 있는 1인 승자 독식 제도보 다 더 공정하게 대표성을 확보할 수 있는 수단이라고 주장한다(Amy, 2002; Couture, 2014; FairVote, 연도 미상). 오늘날이나 과거나 일부 사람들은 이러 한 전략들은—독립이나 비폭력 불복종, 비례대표제— 어느 것이든 간에 너무 위 험하고 심지어 실패할 것이 뻔하다고 생각하기도 한다. 그러나 센(A. Sen, 2009)이 지적하듯이, 어떤 일을 하는 데 있어서 우리 자신의 방식이 명백하게 논리적이고 합당하다는 생각은 "다른 사람들의 경험에서 실현가능한 것으로 증명되었던 것에 대한 지식이 결여되어 있는 데서 비롯되는 경우가 많다"(p. 407).

경청을 장려하기

멀리 있는 목소리에 귀를 기울이는 것이 쉬운 일은 아니다. 아이나 어른 이나 할 것 없이, 자신과 다른 배경과 경험을 가진 사람들의 관점을 진정으로 이해하는 것은 어려운 일이다. 6장에서 논의한 바와 같이, 자신이 속한 사회 집단을 선호하는 것은 사회 전반에 걸친 보편적인 현상이다(D. Brown, 1991). 인간은 집단 내에서 협력하여 일할 수 있도록 진화해 왔겠지만 "외부자"와 함께 하는 방향으로 진화한 것 같지는 않고, 더욱이 인간은 타인을 다른 존재로 구별하게 하는 사소한 차이에도 매우 주의를 기울이는 경향이 있다(Green, 2013). 또한, 학교나 정치, 미디어에서의 사회 담론은 오랜 기간 동안 자국의 가치나 문화, 물질적 이해관심이 다른 나라 사람들의 것보다 우월하다는 것을 강조해 왔다. 이 과정에서 다른 나라 사람들은 열등하거나 심지어 야만적인 존재로 묘사된 경우도 적지 않다. 앨런(Allen, 2004)은 시민 교육의 기본적인 가르침이 "낯선 이에게는 말걸지 말라"는 것이었다고—적어도 미국에서는— 주장하기도 했다(p. 48). 이처럼 우리는 우리 자신이 속한 집단 내 사람들을 선호함으로써, 우리 자신이나 우리가 일체감을 느끼는 사람들의 이해관심에만 편중하게 되고, 우리 집단 밖에서 온 생각은 일축해 버리거나 심지어 불신하게 될 수도 있다. 가령, 종종 학생들은 역사를 배우면서 과거 사람들의 생각을 서로 다른 사회적·문화적·물질적 맥락에서 나온 결과로 이해하기보다는 정신적 열등감의 증거로 간주하기도 한다(Barton & Levstik, 2004).

많은 사람들은 자신들과 다른 관점을 열등하다고 볼 뿐만 아니라 위협적이라고 본다. 가령, 긴스버그(Ginsburg, 2006)의 동료 판사들은 미국 밖에서 온 법적 의견을 인정하는 것에 대하여 분명한 반대 의견을 표명했다. 심지어는 연방 판사가 그러한 의견을 고려하는 것을 금지하고, 만약 그렇게 할 경우 탄핵될 수 있도록 하는 법안이 미국 의회에 발의되기도 했다. 미국의 교사들 역시 다른 문화적 혹은 종교적 전통을 학생들에게 제시하게 되면 이와 유사한 반대에 직면하곤 한다. 우리 두 저자의 경험에서 보자면, 일부 학부모들은 미국의 전통이 아닌 또 다른 전통이 **존재한다는 것**조차 아이들이 알기를 원하지 않는다. 하물며 이러한 전통이 존중받는 방식으로 제시되는 것에 대해서는 말할 것도 없다. 또한, 비록 미국 사람들이 국가적 독선주의에 기반한 생각이나 편협함으로 잘 알려져 있기는 하지만, 이러한 관행이 미국에만 국한되는 것은 아니다. 세계 곳곳에서 다양한 상황을 들여다보면 학교 안팎을 막론하고 외국의(특히 서구의) 문화적 영향력을 줄이려는 시도를 찾아보는 것은 어렵지 않다(Kaoma, 2016; J. Sim & Ho, 2010; Zhao, 2016).

어떻게 하면 이러한 편협성을 극복하고 학생들이 자신의 친구나 급우가 아닌 타인들의 생각을 기꺼이 고려하게 할 수 있을까? 특히 자신들과 사적인 친밀성도 없는 사람들의 생각을, 자신들의 생각이나 환경과는 너무나도 다른 사람들의 생각을 말이다. 이 문제에 대한 접근법으로, 우리는 생산적이라고 생각하지 않지만, 일반적인 방법 중 하나는 바로 모든 사람들이 공유하는 인간성을 강조하는 것이다. 즉, 겉으로 드러나는 차이는 있어도 그 내부를 보면 우리 모두는 똑같다고 학생들에게 가르치는 것 말이다. 이러한 관점의 변형된 버전이 세계시민교육을 옹호하는 이들 사이에서 발견된다. 이들은 학생들이 모든 세계 사람들을 단일한 "지구촌" 사람들로 생각하고 또 지구 행성과 이곳 거주자들이 하나라는 마음을 키우도록 장려한다(Gaudelli, 2003). 이러한 아이디어는 더 높은 차원에서 또는 모든 사람을 가로질러 적용될 수 있는 일체감을 만들어 내거나 고양함으로써 편견을 줄이고 결속을 증가시킬 수 있다는 원리에 뿌리를 두고 있다(Banks 외, 2001). 그러나 집단 내의 관계—특히, 학교나 교실의 긴밀한 공동체 내에서—에 있어 유의미하고 효과적인 원칙이라고 하더라도, 이것이 우리의 의사소통 영역 바깥에 있는 사람들에게 정책관련 결정이 어떠한 영향을 미치는가를 고려하는 데 있어서도 마찬가지로 적절한 것은 아니다.

세계 곳곳의 사람들이 많은 특성을 공유하고 있고, 인간으로서의 공통된 감각으로 인해 우리가 타인들에 대해 책임감을 느낄 수 있다는 것은 의심의 여지가 없는 사실이다(Hauver, 2019). 그러나 단 하나의 공유된 인식틀 안으로 모든 사람을 포섭하고자 할 때 우리는 타인들의 목소리를 듣게 되기보다는 오히려 이들의 목소리를 알아차리지 못하게 될 가능성이 크다. 가령, 프로테로(Prothero, 2011)가 주장한 바에 따르면 모든 종교가 외형상의 사소한 차이만 있을 뿐 근본적으로는 유사하다고 생각하는 것은 "좋은 정서"로 보이기는 하지만, 궁극적으로는 "위험하고, 무례하며, 진실과는 거리가 있다"(pp. 2-3). 그는 세상의 종교는 유사한 윤리적 계율을 가지고 있지만, 인간성의 본질과 인간성이 우주에서 차지하는 위치에 대해서는 매우 다른 관념을 가지고 있으며, 이러한 차이는 그 자체로 해당 종교를 믿는 사람들에게 중요할 뿐 아니라 결과적으로 상호작용이나 사회정책에도 영향을 미치게 된다고 지적했다. 이러한 차이를 무시하는 것은 사회 이슈에 대한 합리적 판단을 내리고자 할 때 흔히 발생하는 함정이다. 후버(Hauver, 2019)는 초등학교 학생들에 대한 연구를 통해, 학생들이 윤리적 이슈에 대해 결정을 내릴 때, 그러한 이슈로부터 영향을 받는 사람들의 바람보다는 누군가가 그들을 위해 해주었으면 하는 자신들의 생각에 근거하여 결정을 내린다는 것을 발견했다. 마찬가지로, 바튼과 맥컬리(Barton & McCully, 2012)는 북아일랜드의 민족주의 공동체나 연방주의 공동체 출신 청소년들은 진정으로 상대 공동체를 이해하려는 마음 가짐을 가진 것처럼 보이고 또 실제로 그렇게 이해하고 있다고 느끼지만, 정작 이들은 자신들이 가진 신념의 렌즈를 통해 타인의 생각을 바라보고 있으며, 그 결과 왜 자신들의 생각과 다른 사람들의 생각에 차이가 생기는지에 대해서는 제대로 이해하지 못한다는 것을 발견했다.

학생들이 멀리 있는 목소리를 진지하게 받아들이기를 원한다면(단지 급우의 다른 의견만이 아니라), 우리는 학생들이 그러한 다른 관점에 비껴 서 있지 않고 오히려 이와 씨름할 수 있도록 도와야 한다. 특히 주목할 점은, 멀리 있는 목소리에 귀를 기울이는 것은 교육과정 내용의 첫 번째 요소가 아닌 두 번째 요소라는 점이다. 6장에서 서술한 바와 같이, 학생들이 이타적인 마음을 가지고 타인의 환경과 씨름해보지 않으면 이 학생들이 다른 관점에 주의 깊게 귀를 기울일 것이라고는 기대할 수 없다. 이들이 이슈에 대해 그리고 여기에 관여된 사람들에 대해 마음을 써야만 비로소 익숙하지 않고 또 잠재적으로 도전적인 생각을 기꺼이 고려하고 탐구해보려고 할 것이다. 대부분의 경우, 익숙한 방식으로 세상을 보려는 인지적·정서적 선호가 너무나 강하기 때문에, 학생들이 타인을 향한 진정한 동정심과 함께 시작하지 않으면 학교 교육과정이 이에 도전하는 것은 불가능하다.

타인에게 귀 기울이기는 우리가 4장에서 개관한 바 있는 일종의 협력적 숙의로부터도 도움을 받는다. 타인에게 귀를 기울이는 데 있어서의 어려움 대부분은 공적 이슈를 별개의 관점, 그리고 통약 불가능한 관점의 충돌로 범주화하는 데서 기인한다. 특히 이러한 관점이 희소한 자원이나 서로 다른 사회적 정체성, 혹은 상반된 세계관으로 알려진 것들을 둘러싼 분쟁과 관련되어 있으면 더욱 그렇게 여겨진다. 이러한 상황에서는, 사람들을 내부자와 외부자로 구분하는 경향 그리고 외부 집단이 가진 관념을 무시하는 경향을 사실상 피해가기 어렵다. 그러나 앞서 주장한 바와 같이, 우리 두 저자는 교실에서의 숙의가 항상 갈등 모델에 근거해야 한다고 생각하지 않는다. 학생들은 협력적 숙의에 참여함으로써 비슷한 목표를 공유하는 사람들과 함께 구체적인 환경에서 어떻게 정의와 조화를 증진시켜 나갈지 고려하게 된다. 아리스토텔레스가 지적했듯이, 우리는 목적이 아닌 수단을 두고 숙의한다 (Cammack, 2013). 목적이 아닌 수단에 초점을 맞추게 되면 서로 다른 관점에 귀를 기울이기가 더 쉬워진다. 왜냐하면 이렇게 되면 우리 자신의 이해관심을 조금도 희생할 필요가 없기 때문이다(Allen, 2004 참조). 이는 학생들이 설득하려 할 때보다 합의하려고 노력할 때 타인의 생각과 씨름할 가능성이 더 높다는 연구 결과와도 일치한다(Felton 외, 2015; Garcia-Mila 외, 2013). 우리가 급우들의 관점이 아닌 멀리 있는 타인들의 관점과 씨름해보는 데 초점을 맞춘다 하더라도 이와 같은 생각이 적용되어야 한다. 즉, 서로 다른 관점들이라 하더라도, 이것이 동정심에 의해 고무된 공동의 문제 해결 과정의 일부라면 이는 이후 갈등 상황에서조차도 덜 위협적일 것이다.

학생들이 멀리 있는 목소리가 위협적이라고 여기지 않을 때에도 이를 참아내다가 끝내 배제해버리는 쪽으로 나아가지 않으려면 멀리 있는 목소리를 포함시키기 위한 설득력 있는 근거가 제공될 필요가 있다. 교육자들은(그리고 교육과정 자료는) 왜 멀리 있는 목소리가 없어서는 안 되는지를 명확히 해야 한다. 즉, 학생들의 결정에 의해 잠재적으로 영향을 받는 사람들이 그러한 의사 결정 과정의 일부가 되어야 하는 이유가 무엇인지, 그들의 통찰력이 어떤 방식으로 토의에 귀중한 정보를 추가해줄 수 있는지, 우리가 우리 자신의 가정을 다시 생각해보는 데 있어서 그들의 관점이 어떤 식으로 도움이 되는지 등을 명확히 해야 한다. 이를 위해서는 이타심의 경우와 마찬가지로 타인에게서 나온 상세하고도 진정성 있는 표현 자료가 필요하다. 즉, 일반화된 캐리커처 수준이 아니라 인터뷰나 예술 작품, 그들 자신의 공적 진술이나 정치적 진술 등으로 표현된 그들의 직접적인 생각을 담아낸 것들 말이다. 일부 사례를 보면, 이러한 생각들은 교사나 다른 교육자들에 의해 개발된 자료에 포함되어 제시되기도 한다. 한편 다른 사례를 보면, 학생들이 인터뷰를 하거나, 초청 연사의 이야기를 듣거나, 공동체에 참여하거나, 아니면 다른 종류의 독자적인 조사를 하는 등. 타인의 생각을 보다 직접적으로 조사하는 것도 가능하다.

우리가 제시한 각각의 내용 가이드라인에서와 마찬가지로, 우리는 타인에게 귀를 기울이는 것이 일반적으로 적용될 수 있는 기능, 미덕, 태도가 아니라는 점을 강조하고 싶다. 타인에게 귀를 기울이는 것은 각각의 개별 이슈에 관하여 개발되어야 하는 **실천**이다. 가령, 농민들이 기후 패턴의 변화에 대해 어떻게 이해하고 있는지에 관한 지식과 씨름해보는 것은 학교를 더 안전하게 만드는 것에 대한 LGBTQ 개인의 생각을 듣는 상황에서는 전이될 수 있는 가치라는 것이 거의 또는 전혀 없을 수 있다. 또한 학생들이 자기 이웃에 사는 노인들의 관심사에 귀를 기울인다고 해서, 혹독한 노동에 대한 배상을 요청하는 데 더 수용적일 것 같지도 않다. 모든 이슈에 적용되는 일반화될 수 있는 기능을 가르치는 것이 가능했다면 교육이라는 것이 더 단순한 작업이 되었겠지만 누구나 아는 것처럼 그렇지 않다. 마찬가지로 사람들이 멀리 있는 목소리에 반응하는 방식 역시 그렇게 모든 이슈에 적용될 수 있는 성질의 것이 아니다.

교육과정에의 적용: 발언과 표현

세계 곳곳의 여러 상황에서 발생하는 많은 공적 이슈는 발언과 표현에 관한 질문을 포함한다. 누가, 어떤 상황에서, 무슨 말을 할 수 있도록 허용되어야 하는가? 많은 민주주의 국가에서 표현의 자유는 근본적인 개인적·정치적 권리로 간주되며, 이는 국가 헌법, 법적 판례, 만연해 있는 대중 여론 등에서도 소중한 것으로 각인되어 있다. 동시에, 많은 사람들은 사회적·정치적·예술적 표현 중 몇몇 형태에 대해서는 불쾌하게 생각한다. 그리고 많은 경우, 정부는 몇몇 형태의 표현이 위험할 정도로 파괴적이라고 간주한다. 공적 발언을 규제할 것인지 말 것인지, 만약 한다면 언제, 어떻게 규제할 것인지 숙의하는 것은 학생들의 사회교육과 시민교육에서 매우 중요한 부분이 되어야 한다. 그러한 질문에 답하는 데 있어서 멀리 있는 목소리에 귀를 기울이는 것은 빠져서는 안 되는 것이라고 하겠다.

최근 우리 대학 중 한 곳에서 벌어졌던 논쟁은 이러한 목소리를 포함하는 것이 중요하다는 것을 보여주는 예시가 될 수 있다. 인디애나대학교의 한 대규모 강의실 한쪽 벽면에는 경제 대공황 시기의 그림이 걸려 있었다. 당시는 미국 예술가들이 정부의 의뢰를 받아 공공 예술 작품을 만들었던 시대였다. 벽면에 걸린 이 그림은 인디애나 주의 역사 속 장면들을 묘사하고 있는데, 여기에는 20세기 초 인디애나 주에서 상당한 정치적 권력을 휘둘렀던 백인 우월주의 단체인 KKK의 이미지가 포함되어 있다. 또한 이 그림에는 신문 기자의 이미지도 포함되어 있는데, 이것은 KKK를 폭로하고 궁극적으로 이들의 힘을 축소하는 데 언론이 수행해야 할 역할에 대해 넌지시 암시해주고 있다. 수년에 걸쳐 주기적으로, 학생들은 벽면에 걸린 그림에 포함된 인종주의적 이미지에 대해 불만을 제기하며 그들이 그 그림을 보지 않게 해달라고 요청

했다(Grogan, 2016; Parks, 2000). 학생들의 주장에 대한 가장 일반적인 응답은, 이 그림은 인종주의적이지 않고 오히려 그 반대라는 지적이었다. 즉, 이 그림은 KKK를 비난하고 이를 물리치는 자유 언론의 역할에 대해 찬사를 보내고 있다는 것이다. 학생들이 벌이는 시위는 식견이 부족하여 중요한 예술 작품이자 역사 작품을 검열하려는 노력으로 이해되었다. 그래서 대학은 수년 동안 이 그림에 대한 더 큰 교육적 맥락을 제공하는 방식으로 이러한 시위에 대응해 왔다. 가령, 이 공간에 해설 안내판을 만들고, 강사들이 이미지를 설명하도록 지원하는 것이다(Grogan, 2016). 이 그림을 옹호하는 사람들은 때로는 명시적으로 말하기도 하고 때로는 암묵적으로 표현하기도 했지만 그들의 기본적인 관점은 시위하는 학생들이 지나치게 어려서, 또 경험이 극히 부족해서, 예술적 감수성이 너무 부족해서, 이 그림이 전달하고자 하는 바를 인지하지 못한다는 것이었다.

　최근에 이 논쟁이 진행되는 동안, 대학 관리자들은 학생들에게 더 주의 깊게 귀를 기울이기로 결정했고, 이 덕분에 세 가지가 분명해졌다. 첫째, 학생들은 관리자들이 놓치고 있었던 정보를 가지고 있었다. 이 공간에서 예정된 대부분의 수업은 예술이나 역사, 정치와 어떤 연관성도 갖고 있지 않았다. 수학 같은 분야의 강사들이 이러한 그림에 대해 논의할 전문 지식을 갖추어야 할 필요도 없었고(혹은 그렇게 하는데 흥미도 없었고), 따라서 이들은 이 그림을 그저 무시해 버렸다. 대학 측은 학생들이 그림에 대한 세심한 해석을 접해 보았을 것으로 가정했지만, 실상 대부분의 학생들은 그 어떤 해석에 대해서도 전혀 들은 바가 없었다. 둘째, 학생들은 그림의 의미에 대해 무지하지 않았다. 학생들은 이 그림이 무슨 메시지를 전달하고자 하는지 정확하게 이해하고 있었으나, 그 의미에도 불구하고 그들이 반대했던 것은 그들이 그것을 보도록 강제하는 상황이었다. 학생들은 매 주 두 번씩 교실로 와서 인종주의적 억압에 관한 그래픽 표현을 봐야하는 것은 예술가의 의도와 상관없이 본질적으로 불쾌한 일—소수자 학생들에게는 특히 불쾌한 일—이라고 주장했다. 마지막으로, 학생들은 작품에 대한 검열을 지지하는 것이 아니었다. 즉, 누구도 작품이 파괴되어야 한다거나 공공의 시야에서 사라져야 한다고 생각하지 않았다. 다만 이들은 수업 동안 작품이 가려져 있거나 아니면 미술관 같은 다른 장소로 옮겨져야 한다고 생각했다.

학생들의 관점은 설득력이 있었고, 대학은 더 이상 이 강의실에서 수업을 열지 않고 있다(Robel, 2017). 물론, 이 작품을 보는 것은 가능하지만 그것은 예술적·역사적 목적으로 이 작품을 보고 싶어 하는 사람들에게만 해당되었다. 이제 와서 보면 이러한 결정은 자명한 해결책으로 보이기도 한다. 그러나 이러한 해결책은 시공간상 가까이 있었음에도 이전에는 대학의 의사 결정에 있어 "멀리 있었던" 목소리에 주의 깊게 귀를 기울임으로써 가능한 것이었다. 이러한 목소리에 귀를 기울임으로써, 학생들이나 학생들의 목표, 경험에 대해 팽배해 있던 가정이 오도된 것이며 이러한 가정에 기반한 해결책들이 윤리적이지도 않고 효과적이지도 않다는 것이 명백해졌다. 주목할 점은 학생들은 이전에 시위를 할 때에도 똑같은 정보와 관점을 제공했지만(Grogan, 2016), 이들의 목소리가 들리지 않았다는 점이다. 학생들의 생각을 진지하게 고려해보지도 않으면서 그저 생각을 말해보라는 식이 아니라, 오직 학생들에게 진심을 다해 귀를 기울임으로써 비로소 의미 있는 해결책에 도달할 수 있었던 것이다.

이 이슈는 국지적인 것이지만, 발언과 표현에 관한 이슈는 공적 삶에서 늘상 나타나는 특징이다. 이러한 이슈가 미디어에 나타나는 모습을 보면 학생들이 이를 매우 잘 알아차리고 있는 것처럼 보이는 경우가 많다(사실은 그렇지 않은데도 말이다). 가톨릭과 무슬림, 여러 다른 집단을 향한 모욕적인 설치 예술이나 풍자화를 둘러싸고도 유사한 논쟁이 일어나고 있다. 예를 들어, 인종적으로 혹은 종교적으로 모욕적인 언어와 상징을 가지고 특정 공동체를 겨냥하는 행진이나 퍼레이드가 벌어지기도 하고, 인종주의적 상징이 있는 의복이나 소수자를 비하하려는 목적의 언어 등을 포함한 각종 혐오 발언이 제기되기도 한다. 또한 특정한 국가적, 인종적, 혹은 민족적 배경이 있거나 특정한 체형을 가진 사람들을 비하하는 공공 전시나 상업광고가 나타나기도 하고, 공공재산을 훼손하는 그래피티나 공공 예술이 행해지기도 한다. 이러한 이슈는 많은 경우 다음과 같은 갈등으로 그려지곤 한다. 그 한편에는 자기 스스로를 어떠한 방식으로든(아무리 모욕적인 방식이라 하더라도) 표현하고 싶어 하는 사람들의 권리(실제 권리이든 혹은 상상의 권리이든)가 있다. 다른 한편에는 그러한 표현에 너무 쉽게 모욕감을 느끼기 때문에 자유로운 표현을 반대하고 타인을 검열하고자 하는 사람들의 권리가 있다. 이런 식의 서로 다른 두 권리 사이의 갈등으로 프레임이 만들어지면 이에 영향을 받는 사람들의 목소리에 귀를 기울이는 것은 크게 중요하지 않게 된다. 왜냐하면 권리라는 것이 타인의 의견과 상관없이 옹호될 수 있는 것이기도 하고, 혹은 이러한 이슈가 기본적인 가치를 둘러싼 뿌리박힌 갈등에 관한 것으로 보이기도 하기 때문이다. 그러나 학생들이 이러한 이슈를 정의와 조화를 둘러싼 문제로 숙의한다면, 타인에게 귀 기울이기는 없어서는 안 되는 것이다. 즉, 학생들은 그러한 형태의 표현이 이에 관련된 사람들에게 어떤 식으로 영향을 주는지, 다른 사람들은 무엇이 행해져야 한다고 생각하는지, 이런 이슈가 외부자의 관점에서는 어떻게 보일 수 있는지 등을 고려해야 한다.

결론

멀리 있는 타인의 목소리에 귀를 기울이는 것은 정의와 조화를 증진하려는 시도라면 그 어떤 것에서든지 매우 중요한 구성 요소이다. 분명, 학생들은 숙의를 하는 동안 동료들에게 주의 깊게 귀를 기울여야 하지만, 이와 더불어 그 자리에 없는 사람들에게도 귀를 기울일 수 있어야 한다. 그 사람들이 공동체 사람이든 세상 반대편에 있는 사람이든 말이다. 우선, 멀리 있는 목소리에 귀 기울이는 것은 숙의에 있어서 윤리적으로 요청되는 것이다. 왜냐하면 이는 숙의로부터 영향을 받게 될 사람들, 그리고 자신들의 '좋은 삶'이 위태로운 사람들의 목적과 가치에 주의를 기울이는 일이기 때문이다. 그렇게 되면 이 사람들의 목소리는 문화적으로 고착되어 있는 가정이나 자기만을 위한 편견을 바로잡는 역할을 할 수 있다. 또한, 이러한 경청은 숙의를 위한 정보의 기반을 마련하는 데도 기여할 수 있다. 왜냐하면 사회 이슈로부터, 그리고 그러한 이슈에 대처하기 위한 조치로부터 영향을 받는 사람은 늘 그렇듯이 자신들의 경험에서 나온 중요한 통찰력을 가지고 있기 때문이다. 검토 중인 이슈로부터 직접적으로 영향을 받지 않는 사람들의 목소리조차도 숙의에서는 매우 중요한 역할을 할 수 있다. 이들의 목소리가 새로운 사고방식을 고취하고 사회 관행과 정책에 대안이 될 만한 접근법의 증거를 제공하기 때문이다. 물론, 멀리 있는 목소리에 귀 기울이는 일이 언제나 쉽지만은 않다. 세상을 내부자와 외부자로 나누고 이에 따라 자신들의 관념과 매우 달라 보이는 관념을 무시하는 경향이 존재하기 때문이다. 그러나 교육과정이 이미 이타심에 대한 감각을 길러왔다면, 그리고 멀리 있는 목소리가 협력적 숙의—대립적 숙의가 아닌—의 일부로 통합된다면, 멀리 있는 목소리에 귀 기울이고자 하는 학생들의 의지는 더 고양될 것이다. 이러한 노력의 목표는 학생들을 일반적인 의미에서 "더 나은 경청자"로 만드는 것이 아니다. 마치 학생들이 타인들에게 한 번 관심을 쏟고 나면 이후에도 항상 그렇게 할 것처럼 기대해서는 안 된다. 학생들은 그들이 학습하는 각각의 일상적 주제에 관하여 멀리 떨어진 목소리의 세세한 측면들에 관한 지식과 씨름해보아야 한다. 이것이야말로 교육과정이 숙의의 기본적인 특징으로 염두에 두어야 할 점이다.

8장

현명하게 행위하기

사회교육과 시민교육은 행위에 나서는 것을 기본적인 방향으로 설정해야한다. 그리고 이것은 정의와 조화를 실현하기 위해 무엇이 행해져야 하는가에 관한 학생들의 숙의에 따른 것이어야 한다. 학생들이 무엇을 해야 하는지와 관련하여 충분한 식견을 갖춘 결론에 이를 수 없다면, 아무리 이타적으로 행위하고 싶어 하고 또 아무리 타인의 목소리에 귀를 기울인다 하더라도 이는 거의 영향력을 가지지 못할 것이다. 더욱이 학생들은 행위에 관해 두 가지 수준에서 고려해야 한다. 첫째, 학생들은 정의와 조화를 최선으로 증진하는 정책이나 실천이 무엇인지 결정해야 한다. 가령, 학생들은 난민을 어떻게 지원해야 할지, 인종 프로파일링을 어떻게 막을 것인지, 취약한 피고용인들을 어떻게 보호할 것인지, 인종적·민족적 다양성을 어떻게 고양할 것인지, 다양한 젠더 정체성과 성적 지향을 어떻게 긍정할 것인지, 환경을 어떻게 보호할 것인지, 정치적 대표성을 어떻게 보장할 것인지 등에 대한 결정을 내려야 한다. 둘째, 학생들은 이러한 정책이나 실천을 각각 어떻게 이루어낼지 생각해야 한다. 그 방법으로는 입법자와 접촉하거나, 청원서를 작성하고 이에 서명하거나, 시간과 자원을 기부하거나, 다른 사람들에게 정보를 제공하거나, 사회운동에 참여하거나, 자신들의 결론과 뜻을 함께하는 정당과 후보를 지지하는 것 등이 있을 것이다. 이러한 행위 중 일부는 학생들이 즉각적으로 취할 수 있는 것이지만, 다른 행위들—가령, 선거에서 투표하는 것—은 더 나이가 들 때까지 기다려야 할 수도 있다. 또한 학생들은 지역사회 내 이민자를 지원하는 것과 같은 지역 이슈에 대해서는 가장 직접적인 영향을 미칠 수 있다. 하지만 그들은 이에 더하여 국가 정책, 심지어 국제 관계에 어떻게 영향을 미칠 것인지에 대해서도 고려할 수 있어야 한다. 이 각각의 사례에서—즉, 가까운 이슈와 멀리 있는 이슈, 현재 할 수 있는 것과 미래에 할 수 있는 것 모두— 사회교육과 시민교육은 학생들이 행위할 수 있도록, 그것도 현명하게 행위할 수 있도록 도와야 한다.

분별력과 실천적 지혜

학생들이 결정한 행위는 현명한 것이어야 한다. 즉, 그들이 의도한 목적을 달성할 수 있도록 잘 설계된 것이어야 한다. 빈곤, 인종주의, 기후변화 등, 학생들이 숙의하는 그 어떤 이슈든 간에 이에 대응하는 방법으로 가능한 것들이 많이 존재한다. 하지만 이 모든 방법들이 정의와 조화를 이끌어내는 데 있어서 똑같이 효과적인 것은 아니다. 선의에 따른 대응 중 일부는 효과가 거의 없을 수도 있다. 가령, 빈곤한 지역에 살고 있는 사람들에게 헌 옷을 기부하는 것을 생각해보자. 만약 이 사람들이 그렇게 버려진 물건을 필요로 하지 않거나 가치 있게 여기지 않는다면 헌 옷을 기부하는 일은 효과가 없을 것이다. 또 다른 경우에는 단기적으로 이익이 발생하더라도 결과적으로는 부정적인 효과에 압도당할 수도 있다. 가령, 국제 봉사 여행은 청년들을 경제적으로 낙후된 지역에 보내 교육 활동을 할 수 있게 하고, 학교를 만들며, 고아원에서 일하거나, 각종 형태의 봉사 기회를 제공한다. 하지만 이러한 활동은 지역 내 고용의 원천을 파괴하고 아이들이 부모와 분리되는 것을 장려하는 일이 될 수도 있다.[15] 또 어떤 경우에는 변화를 이루기 위한 전략들이 비현실적일 수도 있다. 전국적인 규모의 임대료 파업을 지지하거나, 정부를 전복하거나, 오랫동안 적대감을 지닌 공동체들을 통합하자고 주장하는 것은 상황에 따라 이성주의적 환상에 지나지 않을 수 있다. 학생들은 정의와 조화를 증진시키기 위해 어떠한 행위가 효과가 있을지, 그리고 정의와 조화를 이루기 위한 전략은 어떤 것인지를 생각할 수 있어야 한다.

　이러한 종류의 지혜(智, wisdom)는 유교의 주요 미덕이고, 지혜의 핵심에는 분별력(權, discretion)이 자리하고 있다. 여기서 분별력은 상황을 따져보고 가장 적절한 행위의 경로를 결정할 수 있는 것을 말한다(C. Li, 2014). 즉, 상황을 평가해야만, 우리는 어떻게 해야 그 일을 가장 잘 진척시킬 수 있을지에 대한 결론에 이를 수 있다. 맹자가 "먼저 따져 보아라. 그래야 길이의 길고 짧음을 알 수 있을 것이다"라고 말한 것처럼 말이다(『맹자』, 「양혜왕」 상, 7장). 이러한 분별력은 표준화된 공식을 적용하는 것이 아닌 개별 상황에 실용적으로 대응하는 것을 의미한다(C. Li, 2014; K. Thompson, 2007). 고정된 규칙과 방법은 인간사에 관한 복합적이고 역동적인 세계를 다루기에는 결코 적절하지 않고, 이러한 방식을 너무 엄격하게 고수하는 것은 아무리 잘해봤자 비효율적이고 심지어 최악의 경우에는 재앙이 될 가능성이 높다(C. Li, 2014; K.

---

15) 청년들의 국제 봉사 여행과 연계된 고아원의 경우, 아이들을 고아원으로 더 끌어들여야 각종 후원을 받는 데 더 유리하기 때문에 고아원 측에서 부모에게 비용을 지불하고 아이들을 부모와 강제 분리시키는 경우가 있다.

Thompson, 2007). 지혜는 유연성—즉, 구체적인 상황에 대한 조절, 적응, 대응—을 필요로 한다. 또한, 현명한 결정에 이르는 것은 지식에 달려 있기도 하다. 왜냐하면 지식이 없으면 이타심조차 갈 길을 잃고, 공자가 말한 것처럼 "어리석음"으로 이어질 수 있기 때문이다(『논어』, 「양화」, 8장). 이와 관련하여 공자는 다음과 같이 말했다. "제대로 알지도 못하면서 새로운 것을 창작하는 사람이 있지만, 나는 그런 일을 하는 사람이 아니다. 나는 내 귀를 잘 사용하고 또 넓게 사용한다. 그리고 좋은 것을 선택하고 그것을 따른다"(『논어』, 「술이」, 27장).

이와 같은 추론은 서양 철학의 전통에서도 오랫동안 가치 있는 것으로 여겨져 왔다. 가령, 아리스토텔레스는 윤리적 행위가 '프로네시스(phronesis)', 혹은 실천적 지혜—즉, 일반적이거나 이론적인 규칙을 적용하는 것이 아닌 상황에 적합한 행동을 할 수 있게 하는 판단—에 달려 있다고 했다(Kraut, 2018). 물론 그러한 판단을 내리기 위해 무엇이 필요한가에 대해서는 철학자들마다 각기 다른 설명을 하지만, 씨얼(Thiele, 2006)은 대부분의 철학자들이 하나의 핵심 요소에는 동의해 왔다고 주장했다. 그것은 바로 보편적인 법칙과 기준을 고수하는 것이 아니라, 맥락과 우연성에 주의를 기울일 필요가 있다는 것이다. 올바른 답을 보장할 수 있는 원칙과 확실성이 부재한 경우, 우리는 상황을 따져보고, 선택지를 평가하며, 복합적이고 변화하는 세계에 대응하는 유연한 방식으로 행위의 경로를 선택하는 수밖에 없다. 가령, 듀이(Dewey, 1909)는 도덕적·윤리적 행위는 판단, 즉 "대개 훌륭한 감각이라고 불리는 것"을 필요로 하고(p. 51), 이것은 상황을 민감하게 평가하고 여기에 맞추어 행위하는 문제와 관련되어 있다고 주장했다. 또한 "행위란 늘 구체적인 상황에서 일어나는 것이며" 따라서 행위를 이끄는 것은 "행위가 일어나는 상황을 둘러싼 실제적이고 구체적인 요소에 대한 지식"이어야 한다고 했다(p. 52). 스탠리와 윗슨(W. Stanley & Whitson, 1992)은 사회적·개인적 행위를 지향하는 이러한 실천적 역량(practical competence)이 사회교육과 시민교육의 기초를 형성해야 한다고 주장했다.

지혜의 원천

실천적 지혜는 어디에서 오는가? 동서양 전통 모두 지혜를 대개 일종의 내면의 능력으로 본다. 지혜는 각 개인의 품성의 일부로 계발될 수 있는 미덕의 한 종류라는 것이다. 이러한 견해에서 보면, 지혜는 개개인이 마주하는 그 어떤 다양한 상황에라도 적용할 수 있는 만능의 자질이다. 즉, 현명한 사람들이 현명한 행위를 한다는 것이다. 그러나 우리는 이러한 관점이 사회교육과 시민교육의 기반으로서는 효과적이지 않다고 생각한다. 이미 제안한 바와 같이, 광범위한 인격적 특성—가령, 이타심, 경청, 지혜 등—은 너무 복합적이고 또 학교 안팎으로부터 다양한 영향을 너무 많이 받기 때문에, 이는 학교 교과목의 실행 가능한 목표가 될 수 없다. 더욱이 사람들은 어떤 상황에서는 자연스럽게 이타적이지만 다른 상황에서는 그렇지 않을 수 있듯이, 어떤 이슈에 대해서는 서로 다른 목소리에 민감하게 귀를 기울이지만 모든 이슈에 있어서 그렇게 하지는 않을 수 있다. 마찬가지로, 사람들은 어떤 경우에는 현명하게 행위하지만 다른 경우에는 생각 없이 행위할 수 있다. 따라서 지혜는 어떤 종류의 사람이 가진 특성으로 이해되어서는 안 되며, 개별 상황에서 사람들이 취하는 행위의 특성으로 이해되어야 한다. 학생들이 현명한 행위를 하기를 원한다면, 우리는 숙의하는 개별 주제와 관련하여 이들이 현명하게 행위하도록 지도할 수 있을 뿐이다. 즉, 우리는 학생들이 주거, 의료 지원, 인종 관계 등과 같은 개별 주제에 있어 정의와 조화를 어떻게 증진시킬 수 있을지 현명한 결정을 내리도록 도와야 한다. 이것은 필요할 때마다 언제든지 적용할 수 있는 일반적인 지혜 같은 것을 학생들에게 심어줄 수 있다는 생각과는 전적으로 다른 것이다.

그러면 학생들이 현명한 결정을 내릴 수 있도록 어떻게 지도할 것인가? 예외 없이 거의 모든 철학자들은 실천적 지혜가 경험에 뿌리를 두고 있다고 보았다. 마키아벨리는 사람들이 "삶에서의 시행착오" 속에서 배우게 되고 (Thiele, 2006, p. 28에서 재인용), 그러면서 다양한 상황에서 판단을 내리는 데 필요한 지혜를 발전시켜 나가게 된다고 했다. 유교 전통에서도 '지(智)'는 삶의 경험을 통해, 특히 역경을 통해 얻어지는 것으로 본다(C. Li, 2014; K. Thompson, 2007). 그럼에도 철학자들 중에는 아이들이나 청소년들의 지혜를 계발하는 일에 관심을 가진 이는 거의 없었다. 왜냐하면, 아이들과 청소년들은 지혜의 밑바탕이 되는 일생의 경험이라는 것이 많지 않고, 사회 이슈—특히 자신들의 삶에 직접적으로 영향을 주지 않는 사회 이슈—를 해결하기 위한 대안적인 정책 선택지에 대한 경험을 가져본 적도 많지 않기 때문이다. 따라서 우리는 교육 영역에서 경험에 대한 우리의 이해를 넓힐 필요가 있다. 배움에 관한 한자어인 '학(學, learning)'은 원래 "깨닫게 되는 것"을 의미하는 말로, 이는 자신의 경험뿐만 아니라 타인의 경험으로부터도 배운다는 의미이다(S. Tan, 2003). 이러한 배움이 없으면, 사고는 "'근거가 없고', 공허하며, 사변적이고, 단순한 '백일몽'"일 뿐이다. 그리고 그러한 사고는 비생산적이고 심지어 위험한 행위로 이어지게 된다(S. Tan, 2003, p. 47). 따라서 현명한 결정을 내리기 위해 학생들은 여러 곳에서 온 지식과 씨름할 필요가 있다. 그러한 지식의 출처는 때로는 자신들의 직접적인 경험과 관찰이겠지만, 더 빈번한 경우는 자신들의 공동체에 속해 있는 타인들의 경험과 관찰일 것이며, 거의 대부분은 자신들이 숙의하는 이슈에 통찰력을 제공하는 외부 자원과 같은 부류일 것이다.

1) 사회 이슈와 그 원인

동정심을 기르고 타인의 관점을 이해하기 위해 요구되는 지식도 중요하지만, 학생들이 씨름해보아야 하는 가장 중요한 지식의 중심부에는 사회 이슈의 본질과 원인, 그러한 사회 이슈를 해결하기 위해 취해질 수 있는 조치의 효과가 있어야 한다. 우선 하나의 이슈를 숙의한다는 것은, 그 이슈의 어떤 부분이 다루어질 수 있고 또 다루어져야 하는지를 확인하기 위해 그 이슈의 범위와 구체적인 영향을 이해한다는 것을 뜻한다. 예를 들어, 젠더 평등은 매우 중요한 문제이며, 이는 그 어떤 환경에 있는 학생이든 거의 다 어느 시점엔가는 다루게 될 문제이다. 그러나 젠더 불평등은 어떠한 모습을 하고 있는가? 학생들은 교육이나 의료 지원, 정치 참여 등 삶의 다른 영역에서 발생하는 각기 다른 불평등 양상에 대한 정보를 두고 고민해볼 필요가 있다. 또한 이러한 젠더 불평등이 어떤 방식으로 여성들이 스스로 선택한 삶을 영위하는 능력을 제한하는지에 대해서도 생각해볼 필요가 있다. 사실 이러한 것들도 매우 광범위한 영역이다. 따라서 실질적 유용성을 위해 학생들이 보다 직접적으로 초점을 맞추어야 할 것은 개별 이슈라고 하겠다. 의료 지원을 예로 들어보자. 상황에 따른 차이는 있지만, 학생들은 여성들이 성적·정서적 학대와 가정 폭력을 경험하게 되는 경우가 얼마나 많은지, 출산 또는 환경 독소에 대한 노출로 인해 조기 사망에 이르게 되는 경우가 얼마나 많은지 고려해야 한다. 또한, 여성들이 의약품, 영양, 건강 정보, 의료 시설에 접근하기가 얼마나 더 어려운지, 수많은 다른 불평등 중 하나로 질병 진단과 치료에 있어서 차별을 겪는 경우가 얼마나 더 많은지 등을 고려할 필요가 있다(World Health Organization, 2009). (물론 남성과 LGBTQ 개인들 또한 건강 문제와 관련하여 각기 다른 불평등에 직면할 수 있고, 학생들이 이에 대해 이해하는 것도 중요하다.)

이와 같이 건강 관련 불평등을 둘러싼 개별 사례에 대한 지식이 없다면, 학생들의 숙의는 분명 "근거 없는" 것이 될 것이다.

이러한 불평등의 원인에 관한 지식 또한 마찬가지로 중요하다. 의료 지원에 있어 젠더 관련 불평등은 문화적으로 기대되는 것들과 관련되어 있을 수도 있다. 대가족을 가치 있게 여기거나(그리하여 여성들이 계속해서 임신하게 되고, 이것이 건강 위험으로 이어질 수 있다), 여성들에게 음식을 준비하는 역할을 맡기는 경우(그리하여 여성들이 화석 연료에서 나오는 독성 가스에 지속적으로 노출될 수 있다)처럼 말이다. 가부장적 권력 구조가 또 다른 불평등의 근원일 수도 있다. 가부장적 권력 구조하에서 여성들은 혼자서 의료 시설로 이동할 수 없게 속박당하는 경우도 있고, 원치 않는 성적 만남을 경험해야 될 수도 있다. 그럼에도 여전히 많은 불평등은 경제적 빈곤이나 실업에서 비롯되고 있다. 빈곤이나 실업 상태에 놓인 여성들은 의료 보험에 가입하거나 적정 가격의 의약품을 구하기 어려울 것이다. 법적·제도적 관행과 구조도 여성에 대한 의료 지원에 영향을 미칠 수 있다. 가령, 여성들이 출산과 관련하여 몇몇 형태의 건강 지원을 받을 수 없는 경우도 있고, 여성들이 무엇을 필요로 하는지 의사나 제약 회사들이 충분한 관심을 두지 않는 경우도 있다(Hawkes & Buse, 2013; S. Payne, 2006; G. Sen & Östlin, 2011). 이러한 종류의 지식은 학생들의 숙의에서 결정적인 역할을 한다. 왜냐하면 문제의 원인을 이해하지 않고서는 문제에 효과적으로 대처할 수 없기 때문이다. 가령, 여자 아이들이 철분 섭취를 늘릴 수 있는 방법에 어떤 것이 있을지 결정하는 상황이라고 해보자. 이 경우 철분 섭취 부족의 원인을 아는 것이 결정적으로 중요하게 작용할 것이다. 즉, 철분 섭취의 중요성을 자각하지 못했을 수도 있고, 고기나 영양 보충제를 구할 수 없는 경제적 요인이 작용했을 수도 있다. 또한, 철분 부족을 야기하는 기생충 질병이 있을 수도 있고, 철분 흡수를 돕는 비타민 A가

부족할 수도 있으며, 여자 아이들에게 철분이 부족한 음식을 권하는 문화적 패턴이 작동하고 있을 수도 있다(Shell-Duncan & McDade, 2005).

인종, 종교, 민족, 젠더, 능력과 관련하여 존중을 담은 언어와 이미지, 상호작용을 어떻게 장려할 수 있을지를 숙의하는 상황 역시 다르지 않다. 각각의 이슈의 본질에 관한 지식과 씨름하는 것이야말로 학생들에게 꼭 필요한 일이다. 상스럽고 유난히 모욕적인 말이나 행동을 삼가는 것은 많은 지식이 필요하지 않기 때문에 비교적 어렵지 않다. 그러나 더 미묘하지만 만연해 있는 침해 행위를 하지 않기 위해서는 훨씬 더 많은 지식이 필요하다. 학생들은 몇몇 특정한 용어가 불쾌함을 유발한다는 사실을 진짜 모를 수 있고, 또 몇몇 시각적 이미지가 모욕적이라거나 특정한 행동이 타인의 능력이나 정체성을 문제시한다는 것을 정말 모를 수 있다. 학생들은 이러한 단어나 이미지, 행동이 어떻게 보이고 또 어떻게 들리는지, 그리고 이러한 것들이 미디어나 대중적인 어구, 교육과정 자료, 개인 간의 상호작용에서 얼마나 빈번하게 등장하는지에 대해 구체적으로 알고 있어야 한다. 학생들은 그러한 호칭이나 이미지 뒤에 숨겨져 있는 이유—가령, 이것들의 역사적 기원, 이를 사용하는 사회적 심리, 이것들이 기여하는 당대의 사회적·정치적 목적, 이러한 것들이 지속적으로 유포되는 데 있어서 미디어와 소셜 미디어가 담당하는 역할 등—에 대해서도 고려할 필요가 있다. 스테레오타입의 본질에 관한 지식, 그리고 스테레오타입이 왜 그토록 일반적인지에 관한 지식과 씨름해보아야만, "스테레오타입을 줄이려는" 학생들의 선의의 노력이 현명한 결정으로 이어질 것이다.

사회 이슈를 어떻게 다루어야 하는지 숙의하기 위해서는 그러한 이슈의 원인을 이해해야 한다. 하지만 그렇다고 해서 원인과 해결책 사이에 단순한 연결 고리가 있는 것은 아니다. 9장에서 설명하겠지만, 일부 시민교육 교육자들은 사회문제의 원인을 제거하고자 고안된 행위가 그 사회문제의 결과를 조정하려고만 하는 행위보다 더 우월하다고 주장한다. 그러나 복합적이고 오랫동안 이어져 온 사회문제의 원인까지 우리의 손이 닿기는 어려울 수 있다. 가령, 세계 많은 곳에서의 민족적·국가적 갈등은 유럽의 식민주의에 뿌리를 두고 있다. 하지만 시간을 되돌려 역사적 사건을 바꿀 수 있는 방법은 없다. 따라서 우리는 현재 갈등이 존재한다는 점을 받아들이고 이러한 갈등 상황을 처리해야 한다. 마찬가지로, 11장에서 보다 자세히 살펴보겠지만, 기후변화를 멈춘다는 것은 이미 너무 늦은 것일 수도 있다. 따라서 우리 앞에 놓여 있는 임무는 기후변화의 영향에 어떻게 대처하느냐이다. 심각한 사회문제의 원인을 해결하고자 하는 것은 많은 경우 이론적으로 가능하다고 해도 비현실적이며, 이는 적어도 가까운 미래에는 더욱 그러하다. 가령, 현대 세계의 빈곤은 대부분의 경우 세계 자본주의 체제가 야기한 불평등에서 비롯된 것이다. 이러한 체제를 전복시키는 것이 빈곤을 해결하는 근본적인 방법일 수 있지만, 그렇게 하는 것은 단기적으로 봤을 때 행위를 위한 현실적인 계획이 아니다. 세상을 바꾸겠다는 이상주의적인 계획은 장기적 목표로 적절하지만, 그렇다고 해서 이를 핑계로 보다 즉각적인 결과를 이루는 것을 회피해서는 안 될 것이다. 실천적 지혜에 요구되는 분별력은 성취될 수 있는 것과 성취될 수 없는 것에 대한 신중한 고려를 요구한다.

2) 정책 선택지들

현명한 행위를 하는 데 있어서 결정적인 요소가 사회 이슈의 본질과 원인을 이해하는 것이기는 하다. 하지만 마찬가지로 중요한 것은 그 이슈에 대처하는 데 있어서 일어날 수 있는 결과까지 고려하여 활용할 수 있는 선택지로는 어떤 것이 있는지를 아는 것이다. 학생들은 사회 이슈를 해결하기 위해 활용할 수 있는 공공정책의 범위에 대해 매우 제한적인 경험만을 가지고 있을 것이다. 따라서 학생들이 이러한 선택가능한 공공정책을 둘러싼 지식과 씨름해보는 것은 숙의에서 매우 중요하다. 가령, 경제적으로 낙후된 국가에서 여성의 영양 상태를 개선하는 정책에는 여러 가지가 있을 수 있다. 여기에는 식이보충제 제공, 기생충 질병 근절, 영양 교육, 여성의 경제적 지위를 향상시키기 위한 소액 금융 프로그램 운영, 토지 재분배 등이 포함된다. 학생들은 이 중에서 어떤 것이—단독으로 혹은 여러 요소와 조합되어— 가장 효과적일지 고려할 필요가 있다. 마찬가지로, 학교에서 인종 관계를 개선하기 위해 대처할 수 있는 방안에는 여러 가지가 있을 수 있다. 평화 구축 운동을 펼치는 것, 인종적 다양성에 대해 교육하는 것, 엄격한 규율 정책을 실시하는 것, 사회 전반에 기초해 있는 부정의한 차별을 철폐하는 것 등이 가능하다. 이러한 행위 각각은 나름의 효과가 있을 것이다. 하지만 이 중에서 어떤 것이 가장 현명한 행위일까? 대안이 되는 선택지를 고려하지 않으면, 이슈에 어떻게 대처할 것인지에 대한 결정은 근시안적이고 불완전한 것이 될 것이다.

이때 특히 중요한 것은, 제도적 메커니즘이 정의와 조화를 둘러싼 이슈에 어떤 영향을 줄 수 있는가에 대한 지식을 두고 학생들이 씨름해보아야 한다는 것이다. 학생들은 대개 법의 중요성에 대해 인식하지만, 법이 작동하는 보다 광범위한 정부의 맥락이나 경제적 맥락에 대해서는 이해하지 못할 수 있다. 또한, 학생들은 사회체제가 사람들이 살아가는 방식이나 그들이 누릴 수 있는 기회에 얼마나 다양한 방식으로 영향을 줄 수 있는지를 이해하지 못할 수 있다(Barton, 2020). 학생들은 이러한 체제와 상호작용하고 그러한 체제의 효과를 경험하기는 하지만, 이에 대한 공식적인 지식과 씨름해보지 못한 채로는 이러한 체제가 어떻게 작동하는지에 대한 깊이 있는 생각을 발전시키기 어려울 것이다. 사회 제도에 대한 이러한 통찰력 부족으로 인해, 많은 학생들 그리고 성인들마저도 인종주의를 구조적 억압보다는 개인적 편견의 측면에서 해석하곤 한다(Bonilla-Silva, 2017; Wills, 2019). 학생들이 사회 제도에 대한 체계적인 지식을 마주할 때라야 비로소 인간 사회에서 제도가 갖는 본질적 특성을 이해하게 될 것이다. 그렇다면 학생들이 숙의할 때 포함되어야 할 것은 분명하다. 학생들은 법, 법원, 조약, 경제 정책, 정부 간 국제기구, 비영리 재단, 시민사회 기구, 기타 사회제도 등이 어떻게 작동하는지를 고려해야 한다.

3) 사회정책의 결과

학생들이 여러 정책 선택지들 가운데서 판단을 내리려면, 교육과정은 학생들이 그러한 선택에 따라 벌어질 수 있는 결과에 관한 지식과 씨름해볼 수 있게 해야 한다. 이것은 결코 사변적인 성격의 과업이 아니다. 왜냐하면 가능한 결과에 대한 지식은 사회 이슈를 해결하기 위한 행위들이 어떤 영향을 미치는가에 관한 구체적 증거에 기반해야 하기 때문이다. 때때로 이러한 지식은 학생들의 직접적인 경험이나 학생들이 알고 있는 사람들의 경험에서 나올 수 있다. 하지만 대개의 경우는 학자나 정부 관료, 언론인, 활동가 같은 사람들의 작업에 기반하고 있을 것이다. 이들은 기존 정책의 영향에 대해 말할 수 있거나 현재의 패턴을 토대로 계획을 세울 수 있는 사람들이기 때문이다. 가령, 가계를 빈곤에서 벗어나게 하는 다양한 정책들은 어떤 효과를 낼까? 일자리를 창출하는 것이나 최저 임금을 인상하는 것, 보편적 기본 소득을 확립하는 것, 사람을 교도소에 가두는 일을 줄이는 것, 세금 구조를 개편하는 것, 교육과 훈련을 개선하는 것, 보육비를 지원하는 것과 같은 다양한 정책들의 효과 말이다. 또한 망명이나 이민을 위한 법적 절차가 완화되거나 제한되었을 때, 난민의 안전과 보장은 어떤 영향을 받게 될까? 정책적으로 난민을 고립시키거나 공동체로 통합시켰을 때, 국제기구가 정착과 관리감독 메커니즘을 확립했을 때의 영향은 또 어떠할까? 시민사회 기구가 사회적·물질적 지원을 했을 때, 난민 유입을 막거나 이들을 본국으로 돌려보내는 국가 정책이 채택되었을 때의 영향은 또 어떠할까? 이러한 이슈들 각각에 관한 정책에는 전문성이 존재하며, 이러한 전문성은 의미 있는 숙의라면 어떤 것에서든 중요한 역할을 한다. "먼저 따져 보아라"라는 것은 바로 이런 의미이다. 즉, 결정을 내릴 때는 현행 지식을 우선해야지 근거도 갖추지 못한 채 무모하게 행위에 나서서는 안 된다는 것이다.

그리고 숙의의 중요한 부분으로 더 짚어볼 것은 부차적으로 나타날 수 있는 결과에 대한 설명이다. 사회는 너무 복합적이기 때문에, 가장 단순한 정책조차 예측은 가능했어도 전혀 의도치 않았던 다양한 결과를 낳을 수 있으며, 이 중 일부는 의도한 목표를 훼손하거나 새로운 문제를 야기하기도 한다. 가령, 코뿔소 뿔이나 천산갑 비늘처럼 멸종 위기에 처한 종으로 만든 제품의 거래를 금지한다고 해보자. 이러한 정책은 이들 개체군 보호를 위한 논리적인 방식처럼 보인다. 그러나 이 전략은 가격을 올리고 더 고도화 된 밀렵을 부추김으로써 역효과를 낳을 수 있다. 이와 같은 거래 금지는 보호받는 개체군을 더 취약한 상황에 놓이게 할뿐만 아니라, 이러한 종을 지속적으로 거래하며 먹고 사는 지역 공동체에도 해를 끼칠 수 있다(Gilbert & Knowable Magazine, 2020). 수단에서의 현대판 노예 문제를 다루는 것도 이와 다르지 않다. 이 문제에 대해 1990년대 몇몇 국제기구들은 노예가 된 개인을 속박에서 "구출"하기 위해 기금을 모으기 시작했다(종종 학교에 다니는 학생들에게도 기금을 모았다). 이것은 명백한 부정의의 사례를 해결하기 위한 분명하고도 그럴듯한 방법처럼 보였다. 그러나 수 천 명의 사람들이 풀려나기는 했어도,

간접적으로는 그리 긍정적이지 못한 영향들이 나타났다. 외화 유입으로부터 더 높은 수익을 얻으려는 사람들 때문에 납치의 가능성이 더 높아졌고, 군사 장비의 구입도 증가했다(애초부터 납치가 분쟁의 원인이었고, 이러한 납치로 인해 군사 장비 구입이 증가했으며, 새로운 군사 장비가 분쟁을 지속시켰다). 또한 노예가 된 적이 없었던 수단 사람들이 돈을 받고 "석방되는"—그것도 한 번 이상— 광범위한 사기 행각도 늘어났다(Gardner, 1999; "The great slave scam," 2002; Vick, 2002).

언뜻 보기에는 단순한 조치로 보여도, 이로 인해 의도치 않은 결과가 생기는 것은 수많은 학생들의 삶에 가까이 있는 이슈에서도 분명하게 드러난다. 가령, 동성애 혐오로 인한 집단 따돌림의 경우를 들 수 있다. 성적 지향이나 젠더 정체성과 관련하여 발생하는 괴롭힘은 학교에서 흔한 일이고, 이는 희생자의 사회적 관계, 정신 건강, 학업 성취에 심각한 영향을 미친다(Day 외, 2016). 많은 학교는 이러한 괴롭힘 행동을 저지르면 자동으로 처벌받는 "무관용" 정책을 도입하여 집단 따돌림에 대응하고 있다. 괴롭힘을 줄이기 위해 가해자를 처벌하는 것은 논리적인 방식처럼 보일 수 있다. 하지만 정학이나 퇴학과 같은 규율 절차는 언제나 가난한 학생이나 소수자 학생들을 향해 있다. 따라서 이러한 정책은 가장 혜택을 받지 못하는 학생들에게 교육 장벽을 더 높이는 효과를 낳고, 이 학생들이 형사 체제에 휘말리게 될 가능성을 더 높여 놓는다(E. Stanley 외, 2012). 더욱이 가혹한 규율 정책으로 인해 학생들은 학교와 연결되었다는 느낌을 잃어버리게 되고, 이런 점들은 결국 LGBTQ 학생들을 더욱 소외시켜서 그들의 건강이나 성취에 있어서도 마찬가지로 좋지 않은 결과를 초래하게 된다(Day 외, 2016). 심각한 사회문제에 대해, 학생들—그리고 어른들도 마찬가지다—이 보이는 즉각적인 반응은 거래 금지, 노예 구출, 집단 따돌림 가해 집단 처벌과 같은 단순한 조치를 옹호하는 것일 가능성이 높다. 하지만 실천적 지혜는 그러한 선택지의 효과에 대해 의도된 것과 의도되지 않은 것을 모두 고려할 것을 요구한다.

4) 행위를 위한 전략

학생들은 정의와 조화를 증진시키기 위해 필요한 정책과 실천이 무엇인지에 관하여 숙의하고 이에 기반하여 결정을 내려야 한다. 하지만 이것이 전부가 아니다. 학생들은 그러한 목적을 실현할 수 있는 전략이 무엇인지에 관해서도 고려해야 한다. 가령, 학생들이 학급에 다양한 배경을 반영한 도서가 필요하다고, 여학생이나 소수자 학생들에게 부담을 주지 않도록 학교의 복장 규정을 고쳐야 한다고 결정했을 수 있다. 또는 소외된 공동체에게 더 많은 공공서비스를 제공해야 한다고, 망명 신청자들이 더 인도적으로 대우받아야 한다고, 전자 폐기물이 개발도상국으로 수출되지 않아야 한다고 결정했을 수도 있다. 이런 상황이라면 학생들은—개인적인 수준에서든 집단적인 수준에서든—자신들이 취할 수 있는 구체적인 절차에 어떤 것이 있는지를 고심해야 한다. 이 역시 실천적 지혜를 필요로 한다. 왜냐하면 사회 변화를 가져올 수 있는 다양한 방법에 관한 지식과 씨름해야 하고, 또 주어진 상황에서 가장 적절한 방법이 어떤 것인지 고려해야 하기 때문이다.

때때로 학생들은 변화에 직접적으로 영향을 미칠 수 있다. 만약 학생들이 학교에 게이와 레즈비언 연합 클럽이 있어야 한다는 결정을 내렸다고 가정해보자. 그렇다면 그들은 (많은 경우 최소한으로) 클럽 하나 정도를 시작할 수도 있다. 만약 지진 피해자들에게 구호품을 제공하는 가장 좋은 방법이 국제 구호 기구에 돈을 기부하는 것이라고 결정한다면, 이들은 또한 그렇게 할 수 있을 것이다. 만약 자원봉사 기구가 노인들에게 중요한 봉사를 제공한다고 판단하면, 학생들은 그러한 집단의 일원이 될 수도 있을 것이다. 이러한 것들 중 그 어떤 것도 단순하기만 한 과업은 아니며, 각각의 과업들은 더 많은 숙의를 필요로 한다. 클럽을 시작하기 위해서는 조직과 회원 자격에 대한 결정을 내려야 하고, 구호 기구를 선택하기 위해서는 그러한 기구의 영향을 평가해야 한다. 또한, 9장에서 더 자세히 말하게 되겠지만, 공동체 기구의 일원이 되는 것은 자신의 노동력을 자발적으로 제공하는 것 그 이상의 일을 포함할 수 있다. 그러나 이러한 노력의 공통점은 전략과 그것이 미치는 영향이 밀접하게 연결되어 있다는 것이다. 즉, 학생들은 자신들이 바라는 결과와 직접적으로 연결된 행위를 수행한다. 클럽을 만들고, 돈을 기부하며, 봉사활동을 하는 것 등은 바로 이런 직접적인 연결의 의미를 지니고 있는 것이다.

그러나 대부분의 전략은 이 정도로 직접적이지는 않다. 가장 흔한 전략 중 하나는 정당이나 후보자에게 투표를 하거나 국민 투표에 참여하는 것이다. 투표를 하는 것은 최소한의 공적 참여의 형태로 그래서 일종의 '구경꾼 정치'로 묘사되곤 한다. 투표를 통해 시민들은 단순히 공직자를 선출하기만 하고 이후 공직자들이 실제로 국가 운영 업무를 하도록 맡겨두기 때문이다 (Barber, 2003; Parker, 1996). 그러나 투표는 개인, 집단, 사회 전체에 영향을 미친다. 선출된 공직자들은 국가의 군사 행위를 결정할 수 있고, 복지 프로그램을 지원할 수도 또 축소할 수도 있으며, 시민의 자유를 확장하거나 제한할 수 있다. 또한 환경을 보호하거나 훼손할 수 있으며, 작은 지역에서부터 더 큰 지역, 나아가 전 세계 지역에 이르는 다양한 규모의 사람들에게 영향을 미치는 수많은 조치를 취할 수 있다. 시민들은 투표를 통해 자신들이 지지하는 정책을 수행할 것으로 예상되는 대표, 그리고 그렇게 하는 것에 대해 그 다음 선거에서 책임을 물을 수 있는 대표를 선출할 수 있다. 비록 시민권에서 배제된 이들에게는 해당되지 않겠지만, 투표는 시민들이 자신이나 타인들에게 영향을 미치는 정책들을 좌우할 수 있는 가장 접근성이 높으면서도, 단순하고, 중대한 방법 중 하나이다. 이런 점에서 투표할 권리를 확장하는 것이 역사적으로 전 세계에서 벌어진 정치 운동의 주요 목적이었다는 사실은 놀라운 일이 아니다. 대부분의 학생들은 아직은 투표할 수 없지만, 언젠가는 투표를 할 수 있게 될 것이다. 그리고 학생들은 숙의를 통해 어떤 정책이나 정당, 후보자를 지지해야 할 것인지와 관련하여 식견을 갖춘 결정으로 나아갈 수 있을 것이다.

그럼에도 불구하고 대부분의 전략들은 투표하는 것과 직접적으로 이행하는 것 사이의 어딘가에 놓여 있다. 사람들이 법을 지지하거나 정책을 제정하고, 새로운 관행을 도입하고자 다른 사람들을 납득시키기 위해 노력하는 많은 방식들이 여기에 해당한다. 이러한 방식들 중 일부는 논란의 여지가 없다. 가령, 공직자에게 편지를 쓰고, 정부 모임에 참석하며, 공식 채널을 통해 피드백을 제공하고, 인쇄물이나 소셜 미디어에 의견을 남기는 등의 전략이 무슨 논란의 여지가 있겠는가? 그러나 다른 전략은 더 큰 저항을 불러올 수 있다. 가령, 한 자료는 비폭력 행위에 관한 198개의 방법에 대해 묘사하고 있다 (Albert Einstein Institution, 2020). 여기에는 공적 연설, 집단 청원, 로비, 공공 예술 작품 제작, 게릴라 극장 운영, 행진, 파업, 연좌농성이 포함되어 있고, 또한 농민들이 중간 상인을 거치지 않고 직접 물건을 가져다 파는 방식의 대안적 형태의 시장 구성 및 수많은 다른 방법들도 포함되어 있다. 학생들뿐만 아니라 아마 대부분의 어른들도 가능한 행위의 범위를 모를 수 있고, 따라서 이러한 방법에 관한 지식과 씨름하는 것이 매우 중요하다.

그렇다고 해도 학생들이 무작위로 방법을 선택한다든지 최근에 인기 있는 방법을 선택한다든지 해서는 안 될 것이다. 즉, 학생들이 고려해야 할 것은 어떤 방법이 성공적일 것인가 하는 점이다. 가령, 현대 사회에서 소비자 불매

운동은 대중적인 전술이 되었지만 이는 특정 상황하에서만 효과적이다. 불매운동이 미디어의 주목을 충분히 이끌어내 기업의 평판을 해칠 정도가 되거나(B. King, 2008), 불매운동의 목적이 광범위한 호소력을 지닌 간명한 메시지로 표현될 수 있어야 한다(Friedman, 1999). 아니면 미국 시민권 운동이나 남아프리카 공화국의 반(反) 아파르트헤이트 운동 때처럼 불매운동이 보다 광범위한 사회운동의 일부가 될 수 있어야 한다. 마찬가지로, 학생들은 "인식을 제고하는 것"이 인권 침해 같은 심각한 문제에 대한 의미 있는 대응이라고 생각하곤 한다. 그러나 그렇게 이슈를 공론화하는 것이 문제 상황을 개선시키는 데 도움이 거의 되지 않을 수도 있다. 또한 이러한 공론화는 학생들이 쉽게 해결할 수 없는 어려움 앞에서 단순히 **어떤 것**을 행했다는 이유로 스스로 만족하는 것에 그치는 것일 수도 있다. 실천적 지혜는 각기 다른 맥락에서 각기 다른 목표에 맞는 방법을 선택할 것을 요구한다.

　전략을 결정할 때 또 주목해야 하는 것은 바로 타이밍이다. 이는 종종 유교의 중요한 덕목인 절제(節, restraint)와 관련되어 있다. 전략이 효과적이기 위해서는 무턱대고 이행하기보다는 신중한 계획에 따라 진행해야 한다(C. Li, 2014; K. Thompson, 2007). 가령, 엄청난 사회적 변화를 요구하는 공적 시위는 많은 사람들이 이미 대의를 지지할 때에는 효과적일 수 있지만, 그러한 요구가 대중적 지지를 받지 못하거나 제대로 알려지지 않은 경우에는 시기상조일 수 있고 어쩌면 역효과를 낼 수도 있다. 반대로, 강제 이주나 거주지 파괴와 같이 위협이 임박한 경우에는 정부 기관에 편지를 쓰는 등의 단계적인 전략이 아닌 즉각적이고 심지어 무모한 전략이 필요할 수 있다. 첸양 리(C. Li, 2014)가 "훌륭한 행위는 적절한 타이밍에 대한 고려 없이는 수행될 수 없다"라고 말한 것처럼, 실천적 지혜를 위해서는 적시성(時, timeliness)을 고려할 필요가 있다(p. 130). 교육과정이 할 일은 학생들이 변화를 위해 언제 그리고 어떻게, 실행 가능하고 효과적일 수 있는 방식으로 일할 것인지에 관한 현명한 결정을 내리도록 돕는 것이다.

현명한 행위로 안내하기

이타심이나 멀리 있는 목소리에 초점이 맞추어진 내용과 비교할 때, 현명하게 행위하기 위한 교육과정은 다소 매력이 떨어져 보일 수 있다. 이 교육과정의 초점은 거대한 규모의 사회적 힘과 상세한 인과적 추론이기 때문이다. 현명한 행위를 위한 교육과정은 통계 및 여러 추상적 형태의 표현과 분석에 의존하는 경우가 많고, 매력적인 시나리오나 개인의 증언에는 크게 관심을 기울이지 않는다. 이는 당연히 그래야 한다. 즉, 정서적 반응이나 다양한 목소리는 이미 학생들이 경험한 것이며, 이 가이드라인의 목적은 그러한 경험 **위에 확립**되어야 하는 것이다. 이를 통해 학생들은 사회 이슈에 가장 잘 대처하기 위한 방법에 대하여 충분한 식견을 가진 체계적인 결론에 도달해야 한다(McCully, 2010 참조). 앞서 언급한 세 가지의 내용 가이드라인 각각에 주목해야 한다. 그렇지 않으면, 학생들의 숙의는 불완전하고 이들이 내리는 결론은 근거가 빈약해질 것이다.

그렇다고 해서 이러한 내용이 재미없어야 한다거나, 인간적인 이야기가 아무런 역할을 하지 못한다는 뜻은 아니다. 중요한 것은 개인들의 삶이 보다 일반적인 패턴에 대한 관심을 불러오고 이것이 단순한 일화에 그치지 않아야 한다는 것이다. 이렇게 될 때라야 사회적 관행과 정책의 효과가 개인들의 삶을 통해 설명될 수 있다. 마찬가지로, 각종 자료들이 인권 활동가들의 정책 목표와 이들이 펼친 투쟁에 초점을 맞춘다면, 이 사람들의 활동 역시 중요한 정보를 전달하면서도 설득력 있는 내러티브를 만들 수 있다(Barton, 2020). 일부 주제에 대해서는, 학생들이 사람들 및 그 주변 환경에 대한 조사에 직접 참여해볼 수 있다. 가령, 학생들은 경제 변화나 환경 변화가 끼친 영향에 대한 증거를 찾고자 인근 지역을 조사해볼 수 있을 것이다. 혹은, 사람들이 그러한 변화를 어떻게 경험하고 또 어떻게 대응하는지에 관한 통찰력을 얻기 위해 지역사회에서 사람들과 인터뷰를 해볼 수도 있을 것이다. 추상적인 내용을 다루는 경우에도, 모든 교육과정 자료는 흥미롭고 이해 가능하며 연령에 적합한 방식으로 지식을 제시해야 한다.

1) 학생들은 현명한 결정을 내릴 수 있는가?

아무리 좋은 자료를 제공한다 하더라도, 학생들이 실천적 지혜를 발전시켜 나갈 수 있을 것이라 기대하는 것이 합당한가? 실천적 지혜를 위한 교육과정 가이드라인은 논리적 추론을 강조한다. 즉, 의도하지 않은 결과와 구체적인 상황에서의 적합성을 포함하여, 다양한 선택지의 비용과 이점을 신중하게 고려할 것을 요구한다. 그러나 실험적 증거나 철학적 분석, 일상의 경험 모두를 통해 알 수 있는 것처럼 사람들이 논리적으로 추론하는 데 실패하는 경우가 적지 않다. 의사 결정을 잘못된 방향으로 이끄는 데 영향을 주는 다양한 편견이나 직감(heuristics)[16]이 존재한다. 아마 이 중 가장 잘 알려진 것이 자기 확

---

16) 휴리스틱(heuristics)을 표현한 말이다. 이는 '발견하다'의 뜻을 가지고 있으며, 충분한 정보가 갖추어져 있지 않은 상황에서 가상적인 추론 등을 결합하여 내리는 판단을 의미한다. 인간은 컴퓨터처럼 모든 정보를 수집하여 이를 바탕으로 결정을 내리는 것이 아니라 제한된 정보와 경험을 바탕으로 직관과 느낌에 의존하여 판단을 내린다. 'heuristics'은 시간이 부족한 상황에서 효율적인 정보처리과정이 될 수도 있으나 스스로의 선이해에 갇혀 비합리적인 판단으로 나아갈 수도 있다.

신과 합리화일 것이다. 이는 서로 불일치하거나 모순된 증거를 무시하거나 경시하면서 기존의 판단을 뒷받침하는 이유만 찾고 기존의 신념을 확인시켜 주는 정보만 받아들이는 것을 말한다(Kahneman 외, 1982; Nickerson, 1998; Plous, 1993). 특히 인과적 추론은 "속속들이 알고 있다는 착각"으로부터 영향을 받게 된다. 즉, 우리는 우리가 세상에 대해 실제로 알고 있는 것보다 더 많이 알고 있다고 믿는다. 사람들은 기계 장치를 비롯하여 사회정책에 이르기까지 모든 것이 어떻게 작동하는지에 대해 상세하고 구체적으로 이해하고 있다고 생각하곤 한다. 하지만 이것들이 어떻게 작동하는지 설명해보라고 하면 극히 기초적인 아이디어만을 제시할 뿐 여기에 수반된 과정에 관한 기본적인 질문에조차 대답하지 못하는 경우가 많다(Rozenblit & Keil, 2002; Sloman & Fernbach, 2017). 더욱이, 행위의 부차적인 결과까지 고려하는 사람은 거의 없다. 그러나 우리가 지적한 바와 같이, 부차적인 결과를 고려하는 것은 사회 이슈에 관하여 현명한 결정을 내리는 데 매우 중요하다(Green, 2013; Sloman & Fernbach, 2017).

비논리적 사고의 사례들로는 현재 일어나고 있는 사건들만 살피는 것으로도 충분하다. 가령, 사람들은 공중 보건이나 환경에 대한 과학적 증거를 무시한다. 또한 시대에 뒤떨어진 믿음과 행동에 집착하면서 대안을 고려하지 않으려고 한다. 게다가 주장하는 것과 직접적으로 배치되는 효과를 가진 프로그램을 지지하기도 한다. 자기 잇속만 챙기는 정치인들은 아예 속일 작정을 하고 이러한 인지적 편견을 이용하여 권력을 얻고 사회에 해악을 끼친다. 사람들이 논리적이고 충분한 근거를 갖춘 결정을 내리리라는 희망은 분명한 한계가 있다. 하지만 이를 받아들이게 되면 합리적 사고에 호소하는 것은 거의 의미 없는 일이라는 결론을 내리고 싶을 수 있다(가령, Lakoff, 2009). 즉, 어른들조차 어려워하는 것을 어린이와 청소년들이 해내기를 기대하는 것은 훨씬 더 부적절해 보일 수 있을 것이다. 그러나 추론에 관한 이러한 비관적 견해는 몇 가지 중요한 고려 사항을 무시한 것이다. 즉, 수련을 바탕으로 학생들은 숙의를 통한 식견을 갖춘 행위를 실천할 수 있으며, 이를 가능하게 하는 것이 바로 교육의 역할이라는 점이 특히 고려되어야 할 것이다.

물론 비합리적 요인들이 사람들의 사고에 분명 영향을 준다. 하지만 이러한 것들이 항상 가장 중요한 고려사항인 것은 아니다. 늘 그렇지는 않다고 해도 대체로 사람들이 대부분의 시간 동안 논리적으로 **추론한다는 것은 분명하다**(Bloom, 2016). 사실, 인간은 "인과 관계에 따라 사고하는 데 능통한 존재"이고(Sloman & Fernbach, 2017, p. 52), 현명한 행위는 삶 전체의 중요한 과업 대부분에 요구되는 것이다. 기계를 작동하고, 진로를 추구하며, 농장이나 사업을 경영하고, 복잡한 여가 활동에 참여하며, 아이를 기르고, 친구나 가족과의 관계를 유지하는 것 등이 바로 그러한 과업에 해당한다. 이들 각각은 매우 복합적이기 때문에, 논리적 추론을 할 수 없다면 이런 것들을 정확하게 해내는 것도 불가능하다고 봐야 한다. 편향된 사고방식으로 인해 우리의 수행은 결코 완벽할 수는 없지만 그래도 이러한 편향된 사고방식이 재앙으로 이어지는 경우는 극히 드물다고 하겠다. 대부분의 사람들이 항상 최적의 선택을 하는 것은 아니지만 그럼에도 불구하고 그들은 인생을 그럭저럭 성공적으로 헤쳐 나간다. 더욱이 인지적 편견은 우리에게는 **자동** 설정과 같은 것일 수 있다. 즉, 그것은 우리가 사용하는 단축키로서 모든 경우에 작동하는 것은 아니지만 많은 경우에 작동한다. 하지만 그렇다고 해서 인지적 편견이 인간 정신에서 피할 수 없는 특성이라고까지 할 수는 없다. 사람들은 적절한 조건 하에서 더욱 정교한 형태의 추론으로 전환할 수 있고, 때로는 이러한 전환이 매우 쉽게 일어날 수도 있다(Green, 2013; Kahneman, 2011).

이것이 바로 교육이 지향하는 바이다. 즉, 신중한 사고로 나아갈 수 있도록 적절한 조건을 제공하는 것 말이다. 교육자로서 우리는 학생들이 가지고 있는 한계를 수용하는 것에 그쳐서는 안 된다. 교육의 목적은 학습자들을 안내하여 더 정교한 방식으로 사고할 수 있도록 하는 것이다. 가령, 읽기와 쓰기 체제가 우리의 두뇌에 내장되어 있는 것은 아닌데, 이러한 것들을 단지 본능적이지 않다는 이유로 배제하는 일은 결코 없을 것이다. 오히려 어려운 내용의 학습은 교육의 '**목적**'이지 교육의 전제 조건이 아니다. 마찬가지로, 사회 이슈에 대해 논리적이고 증거에 기반한 결정을 내리는 일은 노력을 요하는 일이다. 하지만 이것이 그러한 결정을 위한 노력 자체를 묵살해버릴 이유가 되지는 않는다. 특히 학생들이 자신들의 삶의 많은 측면에서 이미 합리적으로 사고하고 있다는 점을 고려해보면 더욱 그러하다. 대신 우리는 학생들의 추론을 사회 이슈로까지 어떻게 확장시킬 것인지 고려해야 한다. 즉, 사회교육과 시민교육 교육과정은 현명한 행위를 취하기 위해 필요한 종류의 사고를 하도록 동기를 부여하고 또 그러한 사고를 요구해야 한다.

2) 현명한 결정을 내리기 위한 조건

우리는 이미 현명한 행위를 촉진하는 데 필요한 몇 가지 조건에 대해 다루었다. 우선, 동정심에서 고무된 감정—이는 타인의 구체적인 상황에 대한 지식을 바탕으로 한다—은 더 신중한 생각을 하게 만든다. 종종 슬픔에 동반되는 이러한 종류의 근심은 학생들로 하여금 무엇인가가 잘못되었다는 사실, 그리고 기존의 사고방식으로는 이를 대처할 수 없다는 사실을 일깨운다. 행복한 환경에서는 숙의가 거의 필요 없지만, 어려운 환경에서 우리는 어쩔 수 없이 사고하는 속도를 늦추어야 한다. 더욱이 "속도 늦추기"는 단순한 은유가 아니라 신중한 사고를 위해 실제적으로 요구되는 조건이다(Thiele, 2006). 학생들은 이슈를 다른 각도에서 생각해보고, 다양한 원천의 정보를 활용하며, 행위에 따라 가능한 결과들을 고심해볼 시간이 필요하다. 이것은 단 한두 번의 수업으로 될 수 있는 일이 아니며, 더욱이 복잡한 사회문제를 섣불리 처리하려고 하면 이는 사실상 엉성한 사고로 이어지게 되어 있다. 또한, 이슈를 깊이 있게 고려할 필요가 있다는 것은 세세한 내용을 제쳐두고 일반적인 사고 기술에 의존하여 이슈를 해결하려는 시도가 무용하다는 것을 의미한다. 즉, 각기 다른 문제에는 각기 다른 원인이 있고, 다양한 정책은 다양한 효과를 만들어 낸다. 학생들은 특정한 주제에 관한 지식과 씨름해볼 때에만 신중하게 추론할 수 있다.

또한, 사회 이슈에 대한 숙의는 당장의 정치적 논쟁과는 분리되어야 한다. 아마 보다 정확하게 말하자면, 숙의는 그러한 논쟁**에서 오는** 것이 아니라 그러한 논쟁**보다 선행되어야** 한다. 일부 국가에서는 이러한 주장이 주목할 만한 것처럼 보이지 않을 수 있다. 왜냐하면 이들 나라에서는, 아이들은 물론이거니와 청소년들마저도 학교에서 정치적 이슈를 다루어보는 것 자체가 부적절하다고 생각하기 때문이다. 그러나 이와 다른 국가들에서는 정치를 위해 준비시키는 것이야말로 사회교육과 시민교육의 가장 큰 목적이라고 생각한다. 또한 숙의를 옹호하는 이들의 경우 "논쟁적 이슈"―더 넓은 공적 영역에서 정치적 행위의 기초를 형성하기 위해 벌어지는 정책 논쟁―에 초점을 맞추는 경우가 많다(Ho 외, 2017). 빈곤, 의료 지원, 인종적 억압, 환경 정책 등과 같은 사회 이슈는 분명히 정치와 관련되어 있다. 그래서 교육과정은 학생들로 하여금 무엇보다도 정치의 세계와 씨름해볼 수 있도록 해야 하며, 우리는 이 점에 동의한다. 그러나 우리가 4장에서 협력적 숙의에 관해 논의하며 제안했던 것처럼, 기존에 확립된 정치적 논쟁을 **소재로 시작하는 것**은 방향타를 잘못 잡는 것과 같다. 그렇게 하면, 학생들이 사실상 실천적 지혜를 추구하기보다 그것을 포기하게 될 것이다.

사회 이슈를 당장의 논쟁거리라는 점에서만 보게 되면 우리는 더 넓은 범위에서 나누어지는 사회 집단을 둘러싸고, 특히 정치적 함의를 지닌 집단들에 대해 학생들에게 "어느 한쪽을 택하라"고 하는 셈이 된다. 이것은 사회 이슈를 둘러싼 문제들을 그 문제 자체의 측면에서 고려하는 것을 어렵게 만들어 버린다. 왜냐하면 학생들은 자신들이 동일시하는 집단에 속해 있는 사람들이 주장하는 입장을 받아들일 가능성이 높기 때문이다. 다시 말해, 대체로 학생들은 자신이 어디에 속해 있는지부터 고려한 다음, 그들이 어떤 결론을 내릴 것으로 **기대되는지** 스스로에게 질문할 것이다. 그리고 나서야 그들은 이미 정해져 있는 입장을 지지하기 위해 해당 문제로 되돌아가서 고민하게 될 것이다. 어른들에게 나타나는 것처럼, 이러한 공고화된 신념은 집단의 구성원임을 보여주는 "명예의 배지"가 된다(Green, 2013, p. 94). 또한 비슷한 생각을 가진 타인들과의 토의에 참여하게 되면 그러한 신념이 강화되는 경향이 있다(Mutz, 2006; Sunstein, 2009). 이에 대해 슬로먼과 페른백(Sloman & Fernback, 2017)은 다음과 같이 주장했다.

> 우리의 신념은 하나하나가 별개로 떨어져 있는, 그래서 우리가 마음
> 대로 취하고 마음대로 버릴 수 있는 데이터 조각 같은 것이 아니다.
> 오히려 신념은 다른 신념과, 그리고 공유된 문화적 가치와, 그리고
> 우리의 정체성과 깊이 얽혀 있다. 많은 경우에 하나의 신념을 버리
> 는 것은 수많은 다른 신념들로 구성된 일체의 것들을 포기하는 것을
> 의미한다. 이것은 우리의 공동체를 저버리는 것이며, 우리가 신뢰
> 하고 사랑하는 사람들을 거스르는 것이다. 요컨대 우리의 정체성에
> 스스로 도전하는 것을 의미한다(p. 160).

학생들이 "나와 같은 사람들이 이렇게 믿고 있는데 …… "라고 생각하는 상황을 가정해보자. 이 경우 심지어 숙의가 시작될 수 있기도 전에 현명한 행위를 추구한다는 목적이 훼손될 것이다.

사회교육과 시민교육에서는 이러한 과정을 반드시 뒤집어야 한다. 학생들에게 주어진 정책을 지지할 것인지 지지하지 않을 것인지를 물을 것이 아니라, 주어진 상황에서 정의와 조화를 어떻게 증진시켜 나갈 것인지 물어야 한다. 가령, 학생들은 외국의 원조가 증가되어야 하는지 아닌지에 대해 숙의할 것이 아니라, 경제적으로 낙후된 지역에서의 생활수준을 어떻게 향상시킬 것인지 고심해야 한다. 또한, 학생들은 난민 집단이 망명을 허가받아야 하는지 아닌지에 대해 숙의할 것이 아니라, 어떻게 해야 그러한 난민들의 삶을 가장 잘 개선할 수 있을지 숙의해야 한다. 마찬가지로, 학생들은 표현을 규제하는 법이 강화되어야 하는지 완화되어야 하는지에 대해 숙의할 것이 아니라, 서로 다른 집단 간의 상호작용과 존중을 어떻게 증진시킬 것인지 생각해보아야 한다. 정의와 조화를 둘러싼 개별 이슈와 함께 출발함으로써, 그리고 그러한 이슈에 어떻게 대처할 것인지 숙의함으로써 분명 학생들은 논쟁적인 공적 이슈를 다루게 될 것이다. 그러나 이렇게 하는 과정에서 학생들은 어떤 경우에도 논리적 추론도 하기 전에 특정한 입장을 취해야 한다고 강요받는 느낌을 받지 않아야 한다.

물론, 학생들은 다양한 사회정책에 관한 생각을 이미 가지고 있을지도 모른다. 이러한 생각들은 학생들이 학교 바깥에서 친숙하게 받아들인 것으로, 부분적으로는 강한 이데올로기적 입장에서 비롯된 것일 수도 있다. 이렇게 이미 앞서 생각을 갖고 있다는 것은 '속속들이 알고 있다는 착각'에 일조하게 된다. 예를 들어 학생들은 빈곤이나 좋지 못한 건강 상태, 혹은 기후변화 등의 원인이 무엇인지, 그리고 이를 해결하기 위한 정책이 어떠한 결과를 가져올 것인지 이미 알고 있다고 믿을 수 있다. 대개 이러한 생각은 신중한 분석이 아니라 공공의 담론에서 비롯되는 경우가 많기 때문에 학생들은 이해수준의 차이는 있겠지만 관련된 인과적 메커니즘을 제대로 이해하고 있지 않을 가능성이 크다. 따라서 학생들은 이러한 이슈를 어떻게 해결할 것인지에 관하여 유의미한 결론을 내릴 만한 준비가 제대로 되어 있지 않다. 더욱이 이런 상황에서 사람들은 단순히 자신들의 무지를 보여주는 증거에 마주하는 것만으로는 개방적인 태도를 취하며 배우려고 하지 않는다. 사실 이것은 사람들이 그 주제에서 더 멀어지게 하는 원인이 될 수 있다(Sloman & Fernbach, 2017; Thiele, 2006). (그러나 이는 나이가 어린 학생들에게는 문제가 덜 될 수도 있는데, 왜냐하면 나이가 어린 학생들은 자신의 생각에 대한 확신이 덜 한 경우가 많기 때문이다. Rozenblit & Keil, 2002 참조.)

따라서 학생들의 이해에 깊이를 더하고자 한다면, 학생들의 생각에 도전하는 것이나 학생들의 생각을 전적으로 무시하는 것이 출발점이 되어서는 안 된다. 물론 학생들의 생각을 전적으로 무시하는 것 역시 적절하지 않다. 올바른 출발점은 학생들로 하여금 사회 이슈가 어떻게 작동하는지에 관해 구체적인 설명을 시도해보게 하는 것이어야 한다. 이것은 무엇이 주어진 문제를 야기했는지 또는 제안된 해결책이 어떻게 효과를 발휘할 것인지에 관한 이해를 제시하는 것이라고 할 수 있다. 그리고 여기에는 그러한 해결책의 부차적인 효과나 다양하고 복합적인 사회적 힘들과의 상호작용까지도 포함되어야 한다. 성인들의 경우에도 인과적 연결관계에 대해 이해하고 있는 바를 설명하려고 시도하면 비로소 그들 자신이 가진 지식의 한계를 깨닫기 시작한다. 그래서 그들은 자신들이 알고 있는 것에 대해 주장할 때 더욱 조심스러운 태도를 취하게 된다. 이것은 사람들을 사회정책의 이슈에 관해 더욱 온건한 입장 쪽으로 그래서 극단적 대립을 완화시키는 방향으로 이끈다(Rozenblit & Keil,

2002; Sloman & Fernbach, 2017). 슬로먼과 페른백(Sloman & Fernbach, 2017)은 "인과적 설명만이 '속속들이 알고 있다는 착각'을 박살내고 사람들의 태도를 바꿀 유일한 사고 형태일 수 있다"라고 결론 내렸다(p. 179). 이처럼 설명하려는 시도를 통해 얻을 수 있는 겸손함은 학생들을 변화시킬 수 있다. 학생들은 자신들이 알고 있는 것에 관해 주장할 때 더욱 신중하게 되고, 나아가 새로운 정보를 더욱 기꺼이 찾으려고 할 것이다. 소크라테스의 말처럼, "우리는 우리의 무지를 인정할 때라야 더 현명해진다"(Green, 2013에서 재인용, p. 297).

교육과정에의 적용: 기아와 식량 불안

기아는 전 세계의 많은 사람들에게 중요한 문제이다. 2019년에는 7억 5천만 명이 넘는 사람들—이는 세계 인구의 거의 10%에 달하는 수치이다—이 심각한 수준의 식량 불안을 경험했다. 심각하지는 않다 해도 어느 정도의 식량 불안을 경험한 16%까지 더하면, 약 20억 명의 사람들이 안전하고 영양가 있으며 충분한 양의 음식을 규칙적으로 섭취하지 못한 셈이다(Food and Agriculture Organization of the United Nations, 2020). 같은 해, 경제적으로 발전한 국가인 미국과 같은 나라에서도, 530만 명의 어린이를 포함한 대략 10%가 넘는 가구가 식량 안정에 있어서 낮은 수준이거나 아니면 매우 낮은 수준이었다(Economic Research Service, 2020). 기아와 영양실조는 광범위한 만성 장애로 이어질 수 있고(심각한 경우에는 사망까지 이른다), 아이들이 여생에서 누리게 될 기회를 영구적으로 제한할 수 있다.

기아 예방은 경제적으로 발전한 국가나 그렇지 않은 국가나 할 것 없이 국내 복지 체계와 국제 식량 원조를 아우르는 수많은 정부 프로그램이 초점을 두는 사안이다. 또한, 기아에 대처하는 것은 수많은 지역적·국가적·국제적 단위의 비정부 기구와 민간 자원봉사 기구들이 초점을 두는 것이기도 하다. 확실히 기아는 많은 사람들이 이타적으로 행동하도록 동기를 부여하는 이슈이다. 사람들은 자선단체에 기부를 하거나 식량을 모으고 나누는 직접적인 노력에 참여한다. 크로커(Crocker, 2008)가 주장하듯이, 기아가 존재한다는 자체가 "도덕적 양심에 충격을 준다"(p. 255). 이처럼 문제의 범위라든지 수많은 사람들을 반응하게 하는 자연스러운 충동을 고려한다면, 기아와 식량 불안은 사회교육과 시민교육에서 학생들이 다루어야 하는 가장 중요한 이슈 중 하나라고 하겠다.

어떻게 하면 기아를 예방하고 완화할 수 있을까? 이 물음에 답하기 위해서는 식량 불안의 원인이 무엇인지 고려하는 것에서 시작해야 한다. 직관적으로 볼 때, 많은 사람들이 기아의 원인으로 믿고 있는 것들이 있다. 가뭄이나 홍수와 같은 단기적 요인들이라든지, 국가가 전체 인구를 먹여 살릴 만큼 충분한 식량을 생산하지 못하는 전반적인 무능함으로 인해 식량이 부족했다든지 하는 것들이 이에 해당한다. 이러한 것들은 특히 경제적으로 낙후된 국가에서 기아의 원인으로 떠오르는 것들이다. 만약 이것이 사실이라면, 명백한 해결책은 세계적인 농업 생산성을 향상시키는 것이 될 것이다. 그리고 실제로 과거에는 이것이 기아를 줄이기 위한 노력의 중요한 부분이었다. 그러나 오늘날의 세계에는 지구상의 모든 사람들을 먹여 살릴 수 있는 충분한 식량이 존재한다(Barrett & Maxwell, 2005). 심지어 개별 상황만 놓고 보면, 기아는 풍요에 둘러싸인 가운데서도 존재할 수 있다(A. Sen, 2000). 이는 몇몇 경제적으로 발전한 국가에서 명백히 벌어지고 있는 일이다. 이들 나라에서는 대형 슈퍼마켓이 즐비해 있고 끝이 보이지 않을 정도로 식당이 늘어서 있지만 그로부터 고작 몇 마일도 떨어지지 않은 곳에 굶주리는 가구들이 있다. 기근에 시달리는 세계의 다른 지역의 경우만 해도 인근의 창고에는 충분한 식량이 쌓여 있는 반면 사람들은 굶주리고 있는 경우가 존재한다.

따라서 학생들은 기아가 식량이 충분하지 **않아서** 발생한다고 가정할 것이 아니라, 왜 일부 사람들은 그러한 식량에 실질적으로 **접근하지** 못하는지 이해하기 위해 노력해야 한다. 가령, 학생들은 왜 전 세계의 1/3에 해당하는 국가가 세계 시장에서 식량을 구입하여 국내 생산의 부족분을 충당할 수 있을 정도의 소득을 벌고 있지 못한지에 대해 생각해볼 필요가 있을 것이다(Barrett & Maxwell, 2005). 또한, 학생들은 일부 국가에서 왜 많은 사람들이 식량을 생산하기 위한 자원과 돈을 마련할 수 있는 기술을 갖추지 못하고 있는지, 그리고 왜 숙련된 사람들조차 일자리를 구할 수 없는지 고심해볼 필요가 있을 것이다(Crocker, 2008). 다시 말해, 학생들은 빈곤, 불평등, 불균등한 개발, 경제적 기회 부족 등 더 광범위한 체계가 어떤 식으로 사람들을 기아로 몰아가는지 검토할 필요가 있다. 그래야 학생들은 일부 사람들이 식량에 대해 아무런 권한도 누리지 못하는 이유가 무엇인지를 이해할 수 있을 것이다.

그러나 이것은 학생들이 개별 이슈로서 기아 문제를 도외시하고 이를 대신해 전체적인 경제 불평등에 집중해야 한다는 말이 아니다. 식량 안정은 생산과 무역을 둘러싼 세계 경제 체제를 새롭게 구축함으로써 거의 확실히 진전된 방향으로 나아갈 수 있을 것이다. 그러나 이것이 나아가야 할 중요한 목표일 수는 있어도 단기적으로는 기아에 대한 실현가능한 해결책이 되기는 어려울 것이다. 학생들은 현명하게 행위하기 위해 이러한 구조적 이슈를 이해해야 한다. 하지만 정의라는 대의를 진전시키기 위한 방법은 안전하고 영양가 있는 식량에 대한 접근성을 개선하는 것이라고 하겠다. 그리고 이를 위해 학생들은 기아의 원인과 조건들 중에서도 가장 중요하면서도 또한 변경할 수 있는 것들에 집중해야 한다(Crocker, 2008). 일단 학생들은 빈곤, 불평등, 개발과 관련된 체제에 대응하는 것을 목적으로 하는 정책이 어떤 효과를 내는지 생각해보아야 한다(가령, 토지 개혁, 기술 훈련, 목표 소액 금융 프로그램 등; Barrett & Maxwell, 2005). 여기에 더해 학생들은 각각의 사례에서 기아를 줄여 나가는 방법에 대해서도 숙의해야 할 것이다. 그 방법이 일시적이든 장기적이든, 그리고 지역 차원이든, 국가 차원이든, 국제 차원이든 말이다.

이러한 이슈를 숙의하는 과정에서는 개별적인 정책이나 실천의 효과에 주의를 기울여야 한다. 직접적으로 식량 원조에 나서는 것은 지역적으로나 국제적으로나 기아에 대응하는 가장 확실한 방법이다. 그러나 때로 이러한 프로그램들은 그 특성에 있어서 영향력이 제한되는 측면을 갖고 있다. 국제적인 수준에서 보면, 원조국들은 종종 수혜국 사람들의 요구를 충족시키는 것이 아니라, 식량 원조를 활용하여 수출 시장을 발전시키고 잉여 상품을 처분하거나 지정학적 이해관심을 증진시키려고 한다(Barrett & Maxwell, 2005). 스케일을 더 좁혀서 보면, 지역 식량 은행에 기부하는 것이 수혜자의 선호나 영양상의 요구에 늘 들어맞는 것도 아니다. 또한 식량 배급을 둘러싼 환경이 수혜자들에게 수치감을 유발할 수도 있다. 그리고 이러한 각각의 요인들로 인해 일부 개인의 참여가 저해될 수 있다(van der Horst 외, 2014). 한편, 정부 복리 후생 프로그램의 경우, 자격 요건이 엄격하여 이용할 수 있는지 여부도 그때그때 달라서 정작 필요한 사람들이 늘 접근할 수 있는 것도 아니다(Gunderson, 2015; Gunderson & Ziliak, 2014).

또한, 학생들은 식량 지원 정책의 부차적인 결과에 대해서도 고려해야 한다. 가령, 국제 식량 원조는 시장에 공급 과잉을 가져 오고 상품 가격을 낮추어 현지 농민들이 생산을 지속할 의욕을 떨어뜨리기도 한다. 이는 결국 장기적 차원에서 식량 불안을 악화시킬 수 있다. 특히 국제 식량 원조품이 현지에서 판매되는 경우에는 더욱 그렇다. 한편, 기근 상황에 처해 있는 사람들을 구호 캠프로 모으는 것은 정상적인 경제 활동을 방해하고 가정생활에 혼란을 주며 질병을 확산시킬 수도 있다. 그리고 이 모든 것이 장기적인 식량 불안과 그 영향을 심화시킬 수 있다(Crocker, 2008). 한편, 식량 정책이 의도치 않은 결과를 발생시켰던 사례로 매우 이색적인 것이 있어 소개하고자 한다. 이 사례에서는 학교 지원 프로그램의 일환으로(즉, "무상 점심 급식 프로그램") 영양가 있는 식품 소비를 촉진하려고 했던 시도가 결과적으로 참여를 약화시키는 효과를 낸 적이 있다. 그 이유는 이러한 프로그램으로 인해 건강에 더 유익한 식품들의 가격이 증가했고, 아이들이 샐러드 같은 음식을 쓰레기통에 버리는 등 몇몇 건강식품을 단순히 먹기 싫어했기 때문이다(Gunderson, 2016).

식량 안정을 어떻게 확보할 것인지 숙의하는 과정에서 학생들은 이미 존재하고 있는 프로그램을 어떻게 개선해 나갈 것인가를 고려해야 할 것이다. 복리 후생 프로그램에 대한 자격 수준을 낮추는 것(Gunderson, 2015), 중앙 캠프가 아니라 지역 공동체에서 비상식량 구호품을 나누는 것(Crocker, 2008), 원조국이 아닌, 수혜국 혹은 여기에 인접한 국가에서 상품을 구입하는(Barrett & Maxwell, 2005) 등의 방법에 대해 생각해볼 수 있다. 또한, 학생들은 식량을 직접적으로 제공하는 것 외의 다른 대안들을 고려해보아야 한다. 가령, 사람들이 스스로 식량을 구입할 수 있도록 하기 위해, 일할 수 있는 사람들에게는 공공 일자리를 제공하고 일을 할 수 없는 사람들에게는 직접 급여를 제공하는 것이다(A. Sen, 2000). 정의에 대한 역량 접근법과 발맞추어, 이러한 조치는 수혜자들의 행위자로서의 주체성을 존중하고 증진해야 한다. 가령, 국제 원조의 분배를 감독하는 일에 지역 공동체를 참여시키거나(Barrett & Maxwell, 2005), 지원을 둘러싼 의사 결정이나 업무에 있어서 식량 은행 고객들과 협동할 수 있게 하는 것도 가능하다(van der Horst 외, 2014).

또한, 학생들은 경제적으로 낙후된 국가의 정부 또는 국내 기구들이 수행하는 자기 주도적 식량 프로그램 모델—가령, 미국 흑표당이 처음 시작한 어린이를 위한 아침 식사 프로그램—을 살펴볼 수도 있다(Potorti, 2017; The Dr. Huey P. Newton Foundation, 2008).

기아에 대처하는 것은 복합적인 문제이다. 이는 가령 쓰나미 직후의 인도적 지원이라든지 또는 한 지역사회 내 식량 은행 확장과 같은, 단 한 가지 사례만을 다룰 때조차도 크게 다르지 않다. 하지만 개별적인 사례 어떤 것을 다루든지 간에 현명한 행위라면 기아에 대해 다음과 같은 것들을 고려해야 한다. 즉, 기아를 발생시키는 복잡한 원인들이 무엇인지, 실제로 취해질 수 있는 행위에 어떤 것들이 있는지, 관련된 사람들의 주도성이 보장되는지, 다양한 선택지들 각각에 따라 어떤 결과가 예상가능한지 등이 여기에 포함된다. 이러한 이슈들이 복합적인 것은 맞지만, 그렇다고 해도 기아는 다루기 불가능한 문제도, 이해 불가능한 문제도 아니다. 가령, 기근을 어떻게 예방하고 대응해야 할지에 대해서는 이미 많은 것들이 알려져 있다(Barrett & Maxwell, 2005). 물론 이러한 문제는 복합적이며, 이를 해결하기 위해서는 숙의에 입각한 추론, 그리고 지식과 씨름해보는 것 모두 필요하다. 하지만 바로 이런 점 때문에 이와 같은 문제가 사회교육과 시민교육 교육과정의 이상적인 후보일 수 있다. 주요 의제들이 가려진 상황에서, 또는 그렇게 가려져 있지 않은 상황이라고 해도 단순히 정부 프로그램에 책임을 넘기는 것만으로는 기아를 줄일 수 없다. 또한 자선단체의 실천이 어떤 윤리에 입각한 것인지, 그리고 그 실천이 효과적인지의 여부를 검토하지 않은 채 자선단체에 기부하는 것은 결코 기아를 줄이기 위한 방법이 될 수 없다.

그렇다면 학생들은 숙의 과정에서 서로 다른 접근 방식을 평가하기 위해, 그리고 식량 불안에 의미 있게 대응해 온 노력들을 증진하기 위해 어떤 방법이 최선일지를 결정하는 데 필요한 지식과 씨름해야 한다. 검토하는 사례가 어떤 것이냐에 따라 달라지기는 하겠지만, 학생들이 할 수 있는 것에는 여러 가지가 있다. 가령, 학생들은 식량 은행 중 어느 곳에 기부하는 것이(식량이 아닌 현금 기부도 포함하여) 가장 유용한지를 사람들에게 이해시키는 방법을 고려할 수 있다. 또한 필요하다면 지역의 자원봉사 기구를 더 좋은 실천으로 이끌기 위해 참여할 수도 있고, 가장 윤리적이면서도 효과적인 프로그램을 운영하는 국제 원조 기구를 위한 기부금을 모을 수도 있다. 또한 국내 원조 프로그램의 개정이나 식량 지원의 국제 표준 준수, 식량권 확립을 위한 국제 협의 비준, 국내 복지 프로그램과 국제 개발 원조의 확대 등을 촉진하기 위해 입법자와 접촉할 수도 있다. 일부 나라의 경우에는 학생들이 정부에 영향력을 행사할 수 있는 방법이 무엇인지에 관해 고려해야 할 수도 있다. 예를 들어 정부로 하여금 국제 기부자와 협력을 증진하게 하거나 식량 비상사태에 대항하는 예방 조치를 취하게 하는 것이다. 또한 정부가 기근을 피하게 해줄 민주적 제도를 강화하도록 그리고 식량 불안에 특별히 영향을 더 받기 쉬운 인구 집단을 소외시키지 않도록 요구할 수도 있다(Barrett & Maxwell, 2005; A. Sen, 2000).

결론

맹자는 지혜가 표적의 중심(中, center)으로 화살을 인도하는 것과 같은 속성을 가진다고 했다(『맹자』, 「만장」 하, 1장). 지혜가 없으면 우리의 행위는 과녁을 벗어나기 쉽다. 공자의 말처럼 지혜가 없으면 우리의 행위는 심지어 어리석은 것이 될 수 있다. 따라서 시민교육과 사회교육 교육과정은 정의와 조화를 증진하는 문제에 관하여 학생들이 현명한 결정을 내릴 수 있도록 도와야 한다. 이러한 종류의 지혜는 모든 이슈에 적용될 수 있는 다목적적인 내면의 능력 같은 것이 아니다. 그러한 지혜는 특정한 사례에 맞는 개별적인 결정이라는 특징을 지닌다. 학생들이 현명한 결정을 내릴 수 있으려면 다양한 지식과 씨름하는 것이 필수적이다. 즉, 사회 이슈의 본질과 원인, 이에 대처하기 위해 활용할 수 있는 선택지, 개별 정책이나 실천이 가져올 수 있는 결과 등이 학생들이 씨름해야 할 중요한 지식이다. 또한 학생들은 자신들이 결정한 행위를 실현하는 데 있어서 가장 가능성이 높은 전략이 어떤 것인지도 고려해야 한다. 이는 학생들로 하여금 그들이 활용할 수 있는 전략의 범위, 그리고 효과적일 것 같은 조건에 대한 지식과 씨름해볼 것을 요구한다. 이것은 많은 것을 요구하는 것처럼 보일 수 있다. 성인들조차 공적 이슈에 관해 언제나 논리적이고 제대로 근거가 갖추어진 결정에 도달하는 것은 아니기 때문이다. 그러나 교육과정은 지식을 활용한 숙의를 바탕으로 학생들이 일생에 걸쳐 현명한 행위를 할 수 있도록 준비시킬 수 있다. 이를 위해 교육과정은 동정심에서 시작해야 하며, 학생들로 하여금 광범위한 문화적·이데올로기적 논쟁에서 어느 한쪽을 선택하게 하지 않고, 구체적인 사례를 통해 타인의 삶을 개선하는 데 학생들의 관심을 집중시켜야 한다.

9장

시민사회

학자나 교육자, 보다 광범위한 대중은 학교교육의 주된 목표에 대해 오랫동안 동의를 이루어 왔다. 그 목표는 바로 공적 삶에 참여하는 데 필요한 지식과 기능, 마음가짐을 발달시켜 시민으로서 행위할 수 있도록 학생들을 준비시키는 것이다. 앞서 언급했듯이, 이에 대한 준비는 개인의 의사 결정, 식견을 갖춘 투표, 적극적 관심에 기반한 정치 참여, 공적 이슈에 대한 숙의를 지향하고 있다. 그리고 이러한 각각의 접근은 과거와 현재를 막론하고 사회교육과 시민교육 분야의 연구자들이 광범위하게 연구해 온 대상이었다. 그러나 시민으로서의 책임과 관련하여 한 가지 특정한 **맥락**이 가장 큰 관심을 받아 왔다. 그것은 바로 국가의 사안에 참여하는 것이다. 듀이(Dewey, 1902)는 이것을 "정부의 입법 기구와 행정 기구를 통해 공동체의 삶을 구성하는 원천을 조직화하는 것"이라고 묘사했다(p. 74).

그러나 이러한 관심에 비해, 소위 "시민사회"라고 통칭되는 자발적 결사체—이는 부분적으로나 전적으로 공식적인 정부 기관 밖에 있다—에서 이루어지는 조직화된 행위에 시민으로서 참여할 수 있도록 학생들을 준비시키는 데는 별로 관심을 기울이지 못했다. 이와 관련하여 듀이(Dewey, 1902)는 다음과 같이 지적했다.

> 대부분의 사람들이 생각하기에, 시민성은 분명 정치적인 것이다. 이는 정부와의 관계라는 측면에서 정의되지, 더 넓은 측면에서의 사회와의 관계라는 측면에서 정의되지는 않는다. 현명하게 투표할 수 있다는 것이야말로, 즉 정부가 공공 입법 및 행정을 실행하는 데 있어 개인이 지분을 가진다는 것이야말로 바로 이 용어가 의미하는 바였다(p. 75).

듀이는 이렇게 초점을 두는 것이 지나치게 협소하다고 보았다. 왜냐하면 이는 사람들이 다른 종류의 수많은 비정부적 방식을 통해 그들의 집합적 미래를 책임진다는 점을 무시하고 있기 때문이다. 사실 시민으로서의 행위는 정부의 영역에서만 이루어지는 것이 아니다. 오히려 대부분의 시민으로서의 행위는 클럽, 자선단체, 조합, 종교 집회, 심지어 직장들에서 이루어지며, 이곳에서 사람들은 스스로를 위한, 그리고 자신들의 지역적·국가적·세계적 공동체를 위한 공동의 미래를 만들어 간다. 마쎄도와 동료 연구자들(Macedo 외, 2005)이 주목했듯이, "한 나라의 시민적 건강함에 있어서 활기찬 결사체적 삶이 중요하다는 것은 민주주의에서 의심할 여지없는 공리로서의 지위를 획득했다"(p. 152). 시민사회는 사회의 모든 부문에서 중요하지만, 특히 합법적 시민권이 없어 투표 참여가 불가능하고 정부와 직접적인 상호작용을 하는 것이 위험한 개인들에게는 더욱 중요하다. 이 사람들에게 시민사회는 시민으로서 행위할 수 있는 사실상 거의 유일한 현실적 영역일 수 있다.

이따금씩 교육자들이 시민사회의 중요성을 인정하기는 해도, 이 시민사회라는 장에 참여하는 것을 숙의를 통한 의사 결정의 형태로 보지 않고 봉사 활동이나 자발적 활동 정도로 이해하는 경우가 많다. 그 결과, 연구자들은 시민사회를 별로 강조하지 않았고, 이를 충분히 이론화하지도 않았으며 심지어 평가절하해 왔다. 가장 주목할 것은 연구자들이 시민사회가 **교육과정 내용**으로서 적합하다는 점을 거의 전적으로 무시해 왔다는 것이다. 이는 공동체에 대한 참여를 옹호할 때에도 다르지 않았다. 그러나 시민사회는 그저 소극적인 형태의 자발적 활동을 하기 위한 곳이 아니다. 시민사회는 정의와 조화라는 이슈를 다루기 위한 중요한 장이고, 이곳에서 참여자들은 체계적으로 숙의에 관여할 것을 요구받는다. 따라서 학교는 단순히 학생들에게 시민사회에 참여하라고만 독려하는 데 그치지 않고, 현재 그리고 평생에 걸쳐 시민사회와 씨름해볼 수 있도록 **준비시킬** 책임이 있다. 이를 위해 학교는 학생들이 시민사회가 하는 일을 평가할 수 있게 하고 시민사회에서 이루어지는 숙의를 특징짓는 기능과 관점을 갖출 수 있게 해야 한다.

이번 장에서 우리는 시민적 참여의 구성요소로서 시민사회의 중요성을 강조하고, 왜 시민사회가 사회교육과 시민교육 교육과정에서 소홀히 취급받아 왔는지 검토하고자 한다. 또한 시민사회가 하고 있는 일을 이해하고 또 평가할 수 있도록 교육자들이 학생들을 어떻게 더 제대로 준비시킬 것인지에 대해 알아보고자 한다. 그러나 처음부터 분명히 하고 싶은 점은, 우리는 시민사회가 보편적으로 혹은 무비판적으로 **장려되어야** 한다는 입장을 취하지는 않는다는 점이다. 수많은 시민사회는 사회교육과 시민교육의 목표와 별로 상관이 없거나(가령, 우표 수집 클럽이나 기차역에서 기차 번호를 적는 취미를 가진 사람들 모임 등), 아니면 오히려 해로운 경우도 있기 때문이다(가령, 백인 우월주의자 집단이나 불법 무장 단체 등). 또한 우리는 시민사회에 참여할 수 있도록 학생들을 준비시키는 것과 공동체에 봉사하라고 학생들을 장려하는 것을 동일시하지 않는다. 그러한 봉사 활동이 좋은 것일 수는 있지만, 시민사회에 참여한다는 것은 이러한 자발적 활동보다 훨씬 더 다양한 노력을 기울인다는 것을 의미한다. 또한 보다 포괄적인 참여를 준비하기 위해서는—학생들의 현재적 삶에서든 미래의 삶에서든— 학생들이 시민사회에 들어갈 수 있게 하고, 나아가 정의와 조화를 증진시켜 나가는 방식으로 시민사회에 기여할 수 있게 하는 공식적이고 체계적인 교육과정이 필요하다. 만약 교육자들이 시민사회에—듀이(Dewey, 1902)의 표현에 따르자면 "더 넓은 측면에서의 사회"에 (p. 75)— 학생들이 참여할 수 있도록 준비시키는 데 진지하게 주의를 기울인다면, 사회교육과 시민교육은 공적 행위를 위한 보다 적합하고 포용적인, 그리고 변혁을 위한 기반이 될 수 있을 것이다.

곳곳에 퍼져 있는 시민사회와 그 영향

사람들이 투표라는 방식이 아닌 다른 방식으로 공적 삶에 진입하게 되는 가장 일반적인 장소는 부분적으로 또는 전적으로 정부 정치 바깥에 있으며, 이는 통칭하여 "시민사회"로 알려진 자율적인 결사체들로 이루어진 영역이다(Diamond, 1994; Hendriks, 2006; Macedo 외, 2005; Shils, 1991; I. Young, 2000). 이러한 공간은 **자발적 결사체**(Putnam, 1995), **자유로운 공간**(S. Evans & Boyte, 1986), **제3의 섹터**(Evers & Laville, 2004), **매개적 결사체**(Nisbet, 1962), **매개하는 구조**(Couto, 1999) 등으로 불릴 수 있다. 이러한 공간은 매우 다양한 공식적·비공식적 기구를 포함하고 있다. 이는 크기가 큰 경우도 있고 작은 경우도 있고, 지역 기구인 경우도 있고 원거리 기구인 경우도 있으며, 단기적인 경우도 있고 오래 지속되는 경우도 있다. 또한 이러한 기구들은 종교 집회를 통해, 혹은 직장, 조합 및 전문직종 결사체를 통해 생길 수도 있고, 또 이웃, 가상 공동체, 임시적인 공간에서 생길 수도 있다. 이 기구들은 자선단체, 협동조합, 상조회, 사회운동, 학파, 그리고 "이것저것을 독려하거나 예방하기 위한 모임"으로 이루어질 수 있다(Walzer, 1992, p. 89).

때때로 시민사회는 시장과 정부 어느 쪽에도 속하지 않는 외부에 존재하며, 지역을 기반으로 하는 직접적인 만남의 공간이라는 특징을 가지고 있다고 이야기되기도 한다. 하지만 많은 경우 시민사회는 그러한 경계를 흐릿하게 하거나 넘어서곤 한다. 예를 들어, 국가나 지역의 전문직 단체들은 그 전문성을 필요로 하는 사람들에게 무료의 또는 낮은 비용의 서비스를 제공함으로써 단체의 회원들을 조직하는 경우가 많다. 이러한 전문직 단체의 회원들을 보면 전문직의 정체성을 제외하면 서로에 대해 기존에 아무런 연결 고리가 없을 것이다. 한편 온라인 공동체는 때때로 너무 고립되어 있거나 널리 흩어져 있어 직접 만날 수 없는 사람들이 상호작용할 수 있는 공간을 제공한다. 더욱이 일부 작은 기업들은 공적인 활동에 참여하기도 한다. 예를 들어, 의사 결정에 구성원들을 참여시키는 소비자 소유 협동조합이 있는가 하면, 소외된 사람들에게 어떻게 안전한 공간을 제공할 수 있을 것인가와 같은 이슈를 위해 공적 투입을 하고자 노력하는 사기업들도 있다. 시민사회와 정부 사이의 구분조차 언제나 명확한 것은 아니다. 왜냐하면 사회 서비스를 제공하는 기구, 혹은 경제 재개발에 관여하는 기구가 정부 보조금에 의존하기도 하고 지역 정부나 중앙 정부와 계약을 맺기도 하기 때문이다(Couto, 1999; Hall, 1992; Wuthnow, 2004). 일부 국가에서는, 정부와 시민사회 단체가 둘을 분리하기 불가능할 정도로 밀접하게 얽혀 있고, 정부 자금과 국제 원조는 이러한 기구를 통해 시민으로서의 능력을 계발하는 것에 초점을 맞추어 사용될 수 있다(Couto, 1999; Lichterman & Eliasoph, 2014; Wuthnow, 2004).

시민사회 기구는 대개 공유된 사회적 목표로 나아가는 직접적이고, 접근 가능하며, 즉각적인 수단을 의미한다. 이 때문에 대부분의 사람들은 삶의 어느 순간인가는 각기 다른 방식과 능력을 가지고 시민사회라는 결사체적 공간에 참여하게 될 것이다. 그러한 시민사회가 공식적이든 비공식적이든, 느슨하게 조직되었든 조밀하게 조직되었든, 하나의 이슈를 가진 조직이든 광범위한 사회운동이든 상관없이 말이다. 사람들은 공동 관심사에 관하여 숙의하고 행위하기 위해 모이기 때문에 시민적 삶에 관한 많은 일이 이곳에서 일어나게 되며, 따라서 이 공간은 크기나 규모, 이슈와 상관없이 언제나 **중요하다**(S. Evans & Boyte, 1986; Macedo 외, 2005; Stitzlein, 2020; Yates, 2015). 대부분의 사람들에게, 심지어 정부 정치에 참여하는 일조차 이러한 기구에의 참여를 통해 매개되기도 한다. 투표를 제외하면 정부의 일에 직접적으로 영향을 미치려고 시도하는―혹은 이에 영향을 미칠 수 있는― 사람은 거의 없을 것이다. 따라서 이들의 정치 참여는 시민사회의 일부로서 일어날 가능성이 훨씬 더 높다.

그러나 정부 정치에 대한 직접적인 방향성을 갖고 있지 않을 때조차도 시민사회는 잠재적으로 민주적인 삶을 강화하고 북돋울 수 있다. 이는 시민사회가 공적 참여를 촉진하고, 관계적 네트워크를 조성하며, 민주적 가치와 규범을 발전시키고, 민주적 사회에서 살아가며 누리는 권리와 의무에 대한 인식을 높이는 역할을 하기 때문이다(Macedo 외, 2005; Putnam, 1995; Walzer, 1992). 가령, 시민사회는 직접적으로 소통하는 무리의 일원이 아닌 다양한 타인들과 씨름해볼 수 있는 공간을 개개인에게 제공한다. 이러한 새로운 관계와 네트워크는 전통적인 협력 관계를 초월하고, 사회적 자본 획득을 지원하며, 새로운 양식의 의사소통과 조정이 이루어지도록 독려한다(Boyte, 2004; Putnam, 1995). 이와 같이 수평적이고 이슈 지향적인 운동과 기구는 사회 내 각종 집단을 가로질러 보다 큰 협력을 촉진할 가능성을 품고 있다. 왜냐하면 이러한 것들이 사회적 균열을 최소화하도록 돕고, 사회적 신뢰와 호혜성을 촉진하며(Putnam, 1995; Wuthnow, 2004), 보다 기꺼이 타협하려는 마음을 가지도록 독려하기 때문이다(Diamond, 1994). 쿠투(Couto, 1999)가 말한 것처럼, "공통된 인간적 유대의 깊이와 풍성함이 가장 절절하게 다가오는 시점은 그러한 유대가 없었더라면 타인이었을 사람들이 그들이 함께하고 있음을 발견했을 때이다"(p. 210). 즉, 이러한 종류의 기구는 사회적 차원의 조화를 구성하는 관계적인 유대에 직접적으로 기여할 수 있다.

시민사회에의 참여는 성인들만이 아닌 청소년들에게도 널리 퍼져 있다. 미국에서는 대략 십대의 절반 정도가 다양한 형태의 자발적 활동과 공동체를 위한 봉사 활동에 관여하고 있다고 보고하고 있다(비록 우리는 지금 이러한 것들이 유일한 종류의 시민사회 참여는 아니라고 강조하고 있지만 말이다). 그리고 이는 주로 학교나 지역 당국, 종교 기구에 의해 조직된 제도적 맥락 내에서 이루어진다(Grimm 외, 2005; Wuthnow, 1995). 전 세계의 청소년들이 전통적인 정치 포럼이나 상황에서보다는 지역화된 시민사회에 더 쉽게 참여한다는 점에서(Ireland 외, 2006; Schulz 외, 2018), 이러한 종류의 참여는 미국만의 현상은 아니다. 해리스와 동료 연구자들(Harris 외, 2010)이 지적했듯이, 청소년들은 공식적인 정치에 참여하기보다는 사회를 형성하고 자신들의 사회적·정치적 관심을 표현하기 위한 "일상적인, 눈에 띄지 않는 양식의 참여"를 갈수록 더 많이 하고 있다(p. 22). 투표를 제외한다면 청소년들은 어떤 매개 없이 직접 참여하는 정치 활동보다는 시민사회를 통해 참여하는 삶을 살아갈 가능성이 훨씬 더 크다.

그러나 수많은 잠재적 이점에도 불구하고, 시민사회는 사회를 개선해 나가는 일과 반드시 연결되어 있는 것도 아니고, 또 본래적으로 숙의에 기반하고 있는 것도 아니다. 가령 청소년들이 시민사회에 참여할 수 있는 기회는 국가에 따라, 그리고 국가 내에서 매우 다양하고(Flanagan 외, 1999; Schulz 외, 2018), 이러한 기회는 젠더(Bhangaokar & Mehta, 2012) 및 그 밖의 인구학적 특성에서의 차이와 관련되어 있을 것이다. 더욱이 일부 정치적 목적에서 조직화된 집단들은 전문적인 직원을 갖춘 관료화된 모델을 따르기도 하고(Boyte, 2004), 자원봉사자들의 의견 개진이나 의사 결정을 위한 공간을 거의 제공하지 않는 위계적 구조를 가지고 있는 경우도 있다(Lichterman & Eliasoph, 2014; Skocpol, 2003; Wuthnow, 1995). 또한 일부 시민사회 기구는 폭력이나 인종주의, 동성애 혐오, 사회적 배제, 권위주의를 조장하기도 한다. 이상적인 목표를 가진 기구조차도 현명하지 못한, 혹은 비생산적인 행위에 참여할 수도 있다. 가령, 일부 집단은 빈곤을 겪고 있는 개인에게 도움을 제공하지만, 이 사람들을 비하하거나 비인간적으로 취급하는 방식으로 그러한 일을 하기도 한다. 시민사회가 일률적으로 장려되어야 한다거나, 시민사회는 반드시 평등주의적인 상호작용을 수반한다는 주장, 혹은 시민사회가 보다 형평성 있고 민주적인 사회로 직접적으로 이어진다는 주장은 규범적·경험적 비판을 광범위하게 받아왔다(가령, Foley & Edwards, 1996; Lichterman & Eliasoph, 2014; Macedo 외, 2005; K. Walsh, 2004; Whittington, 1998). 시민사회 내의 목적과 절차는 다양하며, 바로 이러한 이유 때문에 학생들은 그러한 기구가 어떻게 운영되고 또 그 행위를 어떻게 평가할지를 배우는 것이 절대적으로 필요하다.

중심에서 비켜나 있었던 시민사회

시민사회의 중요성, 그리고 학생들과 성인들이 시민사회에 광범위하게 참여하고 있다는 사실에도 불구하고, 시민교육 교육자들은 교육과정에서 시민사회가 가지는 함의에 거의 관심을 기울이지 않았다. 가령, 미국에서는 연구자들, 학교 교육과정, 시민교육을 옹호하는 집단 모두는 시민사회에 참여하는 것—특히 비정치적 형태의 시민사회에 참여하는 것—이 아닌, 정치 과정에 참여하거나 정부 구조에 대한 지식을 갖추는 데 주로 초점을 맞추어 왔다. 예컨대, 파커(Parker, 2003)는 시민의 주요 속성은 "계몽된 정치 참여"라고 지적하며, 여기에는 공무원 접촉, 캠페인, 시민 불복종과 같은 활동이 포함된다고 했다(p. 33). 헤스와 맥어보이(Hess & McAvoy, 2015)는 자신들의 목적은 "학생들이 현실 세계 정치라는 대단히 당파적인 장에 어떻게 참여할지 가르치는 것"이라고 했다(p. 204). 또한 "행위를 위한 시민교육"을 옹호하는 이들은, 참여하는 시민이란 "정치적 과정에 효과적으로 참여할 수 있는, 그리고 자신들의 공동체 및 보다 넓은 사회에 효과적으로 참여할 수 있는 사람들"이라고 보았다(National Action Civic Collaborative, Levinson, 2014, p. 68에서 재인용). 이러한 종류의 정부 지향적 정치 참여는 분명 사회교육과 시민교육에 관한 그 어떤 프로그램에서라도 없어서는 안 될 부분이지만, 이는 학생들이 준비해야 하는 참여의 범주를 완전히 포착한 것은 아니다.

한편, 교육자들은 이따금씩 시민사회의 중요성을 **인정해 왔고**, 많은 국가의 학교들은 이러한 지역사회 참여를 독려하고 있다(Davies 외, 2012; J. Nelson & Kerr, 2006). 가령, 핀란드 청소년들은 공동 청소년 센터, 지역 포럼, 아동 및 청소년 시립 의회에 참여할 수 있는 기회가 있고(Kallio & Häkli, 2013), 캐나다와 미국의 많은 학교들 또한 졸업 요건으로 지역사회 참여를 요구하고 있다(Henderson 외, 2014). 공동체주의 관점, 혹은 "시민적 공화주의" 관점의 영향을 받은 교육자들은 대개 이러한 참여를 높이 산다. 부분적으로 그 이유는, 학생들의 지역사회 참여는 한 지역사회 구성원으로서 사람들이 서로에 대해 사회적 책임이 있다는 점을 학생들이 인식한다는 것을 의미하기 때문이다(Peterson, 2011). 한편 일부 연구자들은 학생들에게 봉사 활동을 요구하는 것이 시민적 측면에서의 다양한 성과에 미치는 영향—가령, 사회 이슈에 관한 이해관심, 다양성 존중, 다른 사람들의 '좋은 삶'에 대한 염려—에 대해 조사했다(Root & Billig, 2008). 이러한 이점 때문에 '학교의 시민적 사명을 위한 미국 캠페인'(U.S. Campaign for the Civic Mission of Schools, 2011)에서는 지역사회에 참여하는 것이 시민교육을 위한 포괄적인 프로그램에서 중요한 요소라고 주장해 왔다. 파커(Parker, 2003)가 말했듯이, 자발적 결사체는 "민주주의의 기반 시설 혹은 민주주의의 온상이 되는" 교육 현장이다(p. 37).

그러나 이러한 관점은 시민사회를 그 자체로 민주주의의 현장으로 보고 있지는 못하다. 그리고 이러한 긍정적인 이점을 지닌 결사체들이 존재함에도 불구하고, 교육자들은 시민사회가 **교육과정에 가지는 함의**를 거의 전적으로 무시해 왔다. 시민사회의 개념, 그리고 시민사회에서 이루어지는 일의 본질은 '공민'이나 '정부'와 같은 과목의 수업이나 교과서에서, 혹은 공식적인 교육과정 지침이나 인식틀에서 사실상 관심의 대상이 아니었다(미국의 경우, Patrick, 1997을 볼 것). 한편, 시민교육을 연구하는 학자들 중 일부가 시민사회의 가치를 인정하는 경우가 있기는 하지만, 이들 역시 암묵적으로는 시민사회의 정당성을 부인해 왔다. 즉, 이들은 현존하는 시민사회 조직과 활동이 정의를 지향하지 않고, 또 진정한 시민으로서의 유일한 행위는 학생들을 정부 중심의 정치의 세계에 참여시키는 것이라 암시해 왔던 것이다. 다음 절에서 우리는 이러한 무시와 폄하 뒤에는 어떤 이유가 있는지 탐구하고 시민사회에 관한 견해가 왜 잘못 인식되고 있는지 살펴보려고 한다.

1) 시민사회는 자발적 활동과 같은가?

시민사회에의 참여는 종종 "봉사 활동"이라는 측면에서 이해된다. 즉, 사회
봉사 기관에 자원하거나, 음식이나 의류를 모으는 데 참여하거나, 도움이 필
요한 사람들을 돕기 위해 시간이나 노동을 기부하는 일 등으로 여겨지곤 한
다. 그러나 이러한 방식으로 시민사회를 이해하는 것은 시민사회에 대한 대
단히 편협한 견해이다. 가령, 많은 기구는 직접적인 도움을 제공하기보다 다
양한 형태의 공동체 발전을 목적으로 한다. 여기에는 지역에 일자리와 경제
적 자원을 창출하는 프로그램, 혹은 범죄를 줄이고 안전을 증진시키기 위한
노력 등이 포함된다. 일부 집단은 좁은 지역이나 넓은 지역 또는 그 이상의
범위에서 환경을 보호하거나 복원하는 것을 목적으로 하고, 또 다른 집단은
예술 및 다양한 형태의 문화유산이나 문화적 표현을 개발하고 장려한다. 그
리고 일부 기구는 보다 넓은 공동체 안에서 정체성을 제대로 인정받지 못하
는 사람들이나 신체적·정서적 안전을 위협받는 사람들을 위한 안전한, 그리
고 이들을 긍정하는 공간을 만들어 내기도 한다. 사회 구성원 모두에게 안전
을 제공하고 이들이 인정받을 수 있게끔 하며, 사회적·문화적 차이에 가교 역
할을 하고, 사람과 환경 사이의 관계를 증진시키는 등의 노력은 자원을 분배
하고 조화를 도모하는 수단으로, 이는 "문제 해결과 문화 창조"의 한 형태이
다(Boyte, 2004, p. 5).

그럼에도 불구하고 만약 학생들이—지금이나 미래에— 시민사회에 참여할
때 다른 사람들의 뜻에 따르기만 하는 활동에 머무른다면 어떤 다른 세세한
준비가 더 필요할 것 같지는 않다. 이때 필요한 것이라고는 그러한 경험으로
부터 더 큰 사회에서의 교훈을 이끌어낼 수 있도록 고안된, 성찰하는 연습밖
에 없을 것이다(가령, Billig 외, 2005). 그러나 시민사회는 자발적 활동을 위한 기

회, 그 이상의 것으로 이루어져 있다. 시민사회의 목표를 추구하기 위해서는 참여자들이 이러한 목적을 어떻게 가장 제대로 달성할 수 있을지를 두고 숙의할 필요가 있다. 왜냐하면 안전한 공동체를 만들고, 환경을 보호하며, 지역 경제를 개선할 수 있는 표준화된 각본 같은 것은 없기 때문이다. 시민사회 기구들은 어떻게 식량을 배분할 것인지, 어떻게 봉사 활동을 할 것인지, 어떻게 정보를 확산할 것인지, 법이나 정책을 입안하기 위해 어떻게 로비할 것인지 등에 관한 계획을 세워야 한다. 심지어 자발적 활동을 위한 일조차도 기구의 구성원들이 설계하고 지시해야 하는 일이다. 파커(Parker, 2003)는 사람들은 자원봉사 기구에서 "차이를 가로질러 숙의하는 규범에 대해 배울 수 있으며, 이러한 규범은 갈등을 허용하되 그 집단의 존재를 위협하지 않도록 해주는 규범이다"라고 했다(p. 40). 공동으로 수용이 가능한 해결책에 이르고자 이슈들에 대해 논의하는 이와 같은 과정은 숙의 민주주의 이론가들이 장려하는 바로 그 의사 결정 모델이다(가령, Gutmann & Thompson, 2004; I. Young, 2000).

일부 결정은 실용적인 문제를 결정하는 것과 관련되어 있지만(가령, 타임라인, 구매 물품, 일정 등), 다른 결정은 시민으로서의 행위에 관한 실질적이고도 정의 지향적인 목표에 더 직접적으로 닿아 있다. 집단이라면 누구를 위하여, 어떻게 일할 것인지, 누구의 목소리와 관점을 포함시킬 것인지, 일의 효율성을 어떻게 보장할 수 있을 것인지에 대해 결정해야 한다. 가령, 남성이나 여성 어느 하나의 성별로만 구성된 청소년 집단은 이와는 다른 젠더 정체성을 가진 참여자들을 어떻게 받아들일지 고려해야 하고, 식품 협동조합은 공정거래 제품만 팔 것인지의 여부에 대해 논의해야 하며, 쉼터는 머무르는 이들의 자율성을 존중하면서도 안전한 공간을 어떻게 제공할 수 있을지 결정해야 할 것이다. 특히 주목해야 하는 점은, 언제나 이러한 것들이 타인을 **위해**, 기구 구성원들에 **의해** 결정되는 것은 아니라는 점이다. 많은 경우 이러한 결정들은 이 결정으로부터 영향을 받는 모든 사람들의 의견을 포함하게 된다. 그 결과, 시민사회 내에서의 숙의의 과정은 민주적 삶의 이상을 반영하는 경우가 많다. 코언과 아라토(Cohen & Arato, 1992)는 시민사회가 많은 부분에서 포용적이고도 평등주의적 본성을 가지고 있으며, 이는 민주적 참여와 의사결정을 용이하게 한다고 지적했다. 청소년들이 이러한 숙의에서 언제나 적극적인 역할을 하는 것은 아니지만, 성인이 되면 이들은 자발적 활동뿐만이 아닌 시민사회를 형성해 가기 위한 많은 기회를 얻게 될 것이다. 마치 청소년들이 지금은 투표를 할 수 없지만, 미래 언젠가는 투표를 할 수 있게 되는 것처럼 말이다.

더욱이 청소년 지향적 시민사회는 자발적 활동보다 넓은 범주의 참여를 할 수 있게 한다. 가령 코스타리카의 '블록의 젊은이들'은 마약이나 알코올 소비, 가정 폭력, 청소년 섹슈얼리티 관련 정보 부족 등을 포함한 중요한 지역 문제에 대해 다루고자 했고, 이에 공동체를 위한 워크숍, 연설, 교육 활동 등을 조직했다(Chacón, 2007). 또한 아르헨티나의 후닌에서는 300명이 넘는 학생들이 학교에서 에이즈와 관련된 전시회, 연극, 인형극, 포스터, 비디오, 음악 공연을 만드는 데 참여했다. 이후, 보다 소규모의 어린 참여자 집단이 도시의 빈곤 지역에서 에이즈 예방 활동을 조직했고, 의료 센터를 방문했으며, 콘돔과 전단지를 배포하고, 시내 광장에서 전시를 마련하기도 했다(Mendes Diz 외, 2007). 이처럼 10대들 또한 시민사회 기구에서 이루어지는 숙의에 기반한 계획 수립과 의사 결정에 광범위하게 참여할 수 있다.

2) 정의는 시민사회 밖에 존재하는가?

시민교육에 관한 최근 연구는 시민사회에 참여하는 것은 칭찬할 만한 일이기는 하지만 이는 정의에 관한 관심과는 다른 것이라는 암시를 주고 있다. 이러한 구분은 특히 웨스데이머와 칸(Westheimer & Kahne, 2004a, 2004b)의 연구에서 자명하게 드러난다(또한, Kahne & Westheimer, 2003; Westheimer, 2015 참조). 이 두 연구자들은 일련의 영향력 있는 출판물에서 "참여하는 시민"을 준비하는 것을 목적으로 하는 학교 프로그램과 "정의를 지향하는 시민"을 준비하는 것을 목적으로 하는 학교 프로그램을 구분해 왔다. 웨스데이머와 칸(Westheimer & Kahne, 2004a, 2004b)이 묘사하는 참여하는 시민의 특징은 대부분의 시민사회에서 이루어지고 있는 활동과 사실상 동일하다. 즉, 참여하는 시민은 공동체 기구의 적극적인 구성원으로, 사회를 개선하려고 노력한다. 도움이 필요한 사람들을 보살피기 위해 공동체의 노력을 조직하고, 경제 발전과 환경 정화를 위해 애쓴다. 또한 이들은 정부 기관이 어떻게 일하는지 알고 있고, 집단적 과업을 달성하기 위한 전략에 대해서도 파악하고 있다. 이에 비해, 정의를 지향하는 시민은 사회적·정치적·경제적 구조를 비판적으로 평가하고, 문제의 근본적인 원인에 대처하기 위한 변화를 이끌고자 전략을 모색하며, 사회운동과 체계적인 변화를 어떻게 가져올 것인지 알고 있으며, 부정의한 영역들을 찾아 대처하는 이들이다(Westheimer, 2015). 웨스데이머와 칸(Westheimer & Kahne, 2004a, 2004b)은 두 종류의 시민들의 전형적인 예시로, 식량 불안에 대처하는 각기 다른 방법을 대조하여 설명했다. 즉, 참여하는 시민은 식품 기부 운동을 조직하도록 돕는 반면, 정의를 지향하는 시민은 문제의 근본적인 원인을 해결하고자 왜 사람들이 굶주리는지 탐색하고 행동한다는 것이다.

웨스데이머와 칸(Westheimer & Kahne, 2004a, 2004b)이 시민사회에의 참여를 무시하는 것은 아니지만, 이들의 구분은 시민사회가 기껏해야 정의에는 관심이 없는 존재로 이해되고 있다는 것을 분명히 보여준다. 왜냐하면, 이 두 연구자들은 사회 이슈의 근본 원인에 대한 관심을 곧 정의에 대한 관심으로 보고 있으며, 반면 많은 시민사회 기구가 행하는 것처럼 사회 이슈의 결과를 다루려는 시도는 정의와 다르다고 생각하기 때문이다. 그러나 이러한 생각은 한마디로 말해 잘못된 생각이다. 물론 모든 시민사회의 활동이 정의를 지향하는 것은 아니지만, 사실 시민사회의 많은 활동은 정의를 지향하고 있다. 특히 재화와 서비스를 더욱 형평성 있게 분배함으로써 취약한 계층의 사람들의 요구를 충족시키려는 시도를 할 때는 더욱 그러하다. 이러한 시도에는 식량 불안을 겪고 있는 사람들을 위한 네트워크를 개발하고, 서비스가 부족한 지역에서나 이를 제공받지 못하는 사람들을 위해 지역 건강 클리닉이나 다른 전문 서비스(가령, 법률 지원이나 가족계획 같은 것)를 제공하며, 가정 폭력 피해자나 노숙을 하는 이들을 위한 쉼터를 만들고, 아이들을 위한 무료 방과 후 활동 및 학습 활동을 제공하고, 또 수감자나 난민, 장애를 가진 이들 같은 특정 집단의 사람들을 위한 다양한 서비스를 마련하는 활동이 포함된다. 가지지 못한 사람들에게 가진 사람들의 자원을 재분배한다는 점에서 이러한 노력은 정의의 가장 일반적인 형태 중 하나이다.

그러나 웨스데이머와 칸(Westheimer & Kahne, 2004a, 2004b)은 정의란 결과를 다루는 것만이 아닌, 근본적인 원인 분석을 반드시 수반해야 한다고 보고 있다. 정의가 2천 년이 넘는 시간 동안 정치철학에서 중심이 되는 관심사였음에도 불구하고, 이들은 이러한 구분에 대한 이론적인 정당성을 제시하지 못했다(I. Young, 2000). 가령, 사용되지 않은 음식을 기아 구호 기관에 배분하는 기구가 어떻게 정의와 무관한지 이해하기 어렵다. 만약 생식 건강 및 피임 활동 자체가 금기시되고 낙인을 유발할 수 있는 환경하에 있는 여성들에게 이와 관련된 도움을 제공하는 조직이 있다면, 이러한 조직이 정의와 관련되지 않는다고 보기 어려울 것이다. 사실, 웨스데이머와 칸(Westheimer & Kahne,

2004a, 2004b)의 분류에 따르면, 남북전쟁 전 미국의 노예제 반대 저항 운동을 이끌었던 흑인 및 백인 지도자들, 혹은 오늘날 지중해에서 난민을 구출하는 인도주의적 기구들은 "정의를 지향하는" 것으로 볼 수 없을 것이다. 왜냐하면 이들의 노력은 부정의의 원인이 아닌 결과에 대처하고 있기 때문이다.

웨스데이머와 칸(Westheimer & Kahne, 2004a, 2004b)은 참여적 접근법이 시민교육에서 중요한 역할을 한다고 주장했고, 또한 이 접근법이 "정의를 지향하는" 접근법보다 열등하다고 언급하지도 않았다. 이런 점에서 보면 이들은 참여적 접근법을 직접적으로 비판한 것은 아니다(비록 우리는 많은 교육자들이 둘의 연구를 이런 방식으로 읽고 있다고 보지만 말이다). 심지어 웨스데이머(Westheimer, 2015)는 참여적 접근법과 "정의를 지향하는" 접근법이 합쳐질 수 있다고 제안했다. 실제로 이런 결합은 거의 일어나지 않지만 말이다. 그러나 공동체 참여를 정의와 분리하여 보는 것은 시민사회의 중요성에 관해 우려스러운 메시지를 던진다. 참여적 활동을 정의에 대한 관심과 구별하는 묘사는 잘못된 것이고, 이러한 잘못된 묘사로 인해 정의에 관심을 가진다는 점에서 스스로를 자랑스럽게 여기는 분야—대부분의 사회교육과 시민교육 교육자들이 그러하다—에서 어떤 상황이 벌어지고 있는지 주목해야 한다. 즉, 이로 인해 시민사회에 학생들이 참여할 수 있도록 준비시켜야 한다는 생각이 지속적으로 무시되고 있으며, 심지어 이것이 정의를 지향하는 것은 아니라는 불신까지도 초래되고 있다.

3) 시민사회는 정치적 참여를 저해하는가?

시민사회에 관심이 부족한 또 다른 이유는 시민사회의 활동이 정부 정치에 대한 참여를 이끌어내는 데 효과적인가에 대한 의심 속에 자리하고 있다. 적어도 1980년대 이후, 많은 국가의 보수적인 정부들은 사회 서비스를 자선단체와 각종 자원봉사 기구들로 대체하려고 시도해 왔고, 많은 학자들과 활동가들은 이러한 시도가 정부 책임의 범위를 좁히려는 것으로 보고 이를 경멸한다. 예를 들어 포펜딕(Poppendieck, 1988)은 자선—다시 말하지만, 이는 시민사회의 한 가지 구성 요소일 뿐이다—이 경제적 불평등에 대한 관심을 다른 데로 돌린다고 주장했다. 포펜딕(Poppendieck, 1988)의 견해에 따르면, 자선은 보다 포괄적인 정치적 해결책에서 그저 동떨어져 있기만 한 것이 아니라, "효과적인 행위라는 환상을 만들어 내어 우리들 한가운데 있는 가시적인 빈곤이 환기시켜주는 불편함"을 축소시키고 결국 실질적으로 빈곤을 영속시키게 된다(p. 5). 마찬가지로, 권수아(Kwon, 2013)는 정부가 사회 서비스에 대한 투자를 중단하는 경향이 있음을 지적하며, 이는 비영리 단체에 과도한 부담을 줄 뿐만 아니라 사회정의를 지향하는 청소년 단체를 "신자유주의적 통치 기술"의 일부로 만들어 결국 "저항하는 정치적 행동주의의 잠재력을 극단적으로 제한시켰다"라고 주장했다(p. 5).

아마 많은 시민교육 교육자들은 의식적으로든 무의식적으로든 이러한 우려를 공유할 것이며, 시민사회에 대한 강조는 그 어떤 것이 되었든 정부 정치에 대한 학생들의 잠재적인 참여를 저해시킬 것이 틀림없다고 생각할 수 있다. 피터슨(Peterson, 2011)은 영국의 일부 시민교육 교육자들이 "정치적 참여는 선호하지만 공동체 활동은 격하시키는 방식으로" 공동체 활동과 정치적 참여를 구분하고 있다고 보았다(p. 125). 또한 이러한 시민교육 교육자들은 시민사회 내에서 이루어지는 봉사 활동 그 자체는 적극적인 시민성과 동등하게 간주될 수 없다는 주장을 분명히 하고 있다고 지적했다. 한편 웨스데이머와 칸(Westheimer & Kahne, 2004a)은 참여적 접근법의 "문제점" 중 하나는 "정치가 결여되는" 것이라고 주장했다(p. 243). 그 이유는 참여적 접근법을 취하는 프로그램을 접하는 학생들은 정치적 분석을 해보지 않고, 이익집단 및 정치 과정과 관련된 이념적·정치적 이슈에 대해 배우지 않으며, 정치에 관심을 덜 기울이게 되기 때문이라고 보았다.

그러나 이러한 입장에는 수많은 개념적 사각 지대가 존재한다. 첫째, 시민사회의 가장 중요한 목적 중 하나는 바로 정부가 할 수 없거나 혹은 할 의지가 없는 일을 하는 것이다. 가령, 최근 오랜 기간 동안, 북아일랜드에서는 서로 경쟁하는 정당들이 실행 가능한 권력 분담 합의에 이를 수 없었던 탓에 지방 정부가 어떤 기능도 하지 못하는 실정이었다. 이 기간 동안 시민사회는 시민이 참여할 수 있는 실질적으로 유일한 메커니즘이었고, 따라서 지역사회 발전과 지역사회 간의 관계에서 매우 중요한 역할을 했다(Brewer 외, 2011; McDonough, 1996; A. Pollak, 1993). 한편, 미얀마와 같은 권위주의적 정부가 있는 국가에서의 시민사회는 대중들—특히 젊은 사람들—이 사회문제에 대한 해결책을 찾을 수 있도록 하는 데 필수적이었다(Prasse-Freeman, 2012). 또한 집단이나 지역이 시장 실패의 희생자가 될 때에도 시민사회 기구는 필수적이다. 가령, 애팔래치아 산맥 일대에서와 같이, 제조업이나 자원 채굴 산업이 이전해버린 후 남겨진 사람들의 경제적 안정을 정부가 보호해주지 못했던 경우처럼 말이다(Couto, 1999).

더욱이 시민사회는 국가 바깥에 자리한 공간뿐만 아니라, 종종 국가에 대항하는 공간을 제공해줄 수 있다. 이러한 공간은 정치적인 위협이 가해지는 시기에 특히 중요하다. 왜냐하면 이러한 공간은 사람들이 "정치 체제에 의존하지 않고, 정치 체제로부터 통제를 받지 않으면서" 자신들의 이해관심을 옹호할 수 있도록 해주기 때문이다(Almond & Verba, 1963, p. 245). 이러한 공간은 개인이 두 가지 위험—하나는 정치적 고립, 다른 하나는 정치 제도에 의한 교묘한 조종이나 착취—을 피할 수 있게 한다는 점에서 매우 소중한 공간이다

(Almond & Verba, 1963; Nisbet, 1962). 가령, 시민사회는 동유럽과 라틴아메리카의 억압적이고 비민주적 정권에 저항하고 마침내 이를 전복시키는 데 중요한 역할을 했고(Foley & Edwards, 1996), 시민사회 기구들은 여전히 전 세계의 민주주의와 인권을 증진시키고자 노력하는 주요 세력이다. 이러한 시민사회 기구로는, 미국을 비롯한 여러 지역에서 벌어지고 있는 흑인을 향한 폭력—이는 국가가 눈감아주는 폭력이다—을 종식시키려는 목적의 '흑인의 목숨은 소중하다' 운동, 혹은 젠더 형평성을 추구하는 법과 정책, 프로그램을 증진시키고자 하는 '행위와 연구를 위한 싱가포르 여성 협의회' 등이 있다.

부정의를 경험한 집단이나 정치 영역에서 침묵하거나 고립되어 있는 집단에게는 시민사회가 중요한 사회적·문화적 자원으로 기능할 수 있다. 시민사회는 사회적 자본의 결핍이나 사회적으로 부과된 스테레오타입으로부터 벗어날 수 있는 자기 해방의 수단을 제공한다(S. Evans & Boyte, 1986; D. Smith, 1983). 또한 규범이나 신념, 제도에 도전하고 이를 재정의하여, 개인들에게 새로운 관념과 구조를 개발하는 데 기여할 수 있는 수단을 제공하여 공적 참여를 촉진시킬 수도 있다(S. Evans & Boyte, 1986). 가령, 가벼운 정치적 대화와 자발적 결사체에서의 상호작용은 일반적인 사람들이 정치를 이해하는 수단이자, 그 이슈가 집단에서 어떻게 이해되는지를 결정하는 영향력 있는 수단인 것으로 드러났다(K. Walsh, 2004). 쿠투(Couto, 1999)의 말을 빌리자면, 이러한 공식적 혹은 비공식적 결사체는 "사람들이 시간을 내어 공동의 유대를 발전시키고 대안이 될 만한 경제적·정치적·사회적 기구를 논의할 수 있는 공간"을 제공한다(p. 113). 이러한 공간이 없었으면 소외되었을 집단에게는 이곳이 더없이 소중한 공간이다. 왜냐하면 영(I. Young, 2000)이 말했듯이 "한 집단의 고통이나 불만이 헤게모니적 담론을 통해서 표현될 수 없거나 아니면 완전하게 표현될 수 없는 경우, 결사체를 통한 활동은 침묵해 있었던 사람들에게는 사회적 관계를 알아차리고 상황이 잘못되었다고 규정하는 데 있어 새로운 방식을 발전시킬 수 있도록 지원하기" 때문이다(p. 166). 가령, 적어도 1970년대 이후 일부 공동체에서는 흑인 서점과 페미니스트 서점이 행동주의와 문화 구축을 위한 중요한 장소였다(Beckles, 1998; Hogan, 2008). 마찬가지로, 카페나 술집, 여러 다른 사업장들 역시 LGBTQ 정체성을 가진 개인들이 자신들과 유사한 경험과 관점을 가지고 있는 다른 이들과 함께 하기 위해 찾는 공동체로서 중요한 공간일 수 있다(D'Augelli & Garnets, 1995).

그러나 소외된 공동체에게 시민사회가 중요한 이유는 시민사회가 정체성을 확인하고 사회적 유대를 증진시키며 대안적 담론을 촉진하는 역할을 할 수 있기 때문만은 아니다. 정부 정치에 참여하기 위해 필요한 자원이 부족한 사람들에게 있어, 시민사회는 사회에 기여하고 또 사회적 변화를 촉진시켜 나가는 데 매우 중요한 수단이 된다. 가령, 미국에서 이민자 출신의 라틴계 청소년들은(문서상 기록이 없는 이들을 포함하여) 여러 가지 이유로 정치 참여에서 소외될 수 있다. 투표를 할 수도 없고 전통적인 정치 제도에 접근할 수도 없는 상황, 시간적 여유가 없는데다 돈을 벌어야 하는 상황, 정치의 목적은 소수자를 위한 목소리를 내는 것이 아닌 이들을 억압하는 데 일조하는 것이라는 인식 등이 그 이유이다(Bedolla, 2000). 이러한 환경하에서, 시민사회는 공동체에 기여하고 사회를 개선해 나가기 위해 마음먹고 나서서 행동하는 데 없어서는 안 될 현장이 된다. 이처럼 마음먹고 나서는 행동에는, 시민 참여를 위한 전통적인 기준에 따를 경우에는 대개 포착되지 못했던 다양한 활동들이 포함될 수 있다. 가령, 문화유산을 진흥시키고, 타인에게 조언을 하고 가르침을 주며, 또 다른 이민자들을 지원하기 위해 두 가지 언어를 사용하는 능력을 활용하는 등의 활동처럼 말이다(Jensen, 2008; Stepick 외, 2008; Suárez-

Orozco 외, 2015). 주목할 것은 이러한 청소년들은 정부 정책에 반대하는 시위에 나서는 등, 명백하게 정치적인 활동에 참여하기도 한다는 점이다. 시민사회를 통해 공동체에 기여하는 것이 정부 정치에의 참여를 감소시킨다는 증거는 없다.

사실 비정치적 형태의 시민사회 참여는 개인들에게 정치적 중요성을 일깨우고 정치 영역에 참여할 수 있는 능력을 향상시킬 수 있다. 의무감이나 동정심에서 타인을 위한 자발적 활동을 하는 데 자신의 시간을 할애하기 시작한 사람들은 더 광범위한 사회 이슈에 관심을 기울이게 되는 경우가 많다. 왜냐하면 이 사람들은 이와 같은 활동이 아니었더라면 경험하지 못했을 부정의를 이제는 알아챌 수 있는 위치에 놓이게 되는 셈이기 때문이다(Wuthnow, 1991). 가령, 교회를 통해 조직된 사회 프로그램에 참여하는 사람들은 공동선 개념에 대한 포괄적인 관점에 더 큰 애착을 가지게 되고, 공적 이슈에 대해 더 많은 지식을 갖추게 되며, 공공정책의 도덕적 함의를 체계적으로 이해할 수 있게 된다(Weithman, 2002). 교회 및 여러 다른 자발적 결사체 또한 사람들이 정치적 참여의 기회를 활용할 수 있게끔 해주는 자원에 접근할 수 있게 한다. 가령, 공공 대중 앞에서 말하고, 회의를 주재하며, 더 광범위한 청중과 의사소통하는 법 등을 배울 수 있게 해주는 것이 이에 해당한다. 주목할 점은 비정치적인 기구는 명백히 정치적인 기구만큼이나 효과적으로 이러한 기능을 발전시킬 수 있다는 것이다(Verba 외, 1995; Weithman, 2002). 이러한 능력을 계발하는 것은 소수자들에게 특별히 중요한 의미를 가진다. 왜냐하면 소수자들의 경우 다른 상황에서는 정치 참여의 기회에서 배제될 수 있기 때문이다. 가령, 미국 시민권 운동을 조직하고 이끌어 가는 능력을 제공하는 데 흑인 교회가 했던 역할은 이미 잘 입증된 바 있다(McAdam, 1982; A. Morris, 1984).

이러한 이점은 청소년들에게 특히 중요하다. 왜냐하면 시민사회에 참여함으로써 청소년들은 미래에 다양한 형태—정치적 측면과 비정치적 측면을 모두 포함하여—로 참여하기 위한, 현재 발달 단계에 맞는 기반을 마련할 수 있기 때문이다(Flanagan, 2004). 가령, 유니스와 동료 연구자들(Youniss 외, 1997)은 조직화된 "자체적 규범이 있는" 청소년 단체에 참여해본 경험이 있는 미국 청소년들은 성인이 되어 시민으로서 그리고 정치적으로 참여할 가능성이 유의미하게 더 높다고 결론 내렸다. 부분적으로 그 이유는 지금 이들의 참여가 보다 훗날 참여하는 데 필요한 시민적 실천 및 조직화 과정에 대한 지식을 제공하기 때문이다. 맥팔랜드와 토마스(McFarland & Thomas, 2006) 또한 청소년 시절에 자발적 결사체에 참여해보는 것은 이들이 성인이 되어 정치에 참여하는 데 긍정적인 효과가 있다는 것을 알아냈다. 즉, 이러한 참여는 청소년들이 공동체관 및 자신과 타인과의 관계에 관한 관점을 확장하는 데 도움을 주고, 집단 스테레오타입에 도전하고, 공동선에 대한 의무감을 촉진하며, 다양한 형태의 배려와 그것이 공공정책과 맺는 관계에 대한 이해를 넓히고, 시민으로서 행위할 때 효능감을 증가시킨다(Flanagan, 2013; Wuthnow, 1995). 또한, 청소년들은 시민사회에의 참여를 통해 서로 다른 이념적 입장이나 지향에 노출되는 셈이고, 이러한 상황은 훗날 성인이 되어서 참여할 때 필수적이라 할 수 있는, 새롭게 성장하는 시민 정체성 형성에 중요하다(Youniss 외, 1997). 다시 한 번 말하건대, 이러한 참여는 소수자 청소년들에게 특별히 중요할 수 있다. 가령, 미국의 흑인 청소년들이 이웃에 토대를 둔 조직에 참여하는 것은 인종에 기반한 정치적 정체성과 의식을 발전시키는 데 도움이 된다. 이러한 집단은 "세대 간의 연대"를 증진하는 데 중요하며, 이러한 세대 간의 연대를 통해 "흑인 청소년들은 자신들의 삶을 형성하는 조건들을 변혁시키는 능력과 관련된 기대를 키워나가게 된다"(Ginwright, 2007, p. 416).

교육과정에서의 시민사회

시민사회가 시민 참여의 현장으로서 널리 퍼져 있고 또 중요하다는 점을 고려해보면, 이제 더 이상 학교도 시민사회를 공식 교육과정의 주변부에 머물게 하거나, 봉사교육이나 다른 형태의 공동체 참여를 위한 필요조건 정도로 축소시켜서는 안 된다. 공식 교육과정은 학생들이 정부 정치에 꾸준히 익숙해질 수 있도록 해야 한다. 그러나 이와 더불어 정부 정치가 아닌 상황에서 일어날 수 있고 또 각기 다른 경로를 따를 수도 있는, 시민으로서의 다양한 행위를 학생들이 준비할 수 있도록 해야 한다(Lichterman & Eliasoph, 2014; Stitzlein, 2020 참조). 피터슨(Peterson, 2011)이 말했듯이, "가장 참다운 의미의 적극적 시민성은 정치적 참여와 시민사회에의 참여 **둘 다**를 포함한다"(p. 124, 강조는 원문). 이러한 교육과정은 분명 북아메리카, 라틴아메리카, 동아시아 및 여러 다른 지역에서 각기 다른 모습으로 드러날 것이다. 왜냐하면 지역마다 정치적 문화가 다른 것처럼(Hahn, 1999), 시민사회의 문화 역시 다르기 때문이다(S. Chambers & Kymlicka, 2002).

그러나 시민사회를 교육과정에서 다룰 때 특별히 염두에 두어야 할 점 두 가지는 그러한 지역적 상황과 무관하게 중요할 것으로 보인다. 첫 번째는 4장에서 설명했던 바와 같이 학생들이 **협력적 숙의**에 준비할 수 있도록 하는 것이다. 앞서 우리는 협력적 숙의란 공동의 이해관심을 전제로 하며, 다양한 형태의 표현 및 의사소통을 포함하면서, 신뢰와 호혜적인 파트너쉽 속에서 이루어지는 비대립적 문제 해결이라고 정의했다. 그런데 이것이야말로 시민사회의 많은 부분을 특징짓는 종류의 숙의이다. 동료와 공통된 토대를 찾아보라고 학생들을 독려하게 되면, 자신들이 가진 가치나 목표가 서로 대단히 다르지 않을 것이라는 가정을 전제로 토의가 이루어질 수 있고(가령, 모든 학생은 맹그로브 숲을 보존하거나 복원하기를 원한다), 그 이후의 숙의 활동은 실제 상황에서 얻는 것과 잃는 것에 대한 이해 또는 이해 당사자를 참여시키는 전략의 선택과 같은, 보다 도구적인 의사 결정에 초점을 맞출 수 있게 된다. 대립적 형태의 숙의에 비해, 이러한 종류의 토의는 학생들이 고양하고자 희망하는 정의와 조화의 이슈를 다루는 기구에 이들이 참여할 수 있도록 보다 잘 준비시킬 수 있을 것이다.

두 번째로 염두에 두어야 할 점은 학생들이 개별 시민사회 기구에서의 숙의 실천이 포용적인지 아닌지의 여부를 고려할 필요가 있다는 점이다. 시민사회와 그 구성원들은 더 넓은 사회적 맥락의 일부이며, 따라서 이들이 만들어 내는 공간은 종종 인종주의, 성차별주의, 동성애 혐오의 패턴, 그리고 사회적 지위에 따른 배제와 위계질서를 반영하고 또 이를 재생산할 수 있다 (Fisher, 1993; Fraser, 1990; Scott, 2001). 이러한 상황에서 숙의가 이루어지게 되면 개개인은 사회적 압력을 느껴 침묵해버릴 수 있다. 사회적 제재를 받을 위험을 의식하여 반대 의견을 내기를 원하지 않는다거나, 다수의 사람들이나 자신들이 존경하는 사람들이 제안한 의견을 그저 따르게 되는 경우처럼 말이다(Sunstein, 2006). 이와 같이 비판적 관점을 취하는 것은 학생들이 시민사회에 참여하도록 해줄 뿐만 아니라 시민사회를 더욱 발전시켜 나갈 수 있게 한다.

1) 시민사회가 하는 일을 분석하고 평가하기

학생들에게 필요한 것은 시민사회에 적합한 숙의 기능을 계발하는 것만이 아니다. 특히 시민사회에서 진행되고 있는 일이 정의와 조화를 증진하는 것을 목적으로 하는 경우, 학생들은 그 구체적인 일에 대한 지식과도 씨름해야 한다. 즉, 시민사회의 노력을 분석하고 평가하는 활동을 통해서만, 자원을 분배하는 일이나 경제적 발전을 장려하는 것, 소외된 사람들을 인정하고 그들에게 안전을 제공하는 것 등에 대하여 현명한 행위로 나아갈 수 있다. 학생들은 어떤 종류의 집단이 그러한 활동을 추구하는지, 그러한 집단이 어떻게 조직되어 그들의 일에 착수하는지, 이 집단이 미치는 영향은 무엇인지에 대해 고려해야 한다. 가령, 학생들은 미국의 '국립 법률 구조 지원 및 변호사 협회', 국제적으로는 '국경 없는 의사회' 같은 전문적인 원조 단체에 대해 배울 수 있을 것이다. 또한 싱가포르의 '자미야(Jamiyah, 싱가포르에 있는 이슬람교 중심의 기구)'나 미국의 '메노나이트 중앙위원회(Mennonite Central Committee, 미국의 재세례파 기독교 중심의 기구)' 같이 신앙에 입각한 자원봉사 기구, 혹은 한국의 '정의기억연대(2차 세계대전 동안 위안부로 강요받았던 여성들의 존재를 인정하라고 주장하는 단체)', 혹은 '액트업(에이즈 대책 강화 요구 단체)'과 같은 정치적 옹호 기구에 대해 배울 수도 있다. 물론 이밖에도 학생들이 배울 수 있는 수많은 다른 기구들, 그리고 수많은 유형의 기구들이 있기에, 학생들은 시민사회의 본질에 대해 더 포괄적으로 이해할 수 있다.

특히, 이러한 교육과정은 시민사회가 행하는 세세한 개별적인 행위에 관심을 두어야 한다. 가령, 학생들은 "난민을 지원하기" 위한 기구가 존재한다는 것을 단순히 인식하는 것만으로는 충분하지 않을 것이다. 학생들은 이러한 기구들이 어떻게 그러한 활동을 하는지에 대해 배워야 한다. 상황과 조직의 사명에 따라, 시민사회 단체는 난민들에게 권한을 부여하고 이들의 취약점에 대처하고자 고안된 다양한 활동에 참여할 것이다. 여기에는 난민들을 구조하거나 보호하는 활동, 이주 중 혹은 이주 후에 식량과 물을 공급하는 활동, 임시 주택을 마련하는 활동, 직업을 얻을 수 있도록 고용주에게 연락하는 활동, 신용을 얻고 사업을 시작할 수 있도록 돕는 활동, 의료 지원 종사자나 상담자, 변호사 및 다른 전문 직업인들로부터 서비스를 받을 수 있도록 조직하는 활동, 난민들을 공동체의 자원봉사자와 연결해주는 활동, 어린이 및 청소년들을 위한 스포츠와 레크리에이션 기회를 조직하는 활동, 성인들을 위한 언어 수업 및 시민교육 관련 수업을 제공하고 학교에 다니는 연령의 어린이들을 위한 교육을 제공하는 활동, 법과 정책을 변화시키기 위해 정부 기관과 관료를 압박하는 활동, 그리고 이 각각을 달성하기 위해 자금을 조달하는 활동—정부 보조금을 얻거나, 민간 재단, 사업체나 기업, 개인들로부터 자금을 조달할 수 있을 것이다—등이 포함된다. 이러한 일을 이해하는 것은 입법부가 무엇을 하는지 이해하는 것만큼 중요하다. 이 둘 모두가 사회교육과 시민교육의 일부가 되어야 한다.

학생들에게 정부와 시민사회 사이의 관계에 대해 가르치고, 정부나 시민사회 어느 쪽이 어떤 이슈를 더 잘 다룰 수 있을지 평가하는 방법을 가르치게 되면, 이는 또한 학생들이 시민사회가 언제, 그리고 어떤 조건하에서 필수적이게 되는지 평가해보는 데 중요한 역할을 할 것이다. 이러한 평가에는, 정부가 지원이나 안전, 보호를 제공하지 못하는 상황에서 시민사회의 대안적 반응이 어떤 점에서 요구되는지 검토하는 것도 포함될 것이다. 가령, 기후변화는 정부의 규제 행위 없이는 완화될 수 없지만(그럼에도 불구하고 정부의 규제 행위는 시민사회의 지지에 의존하고 있다), 이러한 규제 행위가 지역 공동체에 미치는 영향에 대해서는 자발적 결사체가 나서서 개선해야 할 때도 있다. 또한 미국의 '안티파(Antifa, 파시스트에 맞선 좌파)'와 같은 집단은 정부가 개입할 수 없거나 개입할 의지가 없을 때, 백인 우월주의자나 파시스트 집단이 행하는 폭력의 위협으로부터 개인이나 공동체를 보호하고자 했다. 또한, 사람들의 요구가 너무 압도적이어서 정부가 감당이 안 될 때, 시민사회가 이를 도와야 하는 경우도 있다. 가령, 자연 재해의 여파 속에서 현지 정부가 제대로 대응하는 능력이 부족한 경우 자발적 활동에 의한 노동이 중대한 역할을 할 수 있다. 주어진 환경에서 시민사회가 필요해지는 요인을 이해함으로써, 학생들은 어떻게 행위해야 할지에 대한 결정을 내릴 때 유의미하게 도움을 받을 수 있을 것이다.

이런 식으로 시민사회를 이해하게 되면 학생들은 보다 정의롭고 조화로운 미래를 만들어 내기 위한 작업에서 이용 가능한 수단을 더 많이 가질 수 있게 될 것이다. 이 과정에서 학생들은 정의롭고 조화로운 미래를 만드는 작업이 정부 정치의 세계 밖에서 이루어질 수 있는—사실상 그렇게 이루어져야 한다—수많은 방식들을 이해하게 된다. 이러한 이해는 정부에게 버림받았던 사람들을 포함하여, 정치의 영역에 참여하려고 하지 않거나 혹은 참여할 수 없는 수많은 학생들에게 특히 중요하다. 미등록 체류자와 이와 비슷한 처지의 이민자, 권력을 가진 사람들로부터 문화 자본을 존중받지 못하는 소수자들, 정치인들로부터 버림받은 빈곤한 공동체의 거주민들, 권위주의적이고 반응 없는 정권에 종속되어 있는 사람들 등이 여기에 해당한다. 사회교육과 시민교육이 정부 정치 너머로 확장될 때, 이는 학생들에게 즉각적인 관련성을 지닌 교과목이 될 것이다. 이것은 많은 학생들이 실제로 살아가는 삶이나 미래에 상상할 수 있는 삶과 단절되어 있는, 달성할 수 없는 환상과는 전적으로 다른 것이다.

결론

시민사회는 불평등에 대처하고, 억압받고 소외된 사람들을 인정하고, 이들을 지켜주며, 특히 사회에서 가장 취약한 구성원들의 사회적·경제적 기회를 증가시키기 위한 목적을 갖고, 이를 위해 숙의를 통해 식견을 갖춘 행위를 할 수 있게 하는 주된 장소이다. 학생들은 지금이나 성인으로 살 때나, 투표를 제외하면 정부의 정책에 직접적으로 영향을 미치기보다는 시민사회에 참여할 가능성이 높고, 심지어 이들의 정치적 참여 또한 시민사회를 통해 일어날 가능성이 높다. 그러나 시민사회는 사회교육과 시민교육 교육과정에서 거의 완전히 빠져 있다. 수많은 나라에서 학생들은 자신들의 공동체에 봉사하기 위해 자원하라고 장려받고 있을 뿐이다. 학생들에게 시민사회에 참여할 수 있는 기반을 제공하는 것은 공동체 봉사 조직에 이들을 배치하는 것보다 훨씬 더 많은 것을 요구한다. 왜냐하면 쿠투(Couto, 1999)가 주목한 것처럼 시민사회의 매개적 구조라는 것은 "자연적으로 나타나지 않으며, 더욱이 시민사회가 민주적인 본성을 가지고 있다는 점도 결코 당연시 될 수 없기" 때문이다(p. 205). 이러한 교육과정은 학생들이 다양한 시민사회 기구의 목표와 활동, 영향, 그리고 이러한 시민사회 기구가 작용하는 맥락에 대해 분석하고 평가할 수 있도록 준비시켜야 한다. 패트릭(Patrick, 1997)이 주장해 온 바와 같이, 학생들을 시민사회에 준비시키는 것을 소홀히 하는 것은 이들에게서 "세상의 민주주의 이론과 실천에 관한 기본적인 지식"을 박탈하는 것이다(p. 2).

10장

시민적 예의와 시민적 무례

최근 시민적 예의라는 개념이 학문적 담론과 공적 담론 모두에서 두드러지고 있다. 눈여겨 볼만한 것은, 학자들이나 정치인들, 일반 대중들 할 것 없이—특히 유럽이나 북아메리카를 중심으로—공적인 장에서 시민적 예의가 부족하다는 데 대해 상당한 불안감과 긴장감을 가지고 있다는 점이다. 이에 학생들이 시민적 예의를 더 잘 갖추고 상호작용할 수 있게 준비시켜야 한다는 요구가 제기되어 왔으며, 이 요구를 교육자들이 끌어안게 되었음은 충분히 이해할 만하다. 그러나 이렇게 시민적 예의의 가치를 강조하는 것의 문제점도 존재한다. 즉, 이러한 규범들을 부과하는 것은 사회 변화를 무디게 할 수도 있다. 또한 개인들 간의 상호작용에 동반되는 시민적 예의에 관한 관행들은 공적 행위에 적용될 때는 부적절할 수도 있다. 시민적 예의를 강조하는 과정에서는 이러한 문제점들을 알아차리지 못하는 경우가 많다. 이번 장에서 우리는 유교 이론 및 서양 철학과 이론을 바탕으로, 모든 사회에는 **시민적 예의**와 **시민적 무례** 둘 다가 필수적임을 주장할 것이다. 또한 이런 이유로 학생들은 각각이 적절한 때가 언제인지를 판단할 수 있는 능력으로서 **분별력**(權)을 발휘하는 방법에 대해 배워야 한다고 주장할 것이다. 즉, 정의와 조화를 증진시키기 위해 행위하는 것에 대한 숙의의 일환으로서, 학생들은 규칙이나 규범, 시민적 예의의 관행이 언제 준수되어야 하는지, 그리고 언제 이것들이 무시되거나 도전받고 또 수정되어야 하는지 고려해야 한다(Angle, 2012). 이는 학생들로 하여금 시민적 예의와 시민적 무례가 적절하게 사용되는 상황을 고려하도록 요구한다. 즉, 학생들은 그러한 규범을 언제, 어떻게 준수하거나 위반할지를 결정하는 데 영향을 미치는 법적·문화적·전략적 요인들에 대해 고려해야 한다.

시민적 예의와 공동체

시민적 예의는 사적 영역과 공적 영역 모두에 적용되는 것으로, 이는 어떻게 표현하고 행동해야 하는가에 관하여 공식적·비공식적 사회규범에 충실하게 따르는 것을 의미한다. 조화와 마찬가지로, 시민적 예의라는 개념은 본질적으로 대단히 관계적이다. 유교 철학자인 뚜웨이밍(Tu, 1972)의 주장에 따르면, 규범과 규칙으로서 시민적 예의는 근본적으로 스스로를 다른 사람과 관련시키는 것에 관한 문제이다. 이러한 규범과 규칙은 **예(禮)**로도 알려져 있으며, 대개 "의식에서의 예절"로 번역된다. 중국이나 대만, 한국 같은 동아시아 국가에서 시민적 예의는 관행에 의해 뒷받침된다. 이러한 관행은 인간의 행동을 규제하고, 자제심을 가질 수 있도록 독려하며, "절제되지 않은 개인의 이익"을 줄일 것을 요구한다(Kim, 2014, p. 116). **예**는 원래 종교적 의례에 적용되는 개념적 용어로 시작되었으나 그 의미가 점점 더 확장되어 왔다. 그 결과 예는 "공식적 규칙과 그보다 덜 엄숙한 일상의 행동 양식을 모두 아우르는, 인간 행동에 관해 확립된 모든 윤리적·사회적·정치적 규범"을 의미하게 되었다(C. Li, 2007, p. 318). 전통에 뿌리를 두고 있는 이러한 의례는 사람들이 각기 다른 상황에서 어떻게 상호작용해야 하는가를 규정하는 공식적·비공식적 사회규범을 담고 있다. 예를 들면, 축제 기간 동안 만나는 가족 모임 구성원들 사이에서, 회의에서 만나는 직장 동료들 사이에서, 공공 버스에서 만나는 낯선 사람들 사이에서의 상호작용 방식을 규정하는 것이다(Angle, 2012).

유교 철학에서는 개인들 간 상호작용과 국가 관련 상호작용을 명확하게 구분하지 않는다. 그래서 예절에 관한 규범은 삶의 모든 측면에 적용될 수 있다(Shils, 1991). 그러나 일부 서양 학자들은 시민적 예의가 적용되는 두 개의 영역을 구분하여 강조해 왔다. 가령, 칼훈(Calhoun, 2000)과 피터슨(Peterson, 2019)은 정치 생활에 적용되는 시민적 예의를 "공손한" 행동을 요구하는 시민적 예의 혹은 "일상생활에서의" 시민적 예의와 구분했다. 후자에는 지인들과 인사를 할 때 적절한 형태의 호칭을 사용한다거나, 타인을 모욕하거나 당황하게 만들지 않는 것 등의 행동과 관행이 포함된다. 반면, 정치 생활에서의 시민적 예의는 민주적이고도 다원적인 사회에 참여하는 것, 특히 공적 영역에서 타인과 생각을 교환하는 것과 관련되어 있다. 정치 생활에서 시민적 예의를 갖춘다는 것은 매너가 나쁜 사람을 마주했을 때에도 관용적인 태도로 자제심을 발휘하고, 타인에게 귀를 기울이며 다른 관점을 고려하는 태도를 보이는 것이다. 또한 대안으로 제시된 관점을 공정하게 수용하려는 의지를 가지고, 타인과 상호작용하는 과정에 계속해서 참여하려는 마음가짐을 가지는 것이다.

이처럼 시민적 예의의 두 가지 측면을 고려할 수 있다고 해도, 분명한 것은 시민적 예의가 의미하는 바는 매너가 좋다거나 예의가 바르다거나 하는 것이상이라는 점이다. 시민적 예의의 핵심 취지는 개인적이거나 편협한 이해 관심을 넘어서는 사회적 이해관심의 중요성을 인지하고 "공동선의 가능성을 받아들인다"는 데 있다(Shils, 1997, p. 4). 카터(Carter, 1998)가 말했듯이, 시민적 예의는 타인을 위해 자신의 소망과 이해관심을 희생하려는 마음가짐을 요구한다. 하지만 일상생활에서도 타자의 '좋은 삶'에 대해 뚜렷하게 관심을 보이지 않는 상황이라면, 즉 일상생활에서의 시민적 예의가 없다면 정치 생활에서의 시민적 예의가 어떤 식으로 존재할 수 있을지는 생각하기 어렵다. 이 연결을 분명하게 보여주는 것이 바로 유교 사상이다. 유교 사상에서는 사회의 모든 구성원들 사이의 상호작용을 **가족적 관계**의 차원으로 묘사한다. 이러한 관점에서는 타인 모두를 가족 구성원으로 간주하고, 따라서 이들의 복지에 관심을 가질 것을 강조한다(Kim, 2014). 이런 식으로 타인을 낯선 사람이 아닌 가족 구성원으로 대우하는 것은 공동체 구성원들 사이의 관계를 재정의한다. 이는 또한 서로를 더 잘 이해할 수 있게, 서로를 향해 덜 분개하고, 더 많이 감정이입하며, 의견 불일치를 더 쉽게 해결할 수 있게 한다. 공동체라는 울타리 속에서 타인의 복지에 관심을 가지고, 여기에 스스로를 절제하는 마음까지 뒷받침된다면, 어떤 강압의 필요 없이도 생산적인 대화와 갈등 해결이 더 활발해질 것이다(Kim, 2011).

이처럼 시민적 예의의 지침이 되는 행동 규칙들은 정의와 조화를 증진하는 데 있어서 중요한 역할을 한다. 왜냐하면 이는 일종의 "결속형 사회적 자본" 으로서 기능하기 때문이다. 즉, 이러한 규칙들을 통해 사람들은 타인을 사회의 동등한 참여자로 인식하고 또 인정하게 되며, 논란이 되는 사회 이슈를 논의하기 위해 필요한 수준의 신뢰를 구축하고, 공적 영역에 더 많이, 그리고 더 다양하게 참여하게 된다(Kim, 2014, p. 90). 중요한 것은 이러한 규칙들이 권력자들을 억제하는 역할까지 하여 소외된 집단을 보호할 수도 있다는 것이다. 가령, 행위를 제약하는 규칙들은 일부 특권층 사람들이 힘이 없고 지위가 낮은 개인이나 집단을 향해 보이는 무례한 행동과 경멸의 표현, 불관용적이 거나 무시하는 태도를 잠재적으로 최소화할 수 있다(Calhoun, 2000). 더욱이 우리가 시민적 예의의 규칙이나 규범을 고수할 때, 우리는 관용, 존중, 사려 깊은 마음가짐을 가지고 있다는 신호를 타인에게 보내는 셈이다. 즉, 우리가 모든 사람에 대한 존중을 **표현하는** 것은 다른 사람들의 감정을 고려하는 것 일 뿐만 아니라, 설사 우리가 이 사람들에게 동의할 수 없다 하더라도 이들이 존재 자체로 도덕적 가치를 지니고 있다는 메시지를 보내는 것이다(Calhoun, 2000; Herbst, 2010; Sapiro, 1999). 쉴즈(Shils, 1991)는 이러한 시민적 예의 없 이는 사회가 공공연한 갈등으로 분열될 수 있다고 경고한다. 그는 다음과 같 이 쓰고 있다.

> 이러한 시민적 예의 없이 다원적인 사회는 만인의 만인에 대한 투쟁 으로 악화될 수 있다. 시민적 예의는 시민사회의 통치자처럼 작동 한다. 이는 갈등의 강도를 제한한다. 또한 갈등을 일으키는 요구들 사이에서의 거리를 좁힌다. 즉, 시민적 예의는 분리주의적 경향을 억제하는 역할을 한다(p. 15).

중요한 것은, 상호작용을 지배하는 공유된 신념과 규범이 유동적이고 맥 락적이며 또한 끊임없이 조정된다는 점이다(Sapiro, 1999). 또한, 시민적 예 의에 관한 규범이 모든 사회에 존재하기는 하지만, 이들의 구체적인 형태는 공동체마다 제각각이다. 가령, 대화를 하는 동안, 일부 문화권에서는 상대방 이 말을 할 때 고개를 끄덕이거나 "예", "하이"와 같은 짧은 말을 함으로써 듣 는 사람이 긍정하고 있다는 표현을 해주는 것이 일반적이다. 그렇게 하지 않는 것은 흥미나 관심이 부족하다는 의미일 수 있으며, 따라서 종종 무례하다고 여겨진다. 그러나 일부 유럽 국가에서는 이러한 동의의 신호가 말을 방해하거나 화자를 재촉하는 시도로 간주될 수 있기 때문에, 오히려 이러한 행동을 하는 것이 무례하게 여겨질 것이다. 마찬가지로, 공개적으로 부동의나 수정의 의견을 표하는 것은 미국인이나 유럽인들 사이에서는 흔한 일이지만, 아시아의 일부 지역 및 여러 다른 지역에서는 공격적이거나 위협적인 것으로 인식될 수 있다. 또한 악수를 제안하는 것은 시민적 예의의 기본적인 행위로 받아들여지곤 하지만, 무슬림 여성과 악수를 하자고 남성이 제안하는 것은(만약 이 여성이 먼저 손을 내밀지 않았다면), 일부 상황에서는 시민적 예의의 규범을 위반한 것일 수 있다. 각기 다른 문화들, 그리고 하위문화의 구성원들은 때로는 의사소통이 어려울 정도로 너무나 다양한 시민적 예의의 패턴을 보여준다.

1) 교육에서의 시민적 예의

공적 삶에 있어 시민적 예의가 가지는 중요성을 감안하여, 무어(Moore, 2012)와 킴리카(Kymlicka, 1999) 같은 교육자들은 학교교육, 특히 시민교육 수업에서는 시민적 덕성의 일부로서 시민적 예의를 학생들에게 주입해야 한다고 주장했다. 크로코와 동료 연구자들(Crocco 외, 2018), 그리고 피터슨(Peterson, 2019)은 시민적 예의를 일군의 "기본 규칙"으로 묘사한다. 이러한 기본 규칙은 교실 안에서 이루어지는 시민으로서의 행동과 숙의를 좌우하고, 존중하는 교실 분위기를 조성하는 데 필요한 상호작용을 촉진한다는 것이다. 이러한 견해에 따르면, 학생들은 타인을 모욕하거나 비하하는 등의 해로운 행동이 미치는 영향에 대해 배울 필요가 있다. 또한 학생들은 시민적 예의가 담긴 관행들을 실행으로 옮겨보는 경험도 해보아야 한다. 가령, 다른 사람들의 말을 듣는 동안 긍정을 표하는 언어적·비언어적 신호를 사용해보기도 하고, 이와 함께 새로운 정보를 받아들인 후에는 기꺼이 관점을 바꾸어볼 필요도 있다(Peterson, 2019). 비슷한 맥락에서, 여러 단체들이 만들어 놓은 교육과정 자료들도 활용할 수 있다. 가령, '관용 가르치기'나 '역사와 우리 스스로를 직면하기'와 같은 자료에는 교실 공동체 규범, 토의를 위한 기본 규칙, 집단의 구성원들이 책무감을 가지도록 하는 조치를 공동으로 만들어 내는 등의 전략들이 포함되어 있다(Facing History and Ourselves, 2020; Shuster, 2009).

시민적 예의의 규범을 제대로 이해시키는 데 대한 관심은 학업 성취 기준이나 교육과정 문서, 평가 가이드라인 등에 반영되어 있는 경우가 많은데, 여기서도 시민적 예의는 핵심적 가치로 분명히 인정받고 있다. 가령, 호주의 '시민과 시민성 교육과정'은 "존중, 시민적 예의, 형평성, 정의, 책임과 같이, 보다 폭넓은 가치에 대한 학생들의 이해를 증진시킴으로써 포용성을 발전시키고자" 한다(Australian Curriculum, Assessment and Reporting Authority, 2020, 3단락). 또한 미국의 '교육과정 권고안'은 시민적 예의가 숙의에 필수적인 요소이며, 더 나아가 시민적 삶의 필수적인 요소라고까지 지적하고 있다(National Council for Social Studies, 1994, 2013). 또한, 미국에서 이루어지는 시민교육 평가틀을 보아도 시민적 예의가 시민으로서의 성향에 핵심임을 확인할 수 있다(National Assessment of Educational Progress, 2018).

일부 교육과정은 시민적 예의를 하나의 가치로 명시적으로 언급하지는 않지만, 여기서도 이러한 관념을 보여주는 요소들은 어렵지 않게 발견된다. 가령, '싱가포르의 인성 및 시민교육 교육과정'은 주의 깊게 듣고 적절하게 대응하는 것과 같은 기능의 중요성을 강조하고 있다(Singapore Ministry of

Education, 2020). 또한 말레이시아의 '국가 교육 청사진 2013-2025'는 학생들이 강력한 의사소통 기능을 발전시켜 나가고, 이들이 "분쟁을 평화적으로 해결하며", "다른 이들을 받아들이고 존중하는" 방법을 배우는 것을 목적으로 한다(Ministry of Education Malaysia, 2013, pp. 2-7). 마찬가지로, '영국 국가 교육과정 시민성 학습 프로그램'은 학생들에게 현재의 이슈에 대해 논의하고 논쟁하는 방법, 그리고 "반사회적이고 공격적인 행동의 결과를 인식할 수 있는" 방법을 가르쳐야 한다고 제안한다(U.K. Department for Education, 2015, p. 3).

이러한 교육과정들의 공통점은 시민적 예의를 대인관계와 관련된 의사소통 행위 정도로 정의한다는 점이다. 그에 따라 이러한 교육과정은 사적인 영역과 정치적인 영역 모두에서 다른 **개인들에게** 귀를 기울이고 반응하는 기능과 태도가 중요하다고 보고 이를 습득할 수 있도록 돕는 것을 목적으로 한다. 그러나 여기에는 명확하게 초점을 맞추고 있지 못한, 결여된 내용이 존재한다. 그것은 바로 개인이나 집단이 **사회의 수준에서** 시민적 예의를 어떻게 집단적으로 활용할 것인가 하는 점이다. 심지어 시민적 예의가 민주적 정치 과정에 참여하기 위한 준비 과정으로 가르쳐질 때에도, 이는 숙의의 한 국면으로서 고려될 뿐이지 공적 행위의 형태로 여겨지지는 않는다. 더욱이 시민적 예의와 **시민적 무례**가 모두 공적 삶의 필수불가결한 부분임에도 불구하고, 교육과정에서 그 둘 사이의 명시적인 연관성을 이끌어내는 경우는 거의 나타나지 않는다. 그 결과 학생들은 사회질서를 뒤흔드는 것이 적절한 때는 언제인지, 혹은 이러한 행위가 맥락에 따라 어떻게 달라질 수 있는지 신중히 생각해보는 일에 발을 들이지 못하고 있다. 오히려 대부분의 경우 시민적 예의는 한결같이 가치 있고 문화적으로 보편적인 것인 양 제시되곤 한다. 그러나 학생들이 숙의를 통해 식견을 갖춘 행위로 나아가도록 준비시키기 위해서는 시민적 예의를 보다 종합적으로 이해할 필요가 있다.

시민적 예의의 한계

　어느 사회에서나 시민적 예의라는 기준은 필수적인 부분이지만, 이 기준을 지켜야 한다는 생각은 사회 변화를 무디게 하는 데 활용될 수도 있다. 특히, 이는 일부 주제나 관점을 논외로 만들어 암묵적으로 현재의 상황을 강화시키는 쪽으로 작용할 수 있다. 즉, 시민적 예의는 대개 개인과 집단들 사이에서 갈등이 없는 관계를 유지하는 것을 우선시하기 때문에, 이러한 규범은 종종 공공연한 의견 불일치와 직접적인 불만 표현을 숨기게 만든다. 많은 상황에서, "당신은 나를 불공정하게 대우했다" 혹은 "당신 집단은 나를 불공정하게 대우했다"라고 말하는 것은 부적절하다고 여겨질 수 있다. 특히 이와 같은 언급에 격렬한 감정이 들어가 있으면 더욱 부적절하다고 여겨진다. 그러나 잘못은 사회적 삶의 일부이고, 이러한 잘못이 있다는 것이 지적되지 않고 방치되면 문제는 해결되지 않고 더 악화된 채로 남아 있게 될 가능성이 크다. 가령, 북아일랜드의 경우, 직장이나 대학 수업 등에서와 같이 민족주의 공동체와 연방주의 공동체 구성원들이 모두 포함되어 있는 상황에서는 사람들이 서로의 감정을 상하지 않게 하기 위해 분쟁을 일으킬 수 있는 이슈들을 피해 가곤 한다. 이러한 주제를 끄집어내는 것은 시민적 예의의 규범을 위반하는 것으로, 그렇게 하는 사람들에 대한 분노를 야기한다. 이처럼 논쟁적 주제를 피해가는 것은 단기적으로는 좋아 보일 수 있다. 즉, 이러한 회피가 직장 동료나 동료 학생, 그리고 다른 사람들과의 협력 관계를 유지하는 데 도움이 되는 한에서는 그럴 수 있다. 그러나 장기적으로 볼 때 이러한 종류의 시민적 예의는 오랫동안 지속되어 온 사회적·정치적 갈등을 해결하는 데는 거의 도움이 되지 않는다.

　때로는 시민적 예의에 대한 호소가 반대 의견을 진압하고 현 상황에 대한 도전을 막는 데 보다 직접적으로 사용되기도 한다(Edyvane, 2020; C. Mayo, 2002). 억압적 체제는 특정 이슈에 대한 공적인 토의를 무시하거나 금지함으로써 유지되거나 강화될 수 있다. 메이요(C. Mayo, 2002)에 따르면, 시민적 예의는 "주요 차별 행위의 하나"이다(p. 174). 왜냐하면 시민적 예의는 갈등을 억제하는 것이 주된 목적이기에 이를 위해 괴롭힘이나 폭력을 겪은 이야기들을 무시해버리기 때문이다. 물론 일부 사람들에게는 인종주의나 동성애 혐오, 인종적·경제적 특권과 같은 이슈를 논의하는 것이 정말 불편할 수 있다. 그래서 사람들은 이러한 주제를 논의하는 것을 무례한 행위로 묘사하는 규범을 통해 의식적으로나 무의식적으로나 자신들의 안락함을 유지하고자 애쓴다. 마찬가지로, 미국의 주류 언론은 시체, 부상자, 고통받는 민간인과 같이, 미국 군대가 개입하여 야기한 인도주의적 참상을 거의 보여주지 않는다. 이러한 장면들은 너무나도 불편한 것으로 여겨지고 따라서 이를 널리 퍼뜨리는 행위는 부적절한 것으로 여겨진다. 그 결과, 많은 미국인들은 자신들이 지지하는 군사 정책으로 인해 나타나는 피비린내 나는 결과를 무시할 수 있게 된다.

뿐만 아니라 어렵고 불편한 주제들이 공적으로 다루어질 때조차도 시민적 예의의 규범은 논의가 어떤 식으로 이루어져야 하는가에 대한 기준을 제시하기 때문에 이것은 그러한 주제들의 타당성과 정당성에 대단히 큰 영향을 미친다. 시민적 예의에 대한 요구가 반대하는 목소리를 잠재우고, 참여와 관여를 제한하며, 심지어는 참정권이 없는 사람들을 괴롭히거나 비하하는 데 사용될 수 있음을 보여주는 사례는 빈번하게 발견된다(Jamieson 외, 2017). 메이요(C. Mayo, 2002)는 성소수자 청소년들이 학교에서 동성애 혐오로 인해 어려움을 겪고 있다고 항의하려고 할 때 오히려 시민적 예의에 어긋나게 행동한다는 비난을 감수해야 한다고 지적했다. 왜냐하면 사람들은 이러한 항의가 갈등을 유발하고 또 "시민적 예의에 따른 고요함"을 방해한다고 인식하기 때문이다(p. 175). 더욱이, 공적 숙의에서는 시민적 예의에 관한 특정한 규범이나 규칙들(가령, 규칙을 잘 따르고 감정에 좌우되지 않는 의사소통 형태)이 특권적 지위를 누리고 있다. 따라서 이와 다른 표현 양식들, 주로 소외된 집단들이 사용하는 표현 양식들은 이러한 기대에 맞지 않기 때문에 정당한 것으로 인정받지 못한다(I. Young, 2000). 실제로 일부 연구들은 이를 잘 드러내주었다. 즉, 표준화 되지 않은 언어를 구사하고(가령, 싱가포르에서 구어체 영어의 일종인 싱글리쉬를 구사하는 것), 고급스럽지 못한 악센트를 사용하며(가령, 포르투갈에서 브라질 - 포르투갈 악센트로 말하는 것), 비표준적인 형태의 의사소통을 하는(가령, 미국에서 토의 중 주제에서 벗어난 이야기를 하거나 방해를 하는 것) 소외된 집단의 사람들은 공격을 받거나 차별을 받을 위험이 더 크다(de Souza 외, 2016; P. Smith, 2018; Wee, 2005).

1) 시민적 무례의 가치!

주류 집단이 소외된 집단의 권한을 박탈하고자 시민적 예의라는 규범을 사용한다면, 그러한 기존의 규범을 흔들어 놓기 위해 시민적 무례를 사용하는 사례들도 설득력이 있을 수 있다. 즉, 시민적 무례는 구조적·제도적 부정의에 도전하고, 저항하며, 반대하기 위해, 그리고 궁극적으로 보다 조화로운 사회관계를 이룩하기 위해 전략적으로 사용될 수 있다. 가령 김성문(Kim, 2014) 등의 유교 연구자들은, 시민적 예의는 기존의 사회질서를 뒷받침하는 "사회적 조화를 위한 시민적 예의"와 기존의 현상에 도전하고 이를 바꾸는 "유교적인 의미에서의 시민적 무례"라는 두 가지 사이에서 균형을 이루어야 한다고 주장했다(p. 20). 이러한 시민적 무례의 행위들은 부정의한 사회적 여건을 개선하는 데 필수적일 수 있다. 물론 이로 인해 기존의 관계들이 순간적으로 불안정해지고, 이 때문에 기존의 질서가 흔들릴 수는 있겠지만 말이다. 피터슨(Peterson, 2019)은 "정당화되는 시민적 무례"라는 것이 있을 수 있다고 주장한다. 이것은 주류 집단이 자신들의 권력을 오용하고 "숙의 과정에서 다른 사람들이 목소리를 내는 것을 지속적으로, 또 임의대로 거부하는" 상황에 도전하기 위해 필요할 수 있다(p. 31).

시민적 무례의 행위 중 일부는 비교적 온건한 방식으로 행해지는 전략적 행위이다. 이것은 사람들이 강력하면서도 억압적인 구조와 제도를 알아차리게끔 하는 역할을 한다. 여기에는 청원, 보이콧, 소송, 비협력 전술, 인쇄물이나 소셜 미디어를 통한 비판적 기사, "실용주의적 저항"을 위한 은밀하고도 공공연한 행위 등이 포함된다(Chua, 2014, p. 12). 이 모든 행위는 기존의 규범에 직접적으로 도전하지 않으면서도 시민적 예의의 경계를 넓혀 간다. 한편, 이와 다른 방식으로 행해지는 시민적 무례의 행위가 있다. 이것은 지배적인 구조와 제도를 더욱 공개적으로 위협한다. 여기에는 공공 시위, 대규모 항거, 단식 투쟁, 파업, 물리적 점거, 공공재산 파괴, 여러 종류의 공개적 논쟁 등이 포함된다.

시민적 무례가 중요하다는 점은 최근에 나온 생각이 아니다. 유교 사회에서는 전통적으로 합의가 강조되어 왔지만, 그럼에도 시민적 무례가 오랜 기간 중요한 역할을 해 왔다. 유교 철학자 중 가장 중요한 인물인 맹자와 공자는 통치자가 부적절한 행동이나 결정을 내렸을 때 신하가 간언하는 것이 중요하다고 말했다. 또한 통치자는 복종이나 무조건적인 순응을 기대할 것이 아니라 그러한 책망에 개방적이어야 한다고 강조했다. 3장에서 논의한 바와 같이, 맹자는 신하가 통치자에게 간언할 필요성에 대해 다음과 같이 강조했다. "군주에게 큰 잘못이 있으면 간(諫)하고, 반복해서 했는데도 듣지 않으면

군주의 지위에서 물러나게 한다"(『맹자』, 「만장」하, 9장). 갈등이나 불화는 더 큰 조화를 위해 필요한 것이기 때문에, 이러한 도덕적·정치적 간언은 사회적 조화에 위협을 가하는 것이 아니라 더 조화로운 사회를 만드는 데 기여할 수 있다(C. Li, 2006). 이와 같은 갈등이 없다면, 공공정책과 관행은 일부 사회 집단을 인식하지 못하거나 이들의 이해관심을 인정하지 않을 수 있고, 이는 결국 조화의 기반 자체를 약화시킨다.

그러나 시민적 예의를 침해하는 행위 모두가 정당화될 수 있는 것은 아니다. 시민적 무례의 목적은 정의와 조화를 증진시키는 데 있다. 즉, 그것은 자기만을 위한 목적을 추구하는 것이 아니며, 파괴 그 자체 말고는 다른 아무런 이유도 없이 사회질서를 어지럽히는 것도 아니다. 이와 관련하여 에디베인(Edyvane, 2020)은 **시민적 무례**와 **반사회성**에 대해 유용한 구분을 제시했다. 이에 따르면, 시민적 무례의 의미에서 행위하는 사람들은 자신들 스스로가 공유된 공동체에 속한 구성원이라는 생각을 인식하고 또 인정한다. 그리고 이에 수반되는, 그러한 사회 집단 내에서의 상호작용을 지배하는 현존하는 시민적 예의의 코드에 대해서도 인식하고 인정한다. 사실, 시민적 무례를 행하는 행위자들이 **의존하고** 있는 것은 "비존중의 사회적 언어로서 이조차도 공유된 것이다"(Edyvane, 2020, p. 97). 그리고 이러한 시민적 무례의 목적은 부정의에 도전하고 권력 남용에 저항하며 반대 의견을 인정하게 만드는 데 있다. 1968년 올림픽 시상식에서 토미 스미스(Tommie Smith)와 존 카를로스(John Carlos)는 글로브를 낀 주먹을 치켜들며 '블랙 파워 설루트(Black Power salutes)'를 행했다. 이 상징적인 저항은 시민적 예의의 규범을 위반한 것이었다. 하지만 그 목적은 당시 미국 내 흑인들이 처해 있었던 곤경과 미국에서 벌어지던 인권 유린을 인식하라는 그들의 요구를 전달하는 데 있었다. 이와 대조적으로 반사회성의 의미에서 행위한 이들은 다른 특징을 갖고 있다. 그들은 같은 사회 집단의 구성원임을 적극 거부하고, 사회 구성원에게 요구되는 어떤 현존하는 기대에 대해서도 적극적으로 거부한다. 가령, 2021년 미국 국회의사당에서 폭도들이 일으킨 소요 사태가 대표적이다. 이것은 어떤 정당한 사회적 목적을 지향하는 것이 아니었다. 그것의 목적은 물리력과 심지어 위력 같은 폭력적인 수단을 사용하여 오직 민주적 선거 결과를 뒤집고 독재적인 지도부를 세우는 것이었다. 에디베인(Edyvane, 2020)에 따르면, 이러한 종류의 반사회성은 "시민적 예의의 규범에 대한 일종의 무지몽매함이라 할 수 있다. 이것은 무지와 반사회적 태도에서, 그리고 시민적 예의의 코드에 얽매이지 않겠다는 생각에서 비롯된 것이다"(p. 97). 이것은 시민적 무례와 완연히 다르다. 반사회성에 기반한 이러한 행위는 어떠한 사회적 목적에도 기여하지 못하기 때문이다. 이러한 행위의 동기는 오직 파괴적인 본능, 그리고 "사회적 규범을 위반하는 범법 행위에서 오는 스릴감"일 뿐이다(p. 100).

2) 시민적 무례와 사회적 맥락

시민적 예의의 규범은 맥락에 따라 다양하게 나타난다. 이는 시민적 무례의 관행 또한 마찬가지라고 할 수 있다. 가령, 일부 상황에서 매우 큰 소동을 불러일으키는 표현이나 행동이 다른 상황에서는 파괴적인 것으로 여겨지지 않을 수도 있고, 또는 단지 가벼운 범법 행위 정도로 보일 수도 있다. 북미나 유럽과 같은 자유 민주주의 국가에서 공공 시위나 항의성 가두 행진은 부정의에 항의하는 어떤 집단에게든 **관습상 필수적인 것**(de rigueur)이다. 이들 지역에서는 항의할 권리가 법에 명시되어 있고 또 이 권리가 적법한 공적 표현의 형태로 널리 받아들여지기 때문이다. 또한 영국과 같은 국가에는 정치적 스펙트럼 전체에 걸쳐 다양한 목소리를 대변하는 논쟁적이면서도 도발적인 온라인 블로그가 많이 있으며, 이는 대개 시민적 예의의 규범에 대한 중대한 위반으로 간주되지 않는다(Helm, 2010).

그러나 이와 다른 맥락도 존재한다. 즉, 이러한 관행이 시민적 예의에 대한 중대한 침해로 여겨지는 경우도 있다. 가령, 최근 베트남에서는 정치적 담론을 형성하고 공적 논쟁의 장을 마련하는 데 있어 온라인 블로그나 논평 기사의 영향력이 점차 커지고 있다(Calderaro, 2018). 이에 베트남 정부는 사이버 보안법을 통과시킴으로써 온라인 플랫폼을 통해 "위대한 사람, 국가 지도자, 역사적 인물, 국가의 영웅"을 모욕하는 행위를 금지했다(Ministry of Defence, 2018, Nguyen-Thu, 2018, p. 903에서 재인용). 더욱이 정부는 응우옌 흐우 빈(Nguyễn Hữu Vinh)과 같이 비판적 관점을 드러낸 블로거들을 체포했고 방화벽을 비롯한 여러 기술적 조치들을 동원하여 온라인 사이트에 대한 접근을 제한하고자 했다(Bui, 2016). 물론 정부의 통제가 문화적 규범과 함께 작용하는 경우들도 존재한다. 가령, 싱가포르에서 지배적인 정치 엘리트의 위상과 지위에 도전하는 논평 기사들을 게재하는 것은 시민적 예의의 규범을 상당히 위배하는 것으로 인식되어 대중의 반감과 정치적 저항에 직면할 수도 있다(K. Tan, 2009). 마찬가지로 공공 시위도 싱가포르에서는 시민적 예의를 심각하게 위반하는 것으로 여겨진다. 왜냐하면 싱가포르 정부는 시종일관 시위가 사회 조화를 위협하고 시민적 예의에서 벗어난 행동이라고 규정해 왔기 때문이다. 이처럼 공개적으로 반대 의견을 제시하는 것을 정당하게 여기지 않는 시선은 학교의 공식적·비공식적 교육과정에서, 그리고 국가 단위의 미디어나 정치적 담론에서도 발견된다(Ho, 2017a). 결과적으로 싱가포르 사람들 대부분은 대규모의 공공 시위를 지지하지 않는 것으로 보인다. 물론 그 이유로는 싱가포르 사람들이 공공 집회를 제한하는 법을 고수하려고 하는 것을 들 수 있겠다. 하지만 그들이 정치적 불안정에 대한 두려움을 가지고 있다는 것 또한 이유로 작동하고 있다(Han, 2019).

그러나 문화적 규범이나 정치적 제재 그 어떤 것도 절대적인 것은 아니다. 가령, 베트남 정부는 온라인상에서 제기된 반대 의견을 억압하려고 시도했지만, 블로그나 마이크로 블로그, 온라인 청원, 심지어 페이스북까지도 그 인기와 영향력이 계속해서 증가하고 있다. 이는 시민적 예의의 규범, 특히 시민적·정치적 참여와 관련된 규범을 변화시키는 결과로 이어졌다. 주목할 점은 시민적 무례가 이러한 블로그들에 표현되면서 국가 기관과 선출직 공무원들에 대한 공적 감시가 늘어났고, 대안적 관점이나 반대 의견이 확산될 수 있었으며, 정치와 시민사회에서의 공적 참여의 본질에 유의미한 변화가 나타났다는 점이다(Bui, 2016; Morris-Jung, 2015; Nguyen-Thu, 2018). 마찬가지로, 태국이나 홍콩 같은 국가에는 공공 시위의 규모나 시간, 장소를 엄격하게 제한하고 규제하는 법이 있지만, 거리 시위의 도덕적 정당성을 향한 대중의 태도가 언제나 이러한 법적 조치와 일치하는 것은 아니다. 가령, 태국 정부는 2015년에 반대 시위를 하는 사람들을 위협할 작정으로 공공 집회를 제한하는 법을 시행하기까지 했지만, 수만 명의 사람들이 이 법에 저항하면서 다수의 대규모 시위가 일어나기도 했다(Yuda, 2020). 이러한 사례를 통해 다음과 같은 점을 분명히 할 수 있다. 즉, 시민적 무례를 공적 차원에서 실행하는 것이 타당하고 또 적절한지를 고려하는 데 있어서는 문화적 규범과 법적 제재가 모두 중요한 역할을 한다. 하지만 또한 그러한 규범이 변화할 가능성이 있다는 점도 염두에 두어야 한다.

여성의 권리를 위해 활동했던 이들은 역사 속 다른 시기에 그리고 상이한 상황에서 수많은 다양한 조치들을 강구해 왔다. 이는 시민적 무례를 전략적으로 활용하는 것이 어떤 식으로 "사회질서에 담겨 있는 가정들을 내부에서부터 무너뜨릴" 수 있는지 보여준다(Jamieson 외, 2017, p. 209). 20세기 초까지만 해도 수많은 국가의(그리고 일부 국가에서는 더 이후 시기까지) 여성들은 정치에 참여하는 것이 불가능했다. 이 여성들이 정치에 참여하기 위해서는 각종 규범을 위반해야 했다. 여성들이 공적 사안에 개입하는 것을 반대하는 규범, 여성들이 물리적으로 입법 공간에 들어가거나 공적 연설을 하는 것을 금지하는 규범 같은 것들 말이다. 따라서 많은 국가의 여성 운동가들은 시민 불복종 행위를 통해 이러한 규범을 뒷받침하는 사회적 이해에 직접적으로 도전하거나 이를 위반하는 방식을 활용했다. 이 여성들은 정치 지도자에게 로비를 하고 청원을 하며, 피켓 시위를 조직하고, 참정권 운동 퍼레이드에 참여하는 등, 시민적 예의에 어긋나는 수많은 전략을 선택했다. 오늘날의 관점에서 이러한 행위들은 시민적 무례라고 하기에는 유순한 형태로 보일 수도 있다. 하지만 그 당시만 해도 이는 상당히 파괴적인 것이었고, 이 때문에 여성들은 강렬한, 심지어는 폭력적인 반대에 부딪히기도 했다. 오랜 투쟁의 결과, 참정권 운동은 마침내 여성들에게 투표를 하고 정치에 참여할 수 있는 권리를 가져다주었고, 또한 여성들의 공적 참여에 관한 규범을 전반적으로 바꾸어 놓았다.

교육과정에서의 시민적 예의와 시민적 무례

시민적 예의는 모든 것을 아우르는 규범으로서는 분명한 한계를 지니고 있다. 특히 시민적 예의는 사회 변화를 무디게 하는 데 활용되고 대안적 형태의 표현을 배제한다. 그래서 시민적 무례는 정의와 조화를 이룩하기 위한 필수적인 수단으로서 오랫동안 중요하게 인식되어 왔다. 이런 점을 감안한다면,

사회교육과 시민교육 교육과정은 이러한 시민적 예의와 시민적 무례가 각각 언제, 그리고 어떻게 활용되어야 숙의를 통해 식견을 갖춘 행위에 가장 제대로 기여할 수 있을 것인지 고심할 수 있도록 해야 한다. 실천적 지혜의 다른 요소들도 필요하겠지만 이것은 단연코 **분별력**의 문제라고 할 수 있다. 유학자들이 자주 인용하는 맹자의 유명한 이야기에 따르면, 어떤 남성은 남녀 사이의 신체 접촉이 금지되어 있음에도 불구하고 물에 빠진 형수를 구해낸다(『맹자』, 「이루」 상, 17장). 분명, 한 사람의 생명이 위협받는 긴급한 상황에서는 시민적 예의에 따른 의례들이 무시될 수 있다(Angle, 2012; C. Li, 2007). 맹자는 이러한 의례를 위반해야 할 때가 언제인지를 알기 위해서는 지혜가 필요하다고 했다(Van Norden, 2019). 그리고 이러한 동일한 종류의 지혜가 학생들이 공공정책을 숙의하는 데 필수적이다. 학생들은 시민적 예의가 언제 포용성 있는 숙의를 촉진하는지, 혹은 방해하는지 알 수 있어야 한다. 또한 시민적 예의가 언제 가장 효과적인 방식으로 정의와 조화를 이룩할 수 있는지, 그리고 시민적 무례가 언제 필요한지 알 수 있어야 하며, 시민적 예의와 시민적 무례가 개별적인 사회적 맥락과 어떻게 긴밀하게 결부되어 있는지도 알 수 있어야 한다.

1) 대면 상호작용

학생들에게 시민적 예의를 가르쳐야 한다는 권고의 대부분은 시민적 예의가 개인들 간의 상황에서 사용되어야 한다는 데 초점을 맞추고 있다. 특히 논쟁적 이슈를 논의하는 상황에서 시민적 예의를 권고하는 경우가 많다. 물론 학생들이 증오심 없이, 서로에 대해 신뢰와 존중을 보이며 해결하기 어려운 토의에 참여할 수 있어야 한다는 점은 분명해 보인다. 교육자들은 단순히 시민적 예의에 관한 일군의 규칙을 부과하여 학생들의 상호작용을 원활하게 하고자 할 수도 있다. 하지만 이것이 의미를 가지려면 학생들이 그러한 규칙의 목적을 반드시 이해해야 한다. 이러한 이해는 미리 준비된 교육과정 자료의 정보를 통해서도 가능할 수 있겠지만 훨씬 더 중요한 방법은 학생들 스스로의 관찰, 경험, 성찰을 통하는 것이라고 하겠다. 가령, 학생들에게는 시민적 예의가 규범으로 기능하고 있는 기존의 기구에서 숙의가 어떻게 이루어지고 있는지 관찰할 기회가 주어져야 한다. 이를 통해 학생들은 시민적 예의가 어떤 식으로 사회적 관계를 조율하는지 알게 될 것이다. 이 과정에서 시민사회 기구의 구성원들이 어떻게 비생산적인 의견 충돌로 빠지지 않으면서 전략을 논의하는지 관찰할 수도 있다. 가령, 환경을 보호하거나, 유기 동물 보호소를 만드는 것, 소수민족의 권리 보호 정책을 위해 로비하는 것 등에 대해 전략을 논의하는 과정을 관찰할 수 있을 것이다. 또한, 학생들은 교실이나 과외 활동, 공동체 기구, 정치 제도 등과 같이, 각기 다른 맥락에서 시민적 예의를 스스로 실천하고 성찰해보는 경험도 필요로 한다(Peterson, 2019). 첸양 리(C. Li, 2007)는 "사람들이 언어적 패턴을 사용함으로써 문법적으로 능숙해지는 것처럼, 일상에서 인간 활동의 패턴을 따름으로써 '예'를 실천하는 데 능숙해진다"라고 했다(p. 318). 그러나 이것은 단순히 습관의 문제를 말하는 것이 아니다. 이것은 시민적 예의의 규범이 숙의를 어떻게 활성화할 수 있는지, 그리고 시민적 예의를 지키지 않는 것이 어떤 식으로 토의를 방해하는지 주의 깊게 성찰하는 문제이다. 다시 말해, 시민적 예의를 적절하게 적용한다는 것은 시민적 예의의 용도와 그 결과에 관한 지식과 씨름해본다는 것을 의미한다.

그러나 학생들은 시민적 예의에 어긋나는 태도와 행동이 필요한 때가 언제인지에 대해서도 이해할 필요가 있다. 이는 심지어 다른 사람들과 논의하는 과정에서도 마찬가지이다. 학생들은 시민적 예의에 관해 관찰하고 읽으면서, 그리고 스스로 숙의에 참여하면서, 시민적 예의의 규범을 준수할 때 잃게 되는 것이 무엇인지에 주의를 기울여야 한다. 이것은 어려운 과업이다. 왜냐하면 이는 무엇이 결핍되어 있는지 확인할 것을 요구하기 때문이다. 즉, 학생들은 누가 말을 하지 **않는지**, 이슈의 어떤 차원이 논의되지 **않는지**, 누구의 신체, 누구의 관심사, 스스로를 표현하는 누구의 방식이 드러나지 **못하고** 또 존중받지 **못하는지** 등을 확인해야 한다. 학생들은 공손한 언어와 남의 마음을 상하게 하지 않는 언어가 어떻게 이슈를 사소하게 만들 수 있는지, 혹은 어떻게 이슈의 중요성을 손상시킬 수 있는지 고려해야 한다(Engebretson, 2013). 또한 시민적 예의가 어떻게 다른 사람들을 희생시키면서 일부 집단이나 개인의 권력과 지위를 강화할 수 있는지에 대해서도 생각해보아야 한다.

이와 더불어 학생들은 이러한 규범이 위반되었을 때 무슨 일이 일어나는지도 알아야 한다. 즉, 학생들이 알아야 할 것은 일부 사람들이 어떤 식으로 참고 있으며 또 어떻게 상처를 입고 있는가 하는 것만이 아니다. 여기에 더해 학생들은 시민적 무례를 통해 다른 일부 사람들이 어떤 식으로 긍정의 경험을 갖게 되고 심지어 해방되는 경험을 갖게 되는지에 대해서도 이해할 수 있어야 한다. 뿐만 아니라 학생들은 억압적 규범이 사라졌을 때 더욱 생산적인 토의가 어떤 식으로 나타나는지에 대해서도 알아야 한다. 다시 말해, 학생들은 다른 사람들이 불편함을 느끼는 언어―가령, '인종주의', '가부장제', '착취', '백인 우월주의', '강간', '살인'―를 사용할 때, 어떤 대화가 비로소 시작될 수 있는지 이해할 필요가 있다. 마찬가지로, 학생들은 다른 사람들과 함께 기존에 불편하게 여겨졌던 것들을 적극적으로 다루고 즐겁게 묘사하는 것이 어떤 효과를 가져오는지에 대해서도 알아야 한다. 예를 들면 동성 커플, 다양한 체형을 가진 사람들, 신체적·정신적 어려움이 있는 사람들 등, 공적 상황에서 억압받곤 했던 여러 이미지를 다룰 수 있을 것이다. 이러한 지식을 표면화하기 위해서는 신중한 스캐폴딩, 즉 비계(飛階) 설정이 이루어져야 한다. 그리고 이를 가능하게 하는 것은 토의와 상호작용에 관한 기존의 패턴을 비판적으로 검토할 수 있도록 학생들을 지도할 의지와 능력이 있는 교사들이다. 실제로 교사들 자신이 통제된 교실을 유지하며 불편한 언어와 행동이 나타나지 않도록 하는 데 많은 힘을 쏟고 있다는 사실을 감안한다면 이러한 과업은 훨씬 더 어려운 것이라고 하겠다. 그러나 학생들은 시민적 예의의 한계와 시민적 무례의 가치에 관한 지식과 씨름해야 한다. 이를 통해서만이 학생들은 정의와 조화를 증진시키기 위해 시민적 예의와 시민적 무례가 각각 언제 필요한가에 대해 현명한 판단을 내릴 수 있을 것이기 때문이다.

가령, 교사는 학생들에게 상징적인 사진을 어떻게 해석할 수 있을지에 대해 질문할 수 있을 것이다. 예를 들어, 1945년 잡지 『라이프』에는 일본의 항복 소식이 있은 후 뉴욕 타임스퀘어에서 한 미국 남성 선원이 여성에게 키스하는 사진이 실려 있다. 이 사진을 통해, 학생들은 여러 가지 문제를 탐구할 수 있다. 즉, 미디어의 메시지가 어떻게 구성되는지, 사람들이 어떻게 각기 다른 방식으로 사진을 해석하는지 생각해볼 수 있다. 또한 이 사진이 명시적으로나 암묵적으로 어떠한 종류의 관념, 관점, 가치를 전달하는지도 탐구할 수 있다(J. B. Mayo, 2017). 특히 교사는 사진의 가정에 도전하는 다른 자료를 내놓을 수도 있다. 예를 들어, 어떤 이는 이 사진을 낭만적인 사랑이나 국가적 행복감의 예시로 보는 것이 아니라, 가부장제나 이성애중심주의, 그리고 심지어 성폭행을 묵인하는 것이라고 보기도 한다(Blower, 2019; J. B. Mayo, 2017). 이처럼 당황스러운 결론을 뒷받침하기 위해 교사는 당시 상황에서 여성의 동의가 없었다는 사실에 관하여 추가적인 정보를 제공할 수도 있다. 즉, 사진 속의 여성인 그레타 프리드만(Greta Friedman)이 어떻게 낯선 사람에게 붙잡혔는지, 그리고 군인과 선원이 그날 타임스퀘어에서 다른 여성들을 어떻게 쫓아가 강제로 키스했는지 등에 관한 정보 말이다(Blower, 2019). 여기에 더해 교사는 또다른 사진을 소개할 수도 있다. 가령, 두 명의 여성 선원들이 키스하는 모습을 담은 사진 같은 것이 대안이 될 수도 있다. 이러한 사진들의 목적은 LGBTQ 스테레오타입에 도전하는 것이 될 것이다(J. B. Mayo, 2017). 물론 일부 사람들은 그러한 이미지와 해석에 노출되는 것이 부적절하다고 생각할 것이다. 하지만 이것은 정확히 섹슈얼리티와 관련하여 억압으로 작용하는 침묵의 규범을 파괴하는 것이다. 그리고 바로 이것이야말로 이러한 활동들을 생산적이게 만드는 것이라고 하겠다.

2) 공적 행위

시민적 예의와 시민적 무례에 관한 판단을 내리는 것은 개인들 간의 상황에서도 중요하지만 훨씬 더 중요한 것은 공적 행위의 본질에 대해 현명한 판단을 내리는 것이다. 우리가 8장에서 설명한 바와 같이, 학생들이 숙의에 참여하는 핵심적인 목표는 이들이 정의와 조화를 증진시키기 위해 어떤 행위를 해야 하는지 또는 다른 사람들이 행위할 때 어떻게 지원해야 하는지를 결정하는 것이다. 이는 때로는 기존의 방식이나 사회적으로 허용되는 방식으로 달성될 수도 있다. 지역 수준에서 봉사나 도움을 제공할 수 있도록 이미 잘 구축되어 있는 기구를 지지하거나, 심지어 정부 관료에게 서면으로 공적 이슈에 관한 의견을 표명한다고 해서 어떤 규범이 침해된다고 하기는 어려울 것이다. 그러나 이와 달리 사회질서에 도전하고 이를 뒤엎는 시민적 무례가 요구되는 상황이 존재한다. 이때 시민적 무례는 다양한 모습으로 나타날 수 있다. 즉, 경계를 조금씩 넓혀가는 온건한 항의에서부터(가령, 청원, 보이콧, 비협조) 공개적인 논쟁이나 도전에 이르기까지(가령, 공공 시위, 대규모 항거, 물리적 점거) 시민적 무례는 넓은 범주에 걸쳐 있다.

현행 교육과정은 학생들에게 시민적 예의를 갖춘 행위와 시민적 예의에 어긋나는 행위에 관한 예시를 모두 제공하는 경우가 많다. 하지만 이 과정에서 각각의 행위가 적절한 시점이 언제인지에 관해 판단할 수 있게 준비시키는 경우는 거의 없다. 한편으로 학생들에게 장려되는 것은 공동체 봉사와 같은 논쟁적이지 않은 활동에 대한 참여일지도 모른다. 동시에 학생들은 반대나 항거, 심지어 혁명에 대해 배우기는 해도, 주로 과거에 일어났거나 다른 나라에서 있었던 일로서—즉, 본인의 상황과는 다소 거리가 있는 맥락에서— 이러한 것들을 접하곤 한다. 하지만 학생들이 시민적 무례의 행위로서 이러한 다른 전략들을 비교할 기회는 많지 않다. 학생들은 판단을 내릴 충분한 근거도 갖지 못한 채 결론으로 나아가게 될 것이다. 그 결론은 바로 시민적 무례는 오직 다른 시대나 다른 장소에나 적합할 뿐, 자신들 스스로가 행해야 하는 행위로는 적합하지 않다는 것이다. 어쩌면 이것이야말로 많은 교육자들과 공무원들이 마음에 품고 있을 암묵적인 교훈인지도 모른다. 이와 반대로, 일부 교육 이론가들은 불쾌함을 불러오고 또 타협이라고는 모르는 반대 의견을 너무나 강하게 강조하기도 한다. 이에 따르면 학생들이 그다지 논쟁적이지 않은 형태의 공적 행위에 참여할 이유라고는 존재하지 않는 것처럼 보이기도 한다. 이러한 두 관점 중 어느 것도 학생들이 공적 삶에 참여하는 데 필요한 실천적 지혜를 발달시키는 데 기여하지 못한다.

학생들은 시민적 무례가 언제 그리고 어떤 방식으로 정당화될 수 있는지를 판단할 수 있어야 한다. 이를 위해 학생들은 적어도 두 가지 요인을 고려할 필요가 있다. 즉, 하나는 **상황**, 다른 하나는 **목표**이다. 몇몇 상황에서는 기존의 사회제도가 주어진 이슈에 효과적으로 대응하리라 기대할 수 있다. 가령, 대의제 정부가 소위 투입, 즉 공중의 정치적 의사 표현에 열린 태도를 취하는 상황이라면, 투표나 공청회, 직접적인 의사소통을 통해 의견을 전달하는 것이 정책의 변화를 만들어내기 위해 필요한 전부일지도 모른다. 즉, 이러한 방법만으로도 교육에 더 많은 자금을 지원하고, 대체 에너지 자원을 촉진하며, 노숙을 경험하는 사람들이 머무를 수 있는 캠프에 관한 지역 조례를 개정하는 등의 변화를 이끌어낼 수 있을 것이다. 마찬가지로 비정부 기구가 이미 특정 서비스에 대한 필요를 충족시키는 상황을 떠올려보자. 이런 상황이라면 그러한 집단에 가입하거나 이들을 지원하는 것만으로도 충분할 수 있다. 가령, 지역 유산 보존회는 대개 역사적인 묘원을 잘 손질하여 유지하기 위한 적절한 메커니즘이다. 또한 적십자와 적신월사 및 이와 비슷한 집단들은 학생들과 성인들에게 응급 처치 훈련을 제공할 수 있다. 상황에 따라 달라질 수는 있지만, 공직자들 또한 시민적 예의를 갖춘, 그러나 효과적인 형태를 취하는 항의에 반응하기도 한다. 가령, 베트남 같은 국가에서는 공개적 수치심과 도덕적 비판이 공직자들로 하여금 그들의 입장을 번복하거나 기존의 정책을 변화시키도록 강제하는 데 효과적이다. 왜냐하면 이들 나라에서는 "체면을 잃거나" 타인의 존경을 받지 못하는 것을 두려워하기 때문이다(Gillespie, 2018).

그러나 일부 상황에서는 정부든 또 다른 현존하는 기구들이든 어느 것 하나도 정의와 조화를 위해 필요한 정책을 수행할 의지나 능력이 없을 수 있다. 가령, 미국과 같은 곳에서는 공개적 수치심이 거의 효과를 발휘하지 못한다. 왜냐하면 정치인들은 불명예스럽고, 심지어 충격적이기까지 한 행위를 하고서도 이를 자랑스러워하는 듯 보이는 경우가 종종 있기 때문이다. 더욱이 정부가 부패하거나 억압적이어서 대부분의 공적 호소 형태에 반응하지 않는 경우도 있다. 이런 와중에 시민사회 집단은 사회문제를 종합적으로 다룰 수 있는 능력이 없을 수도 있고, 어떤 경우에는 그들이 바로 그러한 문제들을 영속시키기도 한다. 이러한 상황에서 사회를 변화시키기 위해서는 정부 및 여러 다른 제도 밖에서 이에 반대하여 행동할 필요가 있으며, 이것은 종종 어느 정도 시민적 무례의 형태를 수반할 수밖에 없다. 가령, 대부분의 혁명과 독립 운동은 대규모 항의나 폭력에 의존해 왔다. 왜냐하면 이러한 항의나 폭력이 현행 정부나 식민지 정부에 변화를 요구하기 위한 저항이기 때문이다. 마찬가지로, 문화 자원이나 환경을 위협하는 프로젝트를 중단시키려는 노력도 시민적 무례를 포함하기 마련이다. 가령, 미국에서 스탠딩 록 수족 보호구역 (Standing Rock Sioux Rservation)을 통과하는 다코타 액세스 송유관 건설을 중단시키려는 노력의 경우 건설 작업을 막거나 이를 물리적으로 방해하는 일을 포함하곤 한다. 왜냐하면 정부 기관과 담당자들은 대개 이러한 프로젝트로부터 이윤을 얻는 기업을 지원하는 경우가 많고, 심지어 이들 기업에게 조종당하는 경우도 있기 때문이다. 정상적인 경로를 통해 정부에 영향을 미칠 수 있을 것이라는 희망이 거의 없을 때라면, 수족 활동가가 그랬던 것처럼 건설 장비에 물리적으로 자신의 몸을 묶어 놓는 것이 지지를 얻어내기 위한 가장 적절한 수단일 수도 있다(Fulton, 2016; Hersher, 2017).

또한, 학생들은 공적 행위가 추구하는 각기 다른 종류의 목표도 고려해야 한다. 만약 그 목표가 타인을 직접적으로 지원하는 것이라면 시민적 무례는 보통 불필요하다. 가령, 제대로 된 지원을 받지 못하는 소외된 지역의 아이들에게 책을 가져다주고, 노인들을 방문하여 동무가 되어 주고, 재난 피해자들에게 구호를 제공하는 일 등에는 시민적 무례가 필요하지 않다. 마찬가지로, 그 목표가 점진적인 변화를 가져오는 것이고 특히 넓은 범주의 사람들에게 영향을 주는 데 있다면, 심각한 정도의 시민적 무례는 역효과를 내기 마련이다. 재활용을 촉진하고, 쓰레기를 줄이며, 자폐 스펙트럼의 사람들에 대한 존중을 이끌어내는 활동을 생각해보자. 이와 유사한 노력들은 위협적이지 않은 메시지를 만들어 활용할 때 가장 제대로 달성될 수 있을 것이다.

그러나 일부 이슈의 경우, 점진적인 변화는 적절하지도 않고 바람직하지도 않다. 생명이 위태로운 때라고 가정해보자. 이런 상황에서 사람들의 태도에 꾸준히 영향을 주려고 하거나 정부의 정상적인 메커니즘을 준수하는 방식으로 변화를 이끌어내려고 노력하는 것은 그야말로 너무 느려서 효과적일 수 없다. 이는 심지어 정부가 공중의 투입, 즉 공중의 정치적 의사 표현에 열린 태도를 취하는 상황에서조차도 다르지 않다. 즉, 때로는 즉각적이고 중대한 변화가 필수적이다. 이는 특히 거대한 부정의와 공고하게 뿌리내린 이해관심에 대응할 때는 더욱 그러하다. 가령, 미국에서 경찰 폭력을 종식시키고자 하는 목표는 원칙적으로는 보다 정의로운 정책을 더 많이 지지하고, 이를 지원해줄 정치인들을 선출하려는 시도를 통해 달성될 수 있을 것이다. 그러나 이러한 노력은 오랜 시간을 필요로 할 것이다. 또한 역사를 통해 알 수 있는 것처럼, 정치적 우선순위의 변화, 이익집단의 경쟁, 대부분의 정책 결정에 수반되는 타협들로 인해 그러한 노력의 효과가 희석되기도 한다. 그러는 동안 소수자들은 경찰에 의해 계속 희생될 것이고, 이들 중 많은 사람들이 죽어 나갈 것이다. 이러한 이슈의 긴급성에 대응하기 위해 '흑인의 목숨은 소중하다'를 비롯한 다른 여러 조직들이 다양한 형태의 파괴적인 전술에 참여해 왔다. 이들은 거리 시위를 벌이고, 인종주의적 기념물을 훼손하거나 쓰러뜨렸다. 또한, "손들어! 쏘지 마!"라는 구호를 외치고, 경찰관들의 얼굴을 응시하며, 경찰 무전기를 해킹하는 등의 활동을 벌여 왔다. 말하자면, 그러한 상황의 긴급성이 요구하는 것은 점잖음 따위는 내팽개치는 것이었다. 이를 통해 그들은 이슈에 관심을 불러일으키고, 이 문제의 중요성을 사회가 직시하게 하며, 정치인들에게 압력을 행사함으로써 즉각적인 변화를 만들어내고자 했던 것이다(Daum, 2017; Yoganathan, 2020).

실제로 많은 공적 이슈에 요구되는 행위는 시민적 예의와 시민적 무례의 스펙트럼에 다양하게 걸쳐 있다. 가령, 미국의 시민권 운동은 법정 소송과 입법 로비를 통해 체제 내에서 이루어지기도 했지만, 동시에 행진이나 연좌농성 등 다른 여러 다른 형태의 직접적인 행위를 통해 체제에 도전하면서 이루어지기도 했다. 또한 한국 사람들이 정부가 나서서 세월호 참사에 대해 종합적인 조사를 수행하고 정부의 책임을 공식적으로 인정하라고 요구했던 것도 이와 다르지 않다. 즉, 이들은 철야 농성과 대규모 항거와 같은 전략뿐만 아니라 소송을 진행하거나 노란 리본을 다는 등 덜 파괴적인 전략에 이르기까지 다양한 방식을 활용했다(Borowiec, 2014; "South Korean government," 2018). 분별력과 현명한 행위를 위해 필요한 것이 단순히 적절한 전략을 선택하는 것만은 아닐 것이다. 여기에 더해 어떻게 그 전략들을 결합해야 그 효과를 극대화할 수 있을지에 대해 생각하는 것 또한 분명히 필요한 부분이다.

교육과정에의 적용

시민적 예의든 시민적 무례든 간에 공적 행위에 어떠한 종류의 행동이 필요한지 결정하는 것은 단순히 머릿속에서 가늠해볼 문제가 아니다. 학생들은 분별력을 발휘하기 위해 시민적 예의와 시민적 무례를 둘러싼 개별 사례들에 대한 지식과 씨름해야 하며, 각각의 근거와 이것이 초래할 수 있는 결과 모두를 고려할 수 있어야 한다. 유사한 행위라 하더라도 다양한 정치적 혹은 문화적 맥락에 따라 매우 다르게 받아들여지고 또 다르게 취급될 수 있다. 이런 점에서 학생들은 법적·역사적·문화적 요소들이 어떻게 그러한 전략에 영향을 미치는지 이해할 필요가 있다. 다음의 사례들은 학생들이 공적 행위에 관한 결정을 내릴 때 씨름해볼 수 있는 지식의 유형에 대한 예시를 제공한다.

1) 싱가포르: LGBTQ 권리와 수용

싱가포르에서 LGBTQ인 개인들은 법적으로 차별받고 사회적으로도 용인받지 못한다. 남성들끼리의 성행위는 빅토리아 시대 형법 조항 S377A에 의거하여 여전히 불법이다. 비록 정부가 이 법을 시행하지 않을 것이라 내비치고 있기는 하지만 말이다. 더욱이, 설문조사에 의하면 최근 몇 년 동안 특히 젊은 사람들 사이에서 눈에 띄는 여론 변화가 있기는 해도, 상당한 비율의 싱가포르 사람들은 여전히 동성 결혼에 반대하고 있다. 2013년 4,000명을 대상으로 한 설문조사에서는 응답자의 58.8%가 동성 결혼이 "항상 잘못된 것"이라고 보았지만, 2019년에 이루어진 유사한 설문조사에서는 동성 결혼에 대해 응답자의 48.5%만이 같은 반응을 보였다(Mathews 외, 2019). LGBTQ 관련 주제는 학교나 수많은 공공장소에서도 금기시되어 있다(Ho, 2017b). 가령, 2014년 싱가포르 국립 도서관은 보수주의 활동가들의 반대로 인해 『사랑해, 너무나 너무나』(And Tango Makes Three, 뉴욕의 한 동물원에서 두 마리의 수컷 펭귄이 아기 펭귄을 함께 키우는 실제 이야기를 담은 책)를 포함한 3권의 책을 어린이 코너에서 없애 버렸다(D. Tan, 2014a).

싱가포르에서 LGBTQ 개인들의 권리와 수용성을 더 늘리기 위한 모든 시도는 어느 정도의 시민적 무례를 수반할 수밖에 없다. 왜냐하면 그러한 노력들은 지배적인 사회규범에 직접적으로 도전하는 일이기 때문이다. 그러나 싱가포르 활동가들이 시민적 무례 행위를 선택하는 것은 여러모로 큰 제약 속에 놓이게 된다. 한편으로 공공 집회와 시위를 제한하는 공식적인 법규가 있고, 다른 한편으로 사회적 동요에 대한 두려움으로 뒤덮인 보수적인 사회적 규범이 있다. 가령, 싱가포르의 정치 지도자들은 일관되게 법적 장치와 전략을 무기로 활용하며 반대와 저항을 진압해 왔다. 선동법, 종교 화합 유지 법, 국내 보안법―특히, 국내 보안법은 재판 없이 구금할 수 있도록 한 식민지 시 기의 법이다― 등을 활용하면서 말이다(Chua, 2014). 동시에 싱가포르 정부는 "사회적 조화"를 강조하면서 공동체주의적 이상을 선호했다. 그러나 그 주된 의미는 순응과 갈등의 부재였다. 또한 개인의 권리를 중심에 두는, 자유주 적이고 허용적인 "서구의 가치"를 빈번하게 폄훼했다. 이런 것들은 결국 "의 견 표명을 삼가는 문화"나(Chua, 2014, p. 4) "공개적으로 강하게 주장하는 정치에 대한 국가적 혐오"로 귀결되었다(C. Tan, 2015, p. 983).

따라서 싱가포르 활동가들은 일부 국가에서 흔히 볼 수 있는 게이 퍼레이 드 같은 것을 조직하려고 시도하지 않았다. 대신 그들은 이목을 끌 수 있으면 서도 직접적인 충돌을 피하는 행사를 개최하는 쪽을 선택했다. 싱가포르에 서 유일하게 승인된 시위 장소인 홍림 공원에서 매년 개최되는 핑크 닷 이벤 트가 여기에 해당한다. 이 행사는 직접적인 충돌을 피해가려는 의도를 가지 고 기획되었다. 행사 주최 측은 행사를 시작할 때부터 "이것은 시위가 **아니 다**"라고 강조한다(Phillips, 2014, p. 50에서 재인용, 강조는 원문), 또한 행사의 목적은 "사랑하기 위한 자유를 지지하는 것"(Pink Dot Sg, 2020, 페이지 없음) 임을 강조하는 데 많은 노력을 기울인다. 주최 측은 이 행사가 주류적 성격과 포용적 성격을 드러내기 위해 각기 다른 민족, 종교, 계층에서 온 활동가, 이 들의 가족 및 동지들이 등장하는 수많은 비디오를 공개하기도 했다. 이 비디 오는 싱가포르의 LGBTQ 공동체가 직면한 어려움과 도전을 그려내고 있으 며, 이들 LGBTQ 공동체가 다른 공동체 구성원들과 어울리면서 실제적이면 서도 어려운 대화에 나서고자 하는 모습을 담아내고 있다(Pink Dot Sg, 2020, 페이지 없음). 이 모든 노력은 싱가포르 내에 자리하고 있는 LGBTQ 공동체에 관한 오해를 불식시키고 포용적인 사회를 만들어 나가기 위한 시도라고 할 수 있다. 주최 측의 설명처럼, 이 행사에서 분홍색을 선택한 것은 이것이 싱가포르 국기의 두 가지 색깔에 해당하는 흰색과 빨강색을 혼합한 것이기 때문이었다. 이러한 움직임은 싱가포르의 국가 건설 프로젝트—특히, 국가가 지지하는 공동체주의적이고 가족중심적인 이상들— 내 정중앙에 LGBTQ 개인들이 위치할 수 있게 했다.

이러한 전략은 의도적으로 계획된, "실용주의적인 저항"의 형태에 해당한다(Chua, 2014, p. 5). 싱가포르에서 법을 어기고 국가에 직접 맞서는 등, 전투적인 형태의 시민적 무례를 범했다면, 이는 가혹한 폭력이나 상당한 법적 제재는 물론이고 대중의 반발에까지 부딪혔을 가능성이 크다. 이 운동의 측면에서 보면, 더 온화한 형태의 시민적 무례를 추구하는 것은 "투쟁을 이어가도록 **살아남는 것**"을 보장하기 위한 전략적 움직임이었다(Chua, 2014, p. 4, 강조는 원문). 직접적인 충돌을 피하고자 하는 싱가포르의 맥락에서 보면, 지배적인 관점에 대해 목소리를 **높이고** 이에 **반대하는** 발언을 하는 행위는 그 자체로 자연스럽게 시민적 무례와 저항 행위로서 주목받게 된다. 법조항 377A가 아직 폐지되지 않았음에도 불구하고, 핑크 닷 운동은 오랫동안 지속되어 왔다(지금까지 10년 이상 지속되어 왔다). 또한 주류의 미디어와 소셜 미디어 플랫폼에서 높은 인지도를 갖고 있으며, 그 인기는 2009년 약 1,000명이었던 참여자가 2019년 20,000명까지 증가할 정도로 높아졌다. 이런 점을 고려해보면, 핑크 닷 운동은 싱가포르의 다른 풀뿌리 운동에 비해 훨씬 더 성공적이었다(D. Sim, 2019, 페이지 없음). 여기에 더 의미 있게 바라보아야 할 것이 있다. 그것은 바로 온화한 방식으로 항의하는 시민적 무례를 통한 실용주의적인 저항 전략이 결과적으로 동성애자들의 권리와 이슈에 대한 이해와 수용성을 늘리는 데 크게 기여했다는 점이다.

2) 미국: 에이즈 행동주의

1980년대 중반 후천성 면역 결핍증(에이즈) 유행이 한창일 때, 에이즈 대책 강화 요구 단체인 '액트업(ACT UP, the AIDS Coalition to Unleash Power)'이 결성되었다. 이들은 환자들이 더 쉽게 치료에 접근할 수 있고, 약물 승인 과정이 신속하게 이루어지며, 약물 치료에 대한 임상 실험 자금을 증가시키기 위한 싸움을 준비했다. 캠페인에 참여한 사람들은 다양성을 가진 하나의 집단이 되었고, 이들은 1987년 뉴욕에 첫 지부를 세웠으며, 이후 얼마 지나지 않아 미국의 여러 다른 지역 및 세계 곳곳에 100개 이상의 지부가 설립되었다(Stockdill, 2013). 이 사례는 시민적 무례의 사례로 특히 적절하다. 왜냐하면 액트업 활동가들이 사용했던 시민적 무례의 전략은 직접적으로 충돌하고, 파괴적 활동을 펼치며, 사회에 충격을 주도록 계획된 것이었기 때문이다. 이러한 행위들의 목적은 명확했다. 그것은 바로 에이즈의 위험성을 널리 알리는 것, 에이즈에 대한 정부 예산을 늘리는 것, 임상 연구를 재구성하는 것, 반(反)동성애적 편견과 차별적인 정책에 보다 광범위하게 도전하는 것이었다.

액트업 활동가들은 정치 캠페인과 연설을 방해했고, 이윤 착취적인 제약 회사들을 보이콧했으며, 에이즈에 걸린 사람들에 대한 언론의 묘사에 도전했다. 더욱이 활동가들은 점점 더 공격적이고 직접적인 충돌을 불러오는 접근법을 채택했다. 가령 그들은 뉴욕 증권 거래소 입회장에 드러누워 거래를 방해하고, 에이즈 병동을 보여주는 16개의 매트리스로 시카고 한복판의 교통을 차단하며, 식품의약품국을 상징적으로 점령하기까지 했다(M. Jennings & Anderson, 1996; Stockdill, 2013). 가장 주목할 점은, 이 활동가들이 의식적으로 선을 넘는 전략을 취하고, "고상한 취향의 경계를 의도적으로 침범했다"라는 점이다(Newsweek, 1988, Gamson, 1989, p. 355에서 재인용). 이들은 시민적 예의에 어긋나 충격을 주는, 파격적이면서도 특출한 전략들을 통해 에이즈에 걸린 사람들을 낙인찍는 동성애 혐오와 문화적 규범에 도전했다. 예를 들어, 활동가들은 게이 섹스에 대해 공개적으로 발언하고, 저명한 인물들에게 콘돔을 던졌다. 또한 레즈비언과 게이의 "키스인"을 무대에 올리고, 공적인 공간에 도발적인 현수막을 내걸었다. 그리고 게이들이 나치 수용소에서 강제로 착용해야 했던 분홍색 삼각 배지를 하나의 상징으로 활용했다(Fillieule, 2013; Gamson, 1989; M. Jennings & Anderson, 1996).

액트업이 전략적으로 활용했던 시민적 무례의 방식들은 수많은 방면에서 성공적이었다. 식품의약품국과 제약회사의 의료 관행에 맞서 충돌을 일으키고 직접적으로 도전한 결과 약물 검사 과정이 더 빨라졌을 뿐만 아니라, 에이즈 연구가 수행되는 방식에도 상당한 변화가 생겼다(가령, 약물 실험 설계에 에이즈 활동가가 포함될 수 있게 되었다). 이 활동가들은 정부의 정책을 변화시키는 데 있어서도 성공을 거두었다. 특히 에이즈 치료를 위한 자원을 할당하고, 새로운 치료법의 연구와 발전을 이끌었다. 중요한 것은 이러한 시민적 무례가 난폭하면서도 때로는 호전적인 전략을 채택함으로써 차별적이고 편협한 문화적 규범을 겨냥하여 이끌어낸 결과에 있다. 즉, 이러한 노력은 에이즈에 걸려 살아가는 사람들을 향한 낙인을 줄이는 데 도움이 되었고, 에이즈의 영향하에 있는 공동체를 일탈이나 도덕적 타락과 결부시켰던 공고화된 내러티브에 맞설 수 있게 했으며, 직장 내 편견 및 여러 다른 차별적인 정책과 입법에도 도전할 수 있게 했다(Gamson, 1989; Stockdill, 2013).

액트업은 여론을 점진적으로 변화시키는 것을 목적으로 한 것이 아니었다. 생명이 위태로웠고, 따라서 이러한 힘든 상황은 기금 증가와 치료에 대한 접근성 향상을 통해서만 해결될 수 있었다. 더욱이 기존의 제도적 절차는 에이즈 대책이라는 과업에 적합하지 않았다. 왜냐하면 기금의 우선순위를 바꾸고 새로운 의료 방향을 추구해 나가기 위한 정상적인 절차는 너무나 느리게 움직여서 이러한 즉각적 위기에 맞설 수 없기 때문이다. 이는 적어도 에이즈에 영향을 받는 인구가 상대적으로 소수이고 이들이 이미 사회적 낙인의 희생물이 되는 상황에서는 더욱 문제가 된다. 이에 활동가들이 시의적절한 조치를 끌어내기 위한 최선의 희망으로 결론내린 것은 바로 이러한 이슈를 무시할 수 없게 만드는 대립적 전략을 사용하는 것이었다. 추가적으로 액트업이 적극적으로 활동했던 국가의 법적·문화적·역사적 맥락도 참고할 수 있다. 즉, 이들 국가의 경우 심지어 그들이 시민적 예의에 가장 어긋나는 활동을 했더라도 국가의 폭력적인 탄압에 마주할 가능성은 낮았을 것이다.

결론

사회교육과 시민교육은 학생들이 시민적 예의를 담아낸 의례, 규범, 관행과 관련된 깊이 있는 지식을 갖출 수 있도록 해야 하며, 또한 이러한 규칙들을 언제 위반할 필요가 있는지를 분별력 있게 인식할 수 있도록 도와야 한다. 음악에 비유해보자면, 거장인 음악가는 적절한 음을 연주할 수 있는 기술적 능력을 갖추어야 할 뿐만 아니라, 음악을 직관적으로 해석할 수도 있어야 한다. 그 거장은 음악적 **맥락**에 대한 전문성과 지식을 바탕으로 음악을 연주하고 작품의 역동성에서 변화를 주기 위한 결정을 독립적으로 내릴 수 있을 것이다. 또한 거장은 자신의 분별력을 발휘하여 음악 구절을 언제 크게 연주할지 아니면 부드럽게 연주할지(포르테, 피아노, 포르테시모, 피아노시모 등) 결정할 수 있어야 할 것이다. 이와 마찬가지로 학생들은 적절한 사회적 규범과 관행에 관하여 광범위하게 이해할 필요가 있다. 이를 통해 학생들은 사회적 규범과 관행을 언제, 어떻게 고수할지, 아니면 언제, 어떻게 이에 도전할지에 관한 분별력을 발휘할 수 있어야 할 것이다. 여기에서도 가장 중요하게 고려해야 할 것은 시민적 예의를 활용했던 사례와 시민적 무례를 사용했던 사례 모두에 대한 지식을 갖고 학생들이 씨름할 필요가 있다는 점이다. 이러한 지식에는 공적 행위에 대한 판단에 있어서 분별력을 기르기 위한 기초로서 시간과 공간을 가로지르는 시민적 예의와 시민적 무례의 다양한 모습이 포함될 것이다.

11장

환경에 있어서 정의와 조화

사회교육과 시민교육에는 환경 이슈가 포함되는 경우가 많다. 이러한 이슈에는 수로를 보존·복원하고, 자연 보호 구역과 멸종 위기 종을 보호하는 것, 오염이나 기후변화에 대처하는 것 등이 포함된다. 인간의 삶에서 자연환경은 너무나도 중요한 위치를 차지하고 있으며, 사회정책과 관행은 자연환경에 직접적으로 지대한 영향을 준다. 따라서 환경 이슈는 공적 행위를 숙의할 때 피해가기 어려운 주제라고 하겠다. 그러나 환경에 대한 토의가 사회의 목적에 관한 명확하고 종합적인 관점에 기반하고 있는 경우는 드물다. 이는 일부 환경 이슈에 대한 합의가 어려운 이유이기도 하다. 환경은 인간의 목적에 도움이 되어야 하는가, 아니면 그 자체로 중요한가? 환경 자원에 관하여 집단들마다 주장은 어떻게 다른가? 환경을 둘러싼 위험은 어떻게 분배되어야 하는가?

수많은 환경 이슈는 정의에 관한 질문을 담고 있다. 왜냐하면 자원 관리에서 비롯되는 혜택과 부담은 거의 언제나 집단의 역량에 영향을 미치며 그 영향은 차별적으로 나타나기 때문이다. 가령, 유해 폐기물의 공격은 가난한 공동체들을 향하며, 개발 프로젝트가 훼손하는 것은 토착민 공동체의 생활 방식이다. 마찬가지로 산업화된 조업선단은 자영업자로 생활하는 어부의 생계에 영향을 미친다. 환경에 있어서 **조화**가 중요하다는 점은 그렇게 잘 설명되는 경우가 드물고, 자연 자원을 관리하고자 하는 정책은 인간과 환경을 관련 짓는 과정에서 물질주의적이고 인간 중심주의적인 가정을 반영하는 경우가 많다. 이런 점에서 환경 이슈를 숙의하는 데 있어서는 인간을 바라보는 새로운 관점이 도움이 될 수 있다. 그것은 인간이 다른 생명체나 비생명체와 맺고 있는 관계나 그에 대한 의무를 통해 구성되는 존재로 바라보는 것이다. 이러한 종류의 환경윤리는 수많은 비서양 문화나 토착민들에 의해 공유되고 있다. 따라서 학생들은 이러한 윤리를 통해 자신들이 살아가고 있는 세상을 더 전체론적이고, 덜 편협하며, 덜 인간 중심주의적인 방식으로 이해할 수 있을 것이다.

환경정의

우리는 그들이 왜 우리를 선택했는지 알고 있다. …… 왜냐하면 우리는 정치적으로 열악하고, 가난으로 인해 건강 상태도 좋지 못하며, 교육도 제대로 받지 못한, 가난한 카운티의 사람들이기 때문이다. 또한 우리 대부분은 흑인이기 때문이다. 우리 같은 사람들이 소란을 피울 것이라고 생각하는 사람은 아무도 없었다(노스 캐롤라이나 콜리 스프링스 침례교회 목사, 루터 G. 브라운, Russakoff, 1982, 7단락에서 재인용).

센(A. Sen, 2009)과 누스바움(Nussbaum, 2011) 및 다른 연구자들이 주장한 역량 접근법을 전제로 한 정의 개념은 사람들이 안전하고, 건강하며, 충만한 삶을 영위할 수 있는 기회를 가지도록 보장하는 문제와 관련되어 있다. 따라서 정의로운 사회정책이란, 사람들이 경제적·문화적·정치적으로 추구하고 싶어 하는 종류의 것들을 선택할 수 있는 능력을 효과적으로 신장시킬 수 있도록 물질적 자원과 재화—가령, 의료 지원, 신체적 안전, 교육—를 분배하는 것이다. 반대로, 부정의한 정책이란 사람들이 가치 있다고 여기는 삶을 살아갈 기회에 부정적인 영향을 미치고 또 이러한 기회를 제한하는 정책이다.

미국 내 환경오염은 이러한 역량 계발에 거대한 장벽이 되는데, 이는 특히 경제적·정치적 힘이 부족한 공동체에서 더욱 그러하다. 가령, 화학 공장의 폐기물, 소각장에서 나오는 대기오염 물질, 매립지에서 나오는 유독 물질은 다른 집단에 비해 소수자, 이민자, 가난한 사람들에게 더욱 차별적으로 큰 영향을 미치는 것으로 나타났다(가령, Bullard, 1990, 2001; Downey, 2006). 특히 노스 캐롤라이나나 루이지애나, 텍사스 등, 미국 남부 주에 있는 흑인 공동체는 각종 산업과 폐기물 처리 회사로부터 부당한 대우를 받아 왔다. 왜냐하면 이들 공동체는 경제적 측면에서 상대적으로 취약한 위치에 놓여 있고 그래서 그들의 공동체 내에 잠재적으로 해로운 산업 시설과 폐기물 시설이 들어오는 것에 저항할 능력 또한 더 적기 때문이다. 더욱이 많은 지역에서 유해 폐기물의 영향을 받는 거주민들은 주택 소유자가 아니라 임차인이기 때문에, 그들의 이익을 보호하는 데 있어 미온적이면서도 차별적인 모습을 보이는 환경 규제 시행에 맞서 싸우고자 정치적으로 공동체를 동원하는 것도 어려울 수 있다(Bullard, 1990).

노스 캐롤라이나의 워렌 카운티에 위치한 애프턴 공동체가 겪은 환경 부정의가 특히 흥미로운 사실을 드러낸다. 1970년대 후반, 주지사는 극도의 독성을 띤 폴리염화비페닐(PCBs)로 오염된 수천 입방 야드의 흙을 애프턴에 매립하기로 결정했다. 애프턴은 주민의 84%가 흑인으로 이루어진 공동체였고 노스 캐롤라이나 주에서 가장 가난한 곳 중 하나였다. 특히 당시 매립 결정을 뒷받침하는 과학적 근거가 부족한 상황임에도 불구하고 주지사가 이와 같은 결정을 내렸다는 점은 주목할 만한 부분이다. 즉, 오염 물질 처리 방법으로는 소각시키거나 현장에서 중화시키는 방법이 대안으로 제시될 수도 있었다. 또한 입지와 관련해서 이 지역의 땅은 지하수면이 높아 독소가 결국 지하수를 오염시킬 가능성이 높다는 점이 고려되지도 않았다. 이런 상황에서 PCB에 오염된 흙을 워렌 카운티에 매립하기로 한 결정은 공동체의 건강 문제나 경제적 파급 효과에 있어 상당히 부정적인 영향을 끼칠 수밖에 없었다. 이는 PCB 노출이 암 유발, 면역 체제 억제, 신경학상의 발달 결함 등과 같은 영향을 끼친다는 점을 고려한다면 더욱 분명했다(U.S. Environment Protection Agency, 2020). 여기에 더해 카운티 내 의료 지원 시설의 부족은 이러한 문제들을 더 악화시켰다. 물론 주정부는 안전하다는 것을 장담했다. 하지만 과학자들은 매립지 건설 이후 15년도 되지 않아 독소가 토양과 지하수로 흘러들어왔다는 것을 발견했다(Burwell & Cole, 2007).

워렌 카운티 사람들이 직면했던 어려움은 사회경제적 부정의와 건강상의 부정의에 그치지 않는다. 이 공동체는 동등한 존재로 인정받지도 못하고 자신들의 의견이 제대로 표명되지도 못하는 상황으로 인해서도 어려움을 겪었다. 이는 이 절 도입부의 루터 브라운 목사의 인용문에 분명히 표현된 문제이기도 하다. 이 공동체는 흑인 비율이 압도적으로 높았는데, 다양한 방식으로 투표 참여를 가로막는 조치 같은 인종주의적 관행으로 인해 이들의 의사는 지역 및 주정부의 정치 기관에서 제대로 대표될 수 없었다(Burwell & Cole, 2007). 그럼에도 불구하고, 지역민들은 비록 성공하지는 못했으나 주정부와 환경보호국을 상대로 3년 동안 법적 투쟁을 벌였다. 이후 이들은 전략을 수정하여 시위, 업무 방해와 같은 비폭력 시민 불복종에 초점을 맞추었다. 시위자들은 매일매일 폐기물 처리장으로 행진했고, 독성 흙으로 가득 찬 주정부 트럭 앞에 누워 스크럼을 짜고, 움직이기를 거부하다가 주정부 경찰에 체포되었다(Russakoff, 1982). 시위자들은 매립을 막는 데는 실패했지만, 이들의 주장은 전국적으로 환경 이슈를 둘러싼 인종주의 문제를 부각시키는 데 기여했고, 국가 단위의 언론, 정책 입안자들, 저명한 시민권 운동 지도자들로부터 상당한 지지를 이끌어 냈다(McGurty, 1997). 중요한 것은, 이어지는 연구들을 통해 환경 부정의와 인종 불평등, 젠더, 이민, 토착민의 삶, 계급 사이에 중대한 연결 고리가 있다는 점이 밝혀졌다는 것이다(Pellow & Guo, 2016).

이처럼 빈곤층과 소수자들을 비롯하여 다른 힘없는 공동체들은 오염이나 폐기물 등 각종 환경 파괴의 위험을 정면에서 받아내고 있다. 정의를 진전시키기 위해서는 이러한 수많은 사례들 중 일부라도 고려할 필요가 있다. 그러나 정의는 이와 같은 위험을 그저 균등하게 분배한다고 해서 진전되는 것이 아니다. 폐기물이 모든 공동체에 균등하게 버려진다면 이는 모든 사람들의 역량에 해를 끼칠 것이다. 그보다 학생들은 일차적으로 환경문제를 어떻게 피해갈 수 있는가에 대해 고심해야 한다. 이는 현재와 미래를 아우르는 모든 사람의 역량을 보호하기 위한 것이어야 한다. 이런 점에서 애프턴에서와 같은 환경 불평등 문제는 일부 공동체가 직면한 중대한 환경문제에 관심을 불러일으킬 수 있다. 또한 대체 에너지 자원, 더 효율적인 생산 및 소비 방법, 더 환경 친화적인 폐기물 처리 방안 등의 해결책을 찾아내야 할 필요성을 보여줄 수 있다.

1) 환경정의와 토착 주민들

> 우리는 아삽에서 농사를 배우고자 했습니다. …… 이전까지만 해도,
> 우리의 생활 방식은 유목민과 거의 다르지 않았습니다. 우리는 3~4
> 개월에 한 번씩 이동했고, 매일 사냥을 했습니다. …… 여기를 보십
> 시오. 우리에게는 아무것도 남은 게 없습니다. 우리는 구걸하는 신
> 세나 다름없습니다. 나는 내가 페낭족이라고는 더 이상 느껴지지
> 않습니다(바쿤댐 건설로 인해 아삽 정착지로 강제 이주된 페낭족 족장,
> Sobacool & Bulan, 2011, p. 4853에서 재인용).

거대한 바쿤댐은 보르네오 섬 사라와크의 이스트 말레이시아에 위치해 있
다. 이 댐의 건설은 카얀족, 켄야족, 페낭족을 포함한 다야크 부족의 삶에 큰
영향을 미쳤고, 이들이 번영하고 온전하게 기능할 수 있는 능력을 위태롭게
만들었다. 2011년에 완공된 댐 건설은 700제곱킬로미터 이상의 열대 우림을
침수시켰는데 그중 51%는 토착민 공동체가 소유한 땅이었다. 또한 댐 건설
로 인해 7만 헥타르 지역에 펼쳐져 살던 만 여 명의 부족 사람들은 댐에서 약
50킬로미터 떨어져 있는 4천 헥타르 정도 되는 정착지인 숭가이 아삽 지역으
로 강제로 이주하여 정착하게 되었다(Sovacool & Bulan, 2011). 열대 우림은
토착민 공동체의 경제적 생계 수단의 중심이자 전통적으로 공동체에 기반한
문화적 관행이 이루어지는 중심이었다. 이 절의 도입부 인용문에서 페낭족
족장이 강렬하게 묘사하는 바와 같이, 이와 같은 이주는 사회적·문화적·경제
적 삶을 현저히 붕괴시키는 결과를 초래했다.

정부는 각 가정에 3에이커의 농지를 제공하고 약간의 금전적 보상을 해주
었고, 또 새로운 공동체에 현대적 스타일의 초등학교와 의료 시설까지 제공

했다. 하지만 대부분의 토지는 경작에 적합하지 않았고 이러한 상황은 값비싼 비료에 대한 의존도를 높여 놓았다. 더욱이 이 토지는 화전 농업—개간하고 몇 년 동안 경작한 후에 휴경 상태로 남겨 재생시키는 방식의 생계형 순환 농업 시스템—을 하기에는 너무 소규모였다. 또한, 열대 우림이 파괴되었다는 것은 새로 정착한 사람들이 숲에서 사냥을 하거나 강에서 물고기를 잡을 수 없다는 것을 의미하기도 했다. 켄야족의 한 부족민은 "당신은 여기서 모든 것을 구입해야 합니다. 쌀, 고기, 생선 등 모든 것을 말입니다. 사냥을 할 땅도 없고 물고기를 잡을 강도 없습니다. 우리는 심지어 물과 전기에도 요금을 지불해야 합니다"라고 지적했다(Azman, 2007, 6단락에서 재인용). 중요한 것은, 이러한 이주가 사회를 해체하고, 사회 유산과 문화 정체성을 상실하게 만들었으며, 청년들이 일자리를 찾아 다른 마을이나 도시로 빠져나가 버리게 했다는 점이다(Choy, 2004).

바쿤댐 건설 사례는 대규모의 사회 기반 시설 프로젝트의 이득과 손실이 어떻게 한 지역 내에서 불공정하고 또 형평성에 맞지 않게 분배될 수 있는지를 보여준다(Siciliano 외, 2018). 이 사례는 또한 토지의 경제적 가치에만 주로 초점을 맞추고 토착민들이 환경의 가치를 개념화하는 방식을 무시할 때 드러나는 한계를 보여주는 것이기도 하다(Sovacool & Bulan, 2011). 정부 관료들은 보르네오의 열대 우림이 생태적으로 다양성을 띠고 있기는 하지만, 그 중심에서 이루어지는 사회 기반 시설 프로젝트를 통해 말레이시아의 경제 발전과 기술 진보를 촉진하고 토착민 공동체를 "근대화"시킬 수 있으리라 생각했을 것이다. 그러나 다야크족은 토지를 자신들의 사회적·문화적 정체성의 본질적인 부분으로 여겼고, 또 이 사람들은 현 세대에게 미래 세대를 위해 자연 자원을 보존할 것을 요구하는 자신들의 '아다프(adaf, 도덕률)'에 숭고한 가치를 부여했다. 특히 다야크족의 '푸사카(pusaka, 집안 대대로 내려오는 보물' 자원 관리 체제는 미래 세대를 위해 자연 생태계를 보호해야 한다는 현 세대의 도덕적 책임을 전제로 하는 것이었다(Choy, 2004). 따라서 드넓은 열대 우림, 강, 생태계를 파괴하는 것은 현재 토착민 공동체에게 경제적·문화적·사회적 부정의를 야기하는 일인 동시에, 세대 간의 정의의 측면에서도 엄청난 대가를 치르는 일이다.

이 사례는 개발 프로젝트를 비롯한 다양한 종류의 경제적 변화가 토착민 공동체의 경제적 생계 수단은 물론이고 사회적·문화적 삶에까지 어떤 식으로 영향을 주는지 고려하는 일이 중요하다는 것을 보여준다. 다시 말해, 역량은 개인의 물질적 '좋은 삶' 뿐만이 아닌 집단적 문화유산에 관한 문제이기도 하다(Schlosberg & Carruthers, 2010). 위의 사례에서 볼 수 있는 것처럼, 많은 토착민들에게 자연환경이 가지는 의미가 그러하듯(가령, 호주 북부의 미리웅족 사람들; Leonard 외, 2013), 다야크족 사람들에게도 숲 생태계는 그들의 문화적·물질적·영적 삶의 방식에 없어서는 안 되는 존재이다. 따라서 학생들이 환경 정책의 영향을 숙의할 때에는 환경이 어떻게 문화적 전통과 공동체의 삶의 방식을 지탱하고 지속시키는지 고려해야 한다. 이와 같은 사례에서 환경 부정의는 집단 구성원들의 경험의 문제이며, 그래서 공동체가 번영할 수 있게 하는 종교적·문화적·전통적 역량에 주의를 기울일 것을 요구한다.

2) 국가를 초월하는 환경정의

그들은 또한 수중 망치를 사용하고 있었다. 그들은 그저 대왕 조개를 얻겠다고 산호초를 박살냈다. 정부가 어떤 조치를 취하지 않으

면, 앞으로 2년 안에 모든 산호초 무리와 대왕 조개 개체군이 사라
질 것이다(필리핀의 마신록 마을의 지역 어민 회장, Maitem & France-
Presse, 2019, 3단락에서 재인용).

분쟁 지역에 자리한 환경 이슈, 혹은 국가 영토의 경계를 넘어서는 환경 이
슈는 정의에 관한 주장을 복잡하게 만들 수 있다. 이것이 특히 재분배, 인정,
대의와 관련된 이슈라면 더욱 그러하다. 남중국해에 자리한 스카버러 암초
는 필리핀의 배타적 경제 수역 200해리 내에 자리하고 있지만, 중국 또한 이
에 대한 권리를 주장하고 있다. 헤이그 국제 상설 중재 재판소가 필리핀의 주
장을 인정하기로 결정했음에도 불구하고, 풍부한 어장을 둘러싼 분쟁은 끊이
지 않고 있다. 또한, 중국 조업선단의 어류 남획과 산호초 파괴는 이 지역의
생태계 건강 전반에 대단히 큰 영향을 미쳤고 현지 필리핀 어부들의 생계를
위협했다. 마신록 지역의 대표가 설명한 멸종 위기에 처한 대왕 조개는 산호
초의 생태에서 중요한 역할을 담당하기 때문에 1980년대 말 필리핀 사람들이
씨를 뿌린 것이다. 만약 이처럼 멸종 위기에 처한 종들이 사라지게 되면, 산
호초 자체도 오래가지 못할 것이다(Maitem & France-Presse, 2019, 2단락). 조
개는 물고기와 새우를 위한 은신처를 제공하고, 장어와 같은 포식자의 먹이
가 되며, 특수한 미세조류를 부양한다. 따라서 필리핀 어부들은 산호에 미치
는 부차적인 피해뿐만 아니라 산호초 주변의 생물종 다양성 감소와 같은 피
해까지 겪게 된다(Larson, 2016).
　이와 같은 초국가적 이슈들은 처리하기가 특히 까다롭다. 왜냐하면 이러
한 복합적이고 다면적인 이슈들은 국가적 경계에 국한되지 않기 때문이다.
당연한 얘기지만 국가적 경계라는 것은 환경적으로 봤을 때는 임의적인 것

에 불과하다. 가령, 인도네시아 수마트라섬의 농부들과 야자 오일 회사는 정기적으로 산불을 발생시키는데, 이는 싱가포르와 말레이시아에 위험한 수준의 실안개와 대기오염을 빈번히 초래하고 있다. 유사한 다른 사례도 어렵지 않게 찾아볼 수 있다. 가령, 1991년 제네바 해안에서의 유조선 기름 유출로 인해 이탈리아와 프랑스, 모나코 해안이 심각하게 오염된 사례(Carpenter & Kostianoy, 2018), 대규모 어선이 에콰도르와 칠레 해안에서 남획한 결과 민감한 지역 생태계와 바다에 의존하여 먹고 살던 취약한 지역 공동체가 상당한 영향을 받은 사례(Berg, 2020), 아마존의 삼림 파괴로 인해 아르헨티나, 우루과이, 브라질, 파라과이의 토착민, 농부, 도시 공동체의 삶이 영향을 받은 사례(Lovejoy & Nobre, 2018) 등이 이에 해당한다.

이러한 사례는 국가를 초월하는 환경정의 이슈에 관해 숙의하는 것이 중요한 과제임을 말해준다. 특히, 국제적 통치 구조가 대개 배제적이고, 비민주적이며, 보다 부유하고 강력한 국가들에게로 편향되어 있다는 점을 감안한다면, 우리는 이러한 이슈에 더욱 주목할 필요가 있다. 영향력이 크지 않은 국가들 혹은 이들 국가 안에서 소외된 공동체들은 자신들의 권리나 요구, 우선성을 주장하려 할 때면 스스로가 상당히 불리한 위치에 놓여 있다는 것을 어김없이 발견하게 된다(Fraser, 2008). 그렇다면 학생들은 이러한 경우 분쟁이 어떻게 해결되어야 하는지, 그리고 누구의 요구와 이해관심이 대변되어야 하는지에 대해 생각해야 한다. 예를 들어, 중국 정부는 남중국해 어업 분쟁을 중국과 필리핀 간의 양자 이슈로 간주하고 있지만, 훨씬 작고 또 힘이 없는 나라인 필리핀은 동남아시아 국가 연합과 같은 지역 기구와 국제 상설 중재 재판소와 같은 국제적인 중재 기관에 호소하고 있다. 그러나 이러한 호소조차도 수산 자원 감소와 산호초 생태계 파괴가 베트남, 대만, 말레이시아의 어촌 공동체 같은 또 다른 잠재적 당사자들에게 미치는 영향까지는 고려하지 못하고 있다. 하지만 이러한 결정에 의해 일부 국가나 집단의 역량은 직접적인 영향을 받게 된다. 그럼에도 불구하고 이들을 의사 결정에 포함시키지 않거나 심지어 고려조차 하지 않게 되면, 이러한 행위들의 함의가 충분히 고찰될 수 없으며 이는 결국 심각한 결과를 초래할 수 있다.

환경에 있어서의 조화

환경 이슈를 숙의할 때, 학생들은 환경교육 및 지속가능성교육의 지배적인 담론을 뒷받침하는 내포적 원리와 외연적 원리를 인식해야 한다. 중요한 것은 은연중에 받아들여지고 있는 가정들, 특히 인간 중심주의적이고 물질주의적인 규범을 반영하는 가정들을 파고들어 질문을 던져보는 것이다. 왜냐하면 이러한 관념들은 환경 이슈가 어떻게 범주화되고, 정책이 어떻게 형성되며, 또 이에 관해 어떤 종류의 해결책이 제안될 수 있는지에 관한 중요한 함의를 가지기 때문이다. 이와 관련하여 지크링(Jickling, 2002)은 다음과 같이 지적했다.

공적 가치에 대한 물음은 인간이 세상에서 자신의 위치를 어떻게 인식하는지에 관한 가정 속에 숨겨져 있다. 만약 공적 담론을 구성하는 관념, 개념, 언어가 그 가정들을 효과적으로 끌어내 공적 견해로 펼쳐 보이지 않는다면, 사람들은 이러한 가정을 더욱 강화하게 된다 (p. 151).

조화라는 개념은 환경을 둘러싼 인간 중심주의적 사고방식에 대한 대안을 제공한다. 조화는 다양한 요소들의 상호작용을 담아내고 이들을 균형적이고 통합적인 방식으로 모아내는 관계적인 과정에 관심을 불러일으킨다. 비록 유학자 및 토착민 학자들의 사상이 전통적으로 인간 공동체를 그 중심에 두고 있기는 하지만 우리는 이들의 연구를 바탕으로 관계적 접근법이 조화에 기반한 환경윤리의 토대가 될 수 있다고 제안하고자 한다.

1) 환경윤리에 대한 관계적 접근법

환경은 본질적 가치를 가지고 있는가? 아니면 환경의 가치는 순수하게 도구적이어서 오로지 인간에게 이익이 되는지의 여부에 의해서만 그 가치가 결정되는가? 이 도발적이고 중요한 질문이 사회교육과 시민교육의 중심에 위치해 있다. 왜냐하면 이러한 여러 입장들을 뒷받침하는 가정과 가치는 인간의 욕구, 우선순위, 의사 결정에 대한 우리의 이해에 영향을 미치기 때문이다. 대체로 **도구주의적 입장을 취하는 사람들**은 자연이란 인간의 '좋은 삶'을 증진시키기 위한, 기본적으로 인간을 위한 자원이라고 본다. 그 결과 환경에 대한 그 어떤 보호나 배려라도 이 목적에 따르는 것이어야 한다. 이러한 입장을 옹호하는 이들은 환경은 본질적인 가치를 지닌 것이 아니고, 종에는 위계질서가 있으며(인간은 이 위계질서의 가장 꼭대기에 있다), 환경보호가 필요한 유일한 이유는 환경보호가 인간에게 득이 되기 때문이라고 생각한다(Demals & Hyard, 2014). 가령, 지속 가능한 **발전**이라는 대중적인 개념은 대개 유럽중심주의적이며(Dei, 2010), 이는 경제적 성장과 동일시되는 경우가 많다. 따라서 이것은 본질적으로 인간 중심주의적인 입장이다(Kopnina, 2014; Washington, 2015). 이렇게 경제 발전에 초점을 맞추는 것은 2015년 모든 유엔 회원국이 채택한 바 있는 '지속 가능 발전 목표'에서도 찾을 수 있다.

이 목표는 주로 경제성장과 인간의 이해관심에는 초점을 두지만, 인간이 아닌 종의 본질적 이해관심에 대해서는 고려하지 않고 있다(Kopnina, 2014).

이 연속선의 다른 끝에는 **본질적 가치를 옹호하는 사람들**이 있다. 이들은 인간이 아닌 유기체들이 인간과 별개로 자기들만의 가치를 가지며, 따라서 인간의 이해관심이 다른 생물의 복지보다 우선시되어서는 안 된다고 주장한다. 하우저(Houser, 2009)에 따르면 인간은 "생명 유지와 관련된 욕구를 충족시키는 것을 제외하고는" 자연 세계에 개입해서는 안 된다(p. 200). 테일러(P. Taylor, 1981) 또한 "생명을 중심에 둔" 환경윤리 체계에서 인간은 야생동물과 식물에 대한 도덕적 의무를 가진다고 주장한다. 왜냐하면 이러한 야생동물과 식물 또한 "지구의 생명 공동체의 구성원"이기 때문이다. 이러한 맥락에서 자연에 법적으로 인격적 지위를 보장하려고 했던 옹호자들의 시도 중 성공한 것들도 존재한다. 대표적으로 뉴질랜드의 황거누이강, 인도의 갠지스강과 야무나강, 호주 빅토리아 주에 있는 강들은 자연이 생명권을 가진다는 것을 국가가 인정한 사례에 해당한다(O'Donnell & Talbot-Jones, 2018). 환경법에 있어서 이처럼 새로운 생명 중심 접근법이 채택된 것은 바로 이러한 강이나 그 유역과 관련하여 다양한 범주의 사회적·환경적·문화적·경제적 이슈들에 대처하기 위해서였다. 가령, 2017년 뉴질랜드의 'Te Awa Tupua 법(황거누이강 권리 합의)'은 황거누이강의 물리적 요소와 형이상학적 요소를 살아 있는 존재로 간주하는 마오리족의 세계관을 인정하고, 법적 실체로서의 'Te Awa Tupua'가 소송을 제기하거나 제기 받을 수 있는 권리를 가진다고 인정했다. 또한 이 법은 'Te Po Tupua'로 알려진 후견인을 임명하여 법적으로 행위할 수 있도록 했다(O'Donnell & Talbot-Jones, 2018; Rowe, 2019).

유교 철학자들과 수많은 토착민 출신 철학자들이 강조한 바에 따르면, 관계적 정체성은 도구주의적 가치 입장과 본질적 가치 입장 모두에 대한 흥미로운 대안을 제공한다. 가령, 뉴엔(Nuyen, 2008), 후르드킨과 웡(Hourdequin & Wong, 2005)과 같은 유교 연구자들은 유교가 "인간 중심주의적 윤리"이지만 도구주의적이지는 않다고 주장했다. 왜냐하면 유교는 인간이 아닌 존재들 역시 본질적 가치를 가진다고 인정하기 때문이다. 텐첸 리(T. Li, 2003)는 이러한 점이 유교 생태 윤리의 중요한 차원이라고 본다. 그에 따르면 "유교는 인간에게 자연에 대한 지배권을 주지 않고, 또 있는 그대로의 자연을 지키기 위해 인간의 발전을 희생시키지도 않는다. 유학자들은 인간과 자연의 일체성, 즉 둘 사이의 조화와 통일을 강조한다"(p. 3). 그러나 더욱 중요한 것은, 유교적 관점에서는 인간이 자연이나 다른 형태의 생명과 분리되어 있지 않다고 본다는 점이다. 대신 인간은 사회에서는 다른 사람들과의 **관계**를 통해, 자연에서는 살아 있는 것과 살아 있지 않은 것과의 **관계**를 통해 구성된다고 본다(가령, Tu, 2001; Tucker, 1991). 유학자들은 인간의 조건은 서로 연결되어 있으면서도 지속적으로 변화하는 네 가지 차원으로 이루어져 있다고 보았다. 그 네 가지란 자아, 공동체, 자연, 초월적 존재이다. 인간은 자연의 일부일 뿐이고, 모든 요소들은 조화롭고 상충되지 않는 관계 속에 위치되어 있다(T. Li, 2003). 따라서 자연 속 각기 다른 삶의 체계—인간은 이 체계의 한 부분일 뿐이다—는 상호 연결되어 있고 지속적으로 변화하며 역동적인 쇄신을 거듭한다. 이것이 시사하는 바는, 환경의 가치에 대해 판단할 때 인간과 인간의 욕구 혹은 인간의 이해관심을 중심에 두지 않는 것이 중요하다는 것이다.

사회적 차원에서 관계적 자아라는 것은 그 의미를 확장해서 바라보면 인간 세계뿐만 아니라 비인간 세계에 있어서도 모든 관계에 대해 민감하고 또 잘 반응한다(Hourdequin & Wong, 2005). 후르드킨(Hourdequin, 2010)은 "우리의 정체성은 다른 존재들—여기에는 인간과 인간 아닌 동물(반려 동물이든, 우리가 먹는 식용 동물이든, 지역 공원에서 살아가는 야생동물이든)도 모두 포함되어 있다—과 밀접한 관계가 있고, 특정한 장소들과도 밀접한 관계가 있다"라고 지적했다(p. 85). 사회적 차원에서 관계적 자아의 관계성이 확장될 수 있다고 하면, 이는 가족이나 공동체에 대한 개인의 도덕적 책임이 같은 방식으로 환경에 대해서까지 확장될 수 있다는 것을 의미할 수 있다(Tu, 1998). 개인은 자신이 가족, 공동체, **그리고** 자연 세계에 대하여 도덕적 의무를 가지고 있다는 사실을 인지할 필요가 있다. 뉴엔(Nuyen, 2008, 2011)은 '예(사회적 의식이나 의례)'라고 표현되는 이러한 의무가 생태적 '예'를 통합할 수 있도록 확장되어야 한다고 제안한다. 가령, 학생들은 인간들 사이의 사회적 관계가 생태적 관계와 어떤 식으로 이어져 있는지 검토하고, "인간이 아닌 살아 있는 것들을 존중하는 것, 그리고 이들을 지탱하는 생태계를 보호하는 것이 바로 예"라는 점을 고찰할 필요가 있다(p. 194).

따라서 학생들이 자연에 관한 이슈에 대해 숙의할 때는, 환경을 구성하는 관계의 총체성—인간을 포함하는 관계들까지 포함하여—을 고려해야 한다. 이것은 개별 요소만 따로 떼어내 초점을 맞추거나(가령, 멸종 위기에 있는 특정 종들을 어떻게 보호할 것인가), 인간의 자원 활용에 초점을 맞추는 것(가령, 농사를 짓기 위해 토양을 어떻게 비옥하게 유지할 것인가)이 아니라 전체 생태계에 초점을 맞추는 것을 의미한다. 이것은 경우에 따라 여러 생태적 체계들을 어떻게 보호할 것인가에 대한 숙의를 포함할 것이다. 가령, 원시림은 기후변화로 인한 기온 상승이 조류의 종에 미치는 영향을 완화하는 데 도움을 준다. 이런 점이 원시림을 어떻게 보호할 것인지 숙의하는 데 고려될 수 있다(Betts 외, 2018). 또한 습지는 오염을 줄이고 홍수와 기후변화를 완화시키며 생물종 다양성을 위한 서식지를 제공하고 어업과 목재 자원을 제공하고 관광 산업을 지원한다. 이런 점이 습지 보호에 관한 숙의에서 고려될 수 있다(Ramos, 2018).

그러나 환경에 있어서 조화는 인간과 자연의 상호작용과 관련된 이슈라면 어떤 것에서든 필수적으로 고려되어야 한다. 환경을 구성하는 요소로서 인간, 인간이 아닌 생명체, 비생명체는 영양과 에너지 순환을 포함하는 복합적인 관계망 속에 모두가 연결되어 있다. 그래서 이 중 어떤 한 부분이라도 파괴되면 전체 체계가 심각한 결과를 맞이할 수 있다. 가령, 도시화, 삼림 관리, 채굴업과 같은 것은 동물들의 서식지를 파괴할 수 있다. 또한 화석 연료를 태우는 것은 더 많은 양의 온실 가스 배출을 야기한다. 산업화된 농업에 사용되는 비료는 하천과 강, 해양의 수질을 떨어뜨리고 어업의 황폐화를 가져온다. 또한 경우에 따라 인간의 활동이 전체 생태계 붕괴를 초래할 수 있다. 가령, 이스터 섬에서 토종 나무를 과도하게 파괴한 결과, 이것이 훗날 대규모 축산업의 도입과 결합되어 토양 침식과 식량 생산 손실을 일으키기도 했다 (Bressan, 2011). 또한 대규모의 관개를 위해 물의 흐름을 전환시킨 결과 세계의 가장 큰 호수 중 하나였던 아랄해가 황량한 사막과 염전, 몇 개의 작은 호수로 변해버리기도 했다(Micklin, 2007). 실제로 어떤 이슈를 논의하든지 간에, 학생들은 인간의 활동이 환경을 둘러싼 복합적인 관계망에 영향을 미치는 수많은 방식을 고려할 필요가 있다. 여기에는 인간에게 미치는 영향이 포함되겠지만 그것에 국한되어서는 안 될 것이다.

2) 관계적 접근법과 토착민의 관점

환경윤리에 대한 관계적 접근법은 토착민의 철학 중 일부에도 깊게 자리하고 있다. 토착민 출신 학자들은 출신 전통은 다르지만 유학자들과 마찬가지로 개인이 고립된 존재이며, 도덕적으로 자율적인 경제적 존재라는 생각을 분명하게 부인해 왔다. 가령, 가나의 전통 추장으로 취임한 데이(Dei, 2010)

는 지속 가능성이라는 것은 자원을 이용할 때 "균형"과 "온전함"을 달성하는 것이자 "사회, 문화, 자연의 관계적 차원을 이해하는 것"이라고 정의한다(p. 94). 그는 자연을 하나의 전체로서 이해하고, 또 사회, 문화, 자연의 요구들 사이에서 균형을 맞추는 것이 중요하다고 보았다. 마찬가지로 뉴질랜드 마오리족의 영적 세계관에서 마오리족 사람들의 지위는 대지의 부속물이면서 동시에 '외누아(토지, whenua)'의 수탁자 또는 수호자이다. 그래서 마오리족이 발전시켜온 일군의 복잡한 관행과 문화적 규범들은 토지와 환경(어머니인 대지)에 대한 존중에 기반하면서 자원에 대한 지속 가능한 사용을 보장하고자 한다(Cowie 외, 2016).

메노미니 부족의 삼림 관리 체제는 부족민 부양과 생태계 유지 모두에 있어서 관계적 관념의 영향력을 설명해주는 사례라고 할 수 있다. 오늘날 미국 위스콘신 주에 살고 있는 메노미니족 사람들은 세상을 "상호관계의 연속"으로 바라본다. 이것은 그들과 자연 사이에, 그들과 조상의 영혼 사이에, 심지어 삶과 죽음 사이에도 적용된다(Pecore, 1992, p. 16). 메노미니족의 창조 설화는 인간의 형태로 바뀐 동물에 관한 내용을 담고 있는데, 이것은 인간이 자연과 분리된 존재가 아니며 인간이 아닌 존재들도 영혼을 가지고 있기 때문에 존중받아야 한다는 관념을 더욱 강화시켜 준다(Trosper, 2007). 중요한 것은, 부족의 믿음과 지식 체계 덕분에 지난 100년 동안 삼림과 야생동물에 대한 독특한 관리 관행이 이행될 수 있었다는 점이다. 여기에는 크고 오래된 다양한 나무가 성장할 수 있도록 하는 것, 늑대와 다른 포식자들의 존재에 감사하는 것, 공동체의 생계를 부양하기 위해 자신들의 문화에 맞는 방식으로 사슴 사냥 가이드라인을 이행하는 것 등이 포함된다. 반대로, 삼림 관리에 관한 비토착적 관행들은 이와는 다른 가치와 우선순위를 전제로 한다. 이러한 관행에는 늑대나 사슴에 대한 스포츠 사냥 허용, 어린 나무로부터의 목재 채취,

보다 빠른 속도로 성장하는 종을 중심으로 한 삼림 개조(따라서 삼림의 다양성 축소) 등이 포함되어 있다. 이러한 비토착적 관행들은 삼림 내 나무의 다양성을 감소시켰고, 사슴 개체수를 증가시켰으며, 나무의 묘종 및 묘목과 같은 하층 식생 식물들의 밀집도와 다양성을 감소시켰다(Trosper, 2007; Waller & Reo, 2018). 주목할 것은, 메노미니족의 지식 체계와 믿음 덕분에, 이곳의 삼림은 메노미니족 지역에 속하지 않은 이웃 삼림과 비교해봤을 때 침입종이 거의 없었고 나무 재생률은 더 높았으며 더 많은 생물군과 식물 다양성을 지니게 되었다는 점이다(Waller & Reo, 2018).

이러한 관점이 분명히 보여주듯이, 환경에 있어서 조화는 영적 요소, 혹은 다른 맥락에서는 정서적 차원이나 심미적 차원이라 불리는 요소를 가지고 있다. 환경에 있어서 조화를 진지하게 받아들인다는 것은, 윤리적 의사 결정을 위한 기초로서 환경에 대한 경외심을 어떻게 강조하고 확립할 수 있는지 고민해보는 것을 의미한다(B. Taylor, 2016). 영성 같은 문제들은 종종 개인적 차원의 용어로 보이지만, 가치는 더 넓은 문화의 일부이고 이는 공공정책을 통해 촉진될 수 있다. 간단한 수준에서 보자면, 학생들은 어떻게 하면 재활용을 장려할 수 있을지 고려할 수 있다(이는 자원 활용과 관리에 신중하게 접근해야 한다는 생각을 지지해줄 수 있다). 또한 학생들은 다른 사람들에게 야외 오락 활동을 하는 동안 환경을 파괴하지 않는 것이 중요하다는 점을 어떤 식으로 교육할 수 있을지 고려해볼 수 있다. 좀 더 제도적인 차원에 초점을 맞추자면, 학생들은 학교 교육과정을 통해 환경의 가치를 더 잘 전달할 수 있는 방법이 어떤 것인지 생각해볼 수 있을 것이다. 가령, 과학 수업에서 생태와 생태계를 강조하거나, 문학 수업에서 자연에 초점을 맞춘 작품을 다루거나, 학교의 여러 다른 교과목에서 토착민들의 관점을 통합시키는 것 등이 방법으로 제시될 수 있다. 또한 학생들은 사람들이 자연을 여가 활동을 위한 장소로만 경험하지 않고 자연의 심미적 또는 영적 가치를 알아차릴 수 있는 방식으로 경험하는 기회를 창출하기 위해 공공 지출이 어떤 역할을 할 수 있을지 고민해볼 수도 있을 것이다.

교육과정에의 적용: 기후변화

학생들은 정의와 조화의 문제를 숙의할 때 다른 사람들이나 상황, 맥락에 대해 그들이 처음 보이는 본능적 반응을 다듬고 확장해야 한다. 기후변화는 이를 돕는 것이 중요하다는 것을 보여주는 좋은 사례를 제공한다. 기후변화 이슈는 세계적 차원의 이슈로서 복합적이고, 다면적이며, 논쟁적인 성격을 가지고 있어서 학생들이 숙의하기에 도전적인 과제라고 할 수 있다. 이 절에서 우리는 피해를 입기 쉬운 공동체들 중 세 가지 사례를 강조해서 다룰 것이다. 이것은 학생들이 이타심을 확장하고, 멀리 있는 목소리에 귀를 기울이며, 현명한 행위를 하도록 독려해줄 지식과 씨름하는 것이 중요하다는 사실을 보여줄 것이다.

1) 이타심 확장하기

세계 곳곳의 학교에서 많은 학생들은 기후변화의 효과를 있는 그대로 경험하고 있다. 여기에는 해수면이나 수온, 날씨 패턴의 변화는 물론이고 이들 각각이 경제에 미치는 영향도 포함된다. 그러나 경우에 따라서는 학생들이 자신들은 그러한 문제로부터 동떨어져 있다고 생각하기도 한다. 특히 기후변화의 영향이 본인의 공동체에 심각하고도 즉각적인 결과를 가져오지 않을 때는 더욱 그렇게 생각하기 쉽다. 추상적인 환경 원칙이나 암울한 통계들은 너무나도 쉽게 무시되곤 한다. 특히 기후변화에 대한 대응이 자기희생을 요구할 때는 더욱 그렇다. 이런 경우, 다른 공동체가 직면한 문제에 관한 구체적이고도 강렬한 사례가 도움이 될 수 있다. 이를 통해 학생들은 기후변화가 인간에게 미치는 영향을 더 잘 이해하고 이 이슈를 진지하게 받아들일 동기를 갖게 된다.

미국 루이지애나 주, 장 샤를 섬의 아메리카 원주민 공동체 거주민들은 국가 최초의 기후 "난민"으로 묘사된 바 있다. 1955년 이후, 이 섬은 수위 상승으로 인해 토지의 98%를 상실했다(Van Houten, 2016). 해수면 상승으로 인한 장기적인 경제적·문화적 피해는 참혹한 것이었다. 잠식해 들어오는 바다, 해안 침식, 허리케인 강도의 증가, 양분 고갈과 염수 유입으로 인한 토지 비옥도 감소 등에 따른 경제적 피해도 발생했다. 빌록시 – 치티마차 – 촉토족 무리와 후마 연합국에서 온 수많은 토착 거주민들은 섬을 버리고 루이지애나 주의 다른 곳으로 이주하는 것 외에는 선택의 여지가 없었고, 그 결과 이들은 자신들의 유산, 전통, 문화, 정체성의 대부분을 잃어버리게 되었다. 한 보고서는 "구성원들이 뿔뿔이 흩어지면서 부족은 물리적으로도 문화적으로도 갈가리 찢어졌다"라고 보고하고 있다(Lowlander Center, 2015, pp. 16-17). 미래는 암울했다. 부족의 지도자는 수위 상승에서 비롯된 토지 침식이 끼친 영향을 묘사하며, "우리의 섬이 사라지면, 우리 부족의 핵심을 잃게 됩니다. …… 우리는 우리 문화 전체를 잃어버릴 위기에 처해 있습니다. 이것이 바로 가장 다급한 상황입니다"라고 했다(Van Houten, 2016, 7단락에서 재인용).

33개의 산호섬과 암초로 이루어진 태평양 저지대 국가인 키리바시도 해수면 상승으로 인한 유사한 경제적·문화적 영향에 직면했다. 2015년 조수가 창문과 문으로 밀려들어오자 깜짝 놀란 산모들은 병원 산부인과 병동에서 대피해야 했다. 한 조산사는 그 장면을 생생하게 묘사하며, "폭풍이 몰아쳤고, 물이 사방에서 병원 안으로 들어왔어요. 우리는 여성들이 출산을 하도록 돕거나 이 여성들이 신생아와 함께 몸을 회복할 수 있도록 돕고 있었는데, 이들 모두는 당장 도망쳐야 했습니다"라고 증언했다(Learson, 2020, 28단락에서 재인용). 또한, 키리바시는 지하수 부족, 염수 침입과 해안 범람으로 인한 농업 생산량 감소, 해안 침식과 홍수로 인한 사회 기반 시설 상실과 같은 문제를 겪어야 했다. 홍수와 침식은 사우스 타라와 섬에 인구 과밀을 초래했고, 이는 결국 훤히 노출된 판잣집에서 조밀하게 살아가던 사람들 사이에서 수많은 질병이 창궐하는 결과로 이어졌다(Learson, 2020). 키리바시에서의 사례는 기후변화가 십만 명 이상의 사람들이 살아가던 국가 전체에 실존적 위협으로 나타날 수 있다는 것을 보여준다. 키리바시 정부의 말을 빌리자면, "국가 전체가 진정한 위험에 직면했다. 하나의 민족으로서, 하나의 독특하고 생생한 문화로서, 하나의 주권 국가로서 우리 자신의 생존 자체가 위태로운 상황에 놓이게 되었다"(Government of Kiribati, 연도 미상, 1단락).

기후변화가 인간에게 미친 결과는 바타산 사례에서도 자명하게 나타난다. 바타산은 필리핀 세부 해협에 있는, 인구 1,400명이 거주하는 섬이다. 바타산의 가장 높은 지점은 해발 고도 6.5미터 이하이고, 섬의 대부분은 만조 때나 몬순 시기, 혹은 태풍이 치는 동안 물에 잠겨 버린다. 2016년, 이 섬은 평균 3.9시간씩 지속되는 범람을 135일간 겪었다(Jamero 외, 2017). 홍수는 건강과 위생에 관한 이슈, 담수 우물 유실, 염분을 견디지 못하는 초목의 감소, 공동 화장실 범람 등과 같은 수많은 문제를 야기한다. 학교에서 선생님들은 수업을 하는 동안 물속에 맨발로 서 있어야 한다. 한 초등학교 교사는 만조로 야기된 범람이 학생들의 학습에 어떻게 영향을 미치는지에 대해 설명하면서 다음과 같이 말했다.

아이들의 관심은 더 이상 여기에 있지 않습니다. 아이들의 관심은 바다에 있지요. …… 아이들은 저를 바라보고 있지만, 사실은 발로 첨벙거리며 물에서 놀고 있습니다. 오물도 있고요. 교실로 물고기만 들어온다면야 괜찮겠지요. 근데 사람의 배설물도 들어옵니다 (Doherty, 2019, 27단락에서 재인용).

바타산 사람들은 조수와 함께 떠다니는 쓰레기를 건뎌야 하고, 자신들의 귀중품이 떠내려가지 않도록 지키는 법을 배워야 하며, 물에 잠긴 집 곳곳에 퍼져 있는 곰팡이 냄새와 함께 살아야 한다(Beech, 2020).

2) 멀리 있는 목소리에 귀 기울이기

기후변화에 대응하기 위해서는 물질적 '좋은 삶'과 문화적 정체성 둘 다를 복합적으로 고려해야 한다. 세계 곳곳에서 벌어지는 다양한 상황에서 토착민들의 지식 체계와 지역민들의 활동은 기후변화의 영향을 완화하는 데 도움을 주곤 했다. 그러나 때로는 문제의 규모가 너무 방대하여, 이에 대한 대응이 영향을 받는 공동체 외부 사람들의 노력에 달려 있는 경우가 있다. 왜냐하면 기후변화는 본질적으로 전 세계적인 현상이거니와 기후변화에 따른 최악의 결과로 고통 받는 사람들은 이 문제를 적절하게 처리하는 데 필요한 경제적 자원을 가지고 있지 못할 가능성이 높기 때문이다. 그러나 아무리 좋은 의도를 가지고 있다 하더라도 외부 집단이 지역의 기후변화 문제에 대한 대응을 결정한 후, 이를 당사자 집단의 사람들에게 강요할 수는 없는 일이다. 주어진 상황이 어떤 것이든 간에 무엇이 최선인지를 결정하는 것은 이에 영향을 받는 사람들에게 귀 기울이고, 이 사람들의 가치 및 현재 처해 있는 상황에 대한 이들 스스로의 통찰력을 고려하며, 이들의 행위자로서의 주체성을 인정하고 보존하는 데 달려 있다.

장 샤를 섬에 있는 공동체가 선호했던 해결책은 다른 장소로 대규모 이전을 하는 것이었는데, 이곳 사람들은 특히 전통적인 문화적 관행과 생활양식을 보존할 수 있는 의식 공간과 농경지가 있는 장소로 옮기고 싶어 했다 (Keene, 2017). 이곳 토착민들은 2016년 전체 공동체를 이전하고자 연방 정부에 신청하여 4,800만 달러를 받았다(Crepelle, 2018). 그러나 본토에 흩어져 있던 부족을 재통합시키는 문제를 비롯한 여러 난제들이 여전히 많이 남아 있다. 이에 관해 부족 지도자는 "여러분은 집을 바꿀 수는 있습니다. 그러나 가정을 바꿀 수는 없습니다"라고 지적했다(Yawn, 2020에서 재인용, 페이지 없음). 반면, 바타산 사람들의 대응은 이와 대조적이었다. 바타산 사람들은 인근 섬인 보홀의 새로운 구릉지대 농업 정착지로 이주시켜 주겠다는 필리핀 정부의 제안을 받아들이지 않았다. 이는 많은 부분 그러한 이주가 어업과 바다를 중심으로 한 자신들의 경제적·사회적 정체성에 있어 중대한 변화를 요구하기 때문이었다(Beech, 2020). 이 공동체는 이전하는 것보다 산호석을 사용하여 바닥을 올리고 기둥식 집을 지어 소유물들을 들어 올려놓는 등, **원위치에서의**(in situ) 적응 전략을 채택하고 싶어 했다(Jamero 외, 2017).

키리바시에서는 최근 정부들이 각기 다른 전략을 제안한 바 있다. 키리바시 전 대통령인 아노테 통(Anote Tong)은 국가 전체를 피지와 같은 다른 나라로 이전할 준비를 해야 한다고 주장했다. 그는 이러한 이전이 유산과 전통의 상실, 이에 더하여 주권과 국가 정체성의 상실을 의미하는 것임에도 불구하고 그리해야 한다고 주장했다. 키리바시 정부는 이러한 이전을 "품위 있는 이주" 전략으로 묘사했다. 또한 키리바시 사람들이 관련 기술을 습득할 수 있도록 해외로 나가서 훈련하며 일하고, 경제 발전을 확대하고, 기후 적응을 지원하기 위해 본국에 송금하도록 정책적으로 지원할 것을 강조했다 (McLeman, 2019). 한편 현 정부(이 글을 쓰고 있는 시점의 현 정부)는 외부 섬에 통로를 준설하고 섬의 물자들을 활용하는 대체 전략을 제안하여 수도 산호섬인 타라와 일부를 보강했다. 특히 이 정부는 이주 전략을 폐기하고 이를 대신하여 적응에 힘쓰면서 교육이나 건강, 물, 식량 안보와 같은 보다 즉각적인 문제에 초점을 맞추었다(Pala, 2020; Werber, 2020).

이러한 사례들은 가장 적절한 해결책을 만들고 지원하기 위해서는 기후의 영향을 쉽게 받는 집단 구성원들의 관점에 주의 깊게 귀를 기울이는 것이 중요하다는 사실을 보여준다. 이들 세 공동체들이 선호하는 전략이 다양하다는 점은 시사하는 바가 크다. 즉, 스스로가 어떻게 위치지어지고 규정되어야 하는가에 대해 각 집단들이 원하는 것을 인식하고, 기후변화로 인해 가장 큰 위기에 처한 이들의 목소리를 인정하는 것이 중요하다고 하겠다. 학생들은 기후의 영향을 쉽게 받는 공동체들을 그저 외부로부터의 구원자(가령, 국제기구나 부유한 국가들)나 기다리는 무기력한 희생자로 보아서는 안 된다. 대신 학생들은 기후변화의 충격에 대처하기 위해 하루하루를 투쟁 속에 살아가는 사람들의 경험이야말로 몇몇 가장 값진 정보들의 바탕이 된다는 것을 인식해야 한다. 가령, 장 샤를 섬의 사람들은 섬을 떠난다는 어려운 결정을 내렸고, 이는 자신들의 문화와 삶의 방식을 보존하기 위한 노력의 일환이었다. 반면, 바타산 공동체는 자신들의 터전에 기반한 사회 정체성과 삶의 방식을 보존하고자 이주가 아닌 공동체 기반의 적응 전략을 우선시하기로 결정했다. 이러한 예시는 포용적인 기후변화 전략을 발전시켜 나감에 있어, 이로부터 영향을 받는 사람들의 행위자로서의 주체성을 인정하는 것이 얼마나 결정적인지를 보여준다(Farbotko & Lazrus, 2012).

3) 현명하게 행위하기

학생들이 세계적 환경 이슈를 숙의하는 과정에서 현명하게 행위하기 위해 어떻게 해야할지를 고려하는 것은 특히 중요하다. 왜냐하면 기후변화와 같은 문제들은 불확실성 수준이 높고 규모 또한 엄청나기 때문이다. 이러한 이슈는 겉으로 보기에는 압도적인 성격을 지니고 있어서 학생들을 절망감과 무력감에 빠뜨릴 수 있다(Stevenson & N. Peterson, 2016). 학생들이 각기 다른 유형의 행위를 탐구해보도록 하는 적절한 교육과정 내용이 마련되어야 한다. 그렇지 않으면 기후 교육을 위한 노력은 비관주의나 노력 자체를 부정하는 태도를 초래할 수 있으며 결국 아무것도 하지 않는 상황으로 이어질 수 있다.

가령, 기후변화로 인한 해수면 상승은 주눅이 들게 할 만한 도전일 수 있다. 이러한 과제는 처음 보기에는 학생들의 능력과 힘으로 다루어 볼 만한 수준을 넘어선 것처럼 보일 수 있다. 물론 정부와 국제기구들이 초국가적 수준에서만 채택할 수 있는 정책들이 많은 것이 사실이다(그리고 이 경우에도 학생들은 자신들이 이러한 정책에 어떻게 영향을 끼칠지 고려해볼 필요는 분명히 있다). 그럼에도 불구하고 개인과 공동체 수준에서 기후변화의 영향을 개선하고, 완화하며, 이에 적응하도록 지원하기 위해 취해질 수 있는 유의미한 행위들이 존재한다. 프랜즌(Franzen, 2019)은 다음과 같이 주장했다.

> 여러분이 이길 것이라는 현실적인 희망이 있는, 더 작고 더 지역적인 전투를 치르는 것도 그만큼 중요합니다. …… 여러분이 사랑하는 **세세한 것들**—가령, 공동체나 관습, 야생의 공간, 어려움에 처해 있는

종들—을 지키기 위해 계속해서 노력하세요. 그리고 여러분은 작은 성공으로부터 자신감을 얻어야 합니다(20단락).

프랜즌(Franzen, 2019)이 부각했던 **희망**이라는 느낌은 중요한 감정이다. 이것은 학교 교육과정에서는 유의미한 역할을 거의 못하고 있지만, 현명한 행위를 하는 데 있어 매우 중요한 측면이다. 가령, 스스로가 기후변화에 대응하여 행위할 수 있는 능력을 가지고 있다고 믿는 학생들은 이러한 이슈를 해결하는 데 있어 보다 희망적일 것이다. 따라서 교육 프로그램은 학생들의 효능감에 초점을 맞추어야 하며, 이를 위해 현재의 기후변화 사례를 강조하고 개인이나 집단 수준에서 취해질 수 있는 다양한 가능성 있는 행위를 탐색해야 한다(C. J. Li & Monroe, 2017). 이에 관해 스티븐슨과 피터슨(Stevenson & Peterson, 2016)은 다음과 같이 말했다.

> 기후에 관해 이야기하는 사람들이 도전해야 하는 과제는 기후변화와 관련된 위협적 현실을 전달하면서도, 이와 동시에 어떤 것이 행해질 수 있다는 감각, 그리고 개인과 사회가 변화를 만들 수 있다는 감각을 강화하는 것이다(p. 2).

8장에서 우리는 학생들이 두 가지 수준의 행위를 고려해보는 것이 중요하다고 주장했다. 그 하나는 '**어떤 정책이나 관행이 조화와 정의를 증진시킬 수 있는가?**', 다른 하나는 '**어떤 전략이 효과적인 행위를 이끌어낼 수 있는가?**'였다. 가령, 루이지애나의 장 샤를 섬에 있는 토착 거주민들의 사례를 활용해보자. 학생들은 왜 이 지역의 해안과 섬에 있는 공동체들이 해수면 상승이나 허리케인과 같은 자연 재해에 영향을 받기 쉬운지에 관하여 세세한 질문들을 검토할 수 있다. 특히 학생들은 해수면 상승과 폭풍 해일이 해안가 공동체에 미치는 영향이 지반 침하와 해안선 침식으로 인해 어떻게 강화되는지에 대해 주의를 기울일 수 있다. 학생들은 또한 습지 생태계가 폭풍 해일과 중대한 기상 현상에 대한 자연 완충물로서 어떠한 역할을 하면서 홍수나 해안 침식, 지반 침하를 완화시키는 데 일조하는지 생각해볼 수 있다. 하지만 루이지애나의 습지는 1930년 이후 1/3로 감소했다(4,876제곱킬로미터를 넘는 양이다). 이는 부분적으로 석유와 가스 추출, 운하와 제방, 상류 댐 건설로 인한 것으로, 이것들이 토사 손실과 염수 침투를 초래하여 자연 식생 대부분을 파괴했기 때문이다(Glick 외, 2013; Wells, 2019). 가령, 1950년대 상업 선박을 위한 지름길을 제공하고자 선박 항로로 건설된 미시시피 강 출구 운하(MRGO, Mississippi River Gulf Outlet)로 인해 보르네 호수와 폰차트레인 호수로 염수가 흘러들어갔고, 이는 결국 심각한 환경 악화를 초래했다. 이러한 염분 증가는 수천 에이커의 습지와 굴, 조개, 상록수와 같은 야생 및 자연 식생 상당 부분에 영향을 미쳤다(Schleifstein, 2020).

그렇다면 어떠한 종류의 정책이나 실천이 이러한 문제들을 해결할 수 있을까? 학생들은 해안 복원과 보존을 우선시하는 데 초점을 맞춘 각종 정책들에 대해 탐구해볼 수 있다. 대표적으로 습지를 재건하고, 해변과 사주섬을 복원하며, 담수와 퇴적물을 다시 가져오고, 토종 식생을 다시 재배하는 것 등이 있을 수 있다. 또한, 학생들은 염분 수준을 낮추기 위해 담수를 특정한 습지로 우회시키는 등의 완화 조치가 의도치 않게 미칠 수 있는 영향에 대해서도 평가해볼 필요가 있다. 가령, 염분 감소가 민물고기의 생산을 증가시키기는 해도 굴 생산은 감소시켰고, 이는 굴 양식업자들의 생계에 영향을 미치게 된다(Ko 외, 2017). 이에 더해 학생들은 역사적으로 토착민 공동체와 소외된 공동체의 요구보다는, 영향력 있는 집단과 상업적 이익을 추구하는 이들(가령, 해운 회사나 석유 회사, 가스 회사)의 요구를 우선시해 왔던 정책이 끼친 영향에 대해서도 생각해볼 수 있다.

학생들이 기후변화에 대응하는 데 있어 어떠한 전략이 가장 효과적이고 또 가장 적절한지 결정하고자 한다면(가령, 공청회 참여, 토종풀과 나무 심기 자원봉사, 프로젝트 자금 지원 옹호 등), 개인이나 집단 또는 시민사회 기구가 지지했던 노력들의 사례를 살펴볼 수 있다. 예를 들어, 학생들은 루이지애나 해안 복원 연합회가 펼쳤던 정치적 주장이 주와 연방의 입법 행위에 미친 영향에 대해 공부해볼 수 있다. 가령, 루이지애나 해안 복원 연합회는 브로법(the Breaux Act)이 만들어지는 데 기여했고, 이 법에 따라 해안 복원 프로젝트에 연방 자금 지원이 이루어지게 되었다. 또한, 학생들은 토착종 심기, 새로운 암초를 만들기 위해 굴 껍데기 재활용하기와 같이, 일부 단체가 행하는 서식지 복원 프로젝트에 대해서도 공부해볼 수 있다(Coalition to Restore Coastal Louisiana, 연도 미상). 그뿐만 아니라, 학생들은 17개의 국가와 지역의 환경 단체 및 사회정의 단체가 포함된 'MRGO는 없어져야 한다' 연합회(MRGO Must Go Coalition)의 활동을 조사할 수도 있다. 단체 구성원들이 가진 자원과 과학적 전문성을 토대로, 이 기구는 2009년에 미시시피 강 걸프 아울렛 선박 항로를 폐쇄하는 데 성공했을 뿐만 아니라, 공동체의 목소리를 부각시키고 예정된 공청회 횟수를 늘려 생태계 복원 계획에 영향을 미치는 데 일조했다(MRGO Must Go Coalition, 2021). 학생들은 '루이지애나 양동이 군단'[17]

---

17) '루이지애나 양동이 군단'은 'Louisiana Bucket Brigade'를 번역한 말이다. 'Louisiana Bucket Brigade'는 비영리 환경 단체로 2000년 미국 루이지애나 주에서 만들어졌다. 이 단체명은 과거 회원들이 대기 및 수질 오염 문제를 조사·감시하는 과정에서 양동이를 가지고 다니며 샘플을 수집했던 것에서 왔다.

과 같은 환경 단체가 습지를 통과하는 송유관 건설에 반대하려고 활용했던 전략에 대해서도 검토해볼 수 있다. 이러한 전략에는 공청회 참여하기, 토론회 조직하기, 소송 제기하기, 공사 모니터하기, 시위에 참여하기 등이 포함된다(Baurick, 2018; Welch, 2017).

많은 사회 이슈와 마찬가지로 기후변화는 극복할 수 없는 도전으로 보일 수 있다. 그러나 기후변화의 효과를 완화시키기 위해 취할 수 있는 구체적인 행위에 관한 지식, 그리고 이러한 행위를 불러일으키는 데 사용될 수 있는 전략들에 관한 지식과 씨름해봄으로써, 학생들은 보다 희망적인 태도를 발전시켜 나갈 수 있다. 이러한 태도야말로 정의와 조화를 증진시키는 현명한 결정으로 이어질 수 있다. 여기서 다룬 장 샤를 섬의 토착민 공동체에 관한 사례, 또는 세계 곳곳에서 벌어지는 이와 유사한 수많은 다른 프로젝트에 관한 사례 학습은 그러한 통찰력에 기초를 제공할 수 있다.

결론

사회교육과 시민교육에서의 중요한 목표가 학생들이 "정의롭게 함께 살아갈 수 있도록" 준비시키는 것이라면(Parker, 2002, p. 20), 교육과정은 그 책임과 직접적으로 마주해야 한다. 학생들은 공적 이슈를 숙의하기 위한 기회를 체계적이고 지속적으로 가져야 한다. 그것이 이 장에서 논의된 환경적인 도전이든, 아니면 우리가 이 책 전체에 걸쳐 논의한 바 있는 수많은 다른 종류의 공적 문제이든 간에 말이다. 이러한 숙의는 분명한 목표를 가지고 있어야 한다. 학생들은 **무언가**를 어떻게 성취할 것인지 숙의해야 한다. 그리고 우리는 정의와 조화가 모든 숙의를 안내해야 하는 결과물이라고 생각한다. 앞서 언급했던 바와 같이, 우리 두 저자는 정의를 교육과정의 중심에 두는 유일한 교육자들은 아니다. 하지만 그렇다고는 해도 우리는 인간 발달에 관한 역량 접근법을 바탕으로 정의에 대해 비교적인 접근을 취하는 것이 세상의 가장 절박한 문제에 대해 어떻게 행위할 것인지 숙의하는 데 특히 의미 있는 인식틀을 제공한다고 믿는다. 이 책의 더 새로운 특징은, 정의와 **더불어** 조화까지 시민교육과 사회교육을 안내하는 개념으로 위치시켰다는 점이다. 조화는 많은 교육과정의 목표이며, 특히 북미와 유럽 이외의 지역에서는 더욱 그러하다. 세계의 수많은 철학적 전통에서 조화가 중요시된다는 사실은 조화가 모든 상황에서 사회교육과 시민교육을 위한 귀중한 토대가 될 수 있다는 방증이다. 그러나 우리가 강조했던 바와 같이, 조화는 갈등과 긴장을 끌어안고, 차이와 다양성에 가치를 두며, 서로 다른 목소리 사이에서 균형을 추구하는 비판적 조화로서의 요소를 포함하고 있어야 한다. 이러한 접근법은 교육과정에 있어서 수많은 함의—가령, 권한 부여, 행위자로서의 주체성, 기회, 존엄성, 관계성, 균형, 차이와 같은 생각들—를 담고 있다. 그리고 이러한 함의를 강조하는 것이 바로 환경에 있어서 정의와 조화라는 개념이라고 하겠다.

이 책 전체를 통해, 우리는 유럽중심주의적인 지배적 담론과 가정, 이론을 넘어서 세계 곳곳의 수많은 사람들에게 참으로 중요한 의미를 가지는 세계관과 관점을 통합하고자 했다. 특별히 이 마지막 장에서, 우리는 세계적이면서도 토착민들이 중심이 되는 사례 연구를 강조하고자 했다. 이러한 사례는 사회 이슈에 관해 중요하게 공유되고 있는 이해를 보여주면서도, 또한 이 분야 내에서의 일반적인 가정에 도전하는 독특하면서도 구별되는 요소 또한 드러낸다. 우리는 토착민인 다야크족, 마오리족, 메노미니족, 빌록시 - 치티마차 - 촉토족의 경험과 관점, 그리고 필리핀 어부와 키리바시의 시민, 애프턴과 바타산의 거주민들의 경험과 관점으로부터 집단적 통찰력을 얻을 수 있다.

이러한 통찰력은 눈에 잘 띄지 않는 유형의 지식을 드러내고 함께 살아가는 방식을 고양하는 데 도움을 줄 뿐만 아니라, 이타심 확장하기, 멀리 있는 목소리에 귀 기울이기, 현명하게 행위하기의 중요성과 타당성을 강화시킨다.

우리는 사회교육과 시민교육을 향한 우리의 비전이 매우 다양한 상황과 맥락의 교육자들에게 호소력 있고 적합한 것이기를 희망한다. 우리는 우리의 인식틀이 유연하게 적용되기를 희망한다. 하지만 그럼에도 불구하고 이러한 비전을 실현하기 위해서는—전체적으로든 아니면 부분적으로든— 기존의 상투적이었던 과정을 약간 수정하는 정도 이상의 작업이 필요하다는 점을 강조하지 않을 수 없다. 우리가 교육자들에게 요청하는 바는 다음과 같다. 교육자들은 더 당당하게 정의와 조화를 증진시켜야 한다. 또한 숙의를 교육과정의 중심에 자리하도록 해야 한다. 그리고 학생들로 하여금 제한된 범위에서나마 수많은 지역적·국가적·세계적 사회 이슈를 깊이 있게 탐구할 수 있도록 안내해야 한다. 이와 더불어 지식의 형태와 내용을 재구성하면서도 지식의 역할을 고양시켜야 한다. 이러한 요청은 소중하게 여겨왔던 수많은 관행을 포기해야 한다는 의미일 것이다. 즉, 수많은 전통적인 내용은 중심에서 밀려나게 될 것이다. 또한 정보는 습득의 대상에서 적용의 대상으로 전환될 것이다. 그리고 매우 다양한 사람과 집단, 기구로부터 나온 통찰력이 학문적 지식과 더불어 교육과정의 핵심 요소로서 자기 자리를 차지하게 될 것이다. 학생들은 교실에서 더 중요한 위치를 차지하게 될 것이다. 학생들이 정의와 조화를 증진시키기 위해 충분한 식견을 갖춘 결정에 도달하고자 애씀에 따라, 학생 스스로의 추론이 교실 활동의 토대가 될 것이다. 이는 결코 작은 과제가 아니다. 따라서 수업을 하는 교사들은 교육 행정가, 교육과정 개발자, 교육 자료 제작자 및 다른 여러 사람들의 헌신적 지원을 필요로 할 것이다.

진지하게 생각해보자. 이 책에서 우리가 제시했던 전망은 다름 아니라 사회교육과 시민교육의 완전한 재구조화라고 할 수 있다. 이제 때가 되었다. 더 정의롭고 더 조화로운 미래가 바로 여기에 달려 있다.

사회과교육의 두 거장을 만나는 행복함

학문을 업으로 삼고 공부를 하는 사람의 입장에서 행복함을 느끼는 경우는 언제일까? 신진 연구자에 불과한 입장에서 감히 일반화하기는 힘들지만 크게 세 가지 경우가 머릿속에 떠오른다. 내가 공부하는 분야에서 새로운 통찰력을 주는 내용을 접하게 되었을 때, 나의 생각이나 입장과 일맥상통하는 사람들을 만나고 교류하며 스스로의 공부에 확신을 가지게 될 때, 나의 입장이 새로운 산출물로 발표되어 세상의 발전에 기여하게 될 때가 바로 그것이다. 사회과교육을 전공하는 연구자로서 이 책 『시민교육은 무엇을 가르쳐야 하는가』를 만나고 번역하는 과정이 이런 행복감을 충분히 느꼈던 시간이라는 점은 분명하게 말할 수 있다. 물론 이런 행복감은 결코 가벼운 역자 후기 정도로 전달할 수 있는 것은 아니다. 하지만 사회과교육을 공부하는 연구자이자 두 거장을 책으로 만나는 같은 독자의 입장에서 역자가 느낀 행복감을 간접적으로 공유하기 위해 이 책의 내용에 대한 약간의 설명은 반드시 필요하다고 생각한다. 이러한 취지에서 이 책의 중요한 아이디어를 소개하자면 다음과 같다.

1. 시민교육의 목표로서 '시민성'의 의미: 정의와 조화

　사회과교육을 전공하는 이들에게 '시민성'이라는 단어는 수많은 감정이 교차하는 단어이다. 내 경우로 보면, 처음 사회과교육에 입문할 때부터 사회과교육의 목표가 시민의 양성임을 지속적으로 마음에 새겨왔을 정도로 시민성은 핵심적인 단어였다. 하지만 이 분야에서 오랫동안 고민해 온 수많은 연구자나 교육자들조차도 여전히 '시민성'이라는 목표의 의미에 대해 논쟁하고 있다. 물론, '시민성'이라는 이상을 얘기하는 것은 너무나 추상적인 접근이며, 당장의 수업과 교육 실천에 도움이 되지 않는 이상적 얘기라는 우려 섞인 핀잔을 받는 경우도 드물지 않다. 하지만 어떤 경우든 사회과교육이 목표의 불확실성 속에서 방향감 없이 실천되는 것에 대한 불안감을 완전히 지울 수는 없을 것으로 생각한다.

　이러한 맥락을 감안할 때, 사회과교육 분야에서 오랫동안 고민해 온 두 저자인 키쓰 바튼과 리칭 호가 이 책의 가장 앞부분에서 '시민성'에 대해, 그리고 사회교육과 시민교육의 목표와 비전에 관해 진지하게 논의를 전개하는 모습은 무척 신선하게 다가온다. 이들의 설명과 기술은 의례적인 자리에서 일반적인 대의를 언급하는 것과는 거리가 멀기 때문이다. 저자들은 마틴 루터 킹의 "당신은 타인을 위해 무엇을 하고 있는가?"라는 질문에서 시작하여, 사회교육과 시민교육이 더 나은 세상을 위해 함께 살아갈 수 있도록 학생들을 준비시키는 것을 목적으로 한다는 점을 분명히 한다. '함께 살아간다는 것'은 많은 의미를 함축한다. 여기에서 우리는 '공적 참여의 삶', '민주주의'라는 단어를 떠올리게 되며, 저자들은 이러한 단어의 연상 속에서 '정의'와 '조화'라는 합당하고 설득력 있는 목표를 제시한다.

　'정의'와 '조화', 얼마나 추상적이고 철학적이며 막막한 용어인가? 일상적으로는 누구나 이야기하지만 아마 현실에서는 많은 사람들이 답할 수 없는 주제라고 미리 단정하고 더 깊은 논의를 포기하는 주제이지 않을까? 하지만 저자들은 시민교육의 교육과정에 있어서 정의에 대한 체계적인 이론적 관점의 부재를 문제로 지적하고, 과감하게 그 대안으로 아마티야 센과 마사 누스바움의 역량 접근법을 제안한다. 또한 정의에 비해 상대적으로 큰 관심을 받지 못했던 조화의 가치에 주목하고, 이를 단순히 순응이나 질서 유지를 넘어 비판적 조화로 승화시킬 것을 제안한다. 이 과정에서 저자들은 사회과교육의 이상이 단순히 좋은 인성을 가진 착한 사람을 만드는 것에 있지 않다는 점을 분명히 한다. 시민교육의 목표가 다양한 개인이 가치 있다고 여기는 삶을 존중하면서도 억압과 차별을 막아내고 함께 살아갈 수 있는 시민들을 길러내는 데 있다는 점을 진실된 목소리로 전하고 있는 것이다.

2. 시민교육의 방법과 과정: 숙의

이 책의 놀라운 점 중 하나는 저자들이 시민교육이라는 이상적이면서도 추상적이고 난해한 목표를 중심으로 논의를 전개하고 있지만 그 과정에서도 항상 이러한 목표를 실현하는 구체적인 교실 수업의 모습을 놓치지 않고 있다는 점이다. 그렇다면 시민교육의 본질을 실현하기 위한 구체적인 방법과 과정은 어떤 것인가? 이러한 질문에 대해 이 분야에 종사하는 많은 이들은 전통적인 개념학습이나 탐구학습, 새로운 아이디어에 기반한 게임학습이나 다양한 형태로 조직된 협동학습 등 사회과의 교수학습방법론을 떠올릴 가능성이 크다. 하지만 저자들의 시선은 적어도 이 책에서는 이러한 개별적인 교수학습방법론 그 너머를 향하고 있다. 저자들은 사회과교육이 함께 살아갈 수 있는 시민을 길러내는 교육이라고 보고, 그렇다면 시민교육의 방법과 과정으로서 사회과교육의 장면에서 본질적으로 담아내야 할 것은 바로 '숙의'이며 이 과정에서 '식견을 갖춘 행위'로 나아가는 것이 중요하다고 이야기한다.

'숙의', 혹은 '숙의민주주의'라는 아이디어는 사회과교육에서 아주 새로운 것은 아니다. '숙의'의 특징으로 이야기되는 공적 추론의 참여적 성격과 합리적 성격은 민주주의에 대한 입장 차이에도 불구하고 매력적인 요소라고 하겠다. 또한 최근 한국 사회에서는 숙의를 다양한 공론장을 통해 실험하기도 했고, 사회과교육의 차원에서도 여러 가지 유의미한 성과를 보고하기도 했다. 이 책의 논의 역시 이러한 맥락과 따로 떼어놓고 생각할 수는 없을 것이다. 하지만 한층 더 흥미로운 것은 저자들이 그동안 정치철학 차원에서 논의되었던 '숙의'의 배제성이나 차별적 성격에 주목하고 있다는 점이다. 저자들은 이러한 논의가 교실에서의 숙의 과정을 개선하는 것과도 연결되어 있다고 생각한다. 즉, 교실의 숙의 과정 역시 더욱 포용적이어야 하며 이를 위해 '협력적 숙의'와 같은 다양한 숙의 모델들이 시도될 필요가 있다는 것이다.

저자들은 '숙의'를 통해 학생들이 '식견을 갖춘 행위'로 나아갈 수 있어야 한다고 말한다. 일견 학생들이 '식견을 갖추어야 한다'는 것은 학생들의 무분별한 참여를 문제시하고 학생들이 더 많이 알고 배워야 한다는 생각을 가진 이들이 솔깃해할 만한 주장일 수 있다. 하지만 저자들은 그러한 생각을 완전히 뒤엎는다. 즉, 학생들은 식견을 갖춘 행위를 위해 준비되어야 하는 것이 아니라, 공적으로 참여하고 행동하는 과정에서 그리고 사회문제를 위해 숙의하는 과정에서 식견을 갖추게 된다. 두 저자의 표현을 빌리자면 실천함으로써 학습하는 것이다. 이것은 학교 수업에서 모든 수준의 학생들이 상황에 맞는 숙의 과정을 거치면서, 자신의 입장과 사고의 측면에서 식견을 늘리고, 우리 사회에 도움이 되는 실천으로 나아갈 수 있으며 또 그래야 한다는 것을 의미한다. 이는 학생들이 미래의 시민이 아니라 현재의 시민이어야 한다고 주장하는 최근 시민교육의 변혁적 입장과도 부합한다. 수업 자체가 학생들이 시민으로서 행동하고 성장하는 과정이어야 한다는 점은 많은 교육자들에게 큰 울림을 줄 것으로 생각한다.

3. 시민교육의 내용과 확장

많은 독자들은 이 책의 제목이 『시민교육은 무엇을 가르쳐야 하는가』임에도 불구하고 정작 지금까지 저자들이 구체적으로 시민교육에, 그리고 사회과교육에 어떤 내용을 담아내야 한다고 말하지 않았음에 의문을 가질 수도 있다. 교육철학의 수많은 관점 속에서 그리고 사회과교육의 여러 전통 속에서 교육이 무엇을 다루어야 하는지, 시민교육이 그 내용으로 무엇을 담아내야 하는지는 치열한 논쟁의 주제였다. 예를 들어 지식이냐 사고력이냐, 일반적인 능력이나 실제적인 능력이냐, 학문적 내용이냐 문제 해결이냐 등은 교육의 내용을 둘러싼 논의에 잠재해 있는 핵심적인 쟁점이라고 하겠다.

이와 관련하여 저자들은 구체적인 개별 주제와 내용을 직접적으로 언급하고 있지는 않지만 시민교육의 교육과정을 구성하는 내용으로 담아내야 할 것으로 '이타심'과 '멀리 있는 목소리', '현명하게 행위하기'를 제안한다. 시민으로 참여하기 위한 출발점으로서 이타심은 누구나 마음속에 갖고 있는 감정이지만 이를 계발함으로써 학생들은 우리의 결정에 영향을 받는 더 많은 사람들에게 마음을 쓸 수 있다. 이러한 이타심의 확장 과정에 필요한 것이 바로 멀리 있는 목소리에 귀를 기울이는 것이다. 나와 다른 경험과 배경을 가진 사람들의 생각이나 관점을 학습하는 것은 숙의 과정을 더욱 풍부하게 하고 시민으로서 함께 살아간다는 의미를 실질적인 교육과정으로 구현하는 길이다. 이렇게 이타심을 바탕으로 멀리 있는 목소리에 귀를 기울이면서 우리는 현명하게 행위할 수 있어야 한다. 소위 실천적 지혜나 분별력과 관련된 이 책의 논의는 그동안 사회과교육에서 강조해 온 바 있는 의사결정에 있어서 결과를 고려해야 한다는 일반적 취지를 넘어서는 것이다. 사회적 이슈를 둘러싼 복잡한 상황, 의사결정의 수많은 효과, 적절한 타이밍과 실행가능성 등을 고려하는 것은 분명 쉬운 일은 아니다. 하지만 학교 수업에서 학생들의 의사결정이 시공간적 한계로 피상적인 결론 도출에만 머무르고 있는 현실에서 저자들의 논의는 수업 개선의 분명한 방향을 보여주고 있다고 하겠다.

책의 뒷부분에서 저자들은 자신들의 주장과 개념을 확장하고 적용하는 의미에서 시민사회, 시민적 예의와 시민적 무례, 환경 정의의 이슈 등을 사례로 제안한다. 이런 주제들의 조합과 구성은 언뜻 보기에 다소 산만하게 느껴질수도 있다. 하지만 책 전체의 구성을 놓고 보면 이들은 시민교육의 구체적인 내용이 어떻게 구성되어야 하는가에 대한 아이디어를 제공한다. 먼저, 우리 교육과정에서 시민사회는 거의 언급되고 있지 않지만 저자들은 시민사회의 구체적 활동을 학습하는 것이 시민교육의 주요 내용이어야 함을 강조한다. 즉, 시민사회는 정부 중심의 정책 범위를 넘어 더 넓은 영역에서 사회 이슈가 처리되고 해결되는 과정을 학습할 수 있는 중요한 자원이라고 하겠다. 다음으로 시민적 예의와 시민적 무례라는 개념은 우리 사회와 학계에서는 비교적 생소한 내용이기는 하지만, 최근까지도 급격한 사회 변화를 만들어냈던 우리의 정치적 맥락은 이 논의와 무관하지 않다. 이렇게 사회 변화를 이끄는 것이 시민교육과 밀접하게 관련되지만, 정작 현재의 사회 문제와 구조적 불평등을 다루는 수업 장면을 떠올리기는 쉽지 않다. 따라서 학생들이 시민적 예의를 지켜야 할 때와 시민적 무례를 무릅쓰고 변혁적 행동에 나서야 할 때를 판단하게 하는 것이 시민교육의 중요한 내용이어야 한다는 저자들의 주장은 충분히 일리가 있다. 마지막으로 환경문제에 대한 논의는 시민교육의 주제가 될 수 있는 수많은 사회적 이슈들이 시민교육의 내용으로 적용되는 과정에서 참고할 수 있는 구체적인 예시로 기능하고 있다. 독자들은 지금까지 저자들이 제시했던 수많은 개념과 문제의식들이 환경문제라는 하나의 사회적 이슈를 논의하는 과정에서 어떻게 스며들고 구현될 수 있는가를 확인하게 될 것이다.

저자들의 논의가 한국 사회과교육에 미칠 영향에 대한 기대

이렇게 사회과교육 연구자의 입장에서 저자들의 생각을 소개하고 나니 이들의 논의가 한국 사회과교육에 미칠 긍정적인 영향에 대해서도 내심 많은 기대를 하게 된다. 무엇보다도 이 책은 사회과교육과 시민교육을 연구하고 실천하는 이들에게 사회과교육 전반을 돌아볼 수 있는 기회를 제공한다. 저자들이 제시하는 시민교육의 목표, 시민교육의 방법과 과정, 시민교육의 내용과 확장은 이 책의 제목처럼 시민교육에서 무엇을 가르쳐야 하는가를 고민하는 많은 이들이 참고할 수 있는 지점이 될 것이다. 특히 각각의 내용에서 저자들이 보여주는 고민의 폭과 깊이는 한국 사회과교육의 실천 속에 숨겨져 있는 수많은 가능성들을 다시 발굴해내는 계기가 될 것이다.

동시에 이 책은 사회과교육에 대한 일반적인 개론서를 넘어 사회과교육의 두 거장이 제시하는 매우 변혁적인 주장으로 이해될 수 있다. 즉, 이 책에서 저자들은 존 듀이에서 월터 파커에 이르는 사회과교육의 진보적 입장과 함께 하고 있다. 저자들은 학문중심 접근에 반대하며 숙의를 통한 의사결정을 강조하고 있으며, 숙의의 과정에서 주류의 시각에 따라 재단하지 않고 다양한 차이를 담아내기 위한 포용적 노력을 기울이고 있다. 그리고 무엇보다도 사회과교육의 본질이 인성교육과 같은 개인적 차원이 아니라 구조적 차별과 억압의 해결과 같은 공적 차원에 있음을 강조하고 있다. 물론 모든 사람이 이런 저자들의 입장에 동의하지는 않을 것이다. 하지만 적어도 시민교육을 고민하고 실천해 왔던 이들이라면 저자들의 논의를 통해 본인의 연구와 실천이 어느 위치에 서 있는지, 그리고 어떤 방향을 바라보고 있는지를 점검할 수 있는 기회가 되리라고 믿는다.

공동 역자들에 대한 감사

마지막으로 제한적인 지면이나마 빌려 이 책을 함께 번역한 이들에 대해 감사를 전하는 것이 역자 후기를 쓰는 이에게 요청되는 중요한 역할일 것이다. 이 책을 번역한 세 역자는 한국교육과정평가원에서 함께 근무하는 동료 연구자이다. 많은 공공기관 연구원들이 그렇듯이 주어진 과제와 업무를 수행하는 데 지치지 않고 스스로의 학문적 지향을 향해 한 발 더 내딛는 것은 쉬운 일이 아니다. 세 역자들 또한 어려운 환경 속에서도 무엇보다도 이 작업에서 손을 놓지 않고 일정 시간을 쪼개어 협업하여 이러한 성과를 냈다는 점에서 모두가 감사를 받을 자격이 있다. 특히 세 역자의 번역 작업은 단순히 책 내용을 분할하여 번역하고 통합한 것이 아니다. 우리 세 역자는 모든 부분을 함께 읽고, 각자가 더 잘 아는 부분을 설명하고 배우면서, 문장 하나하나의 적합한 의미를 살려내기 위해 토론했다. 이런 점에서 이 책의 번역 과정에서 협업이 갖는 의미는 더욱 크다고 하겠다.

이 책이 세상의 빛을 보게 된 과정에서 가장 크게 기여한 이는 단연코 김진아 박사이다. 지도교수 바튼의 책이라는 이유로 역사교육 전공으로는 어려윘을 내용을 공부해 가면서 번역 작업을 진행했다. 특히 김진아 박사는 마지막 순간까지도 바튼과 직접 연락하면서 원문의 의미와 저자의 의도를 확인했고, 번역이라는 작업에 필요한 크고 작은 수많은 일에 솔선수범하며 번역 작업에 가장 많은 시간과 노력을 담아냈다. 수많은 찬사로도 부족하겠지만 역사교육과 시민교육을 중심으로 책의 완성도를 위해 노력하는 과정에서 보여준 그의 빛나는 식견과 지치지 않는 열정에 많은 것을 배웠다는 점을 꼭 언급하고 싶다.

또한 이 번역서에서 장유정 박사의 노력도 매우 소중한 것이었음을 꼭 언급할 필요가 있다. 이 책 곳곳에는 유교 철학을 비롯하여 기존에 윤리 교육에서 더 많이 다뤄졌던 내용들이 등장하며, 해당 내용을 이해하고 번역하는 데 장유정 박사가 크게 기여했다. 특히 이 책 저자들의 입장과 주장이 적어도 한국에서는 윤리과의 주류 견해와 일정 부분 충돌하는 면이 적지 않다는 점은 그에게 더 큰 어려움이었을 것이다. 번역 과정에서 역자들 간의 토론과 논쟁이 불가피한 상황에서 그 속에서 나타나는 불편함을 이겨내고 작업에 함께할 수 있었던 용기는 분명 칭찬받아야 한다. 또한 번역 과정에서 어머니를 떠나보내는 슬픔을 겪었음에도 특유의 유쾌하고 친화적 태도로 번역 작업을 지지해주었음에 감사한 마음을 전한다.

마지막으로 나 자신의 경우 이 책의 번역 작업에 가장 늦게 참여했음에도 단지 전공상의 이유로 저자들의 생각을 이해하는 데 가장 유리한 위치에 있었다는 점이 다른 역자들을 대표하여 이 책의 후기까지 적게 된 실질적인 이유임을 고백하지 않을 수 없다. 참고로 본 역자는 이 책을 통해 두 저자를 처음 알게 되었고, 연구에 있어서는 늘 비판적 태도가 강한 편이지만, 적어도 지금 이 책을 소개하는 순간에 저자들의 생각에 거의 전적으로 동의하고 있음에 무척 기쁘고 감사한 마음을 갖고 있다. 저자들의 논의를 통해 그동안 해결하지 못해 비어 있던 많은 부분을 새로운 통찰력으로 채울 수 있었고, 사회과 교육이라는 학문 분야에서 밟아왔던 수많은 개인적 여정들을 새롭게 되돌아 볼 수 있었다. 이런 행복함을 누리게 해준 두 저자에게 진심으로 감사드리며, 이 책이 한국에서 빛을 볼 수 있도록 도와주시고 인내심을 가지고 번역을 기다려주신 역사비평사 관계자분들, 특히 조원식 선생님께 진심으로 감사의 인사를 전하고 싶다.

이제 앞서 언급한 것에 따르면 공부하는 사람의 입장에서 누릴 수 있는 행복함으로 기대하는 바가 하나 남았다. 바로 이 책의 논의가 우리 사회에 그리고 더 많은 사람에게 더 좋은 영향을 주고 세상의 발전에 기여할 수 있었으면 하는 바람이다. 이러한 바람을 실현하는 것은 많은 부분 시민교육을 공부하고 실천하는 동료 연구자와 여러 선생님들에게 달려 있다고 하겠다. 하지만 그러한 노력의 과정에 우리 세 역자들 역시 끊임없이 노력하면서 중요한 역할을 담당할 것이라고 다짐해본다.

역자들을 대표하여 진천 연구실에서
옹진환

참고문헌

이 책의 참고문헌 표기는 원저의 양식대로 APA(American Psychological Associaton : 미국심리학회) 스타일을 그대로 따랐다. APA 스타일에 따라 논문 쪽수에는 p.나 pp.를 넣지 않고, 북챕터인 경우에는 pp.를 넣어 표기했다.

Abdullah, C., Karpowitz, C. F., & Raphael, C. (2016). Affinity groups, enclave deliberation, and equity. *Journal of Public Deliberation*, 12(2), Article 6.

Abowitz, K. K, & Harnish, J. (2006). Contemporary discourses of citizenship. *Review of Educational Research, 76*(4), 653-690.

Abu-Lughod, L. (2002). Do Muslim women really need saving? Anthropological reflections on cultural relativism and its others. *American Anthropologist, 104*(3), 783-790.

Agrawal, A. (1995). Dismantling the divide between indigenous and scientific knowledge. *Development and Change, 26*(3), 413-439.

Agarwal, A. (2021, January 25). Top 15 refugee podcasts you must follow in 2021. *Feedspot*. https://blog.feedspot.com/refugee_podcasts/

Albert Einstein Institution. (2020). *198 methods of nonviolent action*. https://www.aeinstein.org/nonviolentaction/198-methods-of-nonviolent-action/

Alexander, M. (2020). *The new Jim Crow: Mass incarceration in the age of colorblindness* (10th anniversary ed.). New Press.

Allen, D. S. (2004). *Talking to strangers: Anxieties of citizenship since Brown v. Board of Education*. University of Chicago Press.

Almond, G. A., & Verba, S. (1963). *The civic culture: Political attitudes and democracy in five nations*. Princeton University Press.

Ames, R. T. (1997). Continuing the conversation on Chinese human rights. *Ethics & International Affairs, 11*, 177-205.

Amy, D. J. (2002). *Real choices/New voices: How proportional representation elections could revitalize American democracy* (2nd ed.). Columbia University Press.

Angle, S. C. (2008). Human rights and harmony. *Human Rights Quarterly, 30*(1), 76-94.

Angle, S. C. (2012). Neither morality nor law: Ritual propriety as Confucian civility. In

D. S. Mower & W. L. Robison (Eds.), *Civility in politics and education* (pp. 132-153). Routledge.

Ani, E. I., & Etieyibo, E. (2020). The consensus project: The debate so far. In E. I. Ani & E. Etieyibo (Eds.), *Deciding in unison: Themes in consensual democracy in Africa* (pp. 1-18). Vernon Press.

Annamalai, K. (2018, November 23). *Learning from the margins* [Facebook post]. Facebook. https://www.facebook.com/notes/kokila-annamalai/learning-from-the-margins/10156850538406952/

Appadurai, A. (2015). Success and failure in the deliberative economy. In P. Heller & V. Rao (Eds.), *Deliberation and development: Rethinking the role of voice and collective action in unequal societies* (pp. 67-84). World Bank Group. http://hdl.handle.net/10986/22167

Armitage, D. (2007). *The Declaration of Independence: A global history*. Harvard University Press.

Arola, A. (2011). Native American philosophy. In J. L. Garfield & W. Edelglass (Eds.), *The Oxford handbook of world philosophy* (pp. 562-573). Oxford University Press.

Arputham, J. (2008). Developing new approaches for people-centred development. *Environment and Urbanization, 20*(2), 319-337.

Ataç, I. (2016). "Refugee Protest Camp Vienna": Making citizens through locations of the protest movement. *Citizenship Studies, 20*(5), 629-646.

Australian Curriculum. (2020). Assessment and Reporting Authority. *Rationale*. https://www.australiancurriculum.edu.au/f-10-curriculum/humanities-and-social-sciences/civics-and-citizenship/rationale/?searchTerm=civility#dimension-content

Avery, P. G., Levy, S. A., & Simmons, A. M. M. (2013). Deliberating controversial issues as part of civic education. *The Social Studies, 104*(3), 105-114.

Avery, P. G., Levy, S. A., & Simmons, A. M. M. (2014). Secondary students and the deliberation of public issues. *PS: Political Science & Politics, 47*(4), 849-854.

Azman, S. (2007, January 18). *Forest-dwellers count cost of Borneo's Bakun dam*. Reuters. https://www.reuters.com/article/malaysia-dam-idUKNOA33268520061023

Badr, A. (Host). (2020). *Resettled* [Audio podcast]. NPR. https://www.npr.org/podcasts/877090415/resettled

Baildon, M., & Damico, J. S. (2010). *Social studies as new literacies in a global age: Relational cosmopolitanism in the classroom*. Routledge.

Balto, S. (2019). *Occupied territory: Policing Black Chicago from Red Summer to Black power*. University of North Carolina Press.

Banks, J. A. (1995). Transformative challenges to the social science disciplines: Implications for social studies teaching and learning. *Theory & Research in Social Education, 23*(1), 2-20.

Banks, J. A. (2004). Teaching for social justice, diversity, and citizenship in a global world. *The Educational Forum, 68*(4), 296-305.

Banks, J. A., Cookson, P., Gay, G., Hawley, W. D., Irvine, J. J., Nieto, S., Schofield, J. W., & Stephan, W. G. (2001). Diversity within unity: Essential principles for teaching and learning in a multicultural society. *Phi Delta Kappan, 83*(3), 196-203.

Barber, B. R. (2003). *Strong democracy: Participatory politics for a new age* (20th anniversary ed.). University of California Press.

Barr, M. D. (2010). Harmony, conformity or timidity? Singapore's overachievement in the quest for harmony. In J. Tao, A. B. L. Cheung, M. Painter & C. Li (Eds.), *Governance for harmony in Asia and beyond* (pp. 73-102). Routledge.

Barrett, C. B., & Maxwell, D. G. (2005). *Food aid after fifty years: Recasting its role*. Routledge.

Barry, B. (2005). *Why social justice matters*. Polity Press.

Barton, K. C. (2017). Shared principles in history and social science education. In M. Carretero, S. Berger & M. Grever (Eds.), *Palgrave handbook of research in historical culture and education* (pp. 449-467). Palgrave.

Barton, K. C. (2020). Students' understanding of institutional practices: The missing dimension in human rights education. *American Educational Research Journal, 57*(1), 188-217.

Barton, K. C., & Avery, P. G. (2016). Research on social studies education: Diverse students, settings, and methods. In D. H. Gitomer & C. A. Bell (Eds.), *Handbook of research on teaching* (5th ed., pp. 985-1038). American Educational Research Association.

Barton, K. C., & Levstik, L. S. (2004). *Teaching history for the common good*. Routledge.

Barton, K. C., & McCully, A. (2007). Teaching controversial issues··· where controversial issues really matter. *Teaching History, 127*, 13-19.

Barton, K. C., & McCully, A. W. (2012). Trying to "see things differently": Northern Ireland students' struggle to understand alternative historical perspectives. *Theory & Research in Social Education, 40*(4), 371-408.

Batson, C. D. (1991). *The altruism question: Towards a social-psychological answer.* Lawrence Erlbaum Associates.

Batson, C. D., Polycarpou, M. P., Harmon-Jones, E., Imhoff, H. J., Mitchener, E. C., Bednar, L. L., Klein, T. R., & Highberger, L. (1997). Empathy and attitudes: Can feeling for a member of a stigmatized group improve feelings toward the group? *Journal of Personality and Social Psychology, 72*(1), 105-118.

Battiste, M. A. (2013). *Decolonizing education: Nourishing the learning spirit.* Purich Publishing Limited.

Baurick, T. (2018, May 24). Protesters arrested at Bayou Bridge Pipeline work site. *NOLA.* https://www.nola.com/news/environment/article_de72a404-8d7d-5c5a-9ffd-b0f55e00dc1e.html

Beauboeuf-Lafontant, T. (2002). A womanist experience of caring: Understanding the pedagogy of exemplary Black women teachers. *The Urban Review, 34*, 71–86.

Beck, T. A. (2003). "If he murdered someone, he shouldn't get a lawyer": Engaging young children in civics deliberation. *Theory & Research in Social Education, 31*(3), 326-346.

Becker, J. M. (1979). The world and the school: A case for world-centered education. In J. M. Becker (Ed.), *Schooling for a global age* (pp. 33-57). McGraw-Hill.

Beckles, C. A. (1998). "We shall not be terrorized out of existence": The political legacy of England's Black bookshops. *Journal of Black Studies, 29*(1), 51-72.

Bedolla, L. G. (2000). They and we: Identity, gender, and politics among Latino youth in Los Angeles. *Social Science Quarterly, 81*(1), 106–122.

Beech, H. (2020, February 22). Adapting to rising seas, schools move to the rafters and cats swim. *The New York Times.* https://www.nytimes.com/2020/02/22/world/asia/philippines-climate-change-batasan-tubigon.html

Bell, J. (2013). *Hate thy neighbor: Move-in violence and the persistence of racial segregation in American housing.* New York University Press.

Bennett, W. J. (1996). *The book of virtues for young people: A treasure of great moral stories*. Silver Burdett Press.

Berg, R. C. (2020, October 30). China's hunger for seafood is now Latin America's problem. *Foreign Policy*. https://foreignpolicy.com/2020/10/30/chinas-hunger-for-seafood-is-now-latin-americas-problem/#

Betts, M. G., Phalan, B., Frey, S. J. K., Rousseau, J. S., & Yang, Z. (2018). Old-growth forests buffer climate-sensitive bird populations from warming. *Diversity and Distributions*, *24*(4), 439–447.

Bhangaokar, R., & Mehta, D. (2012). Youth civic engagement in India: A case in point. *Psychology and Developing Societies*, *24*(1), 35–59.

Bhattacharjee, A. (2001). *Whose safety? Women of color and the violence of law enforcement*. American Friends Service Committee.

Bickmore, K. (1999). Elementary curriculum about conflict resolution: Can children handle global politics? *Theory & Research in Social Education*, *27*(1), 45-69.

Bickmore, K. (2006). Democratic social cohesion (assimilation)? Representations of social conflict in Canadian public school curriculum. *Canadian Journal of Education*, *29*(2), 359–386.

Bickmore, K. (2008). Social justice and the social studies. In L. S. Levstik & C. A. Tyson (Eds.), *Handbook of research in social studies education* (pp. 155-171). Routledge.

Bickmore, K. (2017). Conflict, peacebuilding, and education: Rethinking pedagogies in divided societies, Latin America, and around the world. In K. Bickmore, R. Hayhoe, C. Manion, K. Mundy & R. Read (Eds.), *Comparative and international education: Issues for teachers* (2nd ed., pp. 268-302). Canadian Scholars.

Bickmore, K., & Parker, C. (2014). Constructive conflict talk in classrooms: Divergent approaches to addressing divergent perspectives. *Theory & Research in Social Education*, *42*(3), 291-335.

Billig, S., Root, S., & Jesse, D. (2005). *The impact of participation in service-learning on high school students' civic engagement* (CIRCLE Working Paper No. 33). Center for Information and Research on Civic Learning and Engagement (CIRCLE).

Black, L. W. (2008). Deliberation, storytelling, and dialogic moments. *Communication Theory*, *18*(1), 93-116.

Blackburn, S. (1998). *Ruling passions: A theory of practical reasoning*. Oxford University Press.

Blanchette, I., & Caparos, S. (2013). When emotions improve reasoning: The possible roles of relevance and utility. *Thinking & Reasoning, 19*(3-4), 399-413.

Blanchette, I., & Richards, A. (2010). The influence of affect on higher level cognition: A review of research on interpretation, judgement, decision making and reasoning. *Cognition and Emotion, 24*(4), 561-595.

Blatt, M. M., & Kohlberg, L. (1975). The effects of classroom discussion on the development of moral judgment. *Journal of Moral Education, 4*(2), 129-161.

Blevins, B., LeCompte, K., & Wells, S. (2016). Innovations in civic education: Developing civic agency through action civics. *Theory & Research in Social Education, 44*(3), 344-384.

Bloch, M. (Ed.). (1975). *Political language and oratory in traditional society*. Academic Press.

Bloom, P. (2013). *Just babies: The origins of good and evil*. Crown.

Bloom, P. (2016). *Against empathy: The case for rational compassion*. HarperCollins.

Blower, B. L. (2019, February 22). WWII's most iconic kiss wasn't romantic— it was terrifying. *The Washington Post*. https://www.washingtonpost.com/outlook/2019/02/22/wwiis-most-iconic-kiss-wasnt-romantic-it-was-assault/

Boehm, C. (1999). *Hierarchy in the forest: The evolution of egalitarian behavior*. Harvard University Press.

Bolgatz, J. (2005). Revolutionary talk: Elementary teacher and students discuss race in a social studies class. *The Social Studies, 96*(6), 259-264.

Bonilla-Silva, E. (2017). *Racism without racists: Color-blind racism and the persistence of racial inequality in America* (5th ed.). Rowman & Littlefield.

Borowiec, S. (2014, July 22). Parents of students lost on South Korea ferry press for investigation. *Los Angeles Times*. https://www.latimes.com/world/asia/la-fg-south-korea-ferry-20140722-story.html

Boyte, H. C. (2004). *Everyday politics: Reconnecting citizens and public life*. University of Pennsylvania Press.

Brader, T., & Marcus, G. E. (2013). Emotion and political psychology. In L. Huddy, D. O. Sears & J. S. Levy (Eds.), *The Oxford handbook of political psychology* (2nd ed., pp. 165-204). Oxford University Press.

Braman, D. (2004). *Doing time on the outside: Incarceration and family life in urban America*. University of Michigan Press.

Brandwein, R. A., & Filiano, D. M. (2000). Toward real welfare reform: The voices of battered women. *Affilia, 15*(2), 224-243.

Brayboy, B. M. J., & Maughan, E. (2009). Indigenous knowledges and the story of the bean. *Harvard Educational Review, 79*(1), 1-21.

Bressan, D. (2011, October 31). Climate, overpopulation & environment—The Rapa Nui debate. *Scientific American*. https://blogs.scientificamerican.com/history-of-geology/climate-overpopulation-environment-the-rapa-nui-debate/

Bressen, T. (2007). Consensus decision making. In P. Holman, T. Devane & S. Cady (Eds.), *The change handbook: The definitive resource on today's best methods for engaging whole systems* (2nd ed., pp. 212-217). Berrett-Koehler.

Brewer, J. D., Higgins, G. I., & Teeney, F. (2011). *Religion, civil society, & peace in Northern Ireland*. Oxford University Press.

Brice, L. (2002). Deliberative discourse enacted: Task, text, and talk. *Theory & Research in Social Education, 30*(1), 66-87.

Brown, D. E. (1991). *Human universals*. Temple University Press.

Brown, L. B. (1997). Women and men, not-men and not-women, lesbians and gays. *Journal of Gay & Lesbian Social Services, 6*(2), 5-20.

Brown, A. L., & Brown, K. D. (2010). Strange fruit indeed: Interrogating contemporary textbook representations of racial violence towards African Americans. *Teachers College Record, 112*(1), 31-67.

Brown University. (n.d.). *The Choices program*. https://www.choices.edu/

Bruner, J. S. (1986). *Actual minds, possible worlds*. Harvard University Press.

Buchanan, R. (2011). Why Gandhi doesn't belong at Wellington Railway Station. *Journal of Social History, 44*(4), 1077-1093.

Bui, T. H. (2016). The influence of social media in Vietnam's elite politics. *Journal of Current Southeast Asian Affairs, 35*(2), 89–111.

Bullard, R. D. (1990). *Dumping in Dixie: Race, class, and environmental quality*. Westview.

Bullard, R. D. (2001). Environmental justice in the 21st century: Race still matters.

Phylon, 49(3/4), 151-171.

Buonajuti, S. (Director). (2015). *My life: The boy on the bicycle* [Film]. Drummer TV.

Burton, S., & Lynn, C. (2017). *Becoming Ms. Burton: From prison to recovery to leading the fight for incarcerated women*. New Press.

Burwell, D., & Cole, L. W. (2007). Environmental justice comes full circle: Warren County before and after. *Golden Gate University Environmental Law Journal, 1*(1), 9-40. http://digitalcommons.law.ggu.edu/gguelj/vol1/iss1/4

Busey, C. L. (2017). *Más que Esclavos:* A BlackCrit examination of the treatment of Afro-Latin@s in U.S. high school world history textbooks. *Journal of Latinos and Education, 18*(3), 197-214.

Butts, R. F. (1980). *The revival of civic learning: A rationale for citizenship education in American schools.* Phi Delta Kappa Educational Foundation.

Calderaro, A. (2018). Social media and politics. In W. Outhwaite & S. P. Turner (Eds.), *The SAGE handbook of political sociology* (Vol. 2, pp. 781-795). SAGE.

Calhoun, C. (2000). The virtue of civility. *Philosophy & Public Affairs, 29*(3), 251-275.

Cammack, D. (2013). Aristotle's denial of deliberation about ends. *Polis: The Journal for Ancient Greek and Roman Political Thought, 30*(2), 228-250.

Campaign for the Civic Mission of Schools. (2011). *Guardians of democracy: The civic mission of schools.*

Carpenter, A., & Kostianoy, A. G. (2018). Conclusions for Part II: National case studies. In A. Carpenter, & A. G. Kostianoy (Eds.), *The handbook of environmental chemistry: Oil pollution in the Mediterranean Sea: Part II* (pp. 263-285). Springer.

Carter, S. L. (1998). *Civility: Manners, morals, and the etiquette of democracy.* HarperCollins.

Case, R. (1993). Key elements of a global perspective. *Social Education, 57*(6), 318-325.

CBC Kids News. (2021, January 5). *From Syria to Canada: How one boy found a home on the ice.* https://www.cbc.ca/kidsnews/post/from-syria-to-canada-feeling-at-home-on-the-ice

Chacón, S. M. (2007). Adolescent participation in impoverished urban communities: The case of the Jóvenes de la Cuadra group. *Children, Youth and Environments,*

17(2), 126-146.

Chambers, R. (1997). *Whose reality counts? Putting the first last.* ITDG Publishing.

Chambers, S., & Kymlicka, W. (Eds.). (2002). *Alternative conceptions of civil society.* Princeton University Press.

Chan, J. (2009). Is there a Confucian perspective on social justice? In T. Shogimen & C. J. Nederman (Eds.), *Western political thought in dialogue with Asia* (pp. 261-277). Lexington Books.

Chang, C. H. (2014). *Climate change education: Knowing, doing and being.* Routledge.

Chicago Public Schools. (2020). *Local School Councils (LSCs).* https://www.cps.edu/about/local-school-councils/

Chok, S. (2019). *Behind closed doors: Forced labour in the domestic work sector in Singapore.* Humanitarian Organization for Migration Economics & Liberty Shared.

Choo, S. S. (2018). The need for cosmopolitan literacy in a global age: Implications for teaching literature. *Journal of Adolescent & Adult Literacy, 62*(1), 7-12.

Chou, R. S., & Feagin, J. R. (2008). *The myth of the model minority: Asian Americans facing racism.* Paradigm.

Choy, Y. K. (2004). Sustainable development and the social and cultural impact of a dam-induced development strategy—the Bakun experience. *Pacific Affairs, 77*(1), 50-68.

Chua, L. J. (2014). *Mobilizing gay Singapore: Rights and resistance in an authoritarian state.* Temple University Press.

Clark, J. S., & Brown, J. S. (2014). "We are not like adult…we are not our parents": Controversial issues, deliberation, and the development of multi-ethnic student's civic agency in the Republic of Macedonia. In T. Misco & J. De Groof (Eds.), *Cross-cultural studies of teaching controversial issues: Pathways and challenges to democratic citizenship education* (pp. 167-186). Wolf Legal Publishers.

Clarke, S. N., Howley, I., Resnick, L., & Rose, C. P. (2016). Student agency to participate in dialogic science discussions. *Learning, Culture and Social Interaction, 10*, 27-39.

Coalition to Restore Coastal Louisiana. (n.d.). *Current programs.* https://www.crcl.org/programs-1

Coates, T.-N. (2015). *Between the world and me*. Spiegel & Grau.

Cohen, J. L., & Arato, A. (1992). *Civil society and political theory: Studies in contemporary German social thought*. MIT Press.

Confucius. (2014). *The analects (Lunyu)* (A. Chin, Trans.). Penguin Books. (Original work published ca. 500 B.C.E.)

Connell, R. (2007). *Southern theory: The global dynamics of knowledge in social science*. Polity.

Constable, N. (2004). Introduction: Cross-border marriages, gendered mobility, and global hypergamy. In N. Constable (Ed.), *Cross-border marriages: Gender and mobility in transnational Asia* (pp. 1-16). University of Pennsylvania Press.

Constitutional Rights Foundation. (n.d.). *Deliberating in a democracy*. http://deliberating.org/

Cornwall, A. (2002). *Beneficiary, consumer, citizen: Perspectives on participation for poverty reduction* (SIDA Studies No. 2). Swedish International Development Cooperation Agency. https://publikationer.sida.se/English/publications/126522/Beneficiary-Consumer-Citizen-Perspectives-on-Participation-for-Poverty-Reduction

Counsell, C. (2011). Disciplinary knowledge for all, the secondary history curriculum and history teachers' achievement. *The Curriculum Journal, 22*(2), 201-225.

Couto. R. A. (1999). *Making democracy work better: Meditating structures, social capital, and the democratic prospect*. University of North Carolina Press.

Couture, L. (2014). Proportional representation: Redeeming the democratic deficit. *The Innovation Journal: The Public Sector Innovation Journal, 19*(1), Article 11.

Cowhey, M. (2006). *Black ants and Buddhists: Thinking critically and teaching differently in the primary grades*. Stenhouse.

Cowie, L. J., Greaves, L. M., Milfont, T. L., Houkamau, C. A., & Sibley, C. G. (2016). Indigenous identity and environmental values: Do spirituality and political consciousness predict environmental regard among Māori? *International Perspectives in Psychology: Research, Practice, Consultation, 5*(4), 228–244.

Coy, P. G. (Ed.). (2003). *Research in social movements, conflicts and change: Vol. 24. Consensus decision making, Northern Ireland and indigenous movements*. JAI.

Cremin, H., & Bevington, T. (2017). *Positive peace in schools: Talking conflict and creating a culture of peace in the classroom*. Routledge.

Crenshaw, K. W., & Ritchie, A. J. (2015). *Say her name: Resisting police brutality against Black women.* African American Policy Forum; Center for Intersectionality and Social Policy Studies.

Crepelle, A. (2018). The United States first climate relocation: Recognition, relocation, and indigenous rights at the Isle de Jean Charles. *Belmont Law Review, 6*(1), 1-40.

Crocco, M. S. (2001). The missing discourse about gender and sexuality in the social studies. *Theory Into Practice, 40*(1), 65-71.

Crocco, M., Halvorsen, A.-L., Jacobsen, R., & Segall, A. (2018). Less arguing, more listening: Improving civility in classrooms. *Phi Delta Kappan, 99*(5), 67-71.

Crocker, D. A. (2008). *Ethics of global development: Agency, capability, and deliberative democracy.* Cambridge University Press.

Curato, N., Dryzek, J. S., Ercan, S. A., Hendriks, C. M., & Niemeyer, S. (2017). Twelve key findings in deliberative democracy research. *Daedalus, 146*(3), 28-38.

Damasio, A. R. (1994). *Descartes' error: Emotion, reason, and the human brain.* G. P. Putnam.

D'Augelli, A. R., & Garnets, L. D. (1995). Lesbian, gay, and bisexual communities. In A. R. D'Augelli & C. J. Patterson (Eds.), *Lesbian, gay, and bisexual identities over the lifespan: Psychological perspectives* (pp. 293-320). Oxford University Press.

Daum, C. W. (2017) Counterpublics and intersectional radical resistance: Agitation as transformation of the dominant discourse. *New Political Science, 39*(4), 523-537.

Davies, I., Hampden Thompson, G., Tsouroufli, M., Sundaram, V., Lord, P., Jeffes, J., & Bramley, G. (2012). Creating citizenship communities. *Journal of Social Science Education, 11*(3), 107-118.

Davis, A. J. (2007). *Arbitrary justice: The power of the American prosecutor.* Oxford University Press.

Davis, A. Y. (2003). *Are prisons obsolete?* Seven Stories Press.

Davis, M. (1998). *Biological diversity and indigenous knowledge* (Research Paper No. 17). Parliament of Australia, Department of the Parliamentary Library, Information and Research Services. https://www.aph.gov.au/About_Parliament/Parliamentary_Departments/Parliamentary_Library/pubs/rp/RP9798/98rp17

Day, J. K., Snapp, S. D., & Russell, S. T. (2016). Supportive, not punitive, practices reduce homophobic bullying and improve school connectedness. *Psychology of*

Sexual Orientation and Gender Diversity, 3(4), 416-425.

de Blij, H. J. (2012). *Why geography mattes: More than ever.* Oxford University Press.

Dei, G. J. S. (2010). The environment, climatic change, ecological sustainability and anti-racist education. In F. Kagawa & D. Selby (Eds.), *Education and climate change: Living and learning in interesting times* (pp. 89-105). Routledge.

Demals, T., & Hyard, A. (2014). Is Amartya Sen's sustainable freedom a broader vision of sustainability? *Ecological Economics, 102*, 33-38.

Deng, Z. (2015a). Content, Joseph Schwab and German didaktik. *Journal of Curriculum Studies, 47*(6), 773-786.

Deng, Z. (2015b). Michael Young, knowledge and curriculum: An international dialogue. *Journal of Curriculum Studies, 47*(6), 723-732.

Deng, Z. (2018). Bring knowledge back in: Perspectives from liberal education. *Cambridge Journal of Education, 48*(3), 335-351.

Deng, Z., & Luke, A. (2008). Subject matter: Defining and theorizing school subjects. In F. M. Connelly, M. F. He & J. Phillion (Eds.), *The SAGE handbook of curriculum and instruction* (pp. 66-87). SAGE Publications.

de Souza, L. E. C., Pereira, C. R., Camino, L., de Lima, T. J. S., & Torres, A. R. R. (2016). The legitimizing role of accent on discrimination against immigrants. *European Journal of Social Psychology, 46*(5), 609-620.

de Waal, F. (2009). *The age of empathy: Nature's lessons for a kinder society.* Three Rivers Press.

Dewey, J. (1897). My pedagogic creed. *The School Journal, 54*(3), 77-80.

Dewey, J. (1902). The school as social center. *The Elementary School Teacher, 3*(2), 73-86.

Dewey, J. (1909). *Moral principles in education.* Houghton Mifflin.

Diamond, L. J. (1994). Rethinking civil society: Toward democratic consolidation. *Journal of Democracy, 5*(3), 4-17.

Diawara, M. (2000). Globalization, development politics and local knowledge. *International Sociology, 15*(2), 361-371.

Doherty, B. (2019, January 31). Enduring the tide: The flooded Philippine islands that locals won't leave. *The Guardian.* https://www.theguardian.com/world/2019/feb/01/enduring-the-tide-the-flooded-philippine-islands-that-locals-wont-leave

Donner, W. (1988). Context and community: Equality and social change on a Polynesian outlier. In J. G. Flanagan & S. Rayner (Eds.), *Rules, decisions, and inequality in egalitarian societies* (pp. 145-163). Avebury.

Dovidio, J. F., Piliavin, J. A., Gaertner, S. L., Schroeder, D. A., & Clark, R. D., III. (1991). The arousal: Cost-reward model and the process of intervention: A review of the evidence. In M. S. Clark (Ed.), *Review of personality and social psychology: Vol. 12. Prosocial behavior* (pp. 86-118). SAGE Publications.

Downey, L. (2006). Environmental racial inequality in Detroit. *Social Forces, 85*(2), 771-796.

Driskill, Q.-L. (2016). *Asegi stories: Cherokee queer and two-spirit memory*. University of Arizona Press.

Dryzek, J. S. (2010). *Foundations and frontiers of deliberative governance*. Oxford University Press.

Durlak, J. A., Domitrovich, C. E., Weissberg, R. P., & Gullotta, T. P. (Eds.). (2015). *Handbook of social and emotional learning: Research and practice*. Guilford Press.

Economic Research Service. (2020). *Food security in the U.S.: Key statistics & graphics*. U.S. Department of Agriculture. https://www.ers.usda.gov/topics/food-nutrition-assistance/food-security-in-the-us/key-statistics-graphics.aspx

Edyvane, D. (2020). Incivility as dissent. *Political Studies, 68*(1), 93-109.

Ehmer, E. A. (2017). Learning to stand on their own: Contradictory media representations of Burmese refugees by nonprofit organizations. *Critical Studies in Media Communication, 34*(1), 29-43.

Ehrenreich, B., & Hochschild, A. R. (2002). Introduction. In B. Ehrenreich & A. R. Hochschild (Eds.), *Global woman: Nannies, maids, and sex workers in the new economy* (pp. 1-13). Metropolitan Books.

Elam, J. D. (2015, July 9). Translating Gandhi. *South Asian American Digital Archive*. https://www.saada.org/tides/article/translating-gandhi

Engebretson, K. E. (2013). Grappling with "that awkward sex stuff": Encountering themes of sexual violence in the formal curriculum. *The Journal of Social Studies Research, 37*(4), 195-207.

Engle, S. H. (2003). Decision making: The heart of social studies instruction. *The Social Studies, 94*(1), 7-10. (Reprinted from "Decision making: The heart of social studies instruction," 1960, *Social Education, 24*(7), 301-306)

Engle, S. H., & Ochoa, A. S. (1988). *Education for democratic citizenship: Decision making in the social studies.* Teachers College Press.

Evagorou, M., Jimenez-Aleixandre, M. P., & Osborne, J. (2012). "Should we kill the grey squirrels?" A study exploring students' justifications and decision-making. *International Journal of Science Education, 34*(3), 401-428.

Evans, R. W., Newmann, F. M., & Saxe, D. W. (1996). Part one: Definition and rationale. In R. W. Evans & D. W. Sexe (Eds.), *Handbook on teaching social issues* (NCSS Bulletin No. 93, pp. 2-5). National Council for the Social Studies.

Evans, S. M., & Boyte, H. C. (1986). *Free spaces: The sources of democratic change in America.* Harper & Row.

Evers, A., & Laville, J.-L. (Eds.). (2004). *The third sector in Europe.* Edward Elgar Publishing.

Facing History and Ourselves. (2020). *Fostering civil discourse: How do we talk about issues that matter?* https://www.facinghistory.org/books-borrowing/fostering-civil-discourse-how-do-we-talk-about-issues-matter

FairVote. (n.d.). *How proportional representation elections work.* https://www.fairvote.org/how_proportional_representation_elections_work

Farbotko, C. & Lazrus, H. (2012). The first climate refugees? Contesting global narratives of climate change in Tuvalu. *Global Environmental Change, 22*(2), 382-390.

Farrell, D. M., Suiter, J., & Harris, C. (2019). "Systematizing" constitutional deliberation: The 2016–18 citizens' assembly in Ireland. *Irish Political Studies, 34*(1), 113-123.

Feagin, J. R. (2019). *Racist America: Roots, current realities, and future reparations* (4th ed.). Routledge.

Felton, M., Garcia-Mila, M., Villarroel, C., & Gilabert, S. (2015). Arguing collaboratively: Argumentative discourse types and their potential for knowledge building. *British Journal of Educational Psychology, 85*(3), 372-386.

Feng, L., & Newton, D. (2012). Some implications for moral education of the Confucian principle of harmony: Learning from sustainability education practice in China. *Journal of Moral Education, 41*(3), 341-351.

Fillieule, O. (2013). AIDS activism. In D. A. Snow, D. della Porta, B. Klandermans & D. McAdam (Eds.), *The Wiley-Blackwell encyclopedia of social and political movements*. Wiley-Blackwell.

FilmAid. (n.d.). *What we do*. https://www.filmaid.org/refugee-magazine

Firth, R. (1975). Speech-making and authority in Tikopia. In M. Bloch (Ed.), *Political language and oratory in traditional society* (pp. 29-44). Academic Press.

Firth, R. (2011). Making geography visible as an object of study in the secondary school curriculum. *The Curriculum Journal, 22*(3), 289-316.

Fisher, S. L. (1993). Conclusion: New populist theory and the study of dissent in Appalachia. In S. L. Fisher (Ed.), *Fighting back in Appalachia: Traditions of resistance and change* (pp. 317-336). Temple University Press.

Flanagan, C. A. (2004). Volunteerism, leadership, political socialization, and civic engagement. In R. M. Lerner & L. Steinberg (Eds.), *Handbook of adolescent psychology* (2nd ed., pp. 721-746). Wiley.

Flanagan, C. A. (2013). *Teenage citizens: The political theories of the young*. Harvard University Press.

Flanagan, C., Jonsson, B., Botcheva, L., Csapo, B., Bowes, J., Macek, P., Averina, I., & Sheblanova, E. (1999). Adolescents and the "social contract": Developmental roots of citizenship in seven countries. In M. Yates & J. Youniss (Eds.), *Roots of civic identity: International perspectives on community service and activism in youth* (pp. 135-155). Cambridge University Press.

Foley, M. W., & Edwards, B. (1996). The paradox of civil society. *Journal of Democracy, 7*(3), 38-52.

Food and Agriculture Organization of the United Nations. (2020). *The state of food security and nutrition in the world in 2020: Transforming food systems for affordable healthy diets*. http://www.fao.org/documents/card/en/c/ca9692en/

Franzen, J. (2019, September 8). What if we stopped pretending? *The New Yorker*. https://www.newyorker.com/culture/cultural-comment/what-if-we-stopped-pretending

Fraser, N. (1990). Rethinking the public sphere: A contribution to the critique of actually existing democracy. *Social Text, 25/26*, 56-80.

Fraser, N. (2008). Abnormal justice. *Critical Inquiry, 34*(3), 393-422.

Friedman, M. (1999). *Consumer boycotts: Effecting change through the marketplace and the media*. Routledge.

Fulton, D. (2016, September 1). "World watching" as tribal members put bodies in path of Dakota Pipeline. *Common Dreams*. https://www.commondreams.org/news/2016/09/01/world-watching-tribal-members-put-bodies-path-dakota-pipeline

Fung, A., & Wright, E. O. (2003). Thinking about empowered participatory governance. In A. Fung & E. O. Wright (Eds.), *Deepening democracy: Institutional innovations in empowered participatory governance* (pp. 3-42). Verso.

Gamson, J. (1989). Silence, death, and the invisible enemy: AIDS activism and social movement "newness." *Social Problems, 36*(4), 351-367.

Garcia-Mila, M., Gilabert, S., Erduran, S., & Felton, M. (2013). The effect of argumentative task goal on the quality of argumentative discourse. *Science Education, 97*(4), 497–523.

Gardner, C. J. (1999, August 9). Slave redemption. *Christianity Today, 43*(9), 28-33. https://www.christianitytoday.com/ct/1999/august9/9t9029.html

Gaudelli, W. (2003). *World class: Teaching and learning in global times*. Lawrence Erlbaum Associates.

Gibson, M. (2020). From deliberation to counter-narration: Toward a critical pedagogy for democratic citizenship. *Theory & Research in Social Education, 48*(3), 431-454.

Gilbert, N., & Knowable Magazine. (2020, November 21). A plan to save wildlife may have done more harm than good. *The Atlantic*. https://www.theatlantic.com/science/archive/2020/11/are-wildlife-trade-bans-backfiring/617164/

Gillespie, J. (2018). The role of emotion in land regulation: An empirical study of online advocacy in authoritarian Asia. *Law & Society Review, 52*(1), 106-139.

Gilligan, C. (1987). Moral orientation and moral development. In E. F. Kittay & D. T. Meyers (Eds.), *Women and moral theory* (pp. 19-33). Rowman & Littlefield.

Gilroy, P. (2004). *After empire: Melancholia or convivial culture?* Routledge.

Ginsburg, R. B. (2006). "A decent respect of the opinions of [human]kind": The value of a comparative perspective in constitutional adjudication. *FIU Law Review, 1*(1), 27-44.

Ginwright, S. A. (2007). Black youth activism and the role of critical social capital in Black community organizations. *American Behavioral Scientist, 51*(3), 403-418.

Gitlin, T. (1987). *The sixties: Years of hope, days of rage*. Bantam Books.

Glick, P., Clough, J., Polaczyk, A., Couvillion, B., & Nunley, B. (2013). Potential effects of sea-level rise on coastal wetlands in Southeastern Louisiana. *Journal of Coastal Research, 63*(1), 211–233.

Goldberg, T. (2013). "It's in my veins": Identity and disciplinary practice in students' discussions of a historical issue. *Theory & Research in Social Education, 41*(1), 33-64.

Goodwin, A. L. (2010). Curriculum as colonizer: (Asian) American education in the current U.S. context. *Teachers College Record, 112*(12), 3102–3138.

Government of Kiribati. (n.d.). *Human face*. http://www.climate.gov.ki/effects/human-face/

Green, J. (2013). *Moral tribes: Emotion, reason, and the gap between us and them*. Penguin Books.

Greenbaum, S. D. (2015). *Blaming the poor: The long shadow of the Moynihan report on cruel images about poverty*. Rutgers University Press.

Grimm, R., Jr., Dietz, N., Spring, K., Arey, K., & Foster-Bey, J. (2005). *Building active citizens: The role of social institutions in teen volunteering* (Youth Helping America Series, Brief 1). Corporation for National and Community Service.

Grogan, E. K. (2016). *Thomas Hart Benton's Indiana murals in history and memory* [Master's thesis, Temple University]. Temple University Libraries.

Gudynas, E. (2011). Buen vivir: Today's tomorrow. *Development, 54*(4), 441-447.

Gunderson, C. (2015). Food assistance programs and child health. *The Future of Children, 25*(1), 91-109.

Gunderson, C., & Ziliak, J. P. (2014). Research report: Childhood food insecurity in the U.S.: Trends, causes, and policy options [Special issue]. *The Future of Children*, 1-19.

Gutmann, A. (1999). *Democratic education* (Rev. ed.). Princeton University Press.

Gutmann, A., & Thompson, D. (2004). *Why deliberative democracy?* Princeton University Press.

Gyekye, K. (2010). African ethics. In E. N. Zalta (Ed.), *The Stanford Encyclopedia of Philosophy* (Fall 2011 ed.). Stanford University. http://plato.stanford.edu/entries/african-ethics/

Haavisto, C. (2020). "Impossible" activism and the right to be understood: The emergent refugee rights movement in Finland. In O. C. Norocel, A. Hellström & M. B. Jørgensen (Eds.), *Nostalgia and hope: Intersections between politics of culture, welfare, and migration in Europe* (pp. 169-184). Springer.

Habermas, J. (1998). *The inclusion of the other: Studies in political theory.* MIT Press.

Habermas, J. (2006). Political communication in media society: Does democracy still enjoy an epistemic dimension? The impact of normative theory on empirical research. *Communication Theory, 16*(4), 411-426.

Hahn, C. L. (1999). Citizenship education: An empirical study of policy, practices and outcomes. *Oxford Review of Education, 25*(1-2), 231-250.

Haidt, J. (2001). The emotional dog and its rational tail: A social intuitionist approach to moral judgment. *Psychological Review, 108*(4), 814–834.

Haidt, J. (2008). Morality. *Perspectives on Psychological Science, 3*(1), 65–72.

Haidt, J., & Joseph, C. (2008). The moral mind: How five sets of innate intuitions guide the development of many culture-specific virtues, and perhaps even modules. In P. Carruthers, S. Laurence & S. Stich (Eds.), *The innate mind: Vol. 3. Foundations and the future* (pp. 367-391). Oxford University Press.

Hall, P. D. (1992). *Inventing the nonprofit sector.* The Johns Hopkins University Press

Han, K. (2019, November 27). Singapore isn't the next Hong Kong. *Foreign Policy.* https://foreignpolicy.com/2019/11/27/protests-china-singapore-isnt-the-next-hong-kong/#

Hanvey, R. G. (1982). An attainable global perspective. *Theory into Practice, 21*(3), 162-167.

Harris, A., Wyn, J., & Younes, S. (2010). Beyond apathetic or activist youth: "Ordinary" young people and contemporary forms of participation. *Young: Nordic Journal of Youth Research, 18*(1), 9-32.

Harris-Lacewell, M. V. (2004). *Barbershops, Bibles, and BET: Everyday talk and black political thought.* Princeton University Press.

Hauver, J. (2019). *Young children's civic mindedness: Democratic living and learning in an unequal world.* Routledge.

Hawkes, S., & Buse, K. (2013). Gender and global health: Evidence, policy, and inconvenient truths. *The Lancet, 381*(9879), 1783-1787.

Hayek, F. A. (1945). The use of knowledge in society. *The American Economic Review, 35*(4), 519-530.

Hayward, B. (2020). *Children, citizenship and environment* (#SchoolStrike ed.). Routledge.

He, B. (2014). Deliberative culture and politics: The persistence of authoritarian deliberation in China. *Political Theory, 42*(1), 58-81.

He, B., & Warren, M. E. (2011). Authoritarian deliberation: The deliberative turn in Chinese political development. *Perspectives on Politics, 9*(2), 269-289.

Hébert, M. (2018). Indigenous spheres of deliberation. In A. Bächtiger, J. S. Dryzek, J. Mansbridge & M. E. Warren (Eds.), *The Oxford handbook of deliberative democracy* (pp. 100-112). Oxford University Press.

Helm, T. (2010, March 20). Political blogs. *The Guardian.* https://www.theguardian. com/culture/2010/mar/21/10-best-political-blogs

Henderson, A., Pancer, S. M., & Brown, S. D. (2014). Creating effective civic engagement policy for adolescents: Quantitative and qualitative evaluations of compulsory community service. *Journal of Adolescent Research, 29*(1), 120–154.

Hendriks, C. M. (2006). Integrated deliberation: Reconciling civil society's dual role in deliberative democracy. *Political Studies, 54*(3), 486-508.

Herbst, S. (2010). *Rude democracy: Civility and incivility in American politics.* Temple University Press.

Hersher, R. (2017, February 22). *Key moments in the Dakota Access Pipeline fight.* NPR. https://www.npr.org/sections/thetwo-way/2017/02/22/514988040/key-moments-in-the-dakota-access-pipeline-fight

Hess, D. E. (2009). *Controversy in the classroom: The democratic power of discussion.* Routledge.

Hess, D. E., & McAvoy, P. (2014). *The political classroom: Evidence and ethics in democratic education.* Routledge.

Hickey, S., & Mohan, G. (2005). Relocating participation within a radical politics of development. *Development and Change, 36*(2), 237-262.

Hicks, D., van Hover, S., Doolittle, P. E., & VanFossen, P. (2012). Learning social studies: An evidence-based approach. In K. R. Harris, S. Graham, T. Urdan, A. G. Bus, S. Major & H. L. Swanson (Eds.), *APA educational psychology handbook: Vol. 3. Application to learning and teaching* (pp. 283-307). American Psychological Association.

Hidalgo-Capitán, A. L., & Cubillo-Guevara, A. P. (2017). Deconstruction and genealogy of Latin American good living *(buen vivir):* The (triune) good living and its diverse intellectual wellsprings. *International Development Policy, 9,* 23-50.

Ho, L.-C. (2017a). "Freedom can only exist in an ordered state": Harmony and civic education in Singapore. *Journal of Curriculum Studies, 49*(4), 476-496.

Ho, L.-C. (2017b). Social harmony and diversity: The affordances and constraints of harmony as an educational goal. *Teachers College Record, 119*(4), 1-30.

Ho, L.-C., McAvoy, P., Hess, D. E., & Gibbs, B. (2017). Teaching and learning about controversial issues and topics in the social studies: A review of the research. In M. M. Manfra & C. M. Bolick (Eds.), *The Wiley handbook of social studies research* (pp. 321-335). Wiley-Blackwell.

Hogan, K. (2002). Small groups' ecological reasoning while making an environmental management decision. *Journal of Research in Science Teaching, 39*(4), 341-368.

Hogan, K. (2008). Women's studies in feminist bookstores: "All the Women's Studies women would come in." *Signs: Journal of Women in Culture and Society, 33*(3), 595-621.

Hourdequin, M. (2010). Climate, collective action and individual ethical obligations. *Environmental Values, 19*(4), 443-464.

Hourdequin, M., & Wong, D. B. (2005). A relational approach to environmental ethics. *Journal of Chinese Philosophy, 32*(1), 19-33.

Houser, N. O. (2009). Ecological democracy: An environmental approach to citizenship education. *Theory & Research in Social Education, 37*(2), 192-214.

Howard, T. C. (2004) "Does race really Matter?" Secondary students' constructions of racial dialogue in the social studies. *Theory & Research in Social Education, 32*(4), 484-502.

Hu, S.-H. (2012). The effects of deliberative learning on Taiwanese middle school students' democratic behavior. *Pacific-Asian Education, 24*(1), 31-40.

Hume, D. (2000). *A treatise of human nature.* Oxford University Press. (Original work published 1739)

Hung, Y.-H. (2020). Exploration of teachers' personal practical knowledge for teaching controversial public issues in elementary school classrooms. *The Journal of Social Studies Research, 44*(3), 281-289.

Hunt, M. P., & Metcalf, L. E. (1968). *Teaching high school social studies: Problems in reflective thinking and social understanding* (2nd ed.). Harper & Row.

Husband, T., Jr. (2010). He's too young to learn about that stuff: Anti-racist pedagogy and early childhood studies. *Social Studies Research and Practice, 5*(2), 61-75.

Immordino-Yang, M. H., & Damasio, A. (2007). We feel, therefore we learn: The relevance of affective and social neuroscience to education. *Mind, Brain, and Education, 1*(1), 3-10.

Ireland, E., Kerr, D., Lopes, J., & Nelson, J. (with Cleaver, E.). (2006). *Active citizenship and young people: Opportunities, experiences and challenges in and beyond school* (Citizenship Longitudinal Study: Fourth Annual Report). National Foundation for Educational Research.

Jacob, M. M., Sabzalian, L., Jansen, J., Tobin, T. J., Vincent, C. G., & LaChance, K. M. (2018). The gift of education: How indigenous knowledges can transform the future of public education. *International Journal of Multicultural Education, 20*(1), 157-185.

Jacobsen, R., Halvorsen, A.-L., Frasier, A. S., Schmitt, A., Crocco, M. S., & Segall, A. (2018). Thinking deeply, thinking emotionally: How high school students make sense of evidence. *Theory & Research in Social Education, 46*(2), 232-276.

Jamero, M. L., Onuki, M., Esteban, M., Billones-Sensano, X. K., Tan, N., Nellas, A., Takagi, H., Thao, N. D., & Valenzuela, V. P. (2017). Small-island communities in the Philippines prefer local measures to relocation in response to sea-level rise. *Nature Climate Change, 7*, 581–586.

James, J. H. (2008). Teachers as protectors: Making sense of methods students' resistance to interpretation in elementary history teaching. *Theory & Research in Social Education, 36*(3), 172-205.

James, J. H., Kobe, J. F., & Zhao, X. (2017). Examining the role of trust in shaping children's approaches to peer dialogue. *Teachers College Record, 119*(10), 1-34.

Jamieson, K. H., Volinsky, A., Weitz, I., & Kenski, K. (2017). The political uses and abuses of civility and incivility. In K. Kenski & K. H. Jamieson (Eds.), *The Oxford handbook of political communication* (pp. 205-217). Oxford University Press.

Jennings, F. (1975). *The invasion of America: Indians, colonialism, and the cant of conquest*. University of North Carolina Press.

Jennings, M. K., & Anderson, E. A. (1996). Support for confrontational tactics among AIDS activists: A study of intra-movement divisions. *American Journal of Political Science, 40*(2), 311-334.

Jensen, L. A. (2008). Immigrants' cultural identities as sources of civic engagement. *Applied Developmental Science, 12*(2), 74–83.

Jickling, B. (2002). Canada: Wolves, environmental thought and the language of sustainability. In D. Tilbury, R. B. Stevenson, J. Fien & D. Schreuder (Eds.), *Education and sustainability: Responding to the global challenge* (pp. 145-154). International Union for Conservation of Nature and Natural Resources.

Jiménez-Aleixandre, M.-P. (2002). Knowledge producers or knowledge consumers? Argumentation and decision making about environmental management. *International Journal of Science Education, 24*(11), 1171-1190.

Johnson, D. W., & Johnson, R. T. (1996). Conflict resolution and peer mediation programs in elementary and secondary schools: A review of the research. *Review of Educational Research, 66*(4), 459–506.

Johnson, D. W., Johnson, R. T., & Smith, K. A. (1996). *Academic controversy: Enriching college instruction through intellectual conflict* (ASHE-ERIC Higher Education Report Vol. 25, No. 3). The George Washington University, Graduate School of Education and Human Development.

Johnson, R. (2007). "Really useful knowledge": Radical education and working-class culture, 1790-1848. In J. Clarke, C. Critcher & R. Johnson (Eds.), *Working-class culture: Studies in history and theory* (pp. 75-102). Routledge. (Original work published 1979)

Journell, W. (Ed.). (2019). *Unpacking fake news: An educator's guide to navigating the media with students*. Teachers College Press.

Joyce, J. (2018, April 20). Kids of Kakuma. *Time for Kids*. https://www.timeforkids.com/g56/kids-of-kakuma/

Kahne, J., & Westheimer, J. (2003). Teaching democracy: What schools need to do. *Phi Delta Kappan, 85*(1), 34-40, 57-66.

Kahneman, D. (2011). *Thinking, fast and slow*. Farrar, Straus and Giroux.

Kahneman, D., Slovic, P., & Tversky, A. (Eds.). (1982). *Judgment under uncertainty: Heuristics and biases*. Cambridge University Press.

Kallio, K. P., & Häkli, J. (2013). Children and young people's politics in everyday life. *Space and Polity, 17*(1), 1-16.

Kaoma, K. (2016). An African or un-African sexual identity? Religion, globalization and sexual politics in sub-Saharan Africa. In A. van Klinken & E. Chitando (Eds.), *Public religion and the politics of homosexuality in Africa* (pp. 113-129). Routledge.

Kārena-Holmes, D. (2019, December 7). Taking a non-violent approach to protest. *Nelson Mail*. https://www.stuff.co.nz/nelson-mail/117961126/taking-a-nonviolent-approach-to-protest

Karpowitz, C. F., Mendelberg, T., & Shaker, L. (2012). Gender inequality in deliberative participation. *American Political Science Review, 106*(3), 533-547.

Keene, E. (2017). Lessons from relocations past: Climate change, tribes, and the need for pragmatism in community relocation planning. *American Indian Law Review, 42*(1), 259-289.

Keil, F. C. (2003). Folkscience: Coarse interpretations of a complex reality. *Trends in Cognitive Sciences, 7*(8), 368-373.

Kelly, D. M., & Brooks, M. (2009). How young is too young? Exploring beginning teachers' assumptions about young children and teaching for social justice. *Equity & Excellence in Education, 42*(2), 202-216.

Kennedy, G. A. (1998). *Comparative rhetoric: An historical and cross-cultural introduction*. Oxford University Press.

Kennedy, G. A. (2001). Rhetoric. In N. J. Smelser & P. B. Baltes (Eds.), *International encyclopedia of the social & behavior sciences* (pp. 13317-13323). Pergamon.

Kim, S. (2011). The virtue of incivility: Confucian communitarianism beyond docility. *Philosophy & Social Criticism, 37*(1), 25-48.

Kim, S. (2014). *Confucian democracy in East Asia: Theory and practice*. Cambridge University Press.

King James Bible. (2021). King James Bible Online. https://www.kingjamesbibleonline.org/ (Original work published 1769)

King, B. G. (2008). A political mediation model of corporate response to social movement activism. *Administrative Science Quarterly, 53*(3), 395-421.

King, L. J. (2016). Teaching black history as a racial literacy project. *Race, Ethnicity and Education, 19*(6), 1303-1318.

King, L. J., & Chandler, P. T. (2016). From non-racism to anti-racism in social studies teacher education: Social studies and racial pedagogical content knowledge. In A. R. Crowe & A. Cuenca (Eds.), *Rethinking social studies teacher education in the twenty-first century* (pp. 3-21). Springer.

King, M. L., Jr. (1958). *Stride toward freedom: The Montgomery story.* Harper.

King, M. L., Jr. (1963). *Strength to love.* Harper & Row.

Kintsch, W., & Kintsch, E. (2005). Comprehension. In S. G. Paris & S. A. Stahl (Eds.), *Children's reading comprehension and assessment* (pp. 71-92). Lawrence Erlbaum Associates.

Kitson, A., & Husbands, C. (2011). *Teaching and learning history 11-18: Understanding the past.* Open University Press.

Kliebard, H. M. (1965). Structure of the disciplines as an educational slogan. *Teachers College Record, 66*(7), 598-603.

Klimke, M. (2010). *The other alliance: Student protest in West Germany and the United States in the global sixties.* Princeton University Press.

Knowles, R. T., & Clark, C. H. (2018). How common is the common good? Moving beyond idealistic notions of deliberative democracy in education. *Teaching and Teacher Education, 71*, 12-23.

Ko, J.-Y., Day, J. W., Wilkins, J. G., Haywood, J., & Lane, R. R. (2017). Challenges in collaborative governance for coastal restoration: Lessons from the Caernarvon River diversion in Louisiana. *Coastal Management, 45*(2), 125-142.

Kohlberg, L. (1981). *The philosophy of moral development: Moral stages and the idea of justice.* Harper & Row.

Kopnina, H. (2014). Revisiting education for sustainable development (ESD): Examining anthropocentric bias through the transition of environmental education to ESD. *Sustainable Development, 22*(2), 73-83.

Krause, S. R. (2008). *Civil passions: Moral sentiment and democratic deliberation.* Princeton University Press.

Kraut, R. (2018). Aristotle's ethics. In E. N. Zalta (Ed.), *The Stanford encyclopedia of philosophy* (Summer 2018 ed.). Stanford University. https://plato.stanford.edu/archives/sum2018/entries/aristotle-ethics/

Kumashiro, K. K. (2000). Toward a theory of anti-oppressive education. *Review of Educational Research, 70*(1), 25-53.

Kumashiro, K. K. (2009). *Against common sense: Teaching and learning toward social justice* (Rev. ed.). Routledge.

Kunzman, R. (2006). *Grappling with the good: Talking about religion and morality in public schools.* State University of New York Press.

Kuokkanen, R. J. (2007). *Reshaping the university: Responsibility, indigenous epistemes, and the logic of the gift.* University of British Columbia Press.

Kwok, D. W. Y. (1994). Moral community and civil society in China. In L. Vandermeersch (Ed.), *La société civile face á l'Etat: Dans les traditions chinoise, japonaise, coréenne et vietnamienne* (pp. 17-28). Ecole française d'Extrême Orient.

Kwon, S. A. (2013). *Uncivil youth: Race, activism and affirmative governmentality.* Duke University Press.

Kymlicka, W. (1999). Education for citizenship. In J. M. Halstead & T. H. McLaughlin (Eds.), *Education in morality* (pp. 79-101). Routledge.

Laertius, D. (1925). *Lives of eminent philosophers* (R. D. Hicks, Trans.; Vol. 2). Harvard University Press. (Original work published ca. 250)

Lakoff, G. (2009). *The political mind: A cognitive scientist's guide to your brain and its politics.* Penguin Books.

Lambert, D. (2011). Reviewing the case for geography, and the "knowledge turn" in the English National Curriculum. *The Curriculum Journal, 22*(2), 243-264.

Lamont, J., & Christi, F. (2017). Distributive justice. In E. N. Zalta (Ed.), *The Stanford encyclopedia of philosophy* (Fall 2017 ed.). Stanford University. https://plato.stanford.edu/archives/fall2017/entries/justice-distributive

Lapidus, L, Luthra, N., Verma, A., Small, D., Allard, P., & Levingston, K. (2005). *Caught in the net: The impact of drug policies on women and families.* American Civil Liberties Union; Break the Chains; Brenna Center for Justice.

Larson, C. (2016). Shell trade pushes giant clams to the brink. *Science, 351*(6271), 323-324.

Lave, J., & Wenger, E. (1991). *Situated learning: Legitimate peripheral participation*. Cambridge University Press.

Law, W.-W. (2017). Education and citizenship education of ethnic minority groups in China: Struggles between ethnic diversity and national unity. In J. A. Banks (Ed.), *Citizenship education and global migration: Implications for theory, research, and teaching* (pp. 211-236). American Educational Research Association.

Learson, C. (2020, April 4). *Betio is facing a population crisis, and a sea wall could be its only hope of survival*. ABC News. https://www.abc.net.au/news/2020-04-05/betio-facing-overpopulation-crisis-sea-wall-hope-of-survival/11975240

Lee, N. (2007). *The making of Minjung: Democracy and the politics of representation in South Korea*. Cornell University Press.

Lee, Y.-J. (2011). Overview of trends and policies on international migration to East Asia: Comparing Japan, Taiwan, and South Korea. *Asian and Pacific Migration Journal, 20*(2), 117-131.

Leonard, S., Parsons, M., Olawsky, K., & Kofod, F. (2013). The role of culture and traditional knowledge in climate change adaptation: Insights from East Kimberley, Australia. *Global Environmental Change, 23*(3), 623-632.

Lévesque, S. (2008). *Thinking historically: Educating students for the twenty-first century*. University of Toronto Press.

Levine, M., Prosser, A., Evans, D., & Reicher, S. (2005). Identity and emergency intervention: How social group membership and inclusiveness of group boundaries shape helping behavior. *Personality and Social Psychology Bulletin, 31*(4), 443-453.

Levine, P., Fung, A., & Gastil, J. (2005). Future directions for public deliberation. *Journal of Public Deliberation, 1*(1), Article 3. https://delibdemjournal.org/article/id/301/

Levinson, M. (2014). Action civics in the classroom. *Social Education, 78*(2), 68-70.

Li, C. (1994). The Confucian concept of Jen and the feminist ethics of care: A comparative study. *Hypatia, 9*(1), 70-89.

Li, C. (2006). The Confucian ideal of harmony. *Philosophy East and West, 56*(4), 583-603.

Li, C. (2007). Li as cultural grammar: On the relation between Li and Ren in Confucius'

Analects. *Philosophy East and West, 57*(3), 311-329.

Li, C. (2014). *The Confucian philosophy of harmony.* Routledge.

Li, C. J., & Monroe, M. C. (2017). Development and validation of the climate change hope scale for high school students. *Environment and Behavior, 50*(4), 454-479.

Li, T. (2003). Confucian ethics and the environment. *Culture Mandala: The Bulletin of the Centre for East-West Cultural and Economic Studies, 6*(1), Article 4. https://cm.scholasticahq.com/article/5856-confucian-ethics-and-the-environment

Lichterman, P., & Eliasoph, N. (2014). Civic action. *American Journal of Sociology, 120*(3), 798-863.

Lim, M. S.-S. (2020). *Singapore secondary school teachers' and students' perceptions of controversial issues discussions* (Publication No. 28090248) [Doctoral dissertation, University of Wisconsin-Madison]. ProQuest Dissertation and These Global.

Lockwood, A. L. (2009). *The case for character education: A developmental approach.* Teachers College Press.

Love, B. L. (2019). *We want to do more than survive: Abolitionist teaching and the pursuit of educational freedom.* Beacon Press.

Love, E. (2017). *Islamophobia and racism in America.* New York University Press.

Lovejoy, T. E., & Nobre, C. (2018). Amazon tipping point. *Science Advances, 4*(2), Article eaat2340.

Lowlander Center. (2015). *Resettlement as a resilience strategy: And the case of Isle de Jean Charles.* http://www.coastalresettlement.org/uploads/7/2/9/7/72979713/idjc_prospectus_final_27oct15_updated_logos-2.pdf

Luskin, R. C., O'Flynn, I., Fishkin, J. S., & Russell, D. (2014). Deliberating across deep divides. *Political Studies, 62*(1), 116-135.

Macedo, S., Alex-Assensoh, Y., Berry, J. M., Brintnall, M., Campbell, D. E., Fraga, L. R., Fung, A., Galston, W. A., Karpowitz, C. F., Levi, M., Levinson, M., Lipsitz, K., Niemi, R. G., Putnam, R. D., Rahn, W. M., Reich, R., Rodgers, R. R., Swanstrom, T., & Walsh, K. C. (2005). *Democracy at risk: How political choices undermine citizen participation, and what we can do about it.* Brookings Institution Press.

Mackie, G. (2015). Traveling to the village of knowledge. In P. Heller & V. Rao (Eds.), *Deliberation and development: Rethinking the role of voice and collective action in unequal societies* (pp. 85-106). World Bank Group.

Madison, J. (1822, August 4). [Letter to W. T. Barry]. Library of Congress (James Madison Papers Series 1, General Correspondence, 1723-1859), Washington, D.C., United States. http://hdl.loc.gov/loc.mss/mjm.20_0155_0159

Maitem, J., & France-Presse, A. (2019, June 14). Philippine fishermen protest Chinese harvesting of giant clams on Scarborough Shoal in further South China Sea dispute. *South China Morning Post*. https://www.scmp.com/news/asia/southeast-asia/article/3014561/philippine-fishermen-protest-chinese-harvesting-giant

Manjapra, K. (2020). *Colonialism in global perspective*. Cambridge University Press.

Mansbridge, J. J. (1983). *Beyond adversary democracy*. University of Chicago Press.

Mansbridge, J. J. (1999). Everyday talk in the deliberative system. In S. Macedo (Ed.), *Deliberative politics: Essays on democracy and disagreement* (pp. 402-458). Oxford University Press.

Mansbridge, J. J. (2000, December 5). Feminism and democracy. *The American Prospect*. https://prospect.org/civil-rights/feminism-democracy/

Mansbridge, J. J. (2015). A minimalist definition of deliberation. In P. Heller & V. Rao (Eds.), *Deliberation and development: Rethinking the role of voice and collective action in unequal societies* (pp. 27-50). World Bank Group. http://hdl.handle.net/10986/22167

Mansbridge, J. J., Bohman, J., Chambers, S., Estlund, D., Føllesdal, A., Fung, A., Lafont, C., Manin, B., & Martí, J. L. (2010). The place of self-interest and the role of power in deliberative democracy. *The Journal of Political Philosophy, 18*(1), 64-100.

Marcus, A. S., Metzger, S. A., Paxton, R. J., & Stoddard, J. D. (2018). *Teaching history with film: Strategies for secondary social studies* (2nd ed.). Routledge.

Marcus, G. E. (2002). *The sentimental citizen: Emotion in democratic politics*. Pennsylvania State University Press.

Martin, J. R. (1994). The disciplines and the curriculum. In *Changing the educational landscape: Philosophy, women, and curriculum* (pp. 133-153). Routledge. (Reprinted from "The disciplines and the curriculum," 1969, *Educational Philosophy and Theory, 1*[1], 23-40)

Mason, T. C. (2012). Ethics and democracy education across borders: The case of Civitas International. In T. C. Mason & R. J. Helfenbein (Eds.), *Ethics and international curriculum work: The challenges of culture and context* (pp. 3-23). Information Age Publishing.

Massialas, B. G. (1996). Criteria for issues-centered content selection. In R. W. Evans & D. W. Saxe (Eds.), *Handbook on teaching social issues* (NCSS Bulletin No. 93, pp. 44-50). National Council for the Social Studies.

Massialas, B. G., & Cox, C. B. (1966). *Inquiry in social studies*. McGraw-Hill.

Mathews, M., Lim, L., & Selvarajan, S. (2019). *Religion, morality and conservatism in Singapore* (IPS working papers No. 34). National University of Singapore, Institute of Policy Studies. https://lkyspp.nus.edu.sg/ips/news/details/ips-working-paper-no.-34-religion-morality-and-conservatism-in-singapore

Mayo, C. (2002). The binds that tie: Civility and social difference. *Educational Theory*, *52*(2), 169-186.

Mayo, J. B., Jr. (2013). Expanding the meaning of social education: What the social studies can learn from Gay Straight Alliances. *Theory & Research in Social Education*, *41*(3), 352-381.

Mayo, J. B., Jr. (2017). LGBTQ media images and their potential impact on youth in schools. *Social Education*, *81*(5), 303-307.

Mayo, J. B., Jr., & Sheppard, M. (2012). New social learning from two spirit Native Americans. *The Journal of Social Studies Research*, *36*(3), 263-282.

McAdam, D. (1982). *Political process and the development of Black insurgency, 1930-1970*. University of Chicago Press.

McAuliffe, K., Blake, P. R., Steinbeis, N., & Warneken, F. (2017). The developmental foundations of human fairness. *Nature Human Behaviour*, *1*(2), Article 0042.

McCully, A. (2010). History teaching, "truth recovery," and reconciliation. In C. Mitchell, T. Strong-Wilson, K. Pithouse & S. Allnutt (Eds.), *Memory and pedagogy* (pp. 161–176). Routledge.

McCully, A., Pilgrim, N., Sutherland, A., & McMinn, T. (2002). "Don't worry, Mr. Trimble. We can handle it.": Balancing the rational and the emotional in the teaching of contentious topics. *Teaching History*, *106*, 6-12.

McDonough, R. (1996). Independence or integration? In *Power, politics, positionings—Women in Northern Ireland* (Report No. 4). Democratic Dialogue.

https://cain.ulster.ac.uk/dd/report4/report4c.htm#integration

McFarland, D. A., & Thomas, R. J. (2006). Bowling young: How youth voluntary associations influence adult political participation. *American Sociological Review, 71*(3), 401-425.

McGurty, E. M. (1997). From NIMBY to civil rights: The origins of the environmental justice movement. *Environmental History, 2*(3), 301-323.

McLeman, R. (2019). International migration and climate adaptation in an era of hardening borders. *Nature Climate Change, 9*, 911-918.

Mead, H. M. (2003). *Tikanga Māori: Living by Māori values.* Huia.

Meadows, E. (2013). Learning to listen to differences: Democracy, Dewey and interpretive discussion. *Journal of Curriculum Studies, 45*(4), 441-461.

Meena, E. A. K. (1975). *Misemo: Vol. 1. A-E.* Transafrica.

Mencius. (2005). *Mencius* (C. H. Lau, Trans.; Rev. ed.). Penguin Books. (Original work published ca. 300 B.C.E.)

Mendes Diz, A.-M., Camarotti, A.-C., Di Leo, P.-F., & Godio, C. (2007). Preventing the transmission of HIV/AIDS among junior and senior high school students in Junin, Argentina. *Children, Youth and Environments, 17*(2), 112-125.

Merryfield, M. M., & Wilson, A. H. (2005). *Social studies and the world: Teaching global perspectives* (NCSS Bulletin No. 103). National Council for the Social Studies.

Metge, J. (2002). Returning the gift—utu in intergroup relations: In memory of Sir Raymond Firth. *The Journal of the Polynesian Society, 111*(4), 311-338.

Metz, T. (2015). How the West was one: The Western as individualist, the African as communitarian. *Educational Philosophy and Theory, 47*(11), 1175-1184.

Metz, T. (2017). Values in China as compared to Africa: Two conceptions of harmony. *Philosophy East and West, 67*(2), 441-465.

Metz, T., & Gaie, J. B. R. (2010). The African ethic of Ubuntu/Botho: Implications for research on morality. *Journal of Moral Education, 39*(3), 273-290.

Micklin, P. (2007). The Aral Sea disaster. *Annual Review of Earth and Planetary Sciences, 35*, 47-72.

Miller, D. (2017). Justice. In E. N. Zalta (Ed.), *The Stanford encyclopedia of philosophy* (Fall 2017 ed.). Stanford University. https://plato.stanford.edu/

archives/fall2017/entries/justice/

Ministry of Education Malaysia. (2013). *Malaysian Education Blueprint 2013-2025.* https://www.padu.edu.my/resources/meb-2013-2025/pppm/

Moje, E. B. (2008). Foregrounding the disciplines in secondary literacy teaching and learning: A call for change. *Journal of Adolescent & Adult Literacy, 52*(2), 96-107.

Molokoane, R. (2016, September 6). Rose Molokoane [Interview]. Muungano wa Wanavijiji. https://www.muungano.net/historytranscripts/rose-molokoane

Moore, J. (2012). A challenge for social studies educators: Increasing civility in schools and society by modeling civic virtues. *The Social Studies, 103*(4), 140-148.

Morris, A. D. (1984). *The origins of the civil rights movement: Black communities organizing for change.* Free Press.

Morris, P., & Cogan, J. (2001). A comparative overview: Civic education across six societies. *International Journal of Educational Research, 35*(1), 109-123.

Morris-Jung, J. (2015). Vietnam's online petition movement. *Southeast Asian Affairs, 2015,* 402-415.

Moulin, C., & Nyers, P. (2007). "We live in a country of UNHCR"—Refugee protests and global political society. *International Political Sociology, 1*(4), 356-372.

Movement for Black Lives. (2020). *Policy platform: End the war on Black people.* https://m4bl.org/policy-platforms/end-the-war-on-black-communities/

MRGO Must Go Coalition. (2021). *Coalition accomplishments and current status of projects.* https://mrgomustgo.org/coalition-accomplishments-and-current-status-of-projects/

Muhammad, K. G. (2010). *The condemnation of blackness: Race, crime, and the making of modern urban America.* Harvard University Press.

Mulimbi, B., & Dryden-Peterson, S. (2018). "There is still peace. There are no wars.": Prioritizing unity over diversity in Botswana's social studies policies and practices and the implications for positive peace. *International Journal of Educational Development, 61,* 142-154.

Muñoz, J. E. (1999). *Disidentifications: Queers of color and the performance of politics.* University of Minnesota Press.

Murphy, P. K., Alexander, P. A., & Muis, K. R. (2012). Knowledge and knowing: The journey from philosophy and psychology to human learning. In K. R. Harris,

S. Graham, T. Urdan, C. B. McCormick, G. M. Sinatra & J. Sweller (Eds.), *APA educational psychology handbook: Vol. 1. Theories, constructs, and critical issues* (pp. 189-226). American Psychological Association.

Mutz, D. C. (2006). *Hearing the other side: Deliberative versus participatory democracy.* Cambridge University Press.

Nandudu, S. (2016). Transforming settlements in Africa. *UN Chronicle, 53*(3), 34-36.

NaTakallam. (n.d.). *NaTakallam in schools.* https://natakallam.com/in-the-classroom/

National Council for the Social Studies. (1994). *Expectations of excellence: Curriculum standards for social studies* (NCSS Bulletin No. 89).

National Council for the Social Studies. (2013). *Social studies for the next generation: Purposes, practices, and implications of the College, Career, and Civic Life (C3) Framework for Social Studies State Standards* (NCSS Bulletin No. 113).

Nel, P. (2018). Introduction: Migration, refugees, and diaspora in children's literature. *Children's Literature Association Quarterly, 43*(4), 357-362.

Nelson, J. L. (1996). The historical imperative for issues-centered education. In R. W. Evans & D. W. Sexe (Eds.), *Handbook on teaching social issues* (NCSS Bulletin No. 93, pp. 14-24). National Council for the Social Studies.

Nelson, J., & Kerr, D. (2006). *Active citizenship in INCA countries: Definitions, policies, practices and outcomes: Final report.* National Foundation for Educational Research.

Neuman, W. R., Marcus, G. E., Crigler, A. N., & MacKuen, M. (Eds.). (2007). *The affect effect: Dynamics of emotion in political thinking and behavior.* University of Chicago Press.

Newmann, F. M., Bertocci, T. A., & Landsness, R. M. (1977). *Skills in citizen action: An English-social studies program for secondary schools.* Citizen Participation Curriculum Project.

Newmann, F. M., & Oliver, D. W. (1970). *Clarifying public controversy: An approach to teaching social studies.* Little, Brown and Company.

Nguyen-Thu, G. (2018). Vietnamese media going social: Connectivism, collectivism, and conservatism. *The Journal of Asian Studies, 77*(4), 895-908.

Nickerson, R. S. (1998). Confirmation bias: A ubiquitous phenomenon in many guises. *Review of General Psychology, 2*(2), 175-220.

Niemi, R. G., Hepburn, M. A., & Chapman, C. (2000). Community service by high school students: A cure for civic ills? *Political Behavior, 22*(1), 45-69.

Nieto, D., & Bickmore, K. (2016). Citizenship and convivencia education in contexts of violence: Transnational challenges to peacebuilding education in Mexican schools. *Revista Española de Educación Comparada, 28*, 109–134.

Nisbet, R. A. (1962). *Community and power.* Oxford University Press.

Nivison, D. S. (1996). Motivation and moral action in Mencius. In B. W. Van Norden (Ed.), *The ways of Confucianism: Investigations in Chinese philosophy* (pp. 91-119). Open Court.

Nordgren, K., & Johansson, M. (2015). Intercultural historical learning: A conceptual framework. *Journal of Curriculum Studies, 47*(1), 1-25.

Nussbaum, M. C. (1987). *Nature, function and capability: Aristotle on political distribution* (WIDER Working Paper No. 31). World Institute for Development Economics Research of the United Nations University.

Nussbaum, M. C. (1995). *Poetic justice: The literary imagination and public life.* Beacon Press.

Nussbaum, M. C. (2011). *Creating capabilities: The human development approach.* Harvard University Press.

Nuyen, A. T. (2008). Ecological education: What resources are there in Confucian ethics? *Environmental Education Research, 14*(2), 187-197.

Nuyen, A. T. (2011). Confucian role-based ethics and strong environmental ethics. *Environmental Values, 20*(4), 549-566.

Ober, J. (2008). *Democracy and knowledge: Innovation and learning in classical Athens.* Princeton University Press.

O'Donnell, E. L., & Talbot-Jones, J. (2018). Creating legal rights for rivers: Lessons from Australia, New Zealand, and India. *Ecology and Society, 23*(1), Article 7.

O'Leary, N. (2019, June 18). The myth of the citizens' assembly. *Politico.* https://www.politico.eu/article/the-myth-of-the-citizens-assembly-democracy/

Oliver, D. W., & Shaver, J. P. (1966). *Teaching public issues in the high school.* Houghton Mifflin.

Ong, A. (1988). Colonialism and modernity: Feminist re-presentations of women in non-Western societies. *Inscriptions, 3-4*, 79-93.

Osler, A. (2011). Teacher interpretations of citizenship education: National identity, cosmopolitan ideals, and political realities. *Journal of Curriculum Studies, 43*(1), 1-24.

O'Sullivan, J., & Mills, C. E. (2009). The Maori cultural institution of hui: When meeting means more than a meeting. *Communication Journal of New Zealand, 10*(2), 18-39.

Pace, M. (2010). Interrogating the European Union's democracy promotion agenda: Discursive configurations of democracy from the Middle East. *European Foreign Affairs Review, 15*(5), 611-628.

Pala, C. (2020, August 9). Kiribati's president's plans to raise islands in fight against sea-level rise. *The Guardian.* https://www.theguardian.com/world/2020/aug/10/kiribatis-presidents-plans-to-raise-islands-in-fight-against-sea-level-rise

Paley, V. G. (1992). *You can't say you can't play.* Harvard University Press.

Park, H.-J. (2015). Legislating for filial piety: An indirect approach to promoting family support and responsibility for older people in Korea. *Journal of Aging & Social Policy, 27*(3), 280-293.

Parker, W. C. (1996). Curriculum for democracy. In R. Soder (Ed.), *Democracy, education, and the schools* (pp. 182-210). Jossey-Bass.

Parker, W. C. (2003). *Teaching democracy: United and diversity in public life.* Teachers College Press.

Parker, W. C. (2017). Bring human rights education home. *Theory & Research in Social Education, 45*(3), 413-421.

Parker, W. C., & Hess, D. E. (2001). Teaching with and for discussion. *Teaching and Teacher Education, 17*(3), 273–289.

Parker, W. C., Lo, J., Yeo, A. J., Valencia, S. W., Nguyen, D., Abbott, R. D., Nolen, S. B., Bransford, J. D., & Vye, N. J. (2013). Beyond breadth-speed-test: Toward deeper knowing and engagement in an advanced placement course. *American Educational Research Journal, 50*(6), 1424–1459.

Parks, N. S. (2000). The industrial and cultural history of Indiana murals by Thomas Hart Benton: A context for examining racism with preservice teachers. *Journal of Multi-Cultural and Cross-Cultural Research in Art Education, 18,* 74-85.

Parliament of Singapore. (1991). *Shared values* [White paper]. https://www.nas.gov.

sg/archivesonline/government_records/record-details/a472b486-7aea-11e7-83df-0050568939ad

Parreñas, R. S. (2002). The care crisis in the Philippines: Children and transnational families in the new economy. In B. Ehrenreich & A. R. Hochschild (Eds.), *Global woman: Nannies, maids, and sex workers in the new economy* (pp. 39-54). Metropolitan Books.

Parreñas, R. S. (2015). *Servants of globalization: Migration and domestic work* (2nd ed.). Stanford University Press.

Parreñas, R. S. (2021). The mobility pathways of migrant domestic workers. *Journal of Ethnic and Migration Studies, 47*(1), 3-24.

Patrick, J. J. (1997). Civil society and the worldwide surge of democracy: Implications for civic education. In L. A. Pinhey & C. L. Boyer (Eds.), *Resources on civic education for democracy: International perspectives* (Yearbook No. 2, pp. 23-30). ERIC Clearinghouse for Social Studies/Social Science Education; Adjunct ERIC Clearinghouse for International Civic Education.

Payne, K. A., Hoffman, J. V., & DeJulio, S. (2017). Doing democracy through simulation, deliberation, and inquiry with elementary students. *Social Studies Research and Practice, 12*(1), 56-69.

Payne, K. A., & Journell, W. (2019). "We have those kinds of conversations here ⋯": Addressing contentious politics with elementary students. *Teaching and Teacher Education, 79*, 73-82.

Payne, S. (2006). *The health of men and women*. Polity.

Pearlmutter, S., & Bartle, E. E. (2000). Supporting the move from welfare to work: What women say. *Affilia, 15*(2), 153-172.

Peattie, M. R. (1984). Japanese attitudes toward colonialism, 1895-1945. In R. H. Myers & M. R. Peattie (Eds.), *The Japanese colonial empire, 1895-1945* (pp. 80-127). Princeton University Press.

Pecore, M. (1992). Menominee sustained yield management: A successful land ethic in practice. *Journal of Forestry, 90*(7), 12-16.

Pellow, D. N., & Guo, P. (2016). Environmental justice. In W. Jenkins, M. E. Tucker & J. Grim (Eds.), *Routledge handbook of religion and ecology* (pp. 336-344). Routledge.

Perales Franco, C. (2018). An ethnographic approach to school *convivencia*. *Educação & Realidade, 43*(3), 887-907.

Peters, J. H., & Wardana, W. (2013). *Tri Hita Karana: The spirit of Bali*. Kepustakaan Populer Gramedia.

Peterson, A. (2011). *Civic republicanism and civic education: The education of citizens*. Palgrave Macmillan.

Peterson, A. (2019). *Civility and democratic education*. Springer.

Phillips, R. (2014). "And I am also gay": Illiberal pragmatics, neoliberal homonormativity and LGBT activism in Singapore. *Anthropologica, 56*(1), 45-54.

Pike, S. (2016). *Learning primary geography: Ideas and inspirations from classrooms*. Routledge.

Pink Dot Sg. (2020). *About Pink Dot Sg*. https://pinkdot.sg/about-pink-dot-sg/

Pitana, I. (2010). Tri hita karana—The local wisdom of the Balinese in managing development. In R. Conrady & M. Buck (Eds.), *Trends and issues in global tourism 2010* (pp. 139-150). Springer.

Plous, S. (1993). *The psychology of judgment and decision making*. Temple University Press.

Pollak, A. (Ed.). (1993). *A citizens' inquiry: The Opsahl report on Northern Ireland*. Lilliput Press.

Pollak, I., Segal, A., Lefstein, A., & Meshulam, A. (2018). Teaching controversial issues in a fragile democracy: Defusing deliberation in Israeli primary classrooms. *Journal of Curriculum Studies, 50*(3), 387-409.

Polletta, F., & Lee, J. (2006). Is telling stories good for democracy? Rhetoric in public deliberation after 9/11. *American Sociological Review, 71*(5), 699-721.

Poppendieck, J. (1998). *Sweet charity? Emergency food and the end of entitlement*. Viking.

Porat, D. A. (2004). It's not written here, but this is what happened: Students' cultural comprehension of textbook narratives on the Israeli-Arab conflict. *American Educational Research Journal, 41*(4), 963-996.

Potorti, M. (2017). "Feeding the revolution": The Black Panther Party, hunger, and community survival. *Journal of African American Studies, 21*(1), 85-110.

Prasse-Freeman, E. (2012). Power, civil society, and an inchoate politics of the daily in

Burma/Myanmar. *The Journal of Asian Studies, 71*(2), 371-397.

Prothero, S. R. (2011). *God is not one: The eight rival religions that run the world.* HarperCollins.

Public Broadcasting Service. (2015, August 11). *A map of gender-diverse cultures.* http://www.pbs.org/independentlens/content/two-spirits_map-html/

Putnam, R. D. (1995). Bowling alone: America's declining social capital. *Journal of Democracy, 6*(1), 65-78.

Ramos, J. (2018, February 2). 5 things you should know about wetlands. *Conservation International.* https://www.conservation.org/blog/5-things-you-should-know-about-wetlands

Rao, V., & Sanyal, P. (2010). Dignity through discourse: Poverty and the culture of deliberation in Indian village democracies. *The ANNALS of the American Academy of Political and Social Science, 629*(1), 146–172.

Rata, E., & Barrett, B. (2014). Introduction: Knowledge and the future of the curriculum. In B. Barrett & E. Rata (Eds.), *Knowledge and the future of the curriculum* (pp. 1-20). Palgrave Macmillan.

Rawls, J. (1971). *A theory of justice.* Harvard University Press.

Redeaux, M. (2011). A framework for maintaining white privilege: A critique of Ruby Payne. *Counterpoints, 402*, 177-198.

RefugeeOne. (n.d.). *Literature for children and adolescents about the refugee and immigrant experience.* http://www.refugeeone.org/uploads/1/2/8/1/12814267/childrens_book_list_final.pdf

Refugee Council of Australia. (2020, November 29). *Face to Face program: Overview.* https://www.refugeecouncil.org.au/f2f-overview/

Rhuday-Perkovich, O. (2020). Books to help kids understand what it's like to be a refugee. *Brightly.* https://www.readbrightly.com/books-to-help-kids-understand-what-its-like-to-be-a-refugee/

Richards, A., & Kuper, A. (Eds.). (1971). *Councils in action.* Cambridge University Press.

Riley, K. L. (2001). The Holocaust and historical empathy: The politics of understanding. In O. L. Davis Jr., E. A. Yeager & S. Foster (Eds.), *Historical empathy and perspective taking in the social studies* (pp. 139-166). Rowman and

Littlefield.

Ritchie, A. J. (2017). *Invisible no more: Police violence against Black women and women of color*. Beacon Press.

Robel, L. (2017, September 29). The Benton Murals [Statement of Executive Vice President and Provost]. https://provost.indiana.edu/statements/archive/benton-murals.html

Roberts, M. (2003). *Learning through enquiry: Making sense of geography in the key stage 3 classroom*. Geographical Association.

Robeyns, I. (2016). The capability approach. In E. N. Zalta (Ed.), *The Stanford encyclopedia of philosophy* (Winter 2016 ed.). Stanford University. https://plato.stanford.edu/archives/win2016/entries/capability-approach/

Robinson, D., & Robinson, K. (2005). *"Pacific ways" of talk: Hui and talanoa (New Zealand Trade Consortium Working Paper No. 36)*. New Zealand Trade Concortium.

Roch, C. (2016, March 10). *7 free short films about refugees recommended by human rights educators*. Amnesty International. https://www.amnesty.org/en/latest/education/2016/03/seven-free-short-films-about-refugees-recommended-by-human-rights-educators/

Rodney, W. (1972). *How Europe underdeveloped Africa*. Howard University Press.

Rodríguez, N. N. (2018). From margins to center: Developing cultural citizenship education through the teaching of Asian American history. *Theory & Research in Social Education, 46*(4), 528-573.

Rodríguez, N. N., & Ip, R. (2018). Hidden in history: (Re)constructing Asian American history in elementary social studies classrooms. In S. B. Shear, C. M. Tschida, E. Bellows, L. B. Buchanan & E. E. Saylor (Eds.), *(Re)imagining elementary social studies: A controversial issues reader* (pp. 319-339). Information Age Publishing.

Rolón-Dow, R. (2005). Critical care: A color(full) analysis of care narratives in the schooling experiences of Puerto Rican girls. *American Educational Research Journal, 42*(1), 77-111.

Root, S., & Billig, S. H. (2008). Service-learning as a promising approach to high school civic engagement. In J. S. Bixby & J. L. Pace (Eds.), *Educating democratic citizens in troubled times: Qualitative studies of current efforts* (pp. 107-127). State

University of New York Press.

Rorty, R. (1993). Human rights, rationality, and sentimentality. In S. Shute & S. Hurley (Eds.), *On human rights: The Oxford Amnesty Lectures 1993* (pp. 111-134). Basic Books.

Ross, E. W. (2017). *Rethinking social studies: Critical pedagogy in pursuit of dangerous citizenship*. Information Age Publishing.

Roth, D., & Sedana, G. (2015). Reframing *tri hita karana*: From 'Balinese Culture' to politics. *The Asia Pacific Journal of Anthropology, 16*(2), 157-175.

Rowe, T. (2019). The fight for ancestral rivers: study of the Māori and the legal personhood status of the Whanganui river and whether Māori strategies can be used to preserve the Menominee river. *Michigan State International Law Review, 27*(3), 593-627. https://digitalcommons.law.msu.edu/ilr/vol27/iss3/4

Rozenblit, L., & Keil, F. (2002). The misunderstood limits of folk science: An illusion of explanatory depth. *Cognitive Science, 26*(5), 521–562.

Russakoff, D. (1982, October 11). As in the '60s, Protesters Rally. *The Washington Post.* https://www.washingtonpost.com/archive/politics/1982/10/11/as-in-the-60s-protesters-rally/47e2d0e3-8556-4d9f-8a77-8a78ab51ca61/

Sandel, M. J. (2009). *Justice: What's the right thing to do?* Farrar, Strauss and Giroux.

Santiago, M. (2019). A framework for an interdisciplinary understanding of Mexican American school segregation. *Multicultural Education Review, 11*(2), 69-78.

Sapiro, V. (1999, July 18-21). *Considering political civility historically: A case study of the United States* [Paper presentation]. International Society for Political Psychology 22nd Annual meeting, Amsterdam, The Netherlands.

Sass, J. (2018). Deliberative ideals across diverse cultures. In A. Bächtiger, J. S. Dryzek, J. Mansbridge & M. E. Warren (Eds.), *The Oxford handbook of deliberative democracy* (pp. 86-99). Oxford University Press.

Sass, J., & Dryzek, J. S. (2014). Deliberative cultures. *Political Theory, 42*(1), 3-25.

Saye, J. W., & Brush, T. (2007). Using technology-enhanced learning environments to support problem-based historical inquiry in secondary school classrooms. *Theory & Research in Social Education, 35*(2), 196–230.

Schelling, T. C. (1968). The life you save may be your own. In S. B. Chase Jr. (Ed.), *Problems in public expenditure analysis* (pp. 127-162). Brookings Institution.

Schenwar, M. (2014). *Locked down, locked out: Why prison doesn't work and how we can do better*. Berrett-Koehler.

Schenwar, M., Macaré, J., & Price, A. Y. (Eds.). (2016). *Who do you serve, who do you protect? Police violence and resistance in the United States*. Haymarket Books.

Schilling, M. (1986). Knowledge and liberal education: A critique of Paul Hirst. *Journal of Curriculum Studies, 18*(1), 1-16.

Schleifstein, M. (2020, October 3). MR-GO closure improving environment, but more wetlands, swamp restoration needed: Report. *NOLA*. https://www.nola.com/news/environment/article_06d67378-0423-11eb-bcbf-5f2aad29d796.html

Schlosberg, D., & Carruthers, D. (2010). Indigenous struggles, environmental justice, and community capabilities. *Global Environmental Politics, 10*(4), 12–35.

Schneider, W. (2011). Memory development in childhood. In U. Goswami (Ed.), *The Wiley-Blackwell handbook of childhood cognitive development* (2nd ed., pp. 347-376). Wiley-Blackwell.

Schulz, W., Ainley, J., Fraillon, J., Losito, B., Agrusti, G., & Friedman, T. (2018). *Becoming citizens in a changing world: IEA international civic and citizenship education study 2016 international report*. International Association for the Evaluation of Educational Achievement.

Scott, S. L. (2001). Civic lessons from another place: A case study of the Northern Ireland Women's Festival Day project. *Journal of Appalachian Studies, 7*(2), 187-225.

Seixas, P. (2001). Review of research on social studies. In V. Richardson (Ed.), *Handbook of research on teaching* (4th ed., pp. 545-565). American Educational Research Association.

Sen, A. (2000). *Development as freedom*. Anchor Books.

Sen, A. (2003). Democracy and its global roots. *New Republic, 229*(14), 28-35.

Sen, A. (2006). What do we want from a theory of justice? *The Journal of Philosophy, 103*(5), 215-238.

Sen, A. (2007). *Identity and violence: The illusion of destiny*. W. W. Norton.

Sen, A. (2009). *The idea of justice*. Belknap Press.

Sen, A. (2012). Values and justice. *Journal of Economic Methodology, 19*(2), 101-108.

Sen, A. (2017). *Collective choice and social welfare* (Expanded ed.). Harvard

University Press.

Sen, G., & Östlin, P. (2011). Gender-based inequities in global public health. In R. Parker & M. Sommer (Eds.), *Routledge international handbook on global public health* (pp. 88-97). Routledge.

Shanahan, T., & Shanahan, C. (2008). Teaching disciplinary literacy to adolescents: Rethinking content-area literacy. *Harvard Educational Review, 78*(1), 40-59.

Shapiro, I. (2002). Optimal deliberation? *The Journal of Political Philosophy, 10*(2), 196-211.

Shell-Duncan, B., & McDade, T. (2005). Cultural and environmental barriers to adequate iron intake among northern Kenyan schoolchildren. *Food and Nutrition Bulletin, 26*(1), 39-48.

Sheppard, M., & Mayo, J. B., Jr. (2013). The social construction of gender and sexuality: Learning from two spirit traditions. *The Social Studies, 104*(6), 259-270.

Shils, E. (1991). The virtue of civil society. *Government and Opposition, 26*(1), 3-20.

Shils, E. (1997). *The virtue of civility: Selected essays on liberalism, tradition, and civil society*. Liberty Fund.

Shin, E. E., & Bednarz, S. W. (2019). *Spatial citizenship education: Citizenship through geography*. Routledge.

Shuster, K. (2009). *Civil discourse in the classroom: Tools for teaching argumentation and discussion*. Teaching Tolerance: A Project of the Southern Poverty Law Center. http://www.tolerance.org/publication/civil-discourse-classroom.

Siciliano, G., Urban, F., Tan-Mullins, M., & Mohan, G. (2018). Large dams, energy justice and the divergence between international, national and local developmental needs and priorities in the global South. *Energy Research & Social Science, 41*, 199-209.

Sim, D. (2019, June 3). Pink Dot: How Singapore's LGBT movement became a "tangible force" where others struggle to survive. *South China Morning Post*. www.scmp.com/print/week-asia/society/article/3012777/pink-dot-how-singapores-lgbt-movement-became-tangible-force-where

Sim, J. B.-Y., & Chow, L. T. (2019). Confucian thinking in Singapore's citizenship education. *Journal of Moral Education, 48*(4), 465-482.

Sim, J. B.-Y., & Ho, L.-C. (2010). Transmitting social and national values through education in Singapore: Tensions in a globalized era. In T. Lovat, R. Toomey & N. Clement (Eds.), *International research handbook on values education and student well-being* (pp. 897-917). Springer.

Simon, S. B., Howe, L. W., & Kirschenbaum, H. (1984). *Values clarification: A handbook of practical strategies for teachers and students* (Rev. ed.). Dodd Mead.

Sin, C. H. (2002). The quest for a balanced ethnic mix: Singapore's ethnic quota policy examined. *Urban Studies, 39*(8), 1347-1374.

Singapore Department of Statistics. (2015). *General household survey.* https://www.singstat.gov.sg/-/media/files/publications/ghs/ghs2015/ghs2015.pdf

Singapore Ministry of Education. (2020). *Character & Citizenship Education (CCE) syllabus secondary: Implementation starting from 2021.* https://www.moe.gov.sg/-/media/files/secondary/syllabuses/cce/2021-character-and-citizenship-education-secondary-syllabus.pdf?la=en&hash=2FA125FDB97090EE2068E2650E78D97A2D995493

Skocpol, T. (2003). *Diminished democracy: From membership to management in American civic life.* University of Oklahoma Press.

Sloman, S., & Fernbach, P. (2017). *The knowledge illusion: Why we never think alone.* Riverhead Books.

Slovic, P. (2010). "If I look at the mass I will never act": Psychic numbering and genocide. In S. Roeser (Ed.), *Emotions and risky technologies* (pp. 37-59). Springer.

Smith, A. (2009). *The theory of moral sentiments.* Penguin Books. (Original work published 1759)

Smith, A., McCully, A., O'Doherty, M., Smyth, P., & O'Connor, U. (1996). *Speak Your Piece: Exploring Controversial Issues.* http://cain.ulst.ac.uk/syp/syp.htm

Smith, D. H. (1983). The impact of the volunteer sector on society. In B. O'Connell (Ed.), *America's voluntary spirit: A book of readings* (pp. 331-344). The Foundation Center.

Smith, L. T. (2012). *Decolonizing methodologies: Research and indigenous peoples* (2nd ed.). Zed Books.

Smith, P. (2018). Learning to know, be, do, and live together with in the cross-cultural experiences of immigrant teacher educators. *Teaching and Teacher Education, 69,*

263-271.

Social Justice Books. (2020). *Incarceration*. https://socialjusticebooks.org/booklists/incarceration/

Soederberg, S. (2017). Universal access to affordable housing? Interrogating an elusive development goal. *Globalizations, 14*(3), 343-359.

South Korean government holds first memorial for Sewol ferry disaster after four years. (2018, April 17). *The Straits Times*. https://www.straitstimes.com/asia/east-asia/south-korean-government-holds-first-memorial-for-sewol-ferry-disaster-after-four

Sovacool, B. K., & Bulan, L. C. (2011). Behind an ambitious megaproject in Asia: The history and implications of the Bakun hydroelectric dam in Borneo. *Energy Policy, 39*(9), 4842-4859.

Spencer, N. E., Adamson, M., Allgayer, S., Castaneda, Y., Haugen, M., King-White, R., Kluch, Y., Rinehart, R. E., & Walton-Fisette, T. (2016). Teach-ins as performance ethnography: Athletes' social activism in North American sport. *International Review of Qualitative Research, 9*(4), 489-514.

Stalnaker, A. (2013). Confucianism, democracy, and the virtue of deference. *Dao, 12*(4), 441-459.

Stanley, E. A., Spade, D., & Queer (In)Justice. (2012). Queering prison abolition, now? *American Quarterly, 64*(1), 115-127.

Stanley, W. B., & Whitson, J. A. (1992). Citizenship as practical competence: A response to the new form movement in social education. *International Journal of Social Education, 7*(2), 57-66.

Steele, C. M. (2010). *Whistling Vivaldi: And other clues to how stereotypes affect us*. W. W. Norton and Company.

Stepick, A., Stepick, C. D., & Labissiere, Y. (2008). South Florida's immigrant youth and civic engagement: Major engagement: Minor differences. *Applied Developmental Science, 12*(2), 57-65.

Stevenson, K., & Peterson, N. (2016). Motivating action through fostering climate change hope and concern and avoiding despair among adolescents. *Sustainability, 8*(1), Article 6.

Stitzlein, S. M. (2020). *Learning how to hope: Reviving democracy through our schools and civil society*. Oxford University Press.

Stockdill, B. C. (2013). ACT UP (AIDS Coalition to Unleash Power). In D. A. Snow, D. della Porta, B. Klandermans & D. McAdam (Eds.), *The Wiley-Blackwell encyclopedia of social and political movements*. Wiley-Blackwell.

Stoddard, J. (2014). The need for media education in democratic education. *Democracy & Education, 22*(1), Article 4.

Stürmer, S., Snyder, M., Kropp, A., & Siem, B. (2006). Empathy-motivated helping: The moderating role of group membership. *Personality and Social Psychology Bulletin, 32*(7), 943-956.

Suárez-Orozco, C., Hernández, M. G., & Casanova, S. (2015). "It's sort of my calling": The civic engagement and social responsibility of Latino immigrant-origin young adults. *Research in Human Development, 12*(1-2), 84-99.

Subedi, B. (2013). Decolonizing the curriculum for global perspectives. *Educational Theory, 63*(6), 621-638.

Sunstein, C. R. (2000). Deliberative trouble? Why groups go to extremes. *The Yale Law Journal, 110*(1), 71-119.

Sunstein, C. R. (2006). *Infotopia: How many minds produce knowledge*. Oxford University Press.

Sunstein, C. R. (2009). *Going to extremes: How like minds unite and divide*. Oxford University Press.

Sweller, J. (2012). Human cognitive architecture: Why some instructional procedures work and others do not. In K. R. Harris, S. Graham, T. Urdan, C. B. McCormick, G. M. Sinatra & J. Sweller (Eds.), *APA educational psychology handbook: Vol. 1. Theories, constructs, and critical issues* (pp. 295-325). American Psychological Association.

Swidler, A., & Watkins, S. C. (2015). Practices of deliberation in rural Malawi. In P. Heller & V. Rao (Eds.), *Deliberation and development: Rethinking the role of voice and collective action in unequal societies* (pp. 133-166). World Bank Group.

Taba, H. (1962). *Curriculum development: Theory and practice*. Harcourt, Brace & World.

Tach, L., & Emory, A. D. (2017). Public housing redevelopment, neighborhood change, and the restructuring of urban inequality. *American Journal of Sociology, 123*(3), 686-739.

Taddonio, P. (2019, June 19). *Forced to flee: 6 documentaries to watch to understand the global refugee crisis.* PBS Frontline. https://www.pbs.org/wgbh/frontline/article/forced-to-flee-6-documentaries-to-watch-to-understand-the-global-refugee-crisis/

Tan, C. (2015). Pink Dot: Cultural and sexual citizenship in gay Singapore. *Anthropological Quarterly, 88*(4), 969-996.

Tan, D. W. (2014a, July 18). NLB saga: Two removed children's books will go into adult section at library. *The Straits Times.* https://www.straitstimes.com/singapore/nlb-saga-two-removed-childrens-books-will-go-into-adult-section-at-library

Tan, K. P. (2009). Who's afraid of Catherine Lim? The state in patriarchal Singapore. *Asian Studies Review, 33*(1), 43-62.

Tan, S. (2003). *Confucian democracy: A Deweyan reconstruction.* State University of New York Press.

Tan, S. (2014b). Early Confucian concept of *yi* (议) and deliberative democracy. *Political Theory, 42*(1), 82-105.

Tanner, D., & Tanner, L. N. (1995). *Curriculum development: Theory into practice* (3rd ed.). Merrill.

Taylor, B. (2016). The sacred, reverence for life, and environmental ethics in America. In S. M. Gardiner & A. Thompson (Eds.), *The Oxford handbook of environmental ethics.* Oxford University Press.

Taylor, P. W. (1981). The ethics of respect for nature. *Environmental Ethics, 3*(3), 197-218.

Teaching Tolerance. (2014). *Teaching "The New Jim Crow."* https://www.tolerance.org/magazine/publications/teaching-the-new-jim-crow

Te Puni Kōkiri. (1992). *Ngā toka tū moana: Māori leadership and decision making.* Te Puni Kōkiri [Ministry of Māori Development].

Tharoor, S. (2016). *An era of darkness: The British empire in India.* Aleph.

Thayer-Bacon, B. J. (2009). Homogeneity and diversity: Comparing Japanese and American perspectives on harmony and disagreement. *Ethics and Education, 4*(2), 153-162.

The Dr. Huey P. Newton Foundation. (2008). *The Black Panther Party: Service to the people programs.* University of New Mexico Press.

The great slave scam. (2002, February 23). *The Irish Times.* https://www.irishtimes. com/culture/the-great-slave-scam-1.1051514

Thich, N. H. (1993). *For a future to be possible: Commentaries on the five wonderful precepts.* Parallax Press.

Thiele, L. P. (2006). *The heart of judgment: Practical wisdom, neuroscience, and narrative.* Cambridge University Press.

Thompson, A. (1998). Not the color purple: Black feminist lessons for educational caring. *Harvard Educational Review, 68*(4), 522-555.

Thompson, E. (2001). Empathy and consciousness. *Journal of Consciousness Studies, 8*(5-7), 1-32.

Thompson, K. O. (2007). The archery of "wisdom" in the stream of life: "Wisdom" in the "Four Books" with Zhu Xi's reflections. *Philosophy East and West, 57*(3), 330-344.

Thornton, S. J. (2002). Does everybody count as human? *Theory & Research in Social Education, 30*(2), 178-189.

Thornton, S. J. (2005). *Teaching social studies that matters: Curriculum for active learning.* Teachers College Press.

Thornton, S. J., & Barton, K. C. (2010). Can history stand alone? Drawbacks and blind spots of a "disciplinary" curriculum. *Teachers College Record, 112*(9), 2471-2495.

Tibbitts, F. L. (2018). Principles for building human rights-infused intercultural competencies. In N. Palaiologou & M. Zembylas (Eds.), *Human rights and citizenship education: An intercultural perspective* (pp. 91-117). Cambridge Scholars Publishing.

Tickamyer, A. R., Henderson, D. A., White, J. A., & Tadlock, B. L. (2000). Voices of welfare reform: Bureaucratic rationality versus the perception of welfare participants. *Affilia, 15*(2), 173-192.

Tienda, M., & Mitchell, F. (Eds.). (2006). *Hispanics and the future of America.* National Academies Press.

Tierney, R. T. (2010). *Tropics of savagery: The culture of Japanese empire in comparative frame.* University of California Press.

Torney-Purta, J., Schwille, J., & Amadeo, J. (Eds.). (1999). *Civic education across* countries: Twenty-four national case studies from the IEA Civic Education Project. International Association for the Evaluation of Educational Achievement.

Travis, J. (2002). Invisible punishment: An instrument of social exclusion. In M. Mauer & M. Chesney-Lind (Eds.), Invisible punishment: The collateral consequences of mass imprisonment (pp. 15-36). New Press.

Trosper, R. L. (2007). Indigenous influence on forest management on the Menominee Indian Reservation. Forest Ecology and Management, 249(1-2), 134-139.

Tu, W. (1972). Li as process of humanization. Philosophy East and West, 22(2), 187-201.

Tu, W. (1985). Confucian thought: Selfhood as creative transformation. State University of New York Press.

Tu, W. (1988). A Confucian perspective on the rise of industrial East Asia. Bulletin of the American Academy of Arts and Sciences, 42(1), 32-50.

Tu, W. (1998). Beyond enlightenment mentality. In M. E. Tucker & J. Berthrong (Eds.), Confucianism and ecology: The interrelation of heaven, earth, and humans (pp. 3-21). Harvard University Press.

Tu, W. (2001). The Ecological turn in new Confucian humanism: Implications for China and the world. Daedalus, 130(4), 243-264.

Tucker, M. E. (1991). The relevance of Chinese Neo-Confucianism for the reverence of nature. Environmental History Review, 15(2), 55-69.

Tyson, C. A., & Park, S. C. (2008). Civic education, social justice and critical race theory. In J. Arthur, I. Davies & C. Hahn (Eds.), The SAGE handbook of education for citizenship and democracy (pp. 29-39). SAGE Publications.

U.K. Department for Education. (2015). Citizenship programmes of study for key stages 1 and 2: Guidance about teaching citizenship in England. https://www.gov.uk/government/publications/citizenship-programmes-of-study-for-key-stages-1-and-2

Urfalino, P. (2014). The rule of non-opposition: Opening up decision-making by consensus. The Journal of Political Philosophy, 22(3), 320-341.

U.S. Bureau of Education. (1916). The social studies in secondary education: A six-year program adapted both to the 6-3-3 and the 8-4 plans of organization: Report of the Committee on social studies of the Commission on the Reorganization of

Secondary Education of the National Education Association (Bulletin No. 28). U.S. Department of the Interior.

U.S. Department of Housing and Urban Development. (n.d.). *About HOPE VI.* https://www.hud.gov/program_offices/public_indian_housing/programs/ ph/hope6/about?fbclid=IwAR0k8M7RGWk2owVNduUqns1Ep7-8unlb9K0Sn LDs0q61QlUV7zSkK2DtS1U

U.S. Environmental Protection Agency. (2020). *Learn about Polychlorinated Biphenyls (PCBs).* https://www.epa.gov/pcbs/learn-about-polychlorinated-biphenyls- pcbs#healtheffects

van der Horst, H., Pascucci, S., & Bol, W. (2014). The "dark side" of food banks? Exploring emotional responses of food bank receivers in the Netherlands. *British Food Journal, 116*(9), 1506-1520.

Van Houten, C. (2016, May 25). The first official climate refugees in the U.S. race against time. *National Geographic.* https://news.nationalgeographic. com/2016/05/160525-isle-de-jean-charles-louisiana-sinking-climate-change- refugees/

Van Norden, B. W. (2009). Introduction. In Mencius, *The essential Mengzi: Selected passages with traditional commentary* (B. W. Van Norden, Trans., pp. xi-xxxix). Hackett Publishing.

Van Norden, B. W. (2017). Mencius. In E. N. Zalta (Ed.), *The Stanford Encyclopedia of Philosophy* (Spring 2017 ed.). Stanford University. https://plato.stanford.edu/ archives/spr2017/entries/mencius/

VanSledright, B. A. (2010). *The challenge of rethinking history education: On practices, theories, and policy.* Routledge.

Varia, N. (2011). "Sweeping changes?" A review of recent reforms on protections for migrant domestic workers in Asia and the Middle East. *Canadian Journal of Women and the Law, 23*(1), 265-287.

Verba, S., Schlozman, K. L., & Brady, H. E. (1995). *Voice and equality: Civic voluntarism in American politics.* Harvard University Press.

Vescio, T. K., Sechrist, G. B., & Paolucci, M. P. (2003). Perspective taking and prejudice reduction: The mediational role of empathy arousal and situational attributions. *European Journal of Social Psychology, 33*(4), 455-472.

Vick, K. (2002, February 26). Ripping off slave 'redeemers.' *The Washington Post*. https://www.washingtonpost.com/archive/politics/2002/02/26/ripping-off-slave-redeemers/75b4d32e-e7da-417f-a293-87768c0294f4/

Villalba, U. (2013). *Buen Vivir* vs. development: A paradigm shift in the Andes? *Third World Quarterly, 34*(8), 1427-1442.

Waller, D. M., & Reo, N. J. (2018). First stewards: Ecological outcomes of forest and wildlife stewardship by Indigenous peoples of Wisconsin, USA. *Ecology and Society, 23*(1), Article 45.

Walsh, C. A., Beamer, K., Alexander, C., Shier, M. L., Loates, M., & Graham, J. R. (2010). Listening to the silenced: Informing homeless shelter design for women through investigation of site, situation, and service. *Social Development Issues, 32*(3), 35-49.

Walsh, K. C. (2004). *Talking about politics: Informal groups and social identity in American life*. University of Chicago Press.

Walzer, M. (1992). The civil society argument. In C. Mouffe (Ed.), *Dimensions of radical democracy: Pluralism, citizenship, community* (pp. 89-107). Verso.

Warren, D. M. (1991). *Using indigenous knowledge in agricultural development* (World Bank Discussion Papers No. 127). The World Bank.

Washington, H. (2015). Is 'sustainability' the same as 'sustainable development'? In H. Kopnina & E. Shoreman-Ouimet (Eds.), *Sustainability: Key issues* (pp. 359–376). Routledge.

Wee, L. (2005). Intra-language discrimination and linguistic human rights: The case of Singlish. *Applied Linguistics, 26*(1), 48–69.

Weinberg, S. B. (2000). Welfare reform and mutual family support: Effects on mother-led Mexican American families. *Affilia, 15*(2), 204-223.

Weithman, P. J. (2002). *Religion and the obligations of citizenship*. Cambridge University Press.

Welch, M. P. (2017, January 15). Protests escalate over Louisiana pipeline by company behind Dakota Access. *The Guardian*. https://www.theguardian.com/environment/2017/jan/15/louisiana-bayou-bridge-pipeline-standing-rock

Wellman, H. M., & Gelman, S. A. (1998). Knowledge acquisition in foundational domains. In D. Kuhn & R. S. Siegler (Eds.), *Handbook of child psychology: Vol. 2*.

Cognition, perception, and language (5th ed., pp. 523–573). John Wiley & Sons.

Wells, K. (2019, April 19). Nurturing Nature: Louisiana has lost about a third of its 3.2 million acres of wetlands since 1930, but the state is working hard to turn the tide. *U.S. News and World Report*. https://www.usnews.com/news/best-states/articles/2019-04-19/restoring-wetlands-in-louisiana

Werber, C. (2020, September 8). The climate change solutions for the world's tiniest, most vulnerable nations. *Quartz*. https://qz.com/1821280/how-to-protect-atoll-islands-from-climate-change-catastrophe/

Westheimer, J. (2015). *What kind of citizen: Educating our children for the common good*. Teachers College Press.

Westheimer, J., & Kahne, J. (2004a). Educating the "good" citizen: Political choices and pedagogical goals. *PS: Political Science & Politics, 37*(2), 241-247.

Westheimer, J., & Kahne, J. (2004b). What kind of citizen? The politics of educating for democracy. *American Educational Research Journal, 41*(2), 237-269.

Whittington, K. E. (1998). Revisiting Tocqueville's America: Society, politics, and association in the nineteenth century. *American Behavioral Scientist, 42*(1), 21-32.

Williams, B. (1981). *Moral luck*. Cambridge University Press.

Wills, J. S. (2019). "Daniel was racist": Individualizing racism when teaching about the Civil Rights Movement. *Theory & Research in Social Education, 47*(3), 396-425.

Wiredu, K. (1996). *Cultural universals and particulars: An African perspective*. Indiana University Press.

Wise, A., & Velayutham, S. (2014). Conviviality in everyday multiculturalism: Some brief comparisons between Singapore and Sydney. *European Journal of Cultural Studies, 17*(4), 406–430.

Wong, D. B. (1991). Is there a distinction between reason and emotion in Mencius? *Philosophy East and West, 41*(1), 31–44.

World Health Organization. (2009). *Women and health: Today's evidence, tomorrow's agenda*. https://apps.who.int/iris/bitstream/handle/10665/44168/9789241563857_eng.pdf;jsessionid=D27BA3CD74E30AC09C2C77BC155DC069?sequence=1

Wu, M. (2013). Ren-li, reciprocity, judgment, and the question of openness to the Other in the Confucian Lunyu. *Journal of Moral Education, 42*(4), 430-442.

Wuthnow, R. (1991). *Acts of compassion: Caring for others and helping ourselves.*

Princeton University Press.

Wuthnow, R. (1995). *Learning to care: Elementary kindness in an age of indifference.* Oxford University Press.

Wuthnow, R. (2004). *Saving America? Faith-based services and the future of civil society.* Princeton University Press.

Yates, L. (2015). Everyday politics, social practices and movement networks: Daily life in Barcelona's social centres. *The British Journal of Sociology, 66*(2), 236-258.

Yawn, A. J. (2020, February 27). As Gulf swallows Louisiana island, displaced tribe fears future. *Daily Advertiser.* https://www.theadvertiser.com/in-depth/news/2020/02/27/isle-de-jean-charles-louisiana-climate-refugees-resettlement/2448973001/

Yoganathan, N. (2020, July 30). Black Lives Matter movement uses creative tactics to confront systemic racism. *The Conversation.* https://theconversation.com/black-lives-matter-movement-uses-creative-tactics-to-confront-systemic-racism-143273

Young, I. M. (1990). *Justice and the politics of difference.* Princeton University Press.

Young, I. M. (2000). *Inclusion and democracy.* Oxford University Press.

Young, I. M. (2001). Activist challenges to deliberative democracy. *Political Theory, 29*(5), 670-690.

Young, M. (2013). Overcoming the crisis in curriculum theory: A knowledge-based approach. *Journal of Curriculum Studies, 45*(2), 101-118.

Youniss, J., McLellan, J. A., & Yates, M. (1997). What we know about engendering civic identity. *American Behavioral Scientist, 40*(5), 620-631.

Yuda, M. (2020, September 19). Thailand fails to block massive night protest near Grand Palace. *Nikkei Asia.* https://asia.nikkei.com/Politics/Turbulent-Thailand/Thailand-fails-to-block-massive-night-protest-near-Grand-Palace

Zajda, J., Daun, H., & Saha, L. J. (Eds.). (2009). *Nation-building, identity and citizenship education: Cross-cultural perspectives.* Springer.

Zembylas, M. (2016). Toward a critical-sentimental orientation in human rights education. *Educational Philosophy and Theory, 48*(11), 1151-1167.

Zembylas, M., & Kambani, F. (2012). The teaching of controversial issues during elementary-level history instruction: Greek-Cypriot teachers' perceptions and emotions. *Theory & Research in Social Education, 40*(2), 107-133.

Zembylas, M., & Keet, A. (2019). *Critical human rights education: Advancing social-justice-oriented educational praxes.* Springer.

Zhao, S. (2016). Xi Jinping's Maoist revival. *Journal of Democracy, 27*(3), 83-97.